गीता की छंद मीमांसा

श्रीमद्भगवद्गीता के समस्त 109 छन्दों का
वैयाकरणीय विश्लेषण

प्रो. रत्नाकर नराले

पुस्तक भारती
टोरंटो, कनाडा

Author :
Dr. Ratnakar Narale
Ph.D. (IIT), Ph.D. (Kalidas Sanskrit Univ.);
Chief Editor, Pustak Bharati Research Journal
web : www.pustak-bharati-canada.com * email : pustak.bharati.canada@gmail.com

Book Title :
गीता की छंद मीमांसा
गीता के सभी 109 छंदों का वैयाकरणीय विश्लेषण
इस पुस्तक में जो विशेष जानकारियाँ और तालिकाएँ दी हैं वे अन्य किसी भी पुस्तक में नहीं हैं. The custom designed unique presentations given in this book do not exist in any book in any form.

Published by :

PUSTAK BHARATI (Books India)
  Division of PC PLUS Ltd.
  180 Torresdale Ave.,
  Toronto, Ontario, Canada, M2R 3E4
  email : books.india.books@gmail.com

For :
Sanskrit Hindi Research Institute
Toronto, Canada

ISBN 978-1-897416-17-4
90000

Copyright ©2020
ISBN 978-1-897416-17-4

© All rights reserved. No part of this book may be copied, reproduced or utilised in any manner or by any means, computerised, e-mail, scanning, photocopying or by recording in any information storage and retrieval system, without the permission in writing from the author.

अनुक्रमणिका

प्रस्तावना iii

.1संज्ञा विवेचन 1

1.1 मात्रा विवेचन 1

1.2 मात्रा विवेचन 2

1.3 गण विवेचन 3

1.4 छंद विवेचन 6

1.5 अनुष्टुभ् छंद वर्ग-विवेचन 8

1.6 अनुष्टुभ् छंद विवेचन 10

1.7 श्लोक छंद विवेचन 18

.2भगवद्गीता की सविस्तर छंद मीमांसा 25

2.1 आठ अक्षरों वाले गीता के छंद 80 31

2.1. 1. न-गण से आरंभ होने वाले अनुष्टुभ् अष्टाक्षरी छंद 31

2.1. 2. स-गण से आरंभ होने वाले गीता के 355 अष्टाक्षरी छंद 31

2. 1.3 ज-गण से आरंभ होने वाले गीता के 202 अष्टाक्षरी छंद 49

2. 1.4 य-गण से आरंभ होने वाले गीता के 419 अष्टाक्षरी छंद 63

2. 1.5 भ-गण से आरंभ होने वाले गीता का 1 अष्टाक्षरी छंद 87

2. 1.6 र गण से आरंभ होने वाले गीता के 609 अष्टाक्षरी छंद 87

2. 1.7 त-गण से आरंभ होने वाले गीता के 310 अष्टाक्षरी छंद 120

2. 1.8 म-गण से आरंभ होने वाले गीता के 698 अष्टाक्षरी छंद 140

i

3.नौ अक्षरों वाला गीता का एकमात्र छंद — 178

4.ग्यारह अक्षरों वाले गीता के छंद 23 — 179

5.बारह अक्षरों वाले गीता के छंद 6 — 193

6.गीता के उपजाति छंद 14 — 196

7.गीता के संदर्भ में हमारी अन्य छंदों की मनोरम रचनाएँ — 202
  7.1 वसंततिलका छंद — 202
  7.2 पृथ्वी छंद — 203
  7.3 शिखरिणी छंद — 204
  7.4 शार्दूलविक्रीडित छंद — 205
  7.5 भुजंगप्रयात छंद — 206
  7.6 अनुप्रास अलंकार — 207

परिशिष्ट — 210

संदर्भ — 315

प्रस्तावना

श्री गिर्-गणेश की वन्दना करके, परमगुरु पिंगलाचार्य नागदेव के शुभाशीष से यह गीता की छंद मीमांसा सिद्ध हो रही है. COVID-2019 के दो महीनों के अनिवार्य लाकडाउन में समय का सदुपयोग करने के लिए किया हुआ छंदशास्त्र का और गीता के छंदों का अभ्यास इस पुस्तक के रूप में गोचर परिणाम है. **छन्दः पादस्तु वेदस्य,** छंदशास्त्र वेदों का एक अंग है अतः विना छंदज्ञान के मानवसंस्कृति अपंग है. वेद के छः अंगों में छंदशास्त्र चरण स्थान में होने से साष्टांगवन्दनीय है.

साम्नां हि चरणौ छन्दो तेषां स्त्रोतो गतिर्लयः ।
काव्यं पङ्गु विना छन्दैः पद्यं न चरणैर्विना ।।

भारतीय विद्वज्जनों में काव्य के प्रति अनुराग संस्कृति के साथ साथ स्वाभाविक है, जिसके द्वारा अमृतमय सुरापान करके वे स्वर्गसुख प्राप्त करते हैं.

कं पृच्छामः सुराः स्वर्गे निवासमो वयं भुवि ।
किं वा काव्यरसः स्वादुः किं वा स्वादयसी सुधा ।।

यहां कं का आशय है पिंगल महर्षि, जिनकी छंदशास्त्र की देन से हमें संस्कृत-सुभाषित नामक मोती प्रदान हुए हैं. **पृथीव्यां त्रीणि रत्नानि जलमन्नं सुभाषितम्** इस अमूल्य देन का लाभ जो मनुष्य नहीं उठाता वह नर उच्च योनि का लाभ नहीं उठाता है.

नरत्वं दुर्लभं लोके विद्या तस्मात्तु दुर्लभा ।
कवित्वं दुर्लभं तस्माच्छंदशक्तिः सुदुर्लभा ।।

चैतन्यं सर्वभूतामां विवृतं जगदात्मना।
नादब्रह्म तदानंदमद्वितीयमुपास्महे।।

नादेनोच्चयते वर्णः पदं वर्णात्पदाद्वचः।
वचसो व्यवहारोऽयं नादाधीनमिमं जगत्।।

प्रस्तुत गीता की छंद मीमांसा को अधिकतम सरल और स्पष्ट करने का अथक प्रयास किया है और आशा है की गीता प्रेमी, गीता के छात्र एवं गीता के पंडितजन इस ज्ञानवृक्ष की छाया का आनंद लें और इस पावन द्रुम को अधिक वृद्धिंगत करने का प्रयास करें.

टोरंटो, मे 30, 2020 रत्नाकर

1. संज्ञा विवेचन

गूगल पर अनगिनत जिज्ञासू जन पूछते रहते हैं, "गीता में कितने श्लोक हैं?" और "गीता में कितने विभिन्न छंद हैं?" -प्राय: उत्तर पाया जाता है, "गीता में 700 श्लोक हैं." "गीता में 5 विभिन्न छंद हैं, इत्यादि." हमारा विश्लेषण कहता है गीता में 701 पद्य, 501 शुद्ध श्लोक और 110 विभिन्न छंद हैं. वे भला किस तरह से? -

गीता के 13वें अध्याय का प्रथम पद्य 13.1, जो कि अर्जुन का भगवान श्रीकृष्ण को अहम प्रश्न है, छोड़ दिया जाय तो 700 पद्य हैं, वरन उस 13.1 महत्वपूर्ण अपरिहार्य अनिवार्य पद्य के साथ गीता में 701 पद्य होते हैं. ध्यान में रहे कि इस छंद मीमांसा के लिए हमने श्रीमद्भगवद्गीता के 13.1वें श्लोक के साथ 701 पद्य लिए हैं. यह भी ध्यान में रहे कि हमने इस अभ्यास में पद्य और श्लोक इन दोनों शब्दों का प्रयोग किया है क्यों कि, गीता के सभी पद्य श्लोक छंद के अंतर्गत नहीं आते है.

"श्लोक" शब्द व्यवहार में बहुत अनियमित रीति से और अयथार्थतया प्रयोग किया जाता है. सामान्य जन संस्कृत की सभी पद्य रचनाओं को "श्लोक" कहते है. मराठी काव्य में तो भुजंगप्रयात छंद रचना को भी श्लोक ही कहा जाता है, उदा. मनाचे श्लोक. इस अनियमितता के निराकरण के लिए सबसे पहले यह ज्ञात करना उचित होगा कि श्लोक क्या है? -श्लोक एक छंद है. तो फिर, श्लोक छंद केसे बनता है? -श्लोक छंद दो गण और दो मात्राओं के विशेष सूत्र से बनता है, जिसके अतिरिक्त श्लोक टूट जाता है, या उस रचना को श्लोक नहीं कहा जा सकता. तो फिर, ये गण क्या हैं, कौनसे हैं, मात्राएँ क्या हैं और कोनसी होती हैं, जिनके चलते वह पद्य श्लोक छंद कहा अथवा नहीं कहा जा सकता? इस मूलभूत अभ्यास के उपरान्त ही यह सही ज्ञात हो सकता है कि गीता में कितने श्लोक छंद के चरण और कितने और कौनसे श्लोकेतर अन्य छंद चरण समाविष्ट हैं.

1.1 मात्रा विवेचन

किसी भी वर्ण के उच्चारण के लिए जो काल लगता है उसे "मात्रा," मत्त, मत्ता, कला या कल कहते हैं. शंख, मेरु, गंध, काहल आदि शब्द मात्रा संज्ञा के शास्त्रोक्त नाम हैं. जितना समय एक लघु वर्ण के उच्चारण में व्यतीत होता है उतने समय की एक मात्रा जानी जाती है. जितना समय एक गुरु वर्ण के उच्चारण में लगता है, जोकि लघु वर्ण की अपेक्षा दुगुना होता है, उसकी दो

मात्राएँ मानी जाती हैं. किसी एक स्वर के मिलन के बिना व्यंजन का उच्चारण नहीं किया जा सकता, अत: व्यंजन की मात्रा अर्ध मानी जाती है.

1.2 मात्रा विवेचन

1. लघु अर्थात् ह्रस्व मात्रा का प्रतीक चिन्ह " । " है. लघु वर्ण उदाहरण – अ, इ, उ, ऋ, क, कि, कु, कृ, स्क, स्कि, स्कु, स्कृ, इत्यादि.
2. गुरु अर्थात् दीर्घ मात्रा का प्रतीक अर्धवक्र अवग्रह चिन्ह " ऽ " है. गुरु वर्ण उदाहरण – आ, ई, ऊ, , ए, ऐ, ओ, औ, का की, कू, कॄ, के कै, को कौ, स्की, स्कू, स्के, स्को, स्कौ, ...
3. अनुस्वार और विसर्ग वाले लघु वर्ण भी गुरु माने जाते हैं. उदाहरण – अं, इं, उं, कं, किं, कुं, कृं, अः, इः, उः, कः, किः, कुः, कृः, स्किं, स्कुं, ...
4. हिंदी लेखन के अर्धचंद्र बिंदु वाले वर्ण लघु ही माने जाते हैं. उदा. हँस, भँवर, कुँवर, ...
5. संस्कृत में संयुक्त वर्ण के पूर्व वाला लघु अक्षर भी गुरु माना जाता है. उदा. कृष्ण का कृ, कर्म का क, पृथ्वी का पृ, स्वस्ति का स्व, धर्मक्षेत्रे का ध और र्म, कुरुक्षेत्रे का रु, युयुत्सवः का दूसरा यु, अकुर्वत का कु, ...
6. हिंदी लेखन में जहाँ संयुक्त वर्ण के पूर्व वाले वर्ण पर उचारण के समय भार नहीं पड़ता वहाँ वह लघु वर्ण लघु ही माना जाता है. उदा. कन्हैया का क.
7. लघु वर्ण और संयुक्त वर्ण के बीच में रिक्त स्थान (space) होकर भी वह लघु वर्ण दीर्घ माना जा सकता है. उदा. सनात<u>न</u> <u>ग्रं</u>थ का न ...
8. श्लोक के चरणों की आठवीं अर्थात् अंतिम लघु मात्रा भी गुरु मानी जाती तथा गायी जाती है. उदा. "किमकुर्वत संजय" में संजय का य लघु होकर भी गुरु गाया जाता है.
9. राग में गाते समय लय के अनुसार लघु स्वर वर्ण गुरुवत् और गुरु वर्ण दीर्घ स्वर चिन्ह से दिखा कर तदनुसार गाया जाता है. उदा. (सं.रा. गीत 545) गंगा मैया तू मंगल है माता – गंगा मैऽयाऽ तू मंऽगल है माऽताऽ ऽ ऽ = मग म–म– म प–मम ग म–प–. यहाँ (गं गा तू है) चार स्वर लघु उचारण के हैं और अंतिम ताऽऽऽ स्वर प्लुत है.
10. हलन्त वर्ण अर्ध मात्रा का अथवा शून्य मात्रा का होने के कारण लघु वर्ण के बाद हलन्त वर्ण आने से वह लघु वर्ण 1.5 मात्रा का होकर गुरु माना जाता है. उदा. तुमुलोऽभवत् में वत् की मात्रा गुरु होती है. गुरु वर्ण के आगे हलन्त आने पर 2.5 मात्रा वाला गुरु वर्ण गुरु ही रहता है. उदा. क्षेमतरं भवेत् में वेत् की मात्रा गुरु होती है.
11. तीन मात्रा वाला वर्ण प्लुत माना जाता है. गीता के छंदशास्त्र में प्लुत मात्रा नहीं गयी है. वेदों में और संगीत शास्त्र में उसका प्रयोग प्रचुर है.

पिङ्गलछन्दश्शास्त्रे

सानुस्वारश्च दीर्घश्च विसर्गी च गुरुर्भवेत् ।
वर्णः संयोगपूर्वश्च तथा पादान्तगोऽपि वा ।।

श्लोक

रत्नाकर उवाच

एकमात्रं मतं ह्रस्वं दीर्घं द्विमात्रकं तथा ।
त्रिमात्रकं प्लुतं ज्ञातं व्यञ्जनमर्धमात्रकम् ।।

दोहा

अर्ध मत्त व्यंजन कहा, लघु स्वर मात्रा एक ।
गुरु स्वर हैं दो मत्त के, त्रिमत्त प्लुत प्रत्येक ।।

श्लोकौ

छन्दकौस्तुभे[1]

गुर्गश्च गुरुरेकः स्याल्लस्त्वेको लघुरुच्यते ।
रेखाभ्यामृजुवक्राभ्यां ज्ञेयौ लघुगुरू क्रमात् ।।
अनुस्वारी विसर्गी च दीर्घो युक्तपरस्तथा ।
वर्णो गुरुर्मतो ह्रेप्रे पादान्ते चापि वा लघुः ।।

1.3 गण विवेचन

1. वर्णों को गिन कर वार्णिक[2] गण होते हैं.
2. तीन वर्णों का एक वार्णिक गण होता है, इस प्रकार से आठ वार्णिक गण होते हैं.
3. एक मात्रा का गण नहीं होता, अतः वर्ण वृत्त की पंक्ति में आरंभ से लेकर तीन-तीन अक्षरों के एक-एक गण बना कर अंत में यदि एक या दो वर्ण शेष रहते हों तो उन्हें लघु वा गुरु “अक्षर” कहते हैं.

सुभाषितानि

श्रीमद्भट्टहलायुधप्रणीतमृतसंजीवन्याम्

---

[1] जिन पद्य रचनाओं के साथ स्त्रोत संदर्भ नहीं दिया गया है वे सभी पद्य प्रस्तुत लेखक के स्वरचित पद्य हैं.

[2] मात्रा गिन कर प्राचीन ग्रंथों के ट, ठ, ड, ढ, ण **मात्रिक** गण होते है:, यथा: 2 मात्रा का ण मात्रिक गण, 3 मात्रा का ढ-गण, 6 मात्रा का ट-गण, 4 मात्रा का ड-गण, 5 मात्रा का ठ-गण, 6 मात्रा का ट-गण होता है.

1.3 गण विवेचन

नयरसतजभनलगसम्मितं भ्रमति वाङ्मयं जगति यस्य ।
स जयति पिङ्गलनागः शिवप्रसादाद्विशुद्धमतिः ।।
त्रिगुरुं विद्धि मकारं लघ्वादिसमन्वितं यकाराख्यम् ।
लघुमध्यं तु रेफं सकारमन्ते गुरुनिबद्धम् ।।
लघ्वन्त्यं हि तकारं जकारमुभयोर्लघुं विजानीयात् ।
आदिगुरुं च भकारं नकारमिह पैङ्गले त्रिलघुम् ।।
दीर्घं संयोगपरं तथा प्लुतं व्यञ्जनान्तमूष्मान्तम् ।
सानुस्वारं च गुरुं क्वचिदासानेऽपि लघ्वन्त्यम् ।।
आदिमध्यावसानेषु यरता यान्ति लाघवम् ।
भजसा गौरवंयान्ति मनौ तु गुरुलाघवम् ।।
त्रिविरामं दशवर्णं षण्मात्रमुवाच पिङ्गलः सूत्रम् ।
छन्दोवर्गपदार्थप्रत्ययहेतोश्च शास्त्रादौ ।।

छन्द:कौस्तुभे

मयरसतजभनसंज्ञाश्छन्दस्यष्टौ गणास्त्रिवर्णाः स्युः ।

छन्द्प्रभाकरे

म्यस्स्तजम्नगैर्लान्तैरेभिर्दशभिरक्षरैः स्मस्तं वाङ्मयं व्याप्तम् ।

चम्पुरामयणटीकायाम्

सर्वगुरुर्मः कथितो भजसा गुर्वादिमध्यान्ताः ।
छन्दसि नः सर्वलघुर्यरता लघ्वादिमध्यान्ताः ।।

पिङ्गलछन्दश्शास्त्रे

मस्त्रिगुरुस्त्रिलघु नकारो भादिगुरुः पुनरादिलघुर्यः ।
जो गुरुमध्यगतो रलमध्यः सोऽन्तगुरुः कथितोऽन्तलघुस्तः ।।
आदिमध्यावसानेषु यरता यान्ति लाघवम् ।
भजसा गौरवं यान्ति मनौ तु गुरुलाघवम् ।।

दोहा

संगीत श्रीकृष्णायन में

तीन वर्ण का गण बने, लघु-गरु का यह मेल ।
नसजयभरतमलग इति, दश-अक्षर का खेल ।।
प्रथम-लघु य-गण हुआ, र-गण मध्य-लघु होय ।
अन्त्य-लघु त-गण कहा, न-गण में न गुरु कोय ।।

1.3 गण विवेचन

प्रथम–गुरु भ–गण हुआ, ज–गण मध्य–गुरु होय ।
अन्त्य–गुरु त–गण कहा, म–गण में न लघु कोय ।।

नसजयभरतम अष्टगण विवेचन

अखिल सृष्टि का मूल **शून्य–अशून्य, लघु–गुरु, ह्स्व–दीर्घ, अथवा 0–1 का द्वंद्व** मान कर, महर्षि पिंगल ने शून्य–एक की अष्टगणना (बायनरी ऑक्टल) की रीति सर्वप्रथम प्रस्थापित की, जो आज वैज्ञानिक, संगणक एवं तांत्रिक विश्व का मूल आधार बनी है. वही इस मीमांसा का भी मूल है. इस सिद्धांत के अनुसार **शून्य को प्रथम अंक मान कर** : 0 = 000 = ।।। = न गण; 1 = 001 = ।। ऽ = स गण; 2 = 002 = । ऽ । = ज गण, 3 = 011 = । ऽ ऽ = स गण; 4 = 100 = ऽ।। = भ गण; 5 = 101 = ऽ। ऽ = र गण; 6 = 110 = ऽ ऽ। = त गण; और 7 = 111 = ऽ ऽ ऽ = म गण । छन्द क्रम समझने तथा याद करने की हमारी अपनी यही सरल एवं तांत्रिक युक्ति है, यद्यपि सामान्यत: पुरातन **म य र स त ज भ न** क्रम प्रचलित है अथवा कई स्थानों में **य र त भ ज स म न** क्रम भी प्रचलित है जो कि अंग्रेजी तत्त्व पर आधारित है – य (Bacchius), र (Amphimacer), त (Anti-bacchius), भ (Dactylus), ज (Amphibrachyus), स (Anspaestus), म (Moloseus), न (Tribrachys).

डेसीमल 8 0–7	बायनरी आक्टल	गण सूत्र	गण	लक्षण 1	लक्षण 2	यथा	पिंगलशास्त्र पृ. 3 संदर्भ
0	000	। । ।	न	सर्व लघु	गुरु विरहित	नमन	सर्वलघोस्त्रिकस्य न । पिं. 1.8
1	001	। । ऽ	स	अंत्य गुरु		सपना	अन्त्यगुरोस्त्रिकस्य स । पिं. 1.4
2	010	। ऽ ।	ज	मध्य गुरु		जहाज	मध्यगुरोस्त्रिकस्य ज । पिं. 1.6
3	011	। ऽ ऽ	य	प्रथम लघु		यशोदा	आदिर्लघोस्त्रिकस्य य । पिं. 1.2
4	100	ऽ । ।	भ	प्रथम गुरु		भारत	मध्यगुरोस्त्रिकस्य भ । पिं. 1.7
5	101	ऽ । ऽ	र	मध्य लघु		रामजी	मध्यलघोस्त्रिकस्य र । पिं. 1.3
6	110	ऽ ऽ ।	त	अंत्य लघु		तालाब	अन्त्यलघोस्त्रिकस्य त । पिं. 1.5
7	111	ऽ ऽ ऽ	म	सर्व गुरु	लघु विरहित	माताजी	सर्वगुरोस्त्रिकस्य म । पिं. 1.1

1.4 छंद विवेचन

कात्यायन महर्षि की सर्वानुक्रमणी कहती है, **यदक्षरपरिमाणं तच्छन्दः**. जिस रचना में विशिष्ट वर्णों का परिमाण विद्यमान होता है वह छंद होता है. छंद शब्द बहुत व्यापक है. यास्क मुनि कहते हैं **छन्दांसि छादनात्**, छन्द वेदों का आवरण है. निरुक्त निघंटु (7.19) कहता है, √छद् का मतलब आह्लाद देना. महर्षि पिंगल ने छन्दःशास्त्र में एक कोटि, एकसठ लाख, सतहत्तर हाजार, दो सौ सोलह छंद-वृत्तों का उल्लेख किया है. चुरादि गण की, परस्मैपदी द्विकर्मक √छन्द् धातु सकर्मक रूप में छन्दयति प्रसन्न करना, अकर्मक रूप में छन्दति प्रसन्न होना और चुरादि परस्मैपदी सेट रूप में घञ् प्रत्यय मिला कर छन्द्यते (छदि संवरणे) आच्छादन करना (अमरकोश 3.88) अर्थ में प्रयुक्त होती है.

छन्द संज्ञा (पुं. √छन्द्+घञ्) अभिलाषा और छदस् संज्ञा (न. √छन्द्+असून्) अभिप्राय, पद्य, छन्दःशास्त्र, वेद, वेद का पाँचवाँ अंग आदि यथार्थ दरसाती है (**प्रणवश्छन्दसामिव**, रघुवंश 1.11). तथा ही ज्ञात हो कि छन्दोभङ्गः (पुं) छंद में वर्ण, मात्रा आदि के नियम का पूर्ण पालन न होना या छंद का टूटना सूचित करता है और यह शब्द इस मीमांसा के लिए बहुत मायने रखता है. इन नियमों का पालन करते हुए गीता की छंद मीमांसा में निम्नांकित 110 विभिन्न छंद ज्ञात होते हैं, और बोध होता है कि गीता के 701 चतुश्चरण पद्यों में केवल 501 चतुश्चरण अथवा 2408 अष्टाक्षर चरण ही श्लोक पद्य माने जा सकते हैं. गीता में आए हुए 110 छन्दों के अतिरिक्त वसंततिलका, शिखरिणी, पुथ्वी, शार्दूलविक्रीडित, भुजंगप्रयात, आदि मनोरम छंद भी ज्ञातव्य हैं.

(संगीत श्रीकृष्णायन में)

दोहा

सूत्र युक्त कृत पद्य को, कवि कहते हैं "छन्द" ।
अलंकार रस वर्ण का, मन को दे आनंद ।।
सुंदर लघु गुरु वर्ण का, चार चरण न समान ।
मात्रा संख्या सम जहाँ, "मात्रिक छन्द" प्रमाण ।।
लघु गुरु अक्षर क्रम जहाँ, चारों चरण समान ।
संख्या भी सम वर्ण की, "वर्णवृत्त" है नाम ।।
लक्षण, संख्या सम जहाँ, रहे चरण में चार ।
कहा उसे "सम वृत्त" है, करके छंद विचार ।।
प्रथम तीसरा सम जहाँ, दो अरु चार समान ।
उसे "अर्ध सम" है कहा, दोहा छंद प्रमाण ।।

1.4 छंद विवेचन

चारों पद जिस पद्य के, लक्षण में असमान ।
"विषम वृत्त" उसको कहें, जिन्हें छंद का ज्ञान ।।

जिस लक्षण सूत्र से पद्य पंक्ति के अक्षरों या मात्राओं का विशिष्ट **परिमाण** निश्चित किया जाता है उसे **छन्द** कहते हैं (**अक्षरपरिमाणं छन्द:**), और पद्य की विशिष्ट **शब्द रचना** को **वृत्त** कहा जाता है (**काव्यरचना वृत्तम्**). वर्ण की गिनती से **वार्णिक वृत्त** होते हैं, और मात्रा की गिनती से **मात्रिक छन्द** होते हैं. राग रचना में लय-बद्धता जितनी अपरिहार्य होती है उतनी ही सूत्र-बद्धता छन्द रचना में अनिवार्य होती है.

(संगीत श्रीकृष्णायन में)

श्लोक

छन्दोबद्धं मतं पद्यं गद्यं तु छन्दसो विना ।
गद्यपद्यमयं काव्यं चम्पूरिति बुधैर्मतम् ।।

दोहा

तीन वर्ण का गण बने, लघु गुरु कल का ठाठ ।
पिंगलमुनि ने गण कहे, न स ज य भ र त म आठ ।।

यथा सर्व ब्रह्माण्ड है, पंच भूत से व्याप्त ।
छंद शास्त्र भी है तथा, दश अक्षर से व्याप्त ।।

कल गति यति प्रति पाद में, और चरण का अंत ।
नियुक्त हों जिस पद्य में, वह कहलाता "छन्द" ।।

छन्द बद्ध वह "पद्य" है, बिना छंद है "गद्य" ।
गद्य-पद्य मिल कर रचा, "चंपू" है वह हृद्य ।।

छंदयुक्त जो रचना है वह पद्य है, छंद रहित रचाना गद्य है और जो रचना गद्य तथा पद्य दोनों से युक्त है वह चंपू कहलाती है. छन्द रचना की पद्य पंक्ति में जहाँ वैकल्पिक विश्राम समय होता है उसे **यति** कहते हैं । जहाँ यति निर्देशित नहीं होता है वहाँ विश्राम स्थान चरण के अंत में होता है.

एक मात्रा का गण नहीं होता. भगवद्गीता में 8 से 12 अक्षरों के पद्य आते हैं. 8 अक्षरों का अनुष्टुभ् वृत्तवर्ग, 9 अक्षरों का बृहती वृत्तवर्ग, 10 अक्षरों का पंक्ति वृत्तवर्ग, 11 अक्षरों का त्रिष्टुप् वृत्तवर्ग और 12 अक्षरों का जगती वृत्तवर्ग कहा गया है.

1.5 अनुष्टुभ् छंद-वर्ग विवेचन

"अनुष्टुभ्" शब्द के आगे कोई भी कठोर वर्ण (क, ख, च, छ, ट, ठ, त, थ, प, फ, श, ष, स) आने से अनुष्टुभ् शब्द **"अनुष्टुप्"** हो जाता है. **स्मरणार्थ बातें :** "श्लोक" शब्द से लोग जितने भ्रमित हैं उतने ही या उससे भी अधिक विमोहित अनुष्टुप् शब्द से हैं. इस भ्रम के लिए तीन कारण हैं.

1. पहला तो यह कि अनुदुभ् नाम का वृत्तवर्ग है जो गीता में प्रचुर प्रयुक्त है, और अनुदुभ् नाम का एक छंद भी है जो छंद गीता में प्रयुक्त नहीं है मगर रामायण में (भरत उवाच : श्रीराम नृपो भव न:) पाया जाता है.
2. दूसरा कारण यह कि अनुष्टुप् परिवार बहुत विशाल (256 प्रकार) है जो गीता में पूर्णतया प्रयोग में नहीं प्रयुक्त हुआ है.
3. तीसरा अहम कारण है कि गीता में अनुष्टुप् छंद के अतिरिक्त 8 मात्रा वाले अनेक (34) छंद और 8 से अधिक मात्रा के अनेक (33) छंद सम्मिलित किए गए हैं. इन सभी का विवेचन और विश्लेषण आगे आ रहा है.

वेदों में गातत्र्यादि जो सात प्रमुख वैदिक छंद हैं उनमें से तीसरा मुख्य छंद-वर्ग है अनुष्टुभ्. इस परिवार में निम्नांकित 256 विविध अष्टाक्षरी छंद आते हैं. चार अनुष्टुभ् अष्टाक्षर पंक्तियों का 32 वर्णों के एक छंद को श्लोक-छंद कहते हैं. कौषीतकिब्राह्मणोपनिषद् में (कौ. ब्रा. 26.1) **द्वात्रिंशतदक्षरानुष्टुप्** कह कर बत्तीस अक्षरों का अनुष्टप् कहा गया है. इस महान छंद को ब्रह्मा का चौथा मुख माना जाता है. ऋग्वेद (ऋ. 1.84.2) में अनुष्टुप् परिवार का एक वैदिक उदाहरण है, जिसके प्रथम और तृतीय चरणों के सातवे वर्ण में गुरु मात्रा हारुने से श्लोक छंद की व्याख्या प्रयुक्त नहीं होती है (1. SS। S।S ।S, 3. SSS S।S ।S) अत: यह अनुष्टुभ् वर्ग का छंद है मगर श्लोक छंद नहीं है :

आ तिष्ठ वृत्रहन्रथं युक्ता ते ब्रह्मणा हरी ।
अर्वाचीनं सु ते मनो ग्रावा कृणोतु वग्नुना ।।

तैत्तिरीयोपनिषद् ग्रंथ में (तै. ब्रा. 3.3.10.3) वाणी को अनुष्टुप् कहा गया है. शतपथब्राह्मणोपनिषद् (श. ब्रा. 13.3.3.1) में अनुष्टुप् छंद को **परमछंद:** कह कर गौरवान्वित किया गया है. तांत्रिकीयब्राह्मणोपनिषद् (तां. ब्रा. 11.5.17) में **अनुष्टुब्भि छन्दसां योनि:** कह कर अनुष्टुप् को सर्व छंदों की जन्मस्थान योनि कहा गया है. ऐत्तिरीयब्राह्मणोपनिषद् (ऐ. ब्रा. 3.13) में अनुष्टुप् छंद को **प्रजापति:** कहा गया है. वाल्मीकी रामायण में कहा गया है कि वाल्मीक महामुनि को यह छंद सर्वप्रथम स्फूर्त हुआ और उसे सुन कर ब्रह्माजी ने नारद जी के द्वारा वाल्मीक मुनिवर को रामायण लिखने का आदेश दिया (वा. रा. 1.2) :

1.5 अनुष्टुभ् छंद-वर्ग विवेचन

मा निषाद प्रतिष्ठां त्वमगमः शाश्वती समाः ।

यत्क्रौञ्चमिथुनादेकमवधीः काममोहितम् ।।

पिंगलशास्त्र के तीसरे अध्याय के अनुष्टब्गायत्रैः प्रकरण में "**गायत्रैरष्टाक्षरैः पादैश्चतुष्पाच्छन्दः 'अनुष्टुप्'संज्ञं भवति**" कह कर 1. अष्टाक्षरी जसलग 2. अष्टाक्षरी यरलग 3. अष्टाक्षरी यरगग 4. सप्ताक्षरी यरग के चतुष्पाद् को गायत्री छंदवर्ग में समाविष्ट किया गया है (पिंगल 3.23). यथा–

अनुष्टुब्गायत्रैः – जसलग, यरलग, यरगग, यरग (ऋग्वेद. सं 8.4.6.1)

1. सहस्रशीर्षा पुरुषः 2. सहस्राक्षः सहस्रपात ।

3. स भूमिं विश्वतो वृत्वा 4. त्यदिष्टदृशाङ्गुलम् ।।

और अनुष्टुब्गार्भ में जगल यरगल भतल तरगल चरणों को अनुष्टप् कहा गया है. यथा – ये अनुष्टुप् के अंतर्गत गायत्रीवर्ग के हैं, मगर अनुष्टुभ् होकर भी श्लोक छंद नहीं हैं.

अनुष्टुब्गार्भा – जगग, यतलग, ततग, तरलग (ऋ. 2.5.6.1)

1. पितुं नु तोषं 2. महो धर्माणं तविषीम् ।

3. यस्य त्रितो व्योजसा 4. वृत्रं वि पर्वमर्दयत् ।।

श्लोक छंद से भिन्न, सम अनुष्टुप् चरण की पाँचवा अक्षर लघु और छठा वर्ण गुरु होना आवश्यक नहीं होता है. यथा –

अनुष्टभः – यय, तसलग, ररलग, तसलग (1.1.15.2)

1. स पूर्व्यो महानां 2. वेनः ऋतुभिरानजे ।

3. यस्य द्वारा मनुष्पिता 4. देवेषु धिय आनजे ।।

अनुष्टभः – जजरलग, यरलग, जतजर (ऋ. 2.5.6.1)

1. पर्यूषु प्र धन्व वाजसातये 2. परि वृत्राणि सक्षणिः ।

द्विषस्तरध्या ऋणया न ईयसे ।।

निचृदनुष्टुभः – मरलल, सरलग, तरग, यसलग (ऋ. 4.5.2.1)

1. त्वेषस्ते धूम ऋण्वति 2. दिविषच्छुक्र आततः ।

3. सूरो नहि द्युता त्वं 4. कृपा पावक रोचसे ।।

स्वराडनुष्टुभः – मममल, जरलग, यरलग, मसलग (ऋ. 7.6.25.3)

1. यस्ते द्रप्सः स्कन्नो यस्ते अंशु 2. रवश्च यः परः स्रुचा ।

3. अयं देवो बृहस्पतिः 4. सं तं सिञ्चतु राधसे ।।

इत्युक्तं पिंगलशास्त्रे

1.6 अनुष्टुभ् छंद विवेचन

गण की मात्रा लघु अथवा गुरु दो प्रकार की होती है और अनुष्टुप् छंद की पंक्ति में 8 स्थान होते है, अतः अनुष्टुभ् वर्ग के $2^8 = 2 \times 2 \times 2 \times 2 \times 2 \times 2 \times 2 \times 2 =$ सर्व लघु से सर्व गुरु तक, निम्न तालिका में दिखाए हुए अनुष्टुप् परिवार के भिन्न-भिन्न 256 तरह के छंद होते हैं. इस तालिका में 202 क्रमांक वाला ऽ ऽ –, – ऽ –, – ऽ तजलग सूत्र का अनुष्टुभ् वर्ग का अनुष्टुप् छंद है, जो गीता में प्रयुक्त नहीं हुआ है. तथा ही देख सकते हैं कि न गण से आरंभ होने वाला कोई भी अनुष्टुप् चरण गीता में नहीं प्रयुक्त हुआ है, और भ गण से आरंभ होने वाला 136 क्रमांक वाला केवल एक ही अनुष्टुप् चरण गीता (13.21.1) में प्रयुक्त हुआ है.

अनुष्टुभ् वर्ग के 256 छंद, सर्व लघु से सर्व गुरु तक

क्रमांक	छंद मात्रा सूत्र	छंद गण सूत्र	गीता संदर्भ अध्याय.श्लोक.चरण	गीता श्लोक अध्याय.श्लोक.चरण
1	– – –, – – –, – –	न, न, ल ल	गीता में प्रयुक्त नहीं है	
2	– – –, – – –, – ऽ	न, न, ल ग	गीता में प्रयुक्त नहीं है	
3	– – –, – – –, ऽ –	न, न, ग ल	गीता में प्रयुक्त नहीं है	
4	– – –, – – –, ऽ ऽ	न, न, ग ग	गीता में प्रयुक्त नहीं है	
5	– – –, – – ऽ, – –	न, स, ल ल	गीता में प्रयुक्त नहीं है	
6	– – –, – – ऽ, – ऽ	न, स, ल ग	गीता में प्रयुक्त नहीं है	
7	– – –, – – ऽ, ऽ –	न, स, ग ल	गीता में प्रयुक्त नहीं है	
8	– – –, – – ऽ, ऽ ऽ	न, स, ग ग	गीता में प्रयुक्त नहीं है	
9	– – –, – ऽ –, – –	न, ज, ल ल	गीता में प्रयुक्त नहीं है	
10	– – –, – ऽ –, – ऽ	न, ज, ल ग	गीता में प्रयुक्त नहीं है	
11	– – –, – ऽ –, ऽ –	न, ज, ग ल	गीता में प्रयुक्त नहीं है	
12	– – –, – ऽ –, ऽ ऽ	न, ज, ग ग	गीता में प्रयुक्त नहीं है	
13	– – –, – ऽ ऽ, – –	न, य, ल ल	गीता में प्रयुक्त नहीं है	
14	– – –, – ऽ ऽ, – ऽ	न, य, ल ग	गीता में प्रयुक्त नहीं है	
15	– – –, – ऽ ऽ, ऽ –	न, य, ग ल	गीता में प्रयुक्त नहीं है	
16	– – –, – ऽ ऽ, ऽ ऽ	न, य, ग ग	गीता में प्रयुक्त नहीं है	
17	– – –, ऽ – –, – –	न, भ, ल ल	गीता में प्रयुक्त नहीं है	
18	– – –, ऽ – –, – ऽ	न, भ, ल ग	गीता में प्रयुक्त नहीं है	
19	– – –, ऽ – –, ऽ –	न, भ, ग ल	गीता में प्रयुक्त नहीं है	

1.6 अनुष्टुभ् छंद विवेचन

20	– – –, ऽ – –, ऽ ऽ	न, भ, ग ग	गीता में प्रयुक्त नहीं है	
21	– – –, ऽ – ऽ, – –	न, र, ल ल	गीता में प्रयुक्त नहीं है	
22	– – –, ऽ – ऽ, – ऽ	न, र, ल ग	गीता में प्रयुक्त नहीं है	
23	– – –, ऽ – ऽ, ऽ –	न, र, ग ल	गीता में प्रयुक्त नहीं है	
24	– – –, ऽ – ऽ, ऽ ऽ	न, र, ग ग	गीता में प्रयुक्त नहीं है	
25	– – –, ऽ ऽ –, – –	न, त, ल ल	गीता में प्रयुक्त नहीं है	
26	– – –, ऽ ऽ –, – ऽ	न, त, ल ग	गीता में प्रयुक्त नहीं है	
27	– – –, ऽ ऽ –, ऽ –	न, त, ग ल	गीता में प्रयुक्त नहीं है	
28	– – –, ऽ ऽ –, ऽ ऽ	न, त, ग ग	गीता में प्रयुक्त नहीं है	
29	– – –, ऽ ऽ ऽ, – –	न, म, ल ल	गीता में प्रयुक्त नहीं है	
30	– – –, ऽ ऽ ऽ, – ऽ	न, म, ल ग	गीता में प्रयुक्त नहीं है	
31	– – –, ऽ ऽ ऽ, ऽ –	न, म, ग ल	गीता में प्रयुक्त नहीं है	
32	– – –, ऽ ऽ ऽ, ऽ ऽ	न, म, ग ग	गीता में प्रयुक्त नहीं है	
33	– – ऽ, – – –, – –	स, न, ल ल	गीता में प्रयुक्त नहीं है	
34	– – ऽ, – – –, – ऽ	स, न, ल ग	गीता में प्रयुक्त नहीं है	
35	– – ऽ, – – –, ऽ –	स, न, ग ल	गीता में प्रयुक्त नहीं है	
36	– – ऽ, – – –, ऽ ऽ	स, न, ग ग	गीता में प्रयुक्त नहीं है	
37	– – ऽ, – – ऽ, – –	स, स, ल ल	गीता 1.1.4 में है	किमकुर्वत सञ्जय ॥ 1.1.4
38	– – ऽ, – – ऽ, – ऽ	स, स, ल ग	गीता 1.4.4 में है	द्रुपदश्च महारथः ॥ 1.4.4
39	– – ऽ, – – ऽ, ऽ –	स, स, ग ल	गीता 1.16.3 में है	नकुलः सहदेवश्च 1.16.3
40	– – ऽ, – – ऽ, ऽ ऽ	स, स, ग ग	गीता 1.28.1 में है	कृपया परयाविष्टो 1.28.1
41	– – ऽ, – ऽ –, – –	स, ज, ल ल	गीता में प्रयुक्त नहीं है	
42	– – ऽ, – ऽ –, – ऽ	स, ज, ल ग	गीता में प्रयुक्त नहीं है	
43	– – ऽ, – ऽ –, ऽ –	स, ज, ग ल	गीता में प्रयुक्त नहीं है	
44	– – ऽ, – ऽ –, ऽ ऽ	स, ज, ग ग	गीता में प्रयुक्त नहीं है	
45	– – ऽ, – ऽ ऽ, – –	स, य, ल ल	गीता में प्रयुक्त नहीं है	
46	– – ऽ, – ऽ ऽ, – ऽ	स, य, ल ग	गीता में प्रयुक्त नहीं है	
47	– – ऽ, – ऽ ऽ, ऽ –	स, य, ग ल	गीता में प्रयुक्त नहीं है	
48	– – ऽ, – ऽ ऽ, ऽ ऽ	स, य, ग ग	गीता में प्रयुक्त नहीं है	
49	– – ऽ, ऽ – –, – –	स, भ, ल ल	गीता में प्रयुक्त नहीं है	
50	– – ऽ, ऽ – –, – ऽ	स, भ, ल ग	गीता में प्रयुक्त नहीं है	
51	– – ऽ, ऽ – –, ऽ –	स, भ, ग ल	गीता में प्रयुक्त नहीं है	
52	– – ऽ, ऽ – –, ऽ ऽ	स, भ, ग ग	गीता में प्रयुक्त नहीं है	

1.6 अनुष्टुभ् छंद विवेचन

53	– – S, S – S, – –	स, र, ल ल	गीता 1.25.4 में है	समवेतान्कुरूनिति ।। 1.25.4
54	– – S, S – S, – S	स, र, ल ग	गीता 1.1.2 में है	समवेता युयुत्सवः । 1.1.2
55	– – S, S – S, S –	स, र, ग ल	गीता 1.5.3 में है	पुरुजित्कुन्तिभोजश्च 1.5.3
56	– – S, S – S, S S	स, र, ग ग	गीता 1.30.3 में है	न च शक्नोम्यवस्थातुं 1.30.3
57	– – S, S S –, – –	स, त, ल ल	गीता में प्रयुक्त नहीं है	
58	– – S, S S –, – S	स, त, ल ग	गीता में प्रयुक्त नहीं है	
59	– – S, S S –, S –	स, त, ग ल	गीता में प्रयुक्त नहीं है	
60	– – S, S S –, S S	स, त, ग ग	गीता में प्रयुक्त नहीं है	
61	– – S, S S S, – –	स, म, ल ल	गीता में प्रयुक्त नहीं है	
62	– – S, S S S, – S	स, म, ल ग	गीता में प्रयुक्त नहीं है	
63	– – S, S S S, S –	स, म, ग ल	गीता में प्रयुक्त नहीं है	
64	– – S, S S S, S S	स, म, ग ग	गीता में प्रयुक्त नहीं है	
65	– S –, – – –, – –	ज, न, ल ल	गीता में प्रयुक्त नहीं है	
66	– S –, – – –, – S	ज, न, ल ग	गीता में प्रयुक्त नहीं है	
67	– S –, – – –, S –	ज, न, ग ल	गीता में प्रयुक्त नहीं है	
68	– S –, – – –, S S	ज, न, ग ग	गीता में प्रयुक्त नहीं है	
69	– S –, – – S, – –	ज, स, ल ल	गीता 1.29.2 में है	मुखं च परिशुष्यति । 1.29.2
70	– S –, – – S, – S	ज, स, ल ग	गीता 1.8.2 में है	कृपश्च समितिञ्जयः । 1.8.2
71	– S –, – – S, S –	ज, स, ग ल	गीता 1.19.3 में है	नभश्च पृथिवीं चैव 1.19.3
72	– S –, – – S, S S	ज, स, ग ग	गीता 1.15.3 में है	पौण्ड्रं दध्मौ महाशङ्खं 1.15.3
73	– S –, – S –, – –	ज, ज, ल ल	गीता में प्रयुक्त नहीं है	
74	– S –, – S –, – S	ज, ज, ल ग	गीता में प्रयुक्त नहीं है	
75	– S –, – S –, S –	ज, ज, ग ल	गीता में प्रयुक्त नहीं है	
76	– S –, – S –, S S	ज, ज, ग ग	गीता में प्रयुक्त नहीं है	
77	– S –, – S S, – –	ज, य, ल ल	गीता में प्रयुक्त नहीं है	
78	– S –, – S S, – S	ज, य, ल ग	गीता में प्रयुक्त नहीं है	
79	– S –, – S S, S –	ज, य, ग ल	गीता में प्रयुक्त नहीं है	
80	– S –, – S S, S S	ज, य, ग ग	गीता में प्रयुक्त नहीं है	
81	– S –, S – –, – –	ज, भ, ल ल	गीता में प्रयुक्त नहीं है	
82	– S –, S – –, – S	ज, भ, ल ग	गीता में प्रयुक्त नहीं है	
83	– S –, S – –, S –	ज, भ, ग ल	गीता में प्रयुक्त नहीं है	
84	– S –, S – –, S S	ज, भ, ग ग	गीता में प्रयुक्त नहीं है	

85	– ऽ –, ऽ – ऽ, – –	ज, र, ल ल	गीता में प्रयुक्त नहीं है	
86	– ऽ –, ऽ – ऽ, – ऽ	ज, र, ल ग	गीता 6.23.2 में है	वियोगं योगसंज्ञितम् । 6.23.2
87	– ऽ –, ऽ – ऽ, ऽ –	ज, र, ग ल	गीता 1.40.1में है	कुलक्षये प्रणश्यन्ति 1.40.1
88	– ऽ –, ऽ – ऽ, ऽ ऽ	ज, र, ग ग	गीता 1.20.1 में है	अथ व्यवस्थितान्दृष्ट्वा 1.20.1
89	– ऽ –, ऽ ऽ –, – –	ज, त, ल ल	गीता में प्रयुक्त नहीं है	
90	– ऽ –, ऽ ऽ –, – ऽ	ज, त, ल ग	गीता में प्रयुक्त नहीं है	
91	– ऽ –, ऽ ऽ –, ऽ –	ज, त, ग ल	गीता में प्रयुक्त नहीं है	
92	– ऽ –, ऽ ऽ –, ऽ ऽ	ज, त, ग ग	गीता 2.32.1 में है	यदृच्छया चोपपन्नं 2.32.1
93	– ऽ –, ऽ ऽ ऽ, – –	ज, म, ल ल	गीता में प्रयुक्त नहीं है	
94	– ऽ –, ऽ ऽ ऽ, – ऽ	ज, म, ल ग	गीता में प्रयुक्त नहीं है	
95	– ऽ –, ऽ ऽ ऽ, ऽ –	ज, म, ग ल	गीता में प्रयुक्त नहीं है	
96	– ऽ –, ऽ ऽ ऽ, ऽ ऽ	ज, म, ग ग	गीता में प्रयुक्त नहीं है	
97	– ऽ ऽ, – – –, – –	य, न, ल ल	गीता में प्रयुक्त नहीं है	
98	– ऽ ऽ, – – –, – ऽ	य, न, ल ग	गीता में प्रयुक्त नहीं है	
99	– ऽ ऽ, – – –, ऽ –	य, न, ग ल	गीता में प्रयुक्त नहीं है	
100	– ऽ ऽ, – – –, ऽ ऽ	य, न, ग ग	गीता में प्रयुक्त नहीं है	
101	– ऽ ऽ, – – ऽ, – –	य, स, ल ल	गीता 1.21.4 में है	रथं स्थापय मेऽच्युत ॥ 1.21.4
102	– ऽ ऽ, – – ऽ, – ऽ	य, स, ल ग	गीता 1.11.2 में है	यथाभागमवस्थिताः । 1.11.2
103	– ऽ ऽ, – – ऽ, ऽ –	य, स, ग ल	गीता 1.31.1 में है	निमित्तानि च पश्यामि 1.31.1
104	– ऽ ऽ, – – ऽ, ऽ ऽ	य, स, ग ग	गीता 1.41.1 में है	अधर्माभिभवात्कृष्ण 1.41.1
105	– ऽ ऽ, – ऽ –, – –	य, ज, ल ल	गीता में प्रयुक्त नहीं है	
106	– ऽ ऽ, – ऽ –, – ऽ	य, ज, ल ग	गीता में प्रयुक्त नहीं है	
107	– ऽ ऽ, – ऽ –, ऽ –	य, ज, ग ल	गीता में प्रयुक्त नहीं है	
108	– ऽ ऽ, – ऽ –, ऽ ऽ	य, ज, ग ग	गीता में प्रयुक्त नहीं है	
109	– ऽ ऽ, – ऽ ऽ, – –	य, य, ल ल	गीता में प्रयुक्त नहीं है	
110	– ऽ ऽ, – ऽ ऽ, – ऽ	य, य, ल ग	गीता में प्रयुक्त नहीं है	
111	– ऽ ऽ, – ऽ ऽ, ऽ –	य, य, ग ल	गीता में प्रयुक्त नहीं है	
112	– ऽ ऽ, – ऽ ऽ, ऽ ऽ	य, य, ग ग	गीता में प्रयुक्त नहीं है	
113	– ऽ ऽ, ऽ – –, – –	य, भ, ल ल	गीता में प्रयुक्त नहीं है	
114	– ऽ ऽ, ऽ – –, – ऽ	य, भ, ल ग	गीता में प्रयुक्त नहीं है	
115	– ऽ ऽ, ऽ – –, ऽ –	य, भ, ग ल	गीता में प्रयुक्त नहीं है	
116	– ऽ ऽ, ऽ – –, ऽ ऽ	य, भ, ग ग	गीता में प्रयुक्त नहीं है	

117	– ऽ ऽ, ऽ – ऽ, – –	य, र, ल ल	गीता 1.11.4 में है	भवन्तः सर्व एव हि ॥ 1.11.4
118	– ऽ ऽ, ऽ – ऽ, – ऽ	य, र, ल ग	गीता 1.9.2 में है	मदर्थे त्यक्तजीविताः । 1.9.2
119	– ऽ ऽ, ऽ – ऽ, ऽ –	य, र, ग ल	गीता 1.6.1 में है	युधामन्युश्च विक्रान्त 1.6.1
120	– ऽ ऽ, ऽ – ऽ, ऽ ऽ	य, र, ग ग	गीता 1.10.1 में है	अपर्याप्तं तदस्माकं 1.10.1
121	– ऽ ऽ, ऽ ऽ –, – –	य, त, ल ल	गीता में प्रयुक्त नहीं है	
122	– ऽ ऽ, ऽ ऽ –, – ऽ	य, त, ल ग	गीता में प्रयुक्त नहीं है	
123	– ऽ ऽ, ऽ ऽ –, ऽ –	य, त, ग ल	गीता में प्रयुक्त नहीं है	
124	– ऽ ऽ, ऽ ऽ –, ऽ ऽ	य, त, ग ग	गीता में प्रयुक्त नहीं है	
125	– ऽ ऽ, ऽ ऽ ऽ, – –	य, म, ल ल	गीता में प्रयुक्त नहीं है	
126	– ऽ ऽ, ऽ ऽ ऽ, – ऽ	य, म, ल ग	गीता में प्रयुक्त नहीं है	
127	– ऽ ऽ, ऽ ऽ ऽ, ऽ –	य, म, ग ल	गीता में प्रयुक्त नहीं है	
128	– ऽ ऽ, ऽ ऽ ऽ, ऽ ऽ	य, म, ग ग	गीता में प्रयुक्त नहीं है	
129	ऽ – –, – – –, – –	भ, न, ल ल	गीता में प्रयुक्त नहीं है	
130	ऽ – –, – – –, – ऽ	भ, न, ल ग	गीता में प्रयुक्त नहीं है	
131	ऽ – –, – – –, ऽ –	भ, न, ग ल	गीता में प्रयुक्त नहीं है	
132	ऽ – –, – – –, ऽ ऽ	भ, न, ग ग	गीता में प्रयुक्त नहीं है	
133	ऽ – –, – – ऽ, – –	भ, स, ल ल	गीता में प्रयुक्त नहीं है	
134	ऽ – –, – – ऽ, – ऽ	भ, स, ल ग	गीता में प्रयुक्त नहीं है	
135	ऽ – –, – – ऽ, ऽ –	भ, स, ग ल	गीता में प्रयुक्त नहीं है	
136	ऽ – –, – – ऽ, ऽ ऽ	भ, स, ग ग	गीता 13.21.1 में है	कार्यकरणकर्तृत्वे 13.21.1
137	ऽ – –, – ऽ –, – –	भ, ज, ल ल	गीता में प्रयुक्त नहीं है	
138	ऽ – –, – ऽ –, – ऽ	भ, ज, ल ग	गीता में प्रयुक्त नहीं है	
139	ऽ – –, – ऽ –, ऽ –	भ, ज, ग ल	गीता में प्रयुक्त नहीं है	
140	ऽ – –, – ऽ –, ऽ ऽ	भ, ज, ग ग	गीता में प्रयुक्त नहीं है	
141	ऽ – –, – ऽ ऽ, – –	भ, य, ल ल	गीता में प्रयुक्त नहीं है	
142	ऽ – –, – ऽ ऽ, – ऽ	भ, य, ल ग	गीता में प्रयुक्त नहीं है	
143	ऽ – –, – ऽ ऽ, ऽ –	भ, य, ग ल	गीता में प्रयुक्त नहीं है	
144	ऽ – –, – ऽ ऽ, ऽ ऽ	भ, य, ग ग	गीता में प्रयुक्त नहीं है	
145	ऽ – –, ऽ – –, – –	भ, भ, ल ल	गीता में प्रयुक्त नहीं है	
146	ऽ – –, ऽ – –, – ऽ	भ, भ, ल ग	गीता में प्रयुक्त नहीं है	
147	ऽ – –, ऽ – –, ऽ –	भ, भ, ग ल	गीता में प्रयुक्त नहीं है	
148	ऽ – –, ऽ – –, ऽ ऽ	भ, भ, ग ग	गीता में प्रयुक्त नहीं है	
149	ऽ – –, ऽ – ऽ, – –	भ, र, ल ल	गीता में प्रयुक्त नहीं है	

150	ऽ – –, ऽ – ऽ, – ऽ	भ, र, ल ग	गीता में प्रयुक्त नहीं है	
151	ऽ – –, ऽ – ऽ, ऽ –	भ, र, ग ल	गीता में प्रयुक्त नहीं है	
152	ऽ – –, ऽ – ऽ, ऽ ऽ	भ, र, ग ग	गीता में प्रयुक्त नहीं है	
153	ऽ – –, ऽ ऽ –, – –	भ, त, ल ल	गीता में प्रयुक्त नहीं है	
154	ऽ – –, ऽ ऽ –, – ऽ	भ, त, ल ग	गीता में प्रयुक्त नहीं है	
155	ऽ – –, ऽ ऽ –, ऽ –	भ, त, ग ल	गीता में प्रयुक्त नहीं है	
156	ऽ – –, ऽ ऽ –, ऽ ऽ	भ, त, ग ग	गीता में प्रयुक्त नहीं है	
157	ऽ – –, ऽ ऽ ऽ, – –	भ, म, ल ल	गीता में प्रयुक्त नहीं है	
158	ऽ – –, ऽ ऽ ऽ, – ऽ	भ, म, ल ग	गीता में प्रयुक्त नहीं है	
159	ऽ – –, ऽ ऽ ऽ, ऽ –	भ, म, ग ल	गीता में प्रयुक्त नहीं है	
160	ऽ – –, ऽ ऽ ऽ, ऽ ऽ	भ, म, ग ग	गीता में प्रयुक्त नहीं है	
161	ऽ – ऽ, – – –, – –	र, न, ल ल	गीता में प्रयुक्त नहीं है	
162	ऽ – ऽ, – – –, – ऽ	र, न, ल ग	गीता में प्रयुक्त नहीं है	
163	ऽ – ऽ, – – –, ऽ –	र, न, ग ल	गीता में प्रयुक्त नहीं है	
164	ऽ – ऽ, – – –, ऽ ऽ	र, न, ग ग	गीता में प्रयुक्त नहीं है	
165	ऽ – ऽ, – – ऽ, – –	र, स, ल ल	गीता 1.27.2 में है	सेनयोरुभयोरपि । 1.27.2
166	ऽ – ऽ, – – ऽ, – ऽ	र, स, ल ग	गीता 1.6.4 में है	सर्व एव महारथाः ।। 1.6.4
167	ऽ – ऽ, – – ऽ, ऽ –	र, स, ग ल	गीता 1.7.3 में है	नायका मम सैन्यस्य 1.7.3
168	ऽ – ऽ, – – ऽ, ऽ ऽ	र, स, ग ग	गीता 1.12.1 में है	तस्य सञ्जनयन्हर्षं 1.12.1
169	ऽ – ऽ, – ऽ –, – –	र, ज, ल ल	गीता में प्रयुक्त नहीं है	
170	ऽ – ऽ, – ऽ –, – ऽ	र, ज, ल ग	गीता में प्रयुक्त नहीं है	
171	ऽ – ऽ, – ऽ –, ऽ –	र, ज, ग ल	गीता में प्रयुक्त नहीं है	
172	ऽ – ऽ, – ऽ –, ऽ ऽ	र, ज, ग ग	गीता में प्रयुक्त नहीं है	
173	ऽ – ऽ, – ऽ ऽ, – –	र, य, ल ल	गीता में प्रयुक्त नहीं है	
174	ऽ – ऽ, – ऽ ऽ, – ऽ	र, य, ल ग	गीता में प्रयुक्त नहीं है	
175	ऽ – ऽ, – ऽ ऽ, ऽ –	र, य, ग ल	गीता में प्रयुक्त नहीं है	
176	ऽ – ऽ, – ऽ ऽ, ऽ ऽ	र, य, ग ग	गीता में प्रयुक्त नहीं है	
177	ऽ – ऽ, ऽ – –, – –	र, भ, ल ल	गीता में प्रयुक्त नहीं है	
178	ऽ – ऽ, ऽ – –, – ऽ	र, भ, ल ग	गीता में प्रयुक्त नहीं है	
179	ऽ – ऽ, ऽ – –, ऽ –	र, भ, ग ल	गीता में प्रयुक्त नहीं है	
180	ऽ – ऽ, ऽ – –, ऽ ऽ	र, भ, ग ग	गीता में प्रयुक्त नहीं है	
181	ऽ – ऽ, ऽ – ऽ, – –	र, र, ल ल	गीता 1.7.2 में है	तान्निबोध द्विजोत्तम । 1.7.2
182	ऽ – ऽ, ऽ – ऽ, – ऽ	र, र, ल ग	गीता 1.5.2 में है	काशिराजश्च वीर्यवान् । 1.5.2

183	ऽ – ऽ, ऽ – ऽ, ऽ –	र, र, ग ल	गीता 1.1.3 में है	मामकाः पाण्डवाश्चैव 1.1.3
184	ऽ – ऽ, ऽ – ऽ, ऽ ऽ	र, र, ग ग	गीता 1.1.1 में है	धर्मक्षेत्रे कुरुक्षेत्रे 1.1.1
185	ऽ – ऽ, ऽ ऽ –, – –	र, त, ल ल	गीता में प्रयुक्त नहीं है	
186	ऽ – ऽ, ऽ ऽ –, – ऽ	र, त, ल ग	गीता में प्रयुक्त नहीं है	
187	ऽ – ऽ, ऽ ऽ –, ऽ –	र, त, ग ल	गीता में प्रयुक्त नहीं है	
188	ऽ – ऽ, ऽ ऽ –, ऽ ऽ	र, त, ग ग	गीता में प्रयुक्त नहीं है	
189	ऽ – ऽ, ऽ ऽ ऽ, – –	र, म, ल ल	गीता में प्रयुक्त नहीं है	
190	ऽ – ऽ, ऽ ऽ ऽ, – ऽ	र, म, ल ग	गीता में प्रयुक्त नहीं है	
191	ऽ – ऽ, ऽ ऽ ऽ, ऽ –	र, म, ग ल	गीता में प्रयुक्त नहीं है	
192	ऽ – ऽ, ऽ ऽ ऽ, ऽ ऽ	र, म, ग ग	गीता में प्रयुक्त नहीं है	
193	ऽ ऽ –, – – –, – –	त, न, ल ल	गीता में प्रयुक्त नहीं है	
194	ऽ ऽ –, – – –, – ऽ	त, न, ल ग	गीता में प्रयुक्त नहीं है	
195	ऽ ऽ –, – – –, ऽ –	त, न, ग ल	गीता में प्रयुक्त नहीं है	
196	ऽ ऽ –, – – –, ऽ ऽ	त, न, ग ग	गीता में प्रयुक्त नहीं है	
197	ऽ ऽ –, – – ऽ, – –	त, स, ल ल	गीता 1.4.2 में है	भीमार्जुनसमा युधि। 1.4.2
198	ऽ ऽ –, – – ऽ, – ऽ	त, स, ल ग	गीता 1.2.4 में है	राजा वचनमब्रवीत् ॥1.2.4
199	ऽ ऽ –, – – ऽ, ऽ –	त, स, ग ल	गीता 1.2.3 में है	आचार्यमुपसङ्गम्य 1.2.3
200	ऽ ऽ –, – – ऽ, ऽ ऽ	त, स, ग ग	गीता 1.9.1 में है	अन्ये च बहवः शूरा 1.9.1
201	ऽ ऽ –, – ऽ –, – –	त, ज, ल ल	गीता में प्रयुक्त नहीं है	
202	ऽ ऽ –, – ऽ –, – ऽ	त, ज, ल ग	गीता में प्रयुक्त नहीं है	
203	ऽ ऽ –, – ऽ –, ऽ –	त, ज, ग ल	गीता में प्रयुक्त नहीं है	
204	ऽ ऽ –, – ऽ –, ऽ ऽ	त, ज, ग ग	गीता में प्रयुक्त नहीं है	
205	ऽ ऽ –, – ऽ ऽ, – –	त, य, ल ल	गीता में प्रयुक्त नहीं है	
206	ऽ ऽ –, – ऽ ऽ, – ऽ	त, य, ल ग	गीता में प्रयुक्त नहीं है	
207	ऽ ऽ –, – ऽ ऽ, ऽ –	त, य, ग ल	गीता में प्रयुक्त नहीं है	
208	ऽ ऽ –, – ऽ ऽ, ऽ ऽ	त, य, ग ग	गीता में प्रयुक्त नहीं है	
209	ऽ ऽ –, ऽ – –, – –	त, भ, ल ल	गीता में प्रयुक्त नहीं है	
210	ऽ ऽ –, ऽ – –, – ऽ	त, भ, ल ग	गीता में प्रयुक्त नहीं है	
211	ऽ ऽ –, ऽ – –, ऽ –	त, भ, ग ल	गीता में प्रयुक्त नहीं है	
212	ऽ ऽ –, ऽ – –, ऽ ऽ	त, भ, ग ग	गीता में प्रयुक्त नहीं है	
213	ऽ ऽ –, ऽ – ऽ, – –	त, र, ल ल	गीता 4.4.4 में है	त्वमादौ प्रोक्तवानिति ॥ 4.4.4
214	ऽ ऽ –, ऽ – ऽ, – ऽ	त, र, ल ग	गीता 2.45.4 में है	निर्योगक्षेम आत्मवान् ॥ 2.45.4

1.6 अनुष्टुभ् छंद विवेचन

215	ऽ ऽ -, ऽ - ऽ, ऽ -	त, र, ग ल	गीता 3.6.1 में है	कर्मेन्द्रियाणि संयम्य 3.6.1
216	ऽ ऽ -, ऽ - ऽ, ऽ ऽ	त, र, ग ग	गीता 1.2.1 में है	दृष्ट्वा तु पाण्डवानीकं 1.2.1
217	ऽ ऽ -, ऽ ऽ -, - -	त, त, ल ल	गीता में प्रयुक्त नहीं है	
218	ऽ ऽ -, ऽ ऽ -, - ऽ	त, त, ल ग	गीता में प्रयुक्त नहीं है	
219	ऽ ऽ -, ऽ ऽ -, ऽ -	त, त, ग ल	गीता में प्रयुक्त नहीं है	
220	ऽ ऽ -, ऽ ऽ -, ऽ ऽ	त, त, ग ग	गीता में प्रयुक्त नहीं है	
221	ऽ ऽ -, ऽ ऽ ऽ, - -	त, म, ल ल	गीता में प्रयुक्त नहीं है	
222	ऽ ऽ -, ऽ ऽ ऽ, - ऽ	त, म, ल ग	गीता में प्रयुक्त नहीं है	
223	ऽ ऽ -, ऽ ऽ ऽ, ऽ -	त, म, ग ल	गीता में प्रयुक्त नहीं है	
224	ऽ ऽ -, ऽ ऽ ऽ, ऽ ऽ	त, म, ग ग	गीता में प्रयुक्त नहीं है	
225	ऽ ऽ ऽ, - - -, - -	म, न, ल ल	गीता में प्रयुक्त नहीं है	
226	ऽ ऽ ऽ, - - -, - ऽ	म, न, ल ग	गीता में प्रयुक्त नहीं है	
227	ऽ ऽ ऽ, - - -, ऽ -	म, न, ग ल	गीता में प्रयुक्त नहीं है	
228	ऽ ऽ ऽ, - - -, ऽ ऽ	म, न, ग ग	गीता में प्रयुक्त नहीं है	
229	ऽ ऽ ऽ, - - ऽ, - -	म, स, ल ल	गीता 2.4.4 में है	पूजार्हावरिसूदन ॥ 2.4.4
230	ऽ ऽ ऽ, - - ऽ, - ऽ	म, स, ल ग	गीता 1.9.4 में है	सर्वे युद्धविशारदाः ॥ 1.9.4
231	ऽ ऽ ऽ, - - ऽ, ऽ -	म, स, ग ल	गीता 1.28.3 में है	दृष्ट्वेमं स्वजनं कृष्ण 1.28.3
232	ऽ ऽ ऽ, - - ऽ, ऽ ऽ	म, स, ग ग	गीता 1.7.1 में है	अस्माकं तु विशिष्टा ये 1.7.1
233	ऽ ऽ ऽ, - ऽ -, - -	म, ज, ल ल	गीता में प्रयुक्त नहीं है	
234	ऽ ऽ ऽ, - ऽ -, - ऽ	म, ज, ल ग	गीता में प्रयुक्त नहीं है	
235	ऽ ऽ ऽ, - ऽ -, ऽ -	म, ज, ग ल	गीता में प्रयुक्त नहीं है	
236	ऽ ऽ ऽ, - ऽ -, ऽ ऽ	म, ज, ग ग	गीता में प्रयुक्त नहीं है	
237	ऽ ऽ ऽ, - ऽ ऽ, - -	म, य, ल ल	गीता में प्रयुक्त नहीं है	
238	ऽ ऽ ऽ, - ऽ ऽ, - ऽ	म, य, ल ग	गीता में प्रयुक्त नहीं है	
239	ऽ ऽ ऽ, - ऽ ऽ, ऽ -	म, य, ग ल	गीता में प्रयुक्त नहीं है	
240	ऽ ऽ ऽ, - ऽ ऽ, ऽ ऽ	म, य, ग ग	गीता में प्रयुक्त नहीं है	
241	ऽ ऽ ऽ, ऽ - -, - -	म, भ, ल ल	गीता में प्रयुक्त नहीं है	
242	ऽ ऽ ऽ, ऽ - -, - ऽ	म, भ, ल ग	गीता में प्रयुक्त नहीं है	
243	ऽ ऽ ऽ, ऽ - -, ऽ -	म, भ, ग ल	गीता में प्रयुक्त नहीं है	
244	ऽ ऽ ऽ, ऽ - -, ऽ ऽ	म, भ, ग ग	गीता में प्रयुक्त नहीं है	
245	ऽ ऽ ऽ, ऽ - ऽ, - -	म, र, ल ल	गीता । 1.33.2 में है	राज्यं भोगाः सुखानि च । 1.33.2
246	ऽ ऽ ऽ, ऽ - ऽ, - ऽ	म, र, ल ग	गीता 1.2.2 में है	व्यूढं दुर्योधनस्तदा । 1.2.2

1.6 अनुष्टुभ् छंद विवेचन

247	ऽ ऽ ऽ, ऽ - ऽ, ऽ -	म, र, ग ल	गीता 1.6.3 में है	सौभद्रो द्रौपदेयाश्च 1.6.3
248	ऽ ऽ ऽ, ऽ - ऽ, ऽ ऽ	म, र, ग ग	गीता 1.3.1 में है	पश्यैतां पाण्डुपुत्राणाम् 1.3.1
249	ऽ ऽ ऽ, ऽ ऽ -, - -	म, त, ल ल	गीता में प्रयुक्त नहीं है	
250	ऽ ऽ ऽ, ऽ ऽ -, - ऽ	म, त, ल ग	गीता में प्रयुक्त नहीं है	
251	ऽ ऽ ऽ, ऽ ऽ -, ऽ -	म, त, ग ल	गीता में प्रयुक्त नहीं है	
252	ऽ ऽ ऽ, ऽ ऽ -, ऽ ऽ	म, त, ग ग	गीता में प्रयुक्त नहीं है	
253	ऽ ऽ ऽ, ऽ ऽ ऽ, - -	म, म, ल ल	गीता में प्रयुक्त नहीं है	
254	ऽ ऽ ऽ, ऽ ऽ ऽ, - ऽ	म, म, ल ग	गीता में प्रयुक्त नहीं है	
255	ऽ ऽ ऽ, ऽ ऽ ऽ, ऽ -	म, म, ग ल	गीता में प्रयुक्त नहीं है	
256	ऽ ऽ ऽ, ऽ ऽ ऽ, ऽ ऽ	म, म, ग ग	गीता में प्रयुक्त नहीं है	

1.7 श्लोक छंद विवेचन

श्लोक का अनुष्टुप् छन्द

श्लोक लक्षण : 4 + । ऽ ऽ + 1 – 4 + । + ऽ + । + 1
4 + । ऽ ऽ + 1 – 4 + । + ऽ + । + 1

श्लोकव्याख्या, संस्कृतश्लोक:

♫ ग-ग- ग-ग- ग-रे-मग-, मम-म- म-गरे- मग- ।
रेरे-रेरेगरे-सानि़, रेरेरे- मगरे-नि़सा- ।।

"श्लोके" षष्ठो गुरुर्वर्णो लघुश्च पञ्चमः सदा ।
गुरुर्विषमयोर्ह्रस्वः सप्तमः समपादयोः ।।
चतुष्पादस्य श्रीयुक्तो वाल्मीकिकविना कृतः ।
द्वात्रिंशद्वर्णयुक्तो हि छन्दोऽनुष्टुप्स कथ्यते ।।

श्लोक व्याख्या, हिन्दी श्लोक

श्लोक में पाँचवाँ ह्रस्व छठा दीर्घ सदा रहे ।
द्वितीय चौथ में दीर्घ सातवाँ अन्य में लघु ।।
पवित्र चार पादों का वाल्मीकि ने रचा जिसे ।
बत्तीस वर्ण का छन्द अनुष्टुप् कहा इसे ।।

श्लोक व्याख्या, अन्यत्र

श्लोके षष्ठं गुरु ज्ञेयं सर्वत्र लघुपञ्चमम् ।
द्विचतुष्पादयोर्ह्रस्वं सप्तममं दीर्घमन्ययोः ।। (श्रुत बोध 2.10)
पञ्चमं लघु सर्वत्र सप्तमं द्विचतुर्थयोः ।
षष्ठं दीर्घं विजानीयात् एतत्पद्यस्य लक्षणम् ।। (छंदो मंजरी 1.4)
पञ्चमं लघु सर्वत्र सप्तमं द्विचतुर्थयोः ।
गुरुं षष्ठं च जानीयात् शेषेष्वनियमोयतः ।। (छंदो मंजरी 1.7)
पञ्चमं लघु सर्वत्र सप्तमं द्विचतुर्थयोः ।
गुरु षष्ठं च पादानां चतुर्णां स्यादनुष्टुभि ॥ (वृत्तरत्नाकरे)

श्लोक छन्द व्याख्या

दोहा

अष्टवर्ण-पद चार हों, विषम पद ग ल ग अंत ।

सम चरण ल ग ल अंत का, "श्लोक" अनुष्टुप् छंद ।।

द्वात्रिंशदक्षरानुष्टुभ्. श्लोक शब्द संस्कृत के √श्लोक् (पद्य रचना करना) धातु से बना है. यह "अनुष्टुभ्" नामक छन्द है. अनुष्टुभ् नामक शब्द के आगे कोई भी कठोर वर्ण आने से अनुष्टुभ् नामक शब्द "अनुष्टुप्" हो जाता है. श्लोक छन्द को साधारणतया अनुष्टुप्-छन्द कहा जाता है, परंतु यह ध्यान में रहे कि, श्लोक छन्द अनुष्टुप् परिवार का केवल एक प्रकार है. श्लोक 32 अक्षरों का वार्णिक छन्द है. श्लोक में आठ वर्णों के चार चरण होते हैं. इसके दूसरे और चौथे (सम) चरणों के बीच वर्णों का प्रमाण समान होता है और पहले और तीसरे (विषम) चरणों के वर्णों का प्रमाण भी समान होता है, अतः इसको **अर्धसम छन्द** कहा जाता है. श्लोक छंद के आदि रचेता श्री वाल्मीकि महामुनि थे.

जैसा कि उपरोक्त है, यह अवश्य याद रहे कि सभी अनुष्टुप् पद्य श्लोक नहीं होते हैं. केवल जिसका लक्षण सूत्र 4 + । ऽ ऽ + 1, 4 + । + ऽ + । + 1 है वही पद्य **श्लोक** वर्ग के अंतर्गत आता है. अनेक ज्ञानियों की धारणा है कि अनुष्टभ् छंद और श्लोक छंद पर्यायवाची शब्द हैं या दोनों का अर्थ एक ही होता है. मगर यह अबोधता है. यद्यपि श्लोक छंद में अनुष्टभ् पद ही आते हैं, अनुष्टभ् पदों से केवल श्लोक ही नहीं बनते हैं, बल्कि अन्य अनेक छंद बनते है. श्लोक छंद के अनुष्टुप् पद आठ ही अक्षरों के होते हैं, मगर ऋग्वेद के अनुष्टुब्गायत्री छंद में 7-8-8-8 अक्षरों से अनुष्टुब्गायत्री छंद संपन्न होता है और 5-8-7-8 अक्षरों के चरणों से अनुष्टुब्गार्भ छंद प्रयुक्त होता है. उदाहरण आगे दिए हुए है.

श्लोक छन्द की विशेष बातें

(1) श्लोक छंद के चारों चरण में पाँचवा वर्ण लघु (ह्रस्व) होता है.

(2) श्लोक छंद के चारों चरण में छठा वर्ण गुरु (दीर्घ) होता है. अतः, श्लोक छंद के दोनों सम और दोनों विषम चरणों का पाँचवाँ अक्षर लघु और छठा वर्ण गुरु होने के कारण श्लोक के प्रत्येक चरण के मध्य में केवल स-गण (।।ऽ) अथवा र-गण (ऽ।ऽ) ही आ सकता है.

(3) सम चरणों का सातवाँ वर्ण लघु होता है और विषम चरणों का सातवाँ वर्ण गुरु होता है. शेष (1, 2, 3, 4, 8 वें) वर्णों के लिए लघु-गुरु मात्रा की स्वतंत्रता होती है. अतः, श्लोक छंद के दोनों विषम चरणों के अंत में त-गण (ऽऽ।) अथवा म-गण (ऽऽऽ) ही आ सकता है, और दोनों सम चरणों के अंत में स-गण (।।ऽ) अथवा र-गण (ऽ।ऽ) ही आ सकता है.

(5) श्लोक के सम तथा विषम चरणों का अंतिम वर्ण लघु होकर भी गुरु माना जाता है.

(6) प्रत्येक चरण (आठ अक्षर) के अन्त में यति (साँस लेने का है वैकल्पिक अवधि) होता है.

(7) 256 तरह के अनुष्टुप् छन्दों में से किसी भी केवल एक ही प्रकार के अनुष्टुप् छन्द में संपूर्ण

काव्य कभी भी नहीं लिखा जाता है.

(8) श्लोक छंद में केवल वे ही चतुष्पद आ सकते हैं जिनके सम चरणों अंत्य गल अथवा गग हो और विषम पदों के अंत में लल अथवा लग हो.

(9) श्लोक छंद के चारों चरणों के आरंभ में आठ में से कोई भी गण आ सकता है, परंतु दूसरा गण मध्य-लघु और अंत्य-गुरु वाला ज गण अथवा र गण ही हो सकता है. अथात्, श्लोक के प्रथम गण और चौथीं मात्रा पर कोई बंधन नहीं होता है.

(10) श्लोक के किसी भी चरण में कम से कम छठा अक्षर गुरु होना चाहिए, बाकी सर्व लघु हो सकते हैं. श्लोक के किसी भी चरण में कम से कम पाँचवाँ अक्षर लघु होना चाहिए, बाकी सर्व गुरु हो सकते हैं.

(11) श्लोक चार चरणों वाला 8-8-8-8 वर्णों का अर्धसम वार्णिक छंद है. अत: श्लोक के सम चरण एक सूत्र के (4 + । ऽ ऽ + 1) और विषम चरण दूसरे सूत्र के (4 + । + ऽ + । + 1) होते हैं.

(12) (क) श्लोक छंद के चारों चरणों के प्रथम चार अक्षरों के लिए लघु-गुरु का बंध नहीं होने के कारण चारों चरणों के आरंभ के तीन अक्षरों में न (।।।), स (।।ऽ), ज (।ऽ।), य (।ऽऽ), भ (ऽ।।), र (ऽ।ऽ), त (ऽऽ।), म (ऽऽऽ) कोई भी गण आ सकता है.

(ख) और श्लोक छंद के चारों चरणों की चौथी मात्रा पर भी कोई बंधन नहीं होने के कारण श्लोक छंद का मध्य गण केवल स (।।ऽ) अथवा र (ऽ।ऽ) ही हो सकता है.

इन दो (क) (ख) अहम विशेषताओं के कारण चारों चरणों के चार लघु और चार गुरु अक्षर की संभावना से श्लोक छंद में 4x3x2 = 32 तरह की संगीत धुनें अंतर्निहित (inherent) होती हैं. इस अनुषंगिक मधुरता के कारण श्लोक छंद की दीर्घतम रचना भी उकतावनी नहीं होती है. उदा. महाभारत (100,000 श्लोक), रामयण (24,000), गीता (501), संगीत गीतोपनिषद् (1,447). यही वजह है कि कोई भी अच्छा काव्य प्रथम चार वर्णों के एक ही सूत्र में कभी भी नहीं लिखा जाता है.

(13) विशेष ध्यान रहे : कि इस ग्रंथ में आठ-आठ वर्णों के बाद जहाँ छन्दहानि के बिना संधि टूट सकती है, वहाँ गाने के लय की सुविधा के लिए " - " का चिह्न देकर संधि सकारण तोड़ी गई है. जैसे कि : दामोदरं हृषीकेशमीशं वन्दे जगद्गुरुम् = दामोदरं हृषीकेशम्-ईशं वन्दे जगद्गुरुम् ।। अत: इसको कृपया छन्ददोष मत मानियेगा.

(14) श्लोक छंद अनेक गणों तथा अनेक अष्टाक्षरी मूल छंदों से बना हुआ संयुक्त छंद है. इसके चारों चरणों के प्रारंभ में न स ज य भ र त म में से कोई भी एक गण आ सकता है. इसके प्रथम चार वर्णों के 8x4x2 = 64 निम्नांकित संभावनीय संयोजनों (possible combinations) में दयी, मधु, अक्षि, सुमती, जपा, जया, सद्म, वृद्धि, जतु, ललिता, धारा, ऋद्धि, त्रपु, तारा, वल्ली

अथवा कन्या आदि सोलह छंदों में से कोई भी एक छंद आ सकता है.

श्लोक छंद के प्रथम चार अक्षरों की विविधता से निर्मित 64 शास्त्रसाहित्यिक छंदों की तालिका संकेत : अष्टा. (अष्टावक्र गीता), उ.गी. (उत्तर गीता), गु.गी. (गुरु गीता), व.गी. (वसिष्ठ गीता), व्या.गी. (व्याध गीता), रा.र. (श्रीरामरक्षा), सं.रा. (संगीत रामायण).						
	छंद व्याख्या	व्याख्या गण	व्याख्या सूत्र	छंद गण सूत्र	छंद गण	शास्त्रसाहित्यिक छंद उदाहरण
1	दयी+जल	नल+जल	IIII,ISI,I	III,IIS,II	नसलल	वहति हनुमाञ्चिव (सं.रा.2144.4)
2	दयी+जग	नल+जग	IIII,ISI,S	III,IIS,IS	नसलग	सकलमलनाशिनीम् (सं.रा.2025.2)
3	मधु+जल	नग+जल	IIIS,ISI,I	III,SIS,II	नरलल	भजनकीर्तनानि च । (सं.रा. 1967.2)
4	मधु+जग	नग+जग	IIIS,ISI,S	III,SIS,IS	नरलग	निवसति स्म दण्डके । (सं.रा. 1966.2)
5	अक्षी+जल	सल+जल	IISI,ISI,I	IIS,IIS,II	ससलल	विषयान्विषयत्यज (अ.गी. 1.2)
6	अक्षी+जग	सल+जग	IISI,ISI,S	IIS,IIS,IS	ससलग	जगदंकुरहेतवे (गु.गी. 2.2)
7	सुमती+जल	सग+जल	IISS,ISI,I	IIS,SIS,II	सरलल	चिति विश्राम्य तिष्ठसि (अष्टा. 1.4.2)
8	सुमती+जग	सग+जग	IISS,ISI,S	IIS,SIS,IS	सरलग	गुरवे बुद्धिसाक्षिणे ।। (गु.गी. 3.4)
9	जपा+जल	जल+जल	ISII,ISI,I	ISI,IIS,II	जसलल	अनादिनिधनानि च ।। (गु.गी 53.4)
10	जपा+जग	जल+जग	ISII,ISI,S	ISI,IIS,IS	जसलग	यथा रजतविभ्रमे ।। (अष्टा. 3.2.4)
11	जया+जल	जग+जल	ISIS,ISI,I	ISI,SIS,II	जरलल	सुषुप्तस्वप्नका इव ।। (व.गी. 1.28.4)
12	जया+जग	जग+जग	ISIS,ISI,S	ISI,SIS,IS	जरलग	दिनानि त्रीणि पञ्च वा (अष्टा. 10.2.2)
13	सद्म+जल	यल+जल	ISSI,ISI,I	ISS,IIS,II	यसलल	नमो गुह्यतमाय च । (गु.गी. 53.2)
14	सद्म+जग	यल+जग	ISSI,ISI,S	ISS,IIS,IS	यसलग	महापातकनाशनम् ।। (रा.र. 1.4)
15	वृद्धि+जल	यग+जल	ISSS,ISI,I	ISS,SIS,II	यरलल	स बोधस्त्वं सुखं चर ।। (गु.गी. 1.10.4)
16	वृद्धि+जग	यग+जग	ISSS,ISI,S	ISS,SIS,IS	यरलग	गुरुर्देवो महेश्वरः । (गु.गी. 4.2)
17	जतु+जल	भल+जल	SIII,ISI,I	SII,IIS,II	भसलल	विन्दति च करोति च (व्या.गी. 8.2)
18	जतु+जग	भल+जग	SIII,ISI,S	SII,IIS,IS	भसलग	दण्डमपि धनं तथ । (सं.रा. 2387.2)
19	ललिता+जल	भग+जल	SIIS,ISI,I	SII,SIS,II	भरलल	नैव पुनर्भविष्यति (सं.रा. 2151.2)
20	ललिता+जग	भग+जग	SIIS,ISI,S	SII,SIS,IS	भरलग	साधुरतीव हर्षितः (सं.रा. 2307.2)
21	धारी+जल	रल+जल	SISI,ISI,I	SIS,IIS,II	रसलल	वीत शोकः सुखी भव ।। (अष्टा. 1.9.4)
22	धारी+जग	रल+जग	SISI,ISI,S	SIS,IIS,IS	रसलग	राम नाम वरानने ।। (रा.र. 38.4)
23	ऋद्धि+जल	रग+जल	SISS,ISI,I	SIS,SIS,II	ररलल	सर्वभूतान्यथो मयि ((अष्टा. 6.4.2)
24	ऋद्धि+जग	रग+जग	SISS,ISI,S	SIS,SIS,IS	ररलग	कयत्प्रकाशेन भाति यत् । (गु.गी.

						10.2)
25	त्रपु+जल	तल+जल	SSII,ISI,I	SSI,IIS,II	तसलल	शास्त्राणि विविधानि च । (उ.गी 3.2.2)
26	त्रपु+जग	तल+जग	SSII,ISI,S	SSI,IIS,IS	तसलग	ज्ञानाञ्जनशलाकया । (गु.गी. 5.2)
27	तारा+जल	तग+जल	SSIS,ISI,I	SSI,SIS,II	तरलल	कर्म दण्डिनः खलु (सं.रा. 2360.4)
28	तारा+जग	तग+जग	SSIS,ISI,S	SSI,SIS,IS	तरलग	पाखण्डिनः पापरताः (गु.गी. 32.1)
29	वल्ली+जल	मल+जल	SSSI,ISI,I	SSS,IIS,II	मसलल	तन्निकृत्य सुखी भव ।। (गु.गी. 1.14.4)
30	वल्ली+जग	मल+जग	SSSIISIS	SSS,IIS,IS	मसलग	तस्मै श्रीगुरवे नमः ।। (गु.गी. 4.4)
31	कन्या+जल	मग+जल	SSSS,ISI,I	SSS,SIS,II	मरलल	सत्यं पीयूषवद्भज ।। (अष्टा. 1.4)
32	कन्या+जग	मग+जग	SSSS,ISI,S	SSS,SIS,IS	मरलग	रामं राजीवलोचनम् । (रा.र. 2.2)
33	दयी+यल	नल+यल	IIII,ISS,I	III,IIS,SI	नसगल	सकलअघनाशी स (सं.रा. 2649.1)
34	दयी+यग	नल+यग	IIII,ISS,S	III,IIS,SS	नसगग	पतति पृथिवीपालः (संरा. 2356.3)
35	मधु+यल	नग+यल	IIIS,ISS,I	III,SIS,SI	नरगल	कुशलबुद्धिरासीत्स (सं.रा. 2272.3)
36	मधु+यग	नग+यग	IIIS,ISS,S	III,SIS,SS	नरगग	धनमदृश्यकुर्वाणं (सं.रा. 2361.1)
37	अक्षी+यल	सल+यल	IISI,ISS,I	IIS,IIS,SI	ससगल	चरितं रघुनाथस्य (रा.र. 1.1)
38	अक्षी+यग	सल+यग	IISI,ISS,S	IIS,IIS,SS	ससगग	न गुरोरधिकं तत्त्वं (गु.गी. 11.1)
39	सुमती+यल	सग+यल	IISS,ISS,I	IIS,SIS,SI	सरगल	रघुनाथाय नाथाय (रा.र. 27.3)
40	सुमती+यग	सग+यग	IISS,ISS,S	IIS,SIS,SS	सरगग	गुरुपादोदकं पानं (गु.गी. 13.1)
41	जपा+यल	जल+यल	ISII,ISS,I	ISI,IIS,SI	जसगल	गुरोः परतरं नास्ति (गु.गी. 18.3)
42	जपा+यग	जल+यग	ISII,ISS,S	ISI,IIS,SS	जसगग	उपायनकरो भूत्वा (गु.गी. 41.3)
43	जया+यल	जग+यल	ISIS,ISS,I	ISI,SIS,SI	जरगल	सदोदिताय पूर्णाय (गु.गी. 2.3)
44	जया+यग	जग+यग	ISIS,ISS,S	ISI,SIS,SS	जरगग	तथा गरूपदेशेन (गु.गी. 43.3)
45	सद्म+यल	यल+यल	ISSI,ISS,I	ISS,IIS,SI	यसगल	न कर्तासि न भोक्तासि (गु.गी. 1.6.3)
46	सद्म+यग	यल+यग	ISSI,ISS,S	ISS,IIS,SS	यसगग	निदिध्यासनमित्येतत् (गु.गी. 42.3)
47	वृद्धि+यल	यग+यल	ISSS,ISS,I	ISS,SIS,SI	यरगल	गुरुः साक्षात्परब्रह्म (गु.गी. 4.3)
48	वृद्धि+यग	यग+यग	ISSS,ISS,S	ISS,SIS,SS	यरगग	गुरुर्ब्रह्मा गुरुर्विष्णुः (गु.गी. 4.1)
49	जतु+यल	भल+यल	SIII,ISS,I	SII,IIS,SI	भसगल	सत्यमवगतं येन (सं.रा. 2228.3)
50	जतु+यग	भल+यग	SIII,ISS,S	SII,IIS,SS	भसगग	भोः ऋषिमुनयः प्रेम्णा (सं.रा. 2252.1)
51	ललिता+यल	भग+यल	SIIS,ISS,I	SII,SIS,SI	भरगल	रामेरि रामभद्रेति (रा.र. 12.1)
52	ललिता+यग	भग+यग	SIIS,ISS,S	SII,SIS,SS	भरगग	नावगतं रहस्यं वा गूढं (सं.रा. 2420.3)
53	धारी+यल	रल+यल	SISI,ISS,I	SIS,IIS,SI	रसगल	चक्षुरुन्मीलितं येन (गु.गी. 5.3)

1.7 श्लोक छंद विवेचन

54	धारी+यग	रल+यग	SISI,ISS,S	SIS,IIS,SS	रसगग	नादबिन्दुकलातीतं (गु.गी. 9.3)
55	ऋद्धि+यल	रग+यल	SISS,ISS,I	SIS,SIS,SI	ररगल	त्वंपदं दर्शितं येन (गु.गी. 6.3)
56	ऋद्धि+यग	रग+यग	SISS,ISS,S	SIS,SIS,SS	ररगग	अखण्डमण्डलाकारं (गु.गी. 7.1)
57	त्रपु+यल	तल+यल	SSII,ISS,I	SSI,IIS,SI	तसगल	अज्ञानतिमिरान्धस्य (गु.गी. 5.1)
58	त्रपु+यग	तल+यग	SSII,ISS,S	SSI,IIS,SS	तसगग	श्रीनाथचरणद्वन्द्वं (गु.गी. 22.1)
59	तारा+यल	तग+यल	SSIS,ISS,I	SSI,SIS,SI	तरगल	चातुर्यवान्विवेकी च (गु.गी. 35.1)
60	तारा+यग	तग+यग	SSIS,ISS,S	SSI,SIS,SS	तरगग	रामाय रामभद्राय (रा.र. 27.1)
61	वल्ली+यल	मल+यल	SSSI,ISS,I	SSS,IIS,SI	मसगल	सत्यानन्द स्वरूपाय (गु.गी. 3.1)
62	वल्ली+यग	मल+यग	SSSI,ISS,S	SSS,IIS,SS	मसगग	यत्सत्येन जगत्सत्यं (गु.गी. 10.1)
63	कन्या+यल	मग+यल	SSSS,ISS,I	SSS,SIS,SI	मरगल	अस्तित्वं दर्शितं येन (गु.गी. 8.3)
64	कन्या+यग	मग+यग	SSSS,ISS,S	SSS,SIS,SS	मरगग	चैतन्यं शाश्वतं शान्तं (गु.गी. 9.1)

2. भगवद्गीता की सविस्तर छंद मीमांसा

गीता में 8, 9, 10, 11 और 12 वर्णों वाले चार छंदवर्ग के 110 छंद पाए जाते हैं.

(1) 8 अक्षरों वाले छंदवर्ग को अनुष्टभ् छंदवर्ग कहा जाता है, जिनमें उपरोक्त 256 विभिन्न छंदों का प्रस्तार आता है. इस 256 अनुष्टभ् छंदवर्ग परिवार में एक अनुष्टभ् नामक छंद भी है जो गीता में विद्यमान नहीं हैं, तथापि जो 79 अष्टाक्षरी अनुष्टप् प्रकार गीता में प्रयुक्त हैं उनकी तालिका नीचे दी गई है (अध्याय.श्लोक.चरण) और विश्लेषण आगे आ रहा है.

अध्याय.श्लोक.चरण

आठ अक्षरों वाले अनुष्टभ्-छंदवर्ग के गीता में पाए जाने वाले 79 छंद

क्रम	छंद गण	छंद सूत्र	छंद नाम	गीता में उदाहरण चरण	संदर्भ
1.	ससलल	।।ऽ, ।।ऽ, ।।	अमना	शृणु मे भरतर्षभ ।	18.36.2
2.	ससलग	।।ऽ, ।।ऽ, ।ऽ	कलिला	शृणुयादपि यो नरः ।	18.71.2
3.	ससगल	।।ऽ, ।।ऽ, ऽ।	मही	न स सिद्धिमवाप्नोति	16.23.3
4.	ससगग	।।ऽ, ।।ऽ, ऽऽ	पंचशिखा	क्रियते तदिह प्रोक्तं	17.18.3
5.	सभलल	।।ऽ, ऽ।।, ।।	सुतमधु	परिणामे विषमिव	18.38.3
6.	सभलग	।।ऽ, ऽ।।, ।ऽ	सुतमधु	नियतं सङ्गरहितम्	18.23.1
7.	सरलल	।।ऽ, ऽ।ऽ, ।।	शलुकलुप्त	न च मां योऽभ्यसूयति ।।	18.67.4
8.	सरलग	।।ऽ, ऽ।ऽ, ।ऽ	शलुकलुप्त	प्रतिजाने प्रियोऽसि मे ।।	18.65.4
9.	सरगल	।।ऽ, ऽ।ऽ, ऽ।	वलीकेंदु	न च तस्मान्मनुष्येषु	18.69.1
10.	सरगग	।।ऽ, ऽ।ऽ, ऽऽ	परिधारा	इति ते ज्ञानमाख्यातं	18.63.1
11.	जसलल	।ऽ।, ।।ऽ, ।।		यथेच्छसि तथा कुरु ।।	18.63.4
12.	जसलग	।ऽ।, ।।ऽ, ।ऽ		न योत्स्य इति मन्यसे ।	18.59.2
13.	जसगल	।ऽ।, ।।ऽ, ऽ।	भांर्गी	तमेव शरणं गच्छ	18.62.1
14.	जसगग	।ऽ।, ।।ऽ, ऽऽ	भांर्गी	स्थितोऽस्मि गतसन्देहः	18.73.3
15.	जभलग	।ऽ।, ऽ।।, ।ऽ	मरु	क्षिपाम्यजस्रमशुभान्	16.19.3
16.	जरलग	।ऽ।, ऽ।ऽ, ।ऽ	प्रमाणिका	दिव्यगन्धानुलेपनम् ।	11.11.2
17.	जरगल	।ऽ।, ऽ।ऽ, ऽ।	अनामिका	स्वभावजेन कौन्तेय	18.60.1

18.	जरगग	।ऽ।, ऽ।ऽ, ऽऽ	यशस्करी	विमुच्य निर्ममः शान्तो	18.53.3
19.	जतलल	।ऽ।, ऽऽ।, ।।	आकतनु	तथा प्रलीनस्तमसि	14.15.3
20.	जतलग	।ऽ।, ऽऽ।, ।ऽ	विता	सुखं त्विदानीं त्रिविधं	18.36.1
21.	जतगल	।ऽ।, ऽऽ।, ऽ।	वितान	रजस्तमश्चाभिभूय	14.10.1
22.	जतगग	।ऽ।, ऽऽ।, ऽऽ	वारिशाला	अजोऽपि सन्नव्ययात्मा	4.6.1
23.	जमगल	।ऽ।, ऽऽऽ, ऽ।		असक्तबुद्धिः सर्वत्र	18.49.1
24.	जमगग	।ऽ।, ऽऽऽ, ऽऽ		विविक्तसेवी लघ्वाशी	18.52.1
25.	यसलल	।ऽऽ, ।।ऽ, ।।		करिष्ये वचनं तव ।।	18.73.4
26.	यसलग	।ऽऽ, ।।ऽ, ।ऽ		गुह्याद्गुह्यतरं मया ।	18.63.2
27.	यसगल	।ऽऽ, ।।ऽ, ऽ।	मनोला	विमृश्यैतदशेषेण	18.63.3
28.	यसगग	।ऽऽ, ।।ऽ, ऽऽ	मनोला	प्रसङ्गेन फलाकाङ्क्षी	18.34.3
29.	यभलग	।ऽऽ, ऽ।।, ।ऽ		अधर्मं धर्ममिति या	18.32.1
30.	यभगग	।ऽऽ, ऽ।।, ऽऽ	चतुरीहा	अपाने जुह्वति प्राणं	4.29.1
31.	यरलल	।ऽऽ, ऽ।ऽ, ।।	भाषा	ध्रुवा नीतिर्मतिर्मम ।।	18.78.4
32.	यरलग	।ऽऽ, ऽ।ऽ, ।ऽ	भाषा	त्वयैकाग्रेण चेतसा ।	18.72.2
33.	यरगल	।ऽऽ, ऽ।ऽ, ऽ।	सुचंद्राभा	इदं ते नातपस्काय	18.67.1
34.	यरगग	।ऽऽ, ऽ।ऽ, ऽऽ	कुलाधारी	न चाशुश्रूषवे वाच्यं	18.67.3
35.	यतलग	।ऽऽ, ऽऽ।, ।ऽ		मयाध्यक्षेण प्रकृतिः	9.10.1
36.	यतगग	।ऽऽ, ऽऽ।, ऽऽ	पारांतचारी	मनःषष्ठानीन्द्रियाणि	15.7.3
37.	भसगग	ऽ।।, ।।ऽ, ऽऽ		कार्यकरणकर्तृत्वे	13.21.1
38.	रसलल	ऽ।ऽ, ।।ऽ, ।।		क्षान्तिरार्जवमेव च ।	18.42.2
39.	रसलग	ऽ।ऽ, ।।ऽ, ।ऽ		शाश्वतं पदमव्ययम् ।।	18.56.4
40.	रसगल	ऽ।ऽ, ।।ऽ, ऽ।	गाथ	प्रोच्यमानमशेषेण	18.29.3
41.	रसगग	ऽ।ऽ, ।।ऽ, ऽऽ	गाथ	तत्र श्रीर्विजयो भूतिः	18.78.3
42.	रभलल	ऽ।ऽ, ऽ।।, ।।	कुरुचरी	यत्तदग्रे विषमिव	18.37.1
43.	रभलग	ऽ।ऽ, ऽ।।, ।ऽ	कुरुचरी	सर्वकर्माण्यपि सदा	18.56.1
44.	ररलल	ऽ।ऽ, ऽ।ऽ, ।।	हेमरूप	त्वत्प्रसादान्मयाच्युत ।	18.73.2
45.	ररलग	ऽ।ऽ, ऽ।ऽ, ।ऽ	हेमरूप	यत्र पार्थो धनुर्धरः ।	18.78.2

2. भगवद्गीता की सविस्तर छंद मीमांसा

46.	ररगल	SIS, SIS, SI	लक्ष्मी	तच्च संस्मृत्य संस्मृत्य	18.77.1
47.	ररगग	SIS, SIS, SS	पद्ममाला	यत्र योगेश्वरः कृष्णो	18.78.1
48.	रतलल	SIS, SSI, II		वासुदेवः सर्वमिति	7.19.3
49.	रतलग	SIS, SSI, IS		श्रद्दधाना मत्परमा	12.20.3
50.	रतगल	SIS, SSI, SI		काम एष क्रोध एष	3.37.1
51.	रतगग	SIS, SSI, SS		सिद्ध्यसिद्ध्योर्निर्विकारः	18.26.3
52.	तसलल	SSI, IIS, II		अन्यः प्रियतरः भुवि ॥	18.69.4
53.	तसलग	SSI, IIS, IS		हृष्यामि च पुनः पुनः ॥	18.77.4
54.	तसगल	SSI, IIS, SI	श्यामा	न द्वेष्ट्यकुशलं कर्म	18.10.1
55.	तसगग	SSI, IIS, SS	श्यामा	संवादमिममश्रौषम्	18.74.3
56.	तभलल	SSI, SII, II	रामा	इष्टोऽसि मे दृढमिति	18.64.3
57.	तभलग	SSI, SII, IS	रामा	अध्येष्यते च य इमं	18.70.1
58.	तरलल	SSI, SIS, II	नाराचिका	त्वमादौ प्रोक्तवानिति ॥	4.4.4
59.	तरलग	SSI, SIS, IS	नाराचिका	विनाशस्तस्य विद्यते ।	6.40.2
60.	तरगल	SSI, SIS, SI	विभा	छन्दांसि यस्य पर्णानि	15.1.3
61.	तरगग	SSI, SIS, SS	विभा	बुद्ध्या विशुद्धया युक्तो	18.51.1
62.	ततलल	SSI, SSI, II	कराली	सत्त्वं सुखे सञ्जयति	14.9.1
63.	ततलग	SSI, SSI, IS	गर्भ	व्यासप्रसादाच्छ्रुतवान्	18.75.1
64.	ततगग	SSI, SSI, SS	केतुमाला	नैते सृती पार्थ जानन्	8.27.1
65.	तमगल	SSI, SSS, SI	मृत्युंजय	साङ्ख्ये कृतान्ते प्रोक्तानि	18.13.3
66.	तमगग	SSI, SSS, SS	मृत्युंजय	सत्त्वानुरूपा सर्वस्य	17.3.1
67.	मनगग	SSS, III, SS	हंसरुत	पाप्मानं प्रजहि ह्येनं	3.41.3
68.	मसलल	SSS, IIS, II		मद्भक्तेष्वभिधास्यति ।	18.68.
69.	मसलग	SSS, IIS, IS		एतद्गुह्यमहं परम् ।	18.75.2
70.	मसगल	SSS, IIS, SI		श्रद्धावाननसूयश्च	18.71.1
71.	मसगग	SSS, IIS, SS		मामेवैष्यसि सत्यं ते	18.65.3
72.	मभलग	SSS, SII, IS	अतिजनी	स्वे स्वे कर्मण्यभिरतः	18.45.1
73.	मरलल	SSS, SIS, II	क्षमा	मद्याजी मां नमस्कुरु ।	18.65.2

74.	मरलग	SSS, SIS, IS	क्षमा	धर्म्यं संवादमावयोः ।	18.70.2
75.	मरगल	SSS, SIS, SI		राजन्संस्मृत्य संस्मृत्य	18.76.1
76.	मरगग	SSS, SIS, SS		योगं योगेश्वरात्कृष्णात्	18.75.3
77.	मतलग	SSS, SSI, IS		गन्धर्वाणां चित्ररथः	10.26.3
78.	मतगल	SSS, SSI, SI		श्रोत्रं चक्षुः स्पर्शनं च	15.9.1
79.	मतगग	SSS, SSI, SS		मूढग्राहेणात्मनो यत्	17.19.1
टिप्पणी : श्लोक के किसी भी चरण का अंतिम अक्षर लघु हो तो भी गुरु माना व गाया जाता है.					

(2) 9 अक्षरों वाले छंदवर्ग को बृहती छंदवर्ग कहा जाता है, जिसमें 512 विभिन्न छंदों का विस्तार आता है. इस 512 बृहती छंदवर्ग परिवार में से अक्षि नाम का केवल एक ही छंद गीता में विद्यमान है, जिसकी तालिका नीचे दी गई है और विश्लेषण आगे आ रहा है.

नौ अक्षरों वाला बृहती-छंदवर्ग का गीता में पाया जाने वाला एकमात्र नवाक्षरी छंद

क्रम	छंद गण	छंद सूत्र	छंद नाम	गीता में उदाहरण चरण	संदर्भ
1	सजस	IIS, ISI, IIS	अक्षि	मदनुग्रहाय परमं	11.1.1

(3) 10 अक्षरों वाले छंदवर्ग को पंक्ती छंदवर्ग कहा जाता है, जिसमें 1024 विभिन्न छंदों का परिवार आता है. इस 1024 पंक्ती छंदवर्ग में से विन्दु छंद-गुण का केवल एक ही छंद गीता में विद्यमान है, जिसकी तालिका नीचे दी गई है और विश्लेषण आगे आ रहा है.

दस अक्षरों वाला पंक्ति-छंदवर्ग का गीता में पाया जाने वाला एकमात्र दशाक्षरी छंद

क्रम	छंद गण	छंद सूत्र	छंद नाम	गीता में उदाहरण चरण	संदर्भ
1	यतयत	ISS, SSI, ISS, SSI	विंदु-विंदु	न चैतद्विद्मः कतरन्नो गरीयो	2.6.1

(4) 11 अक्षरों वाले छंदवर्ग को त्रिष्टुप् छंदवर्ग कहा जाता है, जिसमें 2048 विभिन्न छंदों की शृंखला आती है. इस 2048 एकादशाक्षवृत्ति वाले त्रिष्टुप् छंदवर्ग में से 23 छंद गीता में विद्यमान हैं, जिनकी तालिका नीचे दी गई है और विश्लेषण आगे आ रहा है. याद रहे कि त्रिष्टुभ् एक छंदवर्ग है, त्रिष्टुप् नाम का कोई अलग छंद नहीं है, अतः कई गीता भाष्यकारों ने गीता के अन्यान्य छंदों को अखावधानी से त्रिष्टुभ् छंद कह दिया है.

ग्यारह अक्षरों वाले त्रिष्टुप्-छंदवर्ग के गीता में पाए जाने वाले 23 एकादशाक्षरी छंद

क्रम	छंद गण	छंद सूत्र	छंद नाम	गीता में उदाहरण चरण	संदर्भ
1	जभजगग	ISI, SII, ISI, SS		कविं पुराणमनुशासितारम्	8.9.1

2	जभतगल	।ऽ।, ऽ।।, ऽऽ।, ऽ।		किरीटिनं गदिनं चक्रिणं च	11.17.1
3	जभतगग	।ऽ।, ऽ।।, ऽऽ।, ऽऽ		किरीटिनं गदिनं चक्रहस्तम्	11.46.1
4	जतजगल	।ऽ।, ऽऽ।, ।ऽ।, ऽ।	उपेंद्रवज्रा	असङ्गशस्त्रेण दृढेन छित्त्वा ।।	15.3.4
5	जतजगग	।ऽ।, ऽऽ।, ।ऽ।, ऽऽ	उपेंद्रवज्रा	यतः प्रवृत्तिः प्रसृता पुराणी ।।	15.4.4
6	जततगल	।ऽ।, ऽऽ।, ऽऽ।, ऽ।		सगद्गदं भीतभीतः प्रणम्य ।।	11.35.4
7	जततगग	।ऽ।, ऽऽ।, ऽऽ।, ऽऽ		गरीयसे ब्रह्मणोऽप्यादिकर्त्रे ।	11.37.2
8	यभतगल	।ऽऽ, ऽ।।, ऽऽ।, ऽ।		अमी हि त्वां सुरसङ्घा विशन्ति	11.21.1
9	यभतगग	।ऽऽ, ऽ।।, ऽऽ।, ऽऽ		अधश्चोर्ध्वं प्रसृतास्तस्य शाखा	15.2.1
10	यततगल	।ऽऽ, ऽऽ।, ऽऽ।, ऽ।		यदिच्छन्तो ब्रह्मचर्यं चरन्ति	8.11.3
11	यततगग	।ऽऽ, ऽऽ।, ऽऽ।, ऽऽ		स्वकं रूपं दर्शयामास भूयः ।	11.50.2
12	तभजगग	ऽऽ।, ऽ।।, ।ऽ।, ऽऽ	चित्रा	आपूर्यमाणमचलप्रतिष्ठं	2.70.1
13	तभतगल	ऽऽ।, ऽ।।, ऽऽ।, ऽ।	ईहामृगी	वक्त्राणि ते त्वरमाणा विशन्ति	11.27.1
14	तभतगग	ऽऽ।, ऽ।।, ऽऽ।, ऽऽ	ईहामृगी	यस्मिन्गता न निवर्तन्ति भूयः ।	15.4.2
15	ततजगल	ऽऽ।, ऽऽ।, ।ऽ।, ऽ।	इन्द्रवज्रा	मत्तः स्मृतिर्ज्ञानमपोहनं च ।	15.15.2
16	ततजगग	ऽऽ।, ऽऽ।, ।ऽ।, ऽऽ	इन्द्रवज्रा	वेदान्तकृद्वेदविदेव चाहम् ।।	15.15.4
17	तततगग	ऽऽ।, ऽऽ।, ऽऽ।, ऽऽ	प्राकारबंध	इत्यर्जुनं वासुदेवस्तथोक्त्वा	11.50.1
18	मभतगल	ऽऽऽ, ऽ।।, ऽऽ।, ऽ।	वातोर्मी	एतच्छ्रुत्वा वचनं केशवस्य	11.35.1
19	मभतगग	ऽऽऽ, ऽ।।, ऽऽ।, ऽऽ	वातोर्मी	रुद्रादित्या वसवो ये च साध्या	11.22.1
20	मतजगल	ऽऽऽ, ऽऽ।, ।ऽ।, ऽ।	गुणांगी	केचिद्भीताः प्राञ्जलयो गृणन्ति ।	11.21.2
21	मतजगग	ऽऽऽ, ऽऽ।, ।ऽ।, ऽऽ	गुणांगी	एवंरूपः शक्य अहं नृलोके	11.48.3
22	मततगल	ऽऽऽ, ऽऽ।, ऽऽ।, ऽ।	शालिनी	क्षीणे पुण्ये मर्त्यलोकं विशन्ति ।	9.21.2
23	मततगग	ऽऽऽ, ऽऽ।, ऽऽ।, ऽऽ	शालिनी	दृष्ट्वा रूपं घोरमीदृङ्ममेदम् ।	11.49.2
टिप्पणी : श्लोक के किसी भी चरण का अंतिम अक्षर लघु हो तो भी गुरु माना व गाया जाता है.					

(5) 12 अक्षरों वाले छंदवर्ग को जगती छंदवर्ग कहा जाता है, जिसमें 4096 विभिन्न छंदों का प्रसार आता है. इस 2048 द्वादशाक्षवृत्ति वाले जगती छंदवर्ग में से 5 छंद गीता में विद्यमान हैं, जिनकी तालिका नीचे दी गई है और विश्लेषण आगे आ रहा है. याद रहे कि जगती एक छंदवर्ग है, जगती नामक कोई एक अलग छंद नहीं है, मगर कई भाष्यकारों ने गीता के

अन्यान्य छंदों को अनजाने में जगती छंद कह दिया है.

बारह अक्षरों वाले जगती-छंदवर्ग के गीता में पाए जाने वाले 5 द्वाशशाक्षरी छंद

क्रम	छंद गण	छंद सूत्र	छंद नाम	गीता में उदाहरण चरण	संदर्भ
1	जभसय	।ऽ।, ऽ।।, ।।ऽ, ।ऽऽ	सृति	स तं परं पुरुषमुपैति दिव्यम् ।।	8.10.4
2	जतजत	।ऽ।, ऽऽ।, ।ऽ।, ऽऽ।		तथा शरीराणि विहाय जीर्णानि	2.22.3
3	जतजर	।ऽ।, ऽऽ।, ।ऽ।, ऽ।ऽ	वंशस्थ	न रूपमस्येह तथोपलभ्यते	15.3.1
4	तभसय	ऽऽ।, ऽ।।, ।।ऽ, ।ऽऽ	यशोदा	आश्चर्यवद्वदति तथैव चान्यः ।	2.29.2
5	तभयय	ऽऽ।, ऽ।।, ।ऽऽ, ।ऽऽ		यद्वा जयेम यदि वा नो जयेयुः ।	2.6.2
टिप्पणी : श्लोक के किसी भी चरण का अंतिम अक्षर लघु हो तो भी गुरु माना व गाया जाता है.					

(6) गीता में उपरोक्त पाँचों छंदवर्गों के 110 विभिन्न छंदों के जो 2804 चरण पाए जाते हैं उनकी गणानुसार विभक्त तालिकाएँ अगले परिच्छेद 2.1 से 2.8 में नीचे दी हैं.

वर्ग १

2.1 आठ अक्षरों वाले गीता के 80 छंद

2.1.1. न-गण से आरंभ होने वाले अनुष्टुभ् अष्टाक्षरी छंद

अनुष्टुभ् वर्ग में न-गण से आरंभ होने वाले निम्नांकित 32 छंद आते हैं, मगर न-गण से आरंभ होने वाला कोई भी छंद गीता में प्रयुक्त नहीं है.

आठ अक्षरों वाले अनुष्टुभ्-छंदवर्ग के गीता में नहीं पाए जाने वाले 32 छंद

क्रमांक	गण सूत्र	मात्रा सूत्र	छंद नाम
1.	न, न, ल ल	– – –, – – –, – –	
2.	न, न, ल ग	– – –, – – –, – ऽ	हरिपद, सुविकसितकुसुम
3.	न, न, ग ल	– – –, – – –, ऽ –	
4.	न, न, ग ग	– – –, – – –, ऽ ऽ	रतिमाला, तुंग
5.	न, स, ल ल	– – –, – – ऽ, – –	
6.	न, स, ल ग	– – –, – – ऽ, – ऽ	लसदसु, पद्म, मही, कमल
7.	न, स, ग ल	– – –, – – ऽ, ऽ –	हरित्
8.	न, स, ग ग	– – –, – – ऽ, ऽ ऽ	गुणलयनी
9.	न, ज, ल ल	– – –, – ऽ –, – –	
10.	न, ज, ल ग	– – –, – ऽ –, – ऽ	अखनि, ललितगति
11.	न, ज, ग ल	– – –, – ऽ –, ऽ –	
12.	न, ज, ग ग	– – –, – ऽ –, ऽ ऽ	चित्तविलसित
13.	न, य, ल ल	– – –, – ऽ ऽ, – –	
14.	न, य, ल ग	– – –, – ऽ ऽ, – ऽ	
15.	न, य, ग ल	– – –, – ऽ ऽ, ऽ –	
16.	न, य, ग ग	– – –, – ऽ ऽ, ऽ ऽ	पांचालांघ्री
17.	न, भ, ल ल	– – –, ऽ – –, – –	
18.	न, भ, ल ग	– – –, ऽ – –, – ऽ	गजगति
19.	न, भ, ग ल	– – –, ऽ – –, ऽ –	
20.	न, भ, ग ग	– – –, ऽ – –, ऽ ऽ	वृयुमुखी
21.	न, र, ल ल	– – –, ऽ – ऽ, – –	पाकली

2.1 आठ अक्षरों वाले गीता के 80 छंद

22.	न, र, ल ग	– – –, ऽ – ऽ, – ऽ	सुमालती, उपलिनी
23.	न, र, ग ल	– – –, ऽ – ऽ, ऽ –	नखपदा
24.	न, र, ग ग	– – –, ऽ – ऽ, ऽ ऽ	कुररिका
25.	न, त, ल ल	– – –, ऽ ऽ –, – –	
26.	न, त, ल ग	– – –, ऽ ऽ –, – ऽ	मांडवक
27.	न, त, ग ल	– – –, ऽ ऽ –, ऽ –	
28.	न, त, ग ग	– – –, ऽ ऽ –, ऽ ऽ	वांतभार
29.	न, म, ल ल	– – –, ऽ ऽ ऽ, – –	अप्रीता, शाखोटकी
30.	न, म, ल ग	– – –, ऽ ऽ ऽ, – ऽ	
31.	न, म, ग ल	– – –, ऽ ऽ ऽ, ऽ –	
32.	न, म, ग ग	– – –, ऽ ऽ ऽ, ऽ ऽ	गोपवेदी

2.1.2. स–गण से आरंभ होने वाले गीता के 355 अष्टाक्षरी छंद

स–गण से आरंभ होने वाले विभिन्न 10 छंद और उन दस छंदों के जो कुल 355 चरण गीता में हैं उनका चित्रण निम्न तालिकाओं में दृष्ट है. ज्ञात रहे कि निचे दी हुई तालिका में जो भ गण वाले अनुष्टुप् छंद हैं वे श्लोक छंद में नहीं आते हैं.

गीता में आने वाले स–गणात्मक 10 विभिन्न छंदों की तालिका

	गण	सूत्र	छंद नाम	चरण संख्या
1.	ससलल	।।ऽ, ।।ऽ, । ।	अमना	11
2.	ससलग	।।ऽ, ।।ऽ, । ऽ	कलिला	48
3.	ससगल	।।ऽ, ।।ऽ, ऽ ।	मही	14
4.	ससगग	।।ऽ, ।।ऽ, ऽ ऽ	पंचशिखा	55
5.	सभलल	।।ऽ, ऽ।।, । ।	सुतमधु	3
6.	सभलग	।।ऽ, ऽ।।, । ऽ	सुतमधु	6
7.	सरलल	।।ऽ, ऽ।ऽ, । ।	शलुकलुप्त	31
8.	सरलग	।।ऽ, ऽ।ऽ, । ऽ	शलुकलुप्त	86
9.	सरगल	।।ऽ, ऽ।ऽ, ऽ ।	वलीकेंदु	36
10.	सरगग	।।ऽ, ऽ।ऽ, ऽ ऽ	परिधारा	54

| | | | | Total 355 |

1–2. ससलल, ससलग

।।ऽ, ।।ऽ, ।। और ।।ऽ, ।।ऽ, ।ऽ

अमना और कलिला छंद

सौलावमना सौलगौ कलिला. गीता के 18 अध्यायों में 10 मात्रा ससलल (।।ऽ, ।।ऽ, ।।) और 11 मात्रा ससलग (।।ऽ, ।।ऽ, ।ऽ) छंद सूत्र के दो स-गण वाले निम्नांकित 11 और 48 चरण प्रयुक्त हैं। चरण का अंतिम लघु अक्षर भी गुरु मान कर 11 मात्रा वाले ससलग गण के कलिला छंद के कुल 59 चरण गीता में पाए जाते हैं।

गीता में आने वाले 59 ससलल-ससलग छंद

क्रम	गण	सूत्र	गीता चरण प्रतीक	श्लोक संदर्भ अध्याय.श्लोक.चरण
1.	ससलल	।।ऽ, ।।ऽ, ।।	किमकुर्वत सञ्जय ।।	1.1.4
2.	ससलल	।।ऽ, ।।ऽ, ।।	भवतीत्यनुशुश्रुम ।।	1.44.4
3.	ससलल	।।ऽ, ।।ऽ, ।।	प्रहसन्निव भारत ।	2.10.2
4.	ससलल	।।ऽ, ।।ऽ, ।।	पुरुषं पुरुषर्षभ ।	2.15.2
5.	ससलल	।।ऽ, ।।ऽ, ।।	न विकम्पितुमर्हसि ।	2.31.2
6.	ससलल	।।ऽ, ।।ऽ, ।।	अरतिर्जनसंसदि ।।	13.11.4
7.	ससलल	।।ऽ, ।।ऽ, ।।	अचरं चरमेव च ।	13.16.2
8.	ससलल	।।ऽ, ।।ऽ, ।।	प्रकृतिं च गुणैः सह ।	13.24.2
9.	ससलल	।।ऽ, ।।ऽ, ।।	नियतं क्रियतेऽर्जुन ।	18.9.2
10.	ससलल	।।ऽ, ।।ऽ, ।।	गुणतस्त्रिविधं शृणु ।	18.29.2
11.	ससलल	।।ऽ, ।।ऽ, ।।	शृणु मे भरतर्षभ ।	18.36.2
12.	ससलग	।।ऽ, ।।ऽ, ।ऽ	द्रुपदश्च महारथः ।।	1.4.4

13.	ससलग	।।ऽ, ।।ऽ, । ऽ	अयनेषु च सर्वेषु	1.11.1
14.	ससलग	।।ऽ, ।।ऽ, । ऽ	पणवानकगोमुखाः ।	1.13.2
15.	ससलग	।।ऽ, ।।ऽ, । ऽ	तुमुलो व्यनुनादयन् ।।	1.19.4
16.	ससलग	।।ऽ, ।।ऽ, । ऽ	इदमाह महीपते ।	1.21.2
17.	ससलग	।।ऽ, ।।ऽ, । ऽ	भ्रमतीव च मे मनः ।।	1.30.4
18.	ससलग	।।ऽ, ।।ऽ, । ऽ	विषमे समुपस्थितम् ।	2.2.2
19.	ससलग	।।ऽ, ।।ऽ, । ऽ	मरणादतिरिच्यते ।।	2.34.4
20.	ससलग	।।ऽ, ।।ऽ, । ऽ	प्रवदन्त्यविपश्चितः ।	2.42.2
21.	ससलग	।।ऽ, ।।ऽ, । ऽ	कृपणाः फलहेतवः ।।	2.49.4
22.	ससलग	।।ऽ, ।।ऽ, । ऽ	स्थितधीर्मुनिरुच्यते ।।	2.56.4
23.	ससलग	।।ऽ, ।।ऽ, । ऽ	पुरुषस्य विपश्चितः ।	2.60.2
24.	ससलग	।।ऽ, ।।ऽ, । ऽ	गुणकर्मविभागयोः ।	3.28.2
25.	ससलग	।।ऽ, ।।ऽ, । ऽ	गुणकर्मविभागशः ।	4.13.2
26.	ससलग	।।ऽ, ।।ऽ, । ऽ	प्रवदन्ति न पण्डिताः ।	5.4.2
27.	ससलग	।।ऽ, ।।ऽ, । ऽ	सुखमक्षयमश्नुते ।।	5.21.4
28.	ससलग	।।ऽ, ।।ऽ, । ऽ	स्थिरमासनमात्मनः ।	6.11.2
29.	ससलग	।।ऽ, ।।ऽ, । ऽ	गुरुणापि विचाल्यते ।।	6.22.4
30.	ससलग	।।ऽ, ।।ऽ, । ऽ	विनियम्य समन्ततः ।।	6.24.4
31.	ससलग	।।ऽ, ।।ऽ, । ऽ	ह्रियते ह्यवशोऽपि सः ।	6.44.2
32.	ससलग	।।ऽ, ।।ऽ, । ऽ	प्रभवः प्रलयस्तथा ।।	7.6.4
33.	ससलग	।।ऽ, ।।ऽ, । ऽ	प्रभवन्त्यहरागमे ।	8.18.2
34.	ससलग	।।ऽ, ।।ऽ, । ऽ	प्रभवत्यहरागमे ।।	8.19.4
35.	ससलग	।।ऽ, ।।ऽ, । ऽ	अवशं प्रकृतेर्वशात् ।।	9.8.4
36.	ससलग	।।ऽ, ।।ऽ, । ऽ	मम भूतमहेश्वरम् ।।	9.11.4

37.	ससलग	।।ऽ, ।।ऽ, । ऽ	अहमग्निरहं हुतम् ।।	9.16.4
38.	ससलग	।।ऽ, ।।ऽ, । ऽ	शृणु मे परमं वचः ।	10.1.2
39.	ससलग	।।ऽ, ।।ऽ, । ऽ	प्रभवं न महर्षयः ।	10.2.2
40.	ससलग	।।ऽ, ।।ऽ, । ऽ	शतशोऽथ सहस्रशः ।	11.5.2
41.	ससलग	।।ऽ, ।।ऽ, । ऽ	प्रविभक्तमनेकधा ।	11.13.2
42.	ससलग	।।ऽ, ।।ऽ, । ऽ	समदुःखसुखः क्षमी ।।	12.13.4
43.	ससलग	।।ऽ, ।।ऽ, । ऽ	सविकारमुदाहृतम् ।।	13.7.4
44.	ससलग	।।ऽ, ।।ऽ, । ऽ	तमसः परमुच्यते ।	13.18.2
45.	ससलग	।।ऽ, ।।ऽ, । ऽ	समवस्थितमीश्वरम् ।	13.29.2
46.	ससलग	।।ऽ, ।।ऽ, । ऽ	न करोति न लिप्यते ।।	13.32.4
47.	ससलग	।।ऽ, ।।ऽ, । ऽ	अमलान्प्रतिपद्यते ।।	14.14.4
48.	ससलग	।।ऽ, ।।ऽ, । ऽ	विषयानुपसेवते ।।	15.9.4
49.	ससलग	।।ऽ, ।।ऽ, । ऽ	प्रथितः पुरुषोत्तमः ।।	15.18.4
50.	ससलग	।।ऽ, ।।ऽ, । ऽ	जगदाहुरनीश्वरम् ।	16.8.2
51.	ससलग	।।ऽ, ।।ऽ, । ऽ	धनमानमदान्विताः ।	16.17.2
52.	ससलग	।।ऽ, ।।ऽ, । ऽ	न सुखं न परां गतिम् ।।	16.23.4
53.	ससलग	।।ऽ, ।।ऽ, । ऽ	त्रिविधो भवति प्रियः ।	17.7.2
54.	ससलग	।।ऽ, ।।ऽ, । ऽ	करणं च पृथग्विधम् ।	18.14.2
55.	ससलग	।।ऽ, ।।ऽ, । ऽ	न स पश्यति दुर्मतिः ।।	18.16.4
56.	ससलग	।।ऽ, ।।ऽ, । ऽ	अनवेक्ष्य च पौरुषम् ।	18.25.2
57.	ससलग	।।ऽ, ।।ऽ, । ऽ	विशते तदनन्तरम् ।।	18.55.4
58.	ससलग	।।ऽ, ।।ऽ, । ऽ	शृणु मे परमं वचः ।	18.64.2
59.	ससलग	।।ऽ, ।।ऽ, । ऽ	शृणुयादपि यो नरः ।	18.71.2

3-4. ससगल, ससगग

।।ऽ, ।।ऽ, ऽ । और ।।ऽ, ।।ऽ, ऽ ऽ

मही और पंचशिखा छंद

सौगौ पञ्चशिखा. गीता के 18 अध्यायों में ससगल (।।ऽ, ।।ऽ, ऽ ।) और ससगग (।।ऽ, ।।ऽ, ऽ ऽ) छंद सूत्र के निम्नांकित 14 और 55 चरण प्रयुक्त हैं. चरण का अंतिम लघु अक्षर भी गुरु माना जाता है, अत: ससगग गण के 12 मात्रा वाले पंचशिखा छंद दो स-गण वाले के कुल 69 चरण गीता में प्रयुक्त हैं. गीता में स-गण से आरंभ होने वाले कुल 355 चरण आते हैं.

गीता में आने वाले 69 ससगल-ससगग छंद

क्रम	गण	सूत्र	गीता चरण प्रतीक	श्लोक संदर्भ अध्याय.श्लोक.चरण
1.	1.16.3	नकुलः सहदेवश्च	ससगल	।।ऽ, ।।ऽ, ऽ।
2.	1.27.1	श्वशुरान्सुहृदश्चैव	ससगल	।।ऽ, ।।ऽ, ऽ।
3.	2.4.3	इषुभिः प्रतियोत्स्यामि	ससगल	।।ऽ, ।।ऽ, ऽ।
4.	2.17.1	अविनाशि तु तद्विद्धि	ससगल	।।ऽ, ।।ऽ, ऽ।
5.	2.60.1	यततो ह्यपि कौन्तेय	ससगल	।।ऽ, ।।ऽ, ऽ।
6.	3.27.1	प्रकृतेः क्रियमाणानि	ससगल	।।ऽ, ।।ऽ, ऽ।
7.	4.4.1	अपरं भवतो जन्म	ससगल	।।ऽ, ।।ऽ, ऽ।
8.	8.22.1	पुरुषः स परः पार्थ	ससगल	।।ऽ, ।।ऽ, ऽ।
9.	9.24.	न तु मामभिजानन्ति	ससगल	।।ऽ, ।।ऽ, ऽ।
10.	10.31.1	पवनः पवतामस्मि	ससगल	।।ऽ, ।।ऽ, ऽ।
11.	10.42.1	अथवा बहुनैतेन	ससगल	।।ऽ, ।।ऽ, ऽ।

12.	12.8.3	निवसिष्यसि मय्येव	ससगल	।।ऽ, ।।ऽ, ऽ।
13.	13.20.1	प्रकृतिं पुरुषं चैव	ससगल	।।ऽ, ।।ऽ, ऽ।
14.	16.23.3	न स सिद्धिमवाप्नोति	ससगल	।।ऽ, ।।ऽ, ऽ।
15.	1.28.1	कृपया परयाविष्टो	ससगग	।।ऽ, ।।ऽ, ऽऽ
16.	1.37.3	स्वजनं हि कथं हत्वा	ससगग	।।ऽ, ।।ऽ, ऽऽ
17.	1.44.3	नरकेऽनियतं वासो	ससगग	।।ऽ, ।।ऽ, ऽऽ
18.	2.10.1	तमुवाच हृषीकेशः	ससगग	।।ऽ, ।।ऽ, ऽऽ
19.	2.15.3	समदुःखसुखं धीरं	ससगग	।।ऽ, ।।ऽ, ऽऽ
20.	2.16.3	उभयोरपि दृष्टोऽन्तः	ससगग	।।ऽ, ।।ऽ, ऽऽ
21.	2.33.1	अथ चेत्त्वमिमं धर्म्यं	ससगग	।।ऽ, ।।ऽ, ऽऽ
22.	2.53.1	श्रुतिविप्रतिपन्ना ते	ससगग	।।ऽ, ।।ऽ, ऽऽ
23.	2.55.1	प्रजहाति यदा कामान्	ससगग	।।ऽ, ।।ऽ, ऽऽ
24.	2.59.1	विषया विनिवर्तन्ते	ससगग	।।ऽ, ।।ऽ, ऽऽ
25.	3.4.3	न च संन्यसनादेव	ससगग	।।ऽ, ।।ऽ, ऽऽ
26.	3.8.1	नियतं कुरु कर्म त्वं	ससगग	।।ऽ, ।।ऽ, ऽऽ
27.	3.29.1	प्रकृतेर्गुणसम्मूढाः	ससगग	।।ऽ, ।।ऽ, ऽऽ
28.	3.42.3	मनसस्तु परा बुद्धि	ससगग	।।ऽ, ।।ऽ, ऽऽ
29.	4.30.1	अपरे नियताहाराः	ससगग	।।ऽ, ।।ऽ, ऽऽ
30.	4.36.1	अपि चेदसि पापेभ्यः	ससगग	।।ऽ, ।।ऽ, ऽऽ
31.	5.9.1	प्रलपन्विसृजन्गृह्णन्	ससगग	।।ऽ, ।।ऽ, ऽऽ

32.	5.20.3	स्थिरबुद्धिरसम्मूढो	ससगग	।।ऽ, ।।ऽ, ऽऽ
33.	6.43.3	यतते च ततो भूयः	ससगग	।।ऽ, ।।ऽ, ऽऽ
34.	7.3.3	यततामपि सिद्धानां	ससगग	।।ऽ, ।।ऽ, ऽऽ
35.	7.5.1	अपरेयमितस्त्वन्यां	ससगग	।।ऽ, ।।ऽ, ऽऽ
36.	7.7.3	मयि सर्वमिदं प्रोतं	ससगग	।।ऽ, ।।ऽ, ऽऽ
37.	7.22.3	लभते च ततः कामान्	ससगग	।।ऽ, ।।ऽ, ऽऽ
38.	8.8.3	परमं पुरुषं दिव्यं	ससगग	।।ऽ, ।।ऽ, ऽऽ
39.	9.18.3	प्रभवः प्रलयः स्थानं	ससगग	।।ऽ, ।।ऽ, ऽऽ
40.	9.30.1	अपि चेत्सुदुराचारो	ससगग	।।ऽ, ।।ऽ, ऽऽ
41.	10.14.3	न हि ते भगवन्व्यक्तिं	ससगग	।।ऽ, ।।ऽ, ऽऽ
42.	10.39.3	न तदस्ति विना यत्स्यात्	ससगग	।।ऽ, ।।ऽ, ऽऽ
43.	11.12.3	यदि भाः सदृशी सा स्यात्	ससगग	।।ऽ, ।।ऽ, ऽऽ
44.	13.1.1	प्रकृतिं पुरुषं चैव	ससगग	।।ऽ, ।।ऽ, ऽऽ
45.	13.5.1	ऋषिभिर्बहुधा गीतं	ससगग	।।ऽ, ।।ऽ, ऽऽ
46.	13.21.3	पुरुषः सुखदुःखानां	ससगग	।।ऽ, ।।ऽ, ऽऽ
47.	13.22.1	पुरुषः प्रकृतिस्थो हि	ससगग	।।ऽ, ।।ऽ, ऽऽ
48.	13.31.3	तत एव च विस्तारं	ससगग	।।ऽ, ।।ऽ, ऽऽ
49.	14.15.1	रजसि प्रलयं गत्वा	ससगग	।।ऽ, ।।ऽ, ऽऽ
50.	14.16.3	रजसस्तु फलं दुःखम्	ससगग	।।ऽ, ।।ऽ, ऽऽ
51.	14.24.1	समदुःखसुखः स्वस्थः	ससगग	।।ऽ, ।।ऽ, ऽऽ
52.	14.26.3	स गुणान्समतीत्यैतान्	ससगग	।।ऽ, ।।ऽ, ऽऽ

53.	15.20.1	इति गुह्यतमं शास्त्रम्	ससगग	।।ऽ, ।।ऽ, ऽऽ
54.	16.8.3	अपरस्परसम्भूतं	ससगग	।।ऽ, ।।ऽ, ऽऽ
55.	16.13.1	इदमद्य मया लब्धम्	ससगग	।।ऽ, ।।ऽ, ऽऽ
56.	16.21.1	त्रिविधं नरकस्येदं	ससगग	।।ऽ, ।।ऽ, ऽऽ
57.	17.2.1	त्रिविधा भवति श्रद्धा	ससगग	।।ऽ, ।।ऽ, ऽऽ
58.	17.13.1	विधिहीनमसृष्टान्नं	ससगग	।।ऽ, ।।ऽ, ऽऽ
59.	18.7.1	नियतस्य तु संन्यासः	ससगग	।।ऽ, ।।ऽ, ऽऽ
60.	18.11.1	न हि देहभृता शक्यं	ससगग	।।ऽ, ।।ऽ, ऽऽ
61.	18.14.3	विविधाश्च पृथक्चेष्टा	ससगग	।।ऽ, ।।ऽ, ऽऽ
62.	18.24.3	क्रियते बहुलायासं	ससगग	।।ऽ, ।।ऽ, ऽऽ
63.	18.35.3	न विमुञ्चति दुर्मेधा	ससगग	।।ऽ, ।।ऽ, ऽऽ
64.	18.38.1	विषयेन्द्रियसंयोगात्	ससगग	।।ऽ, ।।ऽ, ऽऽ
65.	18.40 .1	तदस्ति पृथिव्यां वा	ससगग	।।ऽ, ।।ऽ, ऽऽ
66.	18.58.3	अथ चेत्त्वमहङ्कारान्	ससगग	।।ऽ, ।।ऽ, ऽऽ
67.	18.68.1	य इदं परमं गुह्यं	ससगग	।।ऽ, ।।ऽ, ऽऽ
68.	18.69.3	भविता न च मे तस्मात्	ससगग	।।ऽ, ।।ऽ, ऽऽ
69.	17.18.3	क्रियते तदिह प्रोक्तं	ससगग	।।ऽ, ।।ऽ, ऽ ऽ

2.1 आठ अक्षरों वाले गीता के 80 छंद

5-6. सभलल, सभलग

।।ऽ, ऽ।।, ।। और ।।ऽ, ऽ।।, ।ऽ

सुतमधु छंद

गीता के 18 अध्यायों में सभलल (।।ऽ, ऽ।।, ।।) और सभलग (।।ऽ, ऽ।।, ।ऽ) छंद सूत्र के निम्नांकित 2 और 7 चरण प्रयुक्त हैं. चरण का अंतिम लघु अक्षर भी गुरु माना जाता है, अत: सभलग गण के सुतमधु छंद के कुल 9 चरण गीता में प्रयुक्त हैं. **ज्ञात रहे कि निचे दी हुई तालिका में जो भ गण वाले गीता के अनुष्टुप् चरण हैं वे श्लोक छंद में नहीं आते हैं.**

गीता में आने वाले 9 सभलल-सभलग छंद

क्रम	गण	सूत्र	गीता चरण प्रतीक	श्लोक संदर्भ अध्याय.श्लोक.चरण
1.	3.5.1	न हि कश्चित्क्षणमपि	सभलल	।।ऽ, ऽ।।, ।।
2.	18.38.3	परिणामे विषमिव	सभलल	।।ऽ, ऽ।।, ।।
3.	4.10.3	बहवो ज्ञानतपसा	सभलग	।।ऽ, ऽ।।, ।ऽ
4.	4.38.1	न हि ज्ञानेन सदृशं	सभलग	।।ऽ, ऽ।।, ।ऽ
5.	9.26.3	तदहं भक्त्युपहृतम्	सभलग	।।ऽ, ऽ।।, ।ऽ
6.	12.19.3	अनिकेत: स्थिरमति:	सभलग	।।ऽ, ऽ।।, ।ऽ
7.	16.13.3	इदमस्तीदमपि मे	सभलग	।।ऽ, ऽ।।, ।ऽ
8.	17.12.1	अभिसन्धाय तु फलं	सभलग	।।ऽ, ऽ।।, ।ऽ
9.	18.23.1	नियतं सङ्गरहितम्	सभलग	।।ऽ, ऽ।।, ।ऽ

7–8. सरलल, सरलग

।।ऽ, ऽ।ऽ, ।। और ।।ऽ, ऽ।ऽ, ।ऽ

शलुकलुप्ता छंद

सरौ लौ सरौ गौ शलुकलुप्ता. गीता के 18 अध्यायों में सरलल (।।ऽ, ऽ।ऽ, ।।) और सरलग (।।ऽ, ऽ।, ।ऽ) छंद सूत्र के निम्नांकित 31 और 86 चरण प्रयुक्त हैं. चरण का अंतिम लघु अक्षर भी गुरु माना जाता है, अतः सरलग गण के शलुकलुप्ता छंद के कुल 117 चरण गीता में प्रयुक्त हैं.

गीता में आने वाले 117 सरलल–सरलग छंद

क्रम	गण	सूत्र	गीता चरण प्रतीक	श्लोक संदर्भ अध्याय.श्लोक.चरण
1.	सरलल	।।ऽ, ऽ।ऽ, । ।	समवेतान्कुरूनिति ।।	1.25.4
2.	सरलल	।।ऽ, ऽ।ऽ, । ।	विपरीतानि केशव ।	1.31.2
3.	सरलल	।।ऽ, ऽ।ऽ, । ।	न च राज्यं सुखानि च ।	1.32.2
4.	सरलल	।।ऽ, ऽ।ऽ, । ।	सुखिनः स्याम माधव ।।	1.37.4
5.	सरलल	।।ऽ, ऽ।ऽ, । ।	त्रिषु लोकेषु किञ्चन ।	3.22.2
6.	सरलल	।।ऽ, ऽ।ऽ, । ।	प्रकृतेर्ज्ञानवानपि ।	3.33.2
7.	सरलल	।।ऽ, ऽ।ऽ, । ।	वृजिनं सन्तरिष्यसि ।।	4.36.4
8.	सरलल	।।ऽ, ऽ।ऽ, । ।	अचिरेणाधिगच्छति ।।	4.39.4
9.	सरलल	।।ऽ, ऽ।ऽ, । ।	नचिरेणाधिगच्छति ।।	5.6.4
10.	सरलल	।।ऽ, ऽ।ऽ, । ।	स च मे न प्रणश्यति ।।	6.30.4
11.	सरलल	।।ऽ, ऽ।ऽ, । ।	पुनरावर्तिनोऽर्जुन ।	8.16.2
12.	सरलल	।।ऽ, ऽ।ऽ, । ।	सदसच्चाहमर्जुन ।।	9.19.4
13.	सरलल	।।ऽ, ऽ।ऽ, । ।	तव सौम्यं जनार्दन ।	11.51.2
14.	सरलल	।।ऽ, ऽ।ऽ, । ।	शक्य अहमेवंविधोऽर्जुन ।	11.54.2
15.	सरलल	।।ऽ, ऽ।ऽ, । ।	मयि बुद्धिं निवेशय ।	12.8.2
16.	सरलल	।।ऽ, ऽ।ऽ, । ।	स्थैर्यमात्मविनिग्रहः ।।	13.8.4
17.	सरलल	।।ऽ, ऽ।ऽ, । ।	सदसद्योनिजन्मसु ।।	13.22.4

18.	सरलल	।।ऽ, ऽ।ऽ, ।।	प्रलये न व्यथन्ति च ।।	14.2.4
19.	सरलल	।।ऽ, ऽ।ऽ, ।।	रजसो लोभ एव च ।	14.17.2
20.	सरलल	।।ऽ, ऽ।ऽ, ।।	भवतोऽज्ञानमेव च ।।	14.17.4
21.	सरलल	।।ऽ, ऽ।ऽ, ।।	न निवृत्तानि काङ्क्षति ।।	14.22.4
22.	सरलल	।।ऽ, ऽ।ऽ, ।।	अमृतस्याव्ययस्य च ।	14.27.2
23.	सरलल	।।ऽ, ऽ।ऽ, ।।	प्रकृतिस्थानि कर्षति ।।	15.7.4
24.	सरलल	।।ऽ, ऽ।ऽ, ।।	रसनं घ्राणमेव च ।	15.9.2
25.	सरलल	।।ऽ, ऽ।ऽ, ।।	इदमुक्तं मयानघ ।	15.20.2
26.	सरलल	।।ऽ, ऽ।ऽ, ।।	कृतकृत्यश्च भारत ।।	15.20.4
27.	सरलल	।।ऽ, ऽ।ऽ, ।।	अभिजातस्य भारत ।।	16.3.4
28.	सरलल	।।ऽ, ऽ।ऽ, ।।	अभिजातोऽसि पाण्डव ।।	16.5.4
29.	सरलल	।।ऽ, ऽ।ऽ, ।।	न च तत्प्रेत्य नो इह ।।	17.28.4
30.	सरलल	।।ऽ, ऽ।ऽ, ।।	प्रकृतिस्त्वां नियोक्ष्यति ।।	18.59.4
31.	सरलल	।।ऽ, ऽ।ऽ, ।।	न च मां योऽभ्यसूयति ।।	18.67.4
32.	सरलग	।।ऽ, ऽ।ऽ, ।ऽ	समवेता युयुत्सवः ।	1.1.2
33.	सरलग	।।ऽ, ऽ।ऽ, ।ऽ	तव शिष्येण धीमता ।।	1.3.4
34.	सरलग	।।ऽ, ऽ।ऽ, ।ऽ	कुरुवृद्धः पितामहः ।	1.12.2
35.	सरलग	।।ऽ, ऽ।ऽ, ।ऽ	महति स्यन्दने स्थितौ ।	1.14.2
36.	सरलग	।।ऽ, ऽ।ऽ, ।ऽ	हृदयानि व्यदारयत् ।	1.19.2
37.	सरलग	।।ऽ, ऽ।ऽ, ।ऽ	धनुरुद्यम्य पाण्डवः ।।	1.20.4
38.	सरलग	।।ऽ, ऽ।ऽ, ।ऽ	कुलधर्माः सनातनाः ।	1.40.2
39.	सरलग	।।ऽ, ऽ।ऽ, ।ऽ	कुलधर्माश्च शाश्वताः ।।	1.43.4
40.	सरलग	।।ऽ, ऽ।ऽ, ।ऽ	त्वनयोस्तत्त्वदर्शिभिः ।।	2.16.4
41.	सरलग	।।ऽ, ऽ।ऽ, ।ऽ	अचलोऽयं सनातनः ।।	2.24.4
42.	सरलग	।।ऽ, ऽ।ऽ, ।ऽ	अविकार्योऽयमुच्यते ।	2.25.2
43.	सरलग	।।ऽ, ऽ।ऽ, ।ऽ	कथयिष्यन्ति तेऽव्ययाम् ।	2.34.2
44.	सरलग	।।ऽ, ऽ।ऽ, ।ऽ	विषयानिन्द्रियैश्चरन् ।	2.64.2

2.1 आठ अक्षरों वाले गीता के 80 छंद

45.	सरलग	IIS, SIS, I S	निगृहीतानि सर्वशः ।	2.68.2
46.	सरलग	IIS, SIS, I S	एष वोऽस्त्विष्टकामधुक् ।।	3.10.4
47.	सरलग	IIS, SIS, I S	परमाप्नोति पूरुषः ।।	3.19.4
48.	सरलग	IIS, SIS, I S	उपहन्यामिमाः प्रजाः ।।	3.24.4
49.	सरलग	IIS, SIS, I S	इति मत्वा न सज्जते ।।	3.28.4
50.	सरलग	IIS, SIS, I S	अनुतिष्ठन्ति मानवाः ।	3.31.2
51.	सरलग	IIS, SIS, I S	परधर्मात्स्वनुष्ठितात् ।	3.35.2
52.	सरलग	IIS, SIS, I S	परधर्मो भयावहः ।।	3.35.4
53.	सरलग	IIS, SIS, I S	कवयोऽप्यत्र मोहिताः ।	4.16.2
54.	सरलग	IIS, SIS, I S	गहना कर्मणो गतिः ।।	4.17.4
55.	सरलग	IIS, SIS, I S	यतयः संशितव्रताः ।।	4.28.4
56.	सरलग	IIS, SIS, I S	वितता ब्रह्मणो मुखे ।	4.32.2
57.	सरलग	IIS, SIS, I S	न सुखं संशयात्मनः ।।	4.40.4
58.	सरलग	IIS, SIS, I S	उभयोर्विन्दते फलम् ।।	5.4.4
59.	सरलग	IIS, SIS, I S	विजितात्मा जितेन्द्रियः ।	5.7.2
60.	सरलग	IIS, SIS, I S	ऋषयः क्षीणकल्मषाः ।	5.25.2
61.	सरलग	IIS, SIS, I S	न निरग्निर्न चाक्रियः ।।	6.1.4
62.	सरलग	IIS, SIS, I S	परमात्मा समाहितः ।	6.7.2
63.	सरलग	IIS, SIS, I S	समलोष्टाश्मकाञ्चनः ।।	6.8.4
64.	सरलग	IIS, SIS, I S	समबुद्धिर्विशिष्यते ।।	6.9.4
65.	सरलग	IIS, SIS, I S	यतचित्तेन्द्रियक्रियः ।	6.12.2
66.	सरलग	IIS, SIS, I S	लभते पौर्वदेहिकम् ।	6.43.2
67.	सरलग	IIS, SIS, I S	प्रकृतिं विद्धि मे पराम् ।	7.5.2
68.	सरलग	IIS, SIS, I S	मम माया दुरत्यया ।	7.14.2
69.	सरलग	IIS, SIS, I S	स महात्मा सुदुर्लभः ।।	7.19.4
70.	सरलग	IIS, SIS, I S	अधिदैवं किमुच्यते ।।	8.1.4
71.	सरलग	IIS, SIS, I S	पुरुषश्चाधिदैवतम् ।	8.4.2
72.	सरलग	IIS, SIS, I S	चेतसा नान्यगामिना ।	8.8.2

73.	सरलग	।।ऽ, ऽ।ऽ, । ऽ	जगतः शाश्वते मते ।	8.26.2
74.	सरलग	।।ऽ, ऽ।ऽ, । ऽ	सुसुखं कर्तुमव्ययम् ।।	9.2.4
75.	सरलग	।।ऽ, ऽ।ऽ, । ऽ	जगदव्यक्तमूर्तिना ।	9.4.2
76.	सरलग	।।ऽ, ऽ।ऽ, । ऽ	प्रकृतिं यान्ति मामिकाम् ।	9.7.2
77.	सरलग	।।ऽ, ऽ।ऽ, । ऽ	प्रकृतिं मोहिनीं श्रिताः ।।	9.12.4
78.	सरलग	।।ऽ, ऽ।ऽ, । ऽ	ज्ञात्वा भूतादिमव्ययम् ।।	9.13.4
79.	सरलग	।।ऽ, ऽ।ऽ, । ऽ	बहुधा विश्वतोमुखम् ।।	9.15.4
80.	सरलग	।।ऽ, ऽ।ऽ, । ऽ	मयि ते तेषु चाप्यहम् ।।	9.29.4
81.	सरलग	।।ऽ, ऽ।ऽ, । ऽ	भजते मामनन्यभाक् ।	9.30.2
82.	सरलग	।।ऽ, ऽ।ऽ, । ऽ	मम यो वेत्ति तत्त्वतः ।	10.7.2
83.	सरलग	।।ऽ, ऽ।ऽ, । ऽ	भजतां प्रीतिपूर्वकम् ।	10.10.2
84.	सरलग	।।ऽ, ऽ।ऽ, । ऽ	अहमज्ञानजं तमः ।	10.112
85.	सरलग	।।ऽ, ऽ।ऽ, । ऽ	सरसामस्मि सागरः ।।	10.24.4
86.	सरलग	।।ऽ, ऽ।ऽ, । ऽ	वरुणो यादसामहम् ।	10.29.2
87.	सरलग	।।ऽ, ऽ।ऽ, । ऽ	मम तेजोंऽशसम्भवम् ।।	10.41.4
88.	सरलग	।।ऽ, ऽ।ऽ, । ऽ	परमं रूपमैश्वरम् ।।	11.9.4
89.	सरलग	।।ऽ, ऽ।ऽ, । ऽ	मयि संन्यस्य मत्पराः ।	12.6.2
90.	सरलग	।।ऽ, ऽ।ऽ, । ऽ	अत ऊर्ध्वं न संशयः ।।	12.8.4
91.	सरलग	।।ऽ, ऽ।ऽ, । ऽ	अनहङ्कार एव च ।	13.9.2
92.	सरलग	।।ऽ, ऽ।ऽ, । ऽ	हृदि सर्वस्य विष्ठितम् ।।	13.18.4
93.	सरलग	।।ऽ, ऽ।ऽ, । ऽ	न स भूयोऽभिजायते ।।	13.24.4
94.	सरलग	।।ऽ, ऽ।ऽ, । ऽ	क्रियमाणानि सर्वशः ।	13.30.2
95.	सरलग	।।ऽ, ऽ।ऽ, । ऽ	परमात्मायमव्ययः ।	13.32.2
96.	सरलग	।।ऽ, ऽ।ऽ, । ऽ	मम साधर्म्यमागताः ।	14.2.2
97.	सरलग	।।ऽ, ऽ।ऽ, । ऽ	प्रलयं याति देहभृत् ।	14.14.2
98.	सरलग	।।ऽ, ऽ।ऽ, । ऽ	समलोष्टाश्मकाञ्चनः ।	14.24.2
99.	सरलग	।।ऽ, ऽ।ऽ, । ऽ	न शशाङ्को न पावकः ।	15.6.2
100.	सरलग	।।ऽ, ऽ।ऽ, । ऽ	परमात्मेत्युदाहृतः ।	15.17.2

101.	सरलग	।।ऽ, ऽ।ऽ, । ऽ	प्रलयान्तामुपाश्रिताः ।	16.11.2
102.	सरलग	।।ऽ, ऽ।ऽ, । ऽ	कामक्रोधपरायणाः ।	16.12.2
103.	सरलग	।।ऽ, ऽ।ऽ, । ऽ	विधिदृष्टो य इज्यते ।	17.11.2
104.	सरलग	।।ऽ, ऽ।ऽ, । ऽ	फलमुद्दिश्य वा पुनः ।	17.21.2
105.	सरलग	।।ऽ, ऽ।ऽ, । ऽ	सततं ब्रह्मवादिनाम् ।।	17.24.4
106.	सरलग	।।ऽ, ऽ।ऽ, । ऽ	त्रिविधः सम्प्रकीर्तितः ।।	18.4.4
107.	सरलग	।।ऽ, ऽ।ऽ, । ऽ	कुशले नानुषज्जते ।	18.10.2
108.	सरलग	।।ऽ, ऽ।ऽ, । ऽ	त्रिविधं कर्मणः फलम् ।	18.12.2
109.	सरलग	।।ऽ, ऽ।ऽ, । ऽ	न तु संन्यासिनां क्वचित् ।।	18.12.4
110.	सरलग	।।ऽ, ऽ।ऽ, । ऽ	त्रिविधा कर्मचोदना ।	18.18.2
111.	सरलग	।।ऽ, ऽ।ऽ, । ऽ	त्रिविधः कर्मसङ्ग्रहः ।।	18.18.4
112.	सरलग	।।ऽ, ऽ।ऽ, । ऽ	परिणामेऽमृतोपमम् ।	18.37.2
113.	सरलग	।।ऽ, ऽ।ऽ, । ऽ	दिवि देवेषु वा पुनः ।	18.40.2
114.	सरलग	।।ऽ, ऽ।ऽ, । ऽ	परधर्मात्स्वनुष्ठितात् ।	18.47.2
115.	सरलग	।।ऽ, ऽ।ऽ, । ऽ	यतवाक्कायमानसः ।	18.52.2
116.	सरलग	।।ऽ, ऽ।ऽ, । ऽ	मयि संन्यस्य मत्परः ।	18.57.2
117.	सरलग	।।ऽ, ऽ।ऽ, । ऽ	प्रतिजाने प्रियोऽसि मे ।।	18.65.4

9–10. सरगल, सरगग

।।ऽ, ऽ।ऽ, ऽ। और ।।ऽ, ऽ।ऽ, ऽऽ

सुविलासा और परिधारा छंद

सुविलासा सरौ ग्लौ परिधारा सरौ गौ. गीता के 18 अध्यायों में सरगल (।।ऽ, ऽ।ऽ, ऽ।) और सरगग (।।ऽ, ऽ।ऽ, ऽऽ) छंद सूत्र के निम्नांकित 36 और 54 चरण प्रयुक्त हैं. चरण का अंतिम लघु अक्षर भी गुरु माना जाता है, अतः सरगग गण के परिधारा छंद के कुल 90 चरण गीता में पाए जाते हैं.

गीता में आने वाले 90 सरगल-सरगग छंद

2.1 आठ अक्षरों वाले गीता के 80 छंद

क्रम	गण	सूत्र	गीता चरण प्रतीक	श्लोक संदर्भ अध्याय.श्लोक.चरण
1.	सरगल	।।ऽ, ऽ।ऽ, ऽ।	पुरुजित्कुन्तिभोजश्च	1.5.3
2.	सरगल	।।ऽ, ऽ।ऽ, ऽ।	सहसैवाभ्यहन्यन्त	1.13.3
3.	सरगल	।।ऽ, ऽ।ऽ, ऽ।	द्रुपदो द्रौपदेयाश्च	1.18.1
4.	सरगल	।।ऽ, ऽ।ऽ, ऽ।	सुखिनः क्षत्रियाः पार्थ	2.32.3
5.	सरगल	।।ऽ, ऽ।ऽ, ऽ।	बहुशाखा ह्यनन्ताश्च	2.41.3
6.	सरगल	।।ऽ, ऽ।ऽ, ऽ।	स्थितधीः किं प्रभाषेत	2.54.3
7.	सरगल	।।ऽ, ऽ।ऽ, ऽ।	रसवर्जं रसोऽप्यस्य	2.59.3
8.	सरगल	।।ऽ, ऽ।ऽ, ऽ।	मयि सर्वाणि कर्माणि	3.30.1
9.	सरगल	।।ऽ, ऽ।ऽ, ऽ।	प्रकृतिं यान्ति भूतानि	3.33.3
10.	सरगल	।।ऽ, ऽ।ऽ, ऽ।	मनुरिक्ष्वाकवेऽब्रवीत् ।।	4.1.4
11.	सरगल	।।ऽ, ऽ।ऽ, ऽ।	प्रकृतिं स्वामधिष्ठाय	4.6.3
12.	सरगल	।।ऽ, ऽ।ऽ, ऽ।	इति मां योऽभिजानाति	4.14.3
13.	सरगल	।।ऽ, ऽ।ऽ, ऽ।	शुनि चैव श्वपाके च	5.18.3
14.	सरगल	।।ऽ, ऽ।ऽ, ऽ।	अथवा योगिनामेव	6.42.1
15.	सरगल	।।ऽ, ऽ।ऽ, ऽ।	प्रणवः सर्ववेदेषु	7.8.3
16.	सरगल	।।ऽ, ऽ।ऽ, ऽ।	अधियज्ञोऽहमेवात्र	8.4.3
17.	सरगल	।।ऽ, ऽ।ऽ, ऽ।	न च मत्स्थानि भूतानि	9.5.1
18.	सरगल	।।ऽ, ऽ।ऽ, ऽ।	प्रकृतिं स्वामवष्टभ्य	9.8.1
19.	सरगल	।।ऽ, ऽ।ऽ, ऽ।	न च मां तानि कर्माणि	9.9.1
20.	सरगल	।।ऽ, ऽ।ऽ, ऽ।	अमृतं चैव मृत्युश्च	9.19.3
21.	सरगल	।।ऽ, ऽ।ऽ, ऽ।	अहमात्मा गुडाकेश	10.20.1
22.	सरगल	।।ऽ, ऽ।ऽ, ऽ।	अहमादिश्च मध्यं च	10.20.3
23.	सरगल	।।ऽ, ऽ।ऽ, ऽ।	मम देहे गुडाकेश	11.7.3
24.	सरगल	।।ऽ, ऽ।ऽ, ऽ।	दिवि सूर्यसहस्रस्य	11.12.1
25.	सरगल	।।ऽ, ऽ।ऽ, ऽ।	अनपेक्षः शुचिर्दक्ष	12.16.1
26.	सरगल	।।ऽ, ऽ।ऽ, ऽ।	स च यो यत्प्रभावश्च	13.4.3

27.	सरगल	।।ऽ, ऽ।ऽ, ऽ।	मयि चानन्ययोगेन	13.11.1
28.	सरगल	।।ऽ, ऽ।ऽ, ऽ।	अविभक्तं च भूतेषु	13.17.1
29.	सरगल	।।ऽ, ऽ।ऽ, ऽ।	मम योनिर्महद्ब्रह्म	14.3.1
30.	सरगल	।।ऽ, ऽ।ऽ, ऽ।	असदित्युच्यते पार्थ	17.28.3
31.	सरगल	।।ऽ, ऽ।ऽ, ऽ।	अविभक्तं विभक्तेषु	18.20.3
32.	सरगल	।।ऽ, ऽ।ऽ, ऽ।	अफलप्रेप्सुना कर्म	18.23.3
33.	सरगल	।।ऽ, ऽ।ऽ, ऽ।	परिचर्यात्मकं कर्म	18.44.3
34.	सरगल	।।ऽ, ऽ।ऽ, ऽ।	सहजं कर्म कौन्तेय	18.48.1
35.	सरगल	।।ऽ, ऽ।ऽ, ऽ।	यदहङ्कारमाश्रित्य	18.59.1
36.	सरगल	।।ऽ, ऽ।ऽ, ऽ।	न च तस्मान्मनुष्येषु	18.69.1
37.	सरगग	।।ऽ, ऽ।ऽ, ऽऽ	युयुधानो विराटश्च	1.4.3
38.	सरगग	।।ऽ, ऽ।ऽ, ऽऽ	न च शक्नोम्यवस्थातुं	1.30.3
39.	सरगग	।।ऽ, ऽ।ऽ, ऽऽ	त इमेऽवस्थिता युद्धे	1.33.3
40.	सरगग	।।ऽ, ऽ।ऽ, ऽऽ	यदि मामप्रतीकारम्	1.46.1
41.	सरगग	।।ऽ, ऽ।ऽ, ऽऽ	सुखदुःखे समे कृत्वा	2.38.1
42.	सरगग	।।ऽ, ऽ।ऽ, ऽऽ	व्यवसायात्मिका बुद्धिः	2.41.1
43.	सरगग	।।ऽ, ऽ।ऽ, ऽऽ	व्यवसायात्मिका बुद्धिः	2.44.3
44.	सरगग	।।ऽ, ऽ।ऽ, ऽऽ	सहयज्ञाः प्रजाः सृष्ट्वा	3.10.1
45.	सरगग	।।ऽ, ऽ।ऽ, ऽऽ	मम वर्त्मानुवर्तन्ते	3.23.3
46.	सरगग	।।ऽ, ऽ।ऽ, ऽऽ	सदृशं चेष्टते स्वस्याः	3.33.1
47.	सरगग	।।ऽ, ऽ।ऽ, ऽऽ	अथ केन प्रयुक्तोऽयं	3.36.1
48.	सरगग	।।ऽ, ऽ।ऽ, ऽऽ	जहि शत्रुं महाबाहो	3.43.3
49.	सरगग	।।ऽ, ऽ।ऽ, ऽऽ	कथमेतद्विजानीयां	4.4.3
50.	सरगग	।।ऽ, ऽ।ऽ, ऽऽ	मम वर्त्मानुवर्तन्ते	4.11.3
51.	सरगग	।।ऽ, ऽ।ऽ, ऽऽ	कुरु कर्मैव तस्मात्त्वं	4.15.3
52.	सरगग	।।ऽ, ऽ।ऽ, ऽऽ	गतसङ्गस्य मुक्तस्य	4.23.1
53.	सरगग	।।ऽ, ऽ।ऽ, ऽऽ	उपदेक्ष्यन्ति ते ज्ञानं	4.34.3

54.	सरगग	।।ऽ, ऽ।ऽ, ऽ ऽ	नवद्वारे पुरे देही	5.13.3
55.	सरगग	।।ऽ, ऽ।ऽ, ऽ ऽ	अभितो ब्रह्मनिर्वाणं	5.26.3
56.	सरगग	।।ऽ, ऽ।ऽ, ऽ ऽ	विगतेच्छाभयक्रोधो	5.28.3
57.	सरगग	।।ऽ, ऽ।ऽ, ऽ ऽ	सुहृदं सर्वभूतानां	5.29.3
58.	सरगग	।।ऽ, ऽ।ऽ, ऽ ऽ	उपविश्यासने युञ्ज्यात्	6.12.3
59.	सरगग	।।ऽ, ऽ।ऽ, ऽ ऽ	सुखमात्यन्तिकं यत्तद्	6.21.1
60.	सरगग	।।ऽ, ऽ।ऽ, ऽ ऽ	मनसैवेन्द्रियग्रामं	6.24.3
61.	सरगग	।।ऽ, ऽ।ऽ, ऽ ऽ	अयतिः श्रद्धयोपेतो	6.37.1
62.	सरगग	।।ऽ, ऽ।ऽ, ऽ ऽ	न हि कल्याणकृत्कश्चित्	6.40.3
63.	सरगग	।।ऽ, ऽ।ऽ, ऽ ऽ	स तया श्रद्धया युक्तः	7.22.1
64.	सरगग	।।ऽ, ऽ।ऽ, ऽ ऽ	अधिभूतं च किं प्रोक्तम्	8.1.3
65.	सरगग	।।ऽ, ऽ।ऽ, ऽ ऽ	अधिभूतं क्षरो भावः	8.4.1
66.	सरगग	।।ऽ, ऽ।ऽ, ऽ ऽ	अवजानन्ति मां मूढा	9.11.1
67.	सरगग	।।ऽ, ऽ।ऽ, ऽ ऽ	सततं कीर्तयन्तो मां	9.14.1
68.	सरगग	।।ऽ, ऽ।ऽ, ऽ ऽ	अहमादिर्हि देवानां	10.2.3
69.	सरगग	।।ऽ, ऽ।ऽ, ऽ ऽ	इति मत्वा भजन्ते मां	10.8.3
70.	सरगग	।।ऽ, ऽ।ऽ, ऽ ऽ	कथयन्तश्च मां नित्यं	10.9.3
71.	सरगग	।।ऽ, ऽ।ऽ, ऽ ऽ	पुरुषं शाश्वतं दिव्यम्	10.12.3
72.	सरगग	।।ऽ, ऽ।ऽ, ऽ ऽ	असितो देवलो व्यासः	10.13.3
73.	सरगग	।।ऽ, ऽ।ऽ, ऽ ऽ	स्वयमेवात्मनात्मानं	10.15.1
74.	सरगग	।।ऽ, ऽ।ऽ, ऽ ऽ	प्रजनश्चास्मि कन्दर्पः	10.28.3
75.	सरगग	।।ऽ, ऽ।ऽ, ऽ ऽ	अहमेवाक्षयः कालो	10.33.3
76.	सरगग	।।ऽ, ऽ।ऽ, ऽ ऽ	न तु मां शक्यसे द्रष्टुमो	11.8.1
77.	सरगग	।।ऽ, ऽ।ऽ, ऽ ऽ	अथ चित्तं समाधातुं	12.9.1
78.	सरगग	।।ऽ, ऽ।ऽ, ऽ ऽ	इति क्षेत्रं तथा ज्ञानं	13.19.1
79.	सरगग	।।ऽ, ऽ।ऽ, ऽ ऽ	परमात्मेति चाप्युक्तो	13.23.3
80.	सरगग	।।ऽ, ऽ।ऽ, ऽ ऽ	न हिनस्त्यात्मनात्मानं	13.29.3
81.	सरगग	।।ऽ, ऽ।ऽ, ऽ ऽ	सुखसङ्गेन बध्नाति	14.6.3

82.	सरगग	।।ऽ, ऽ।ऽ, ऽ ऽ	अभयं सत्त्वसंशुद्धिः	16.1.1
83.	सरगग	।।ऽ, ऽ।ऽ, ऽ ऽ	प्रभवन्त्युग्रकर्माणः	16.9.3
84.	सरगग	।।ऽ, ऽ।ऽ, ऽ ऽ	अफलाकाङ्क्षिभिर्यज्ञो	17.11.1
85.	सरगग	।।ऽ, ऽ।ऽ, ऽ ऽ	अफलाकाङ्क्षिभिर्युक्तैः	17.17.3
86.	सरगग	।।ऽ, ऽ।ऽ, ऽ ऽ	करणं कर्म कर्तेति	18.18.3
87.	सरगग	।।ऽ, ऽ।ऽ, ऽ ऽ	अनुबन्धं क्षयं हिंसाम्	18.25.1
88.	सरगग	।।ऽ, ऽ।ऽ, ऽ ऽ	अयथावत्प्रजानाति	18.31.3
89.	सरगग	।।ऽ, ऽ।ऽ, ऽ ऽ	कृषिगौरक्ष्यवाणिज्यं	18.44.1
90.	सरगग	।।ऽ, ऽ।ऽ, ऽ ऽ	इति ते ज्ञानमाख्यातं	18.63.1

2.1.3 ज–गण से आरंभ होने वाले गीता के 202 अष्टाक्षरी छंद

ज–गण से आरंभ होने वाले विभिन्न 14 छंद, और उन चौदह छंदों के कुल 202 चरण गीता में पाए जाते हैं. उन सबका चित्रण निम्न तालिकाओं में दृष्ट है. **ज्ञात हो कि निचे दी हुई तालिका में जो भ गण वाले अनुष्टुप् छंद हैं वे श्लोक छंद में नहीं आते हैं.**

गीता में आने वाले ज–गणात्मक विभिन्न छंदों की तालिका

	गण	सूत्र	छंद नाम	चरण संख्या
1.	जसलल	।ऽ।, ।।ऽ, ।।		15
2.	जसलग	।ऽ।, ।।ऽ, ।ऽ		48
3.	जसगल	।ऽ।, ।।ऽ, ऽ।	भांर्गी	12
4.	जसगग	।ऽ।, ।।ऽ, ऽऽ	भांर्गी	33
5.	जभलग	।ऽ।, ऽ।।, ।ऽ	मरु	11
6.	जरलग	।ऽ।, ऽ।ऽ, ।ऽ	प्रमाणिका	2
7.	जरगल	।ऽ।, ऽ।ऽ, ऽ।	सुचंद्रप्रभा	13
8.	जरगग	।ऽ।, ऽ।ऽ, ऽऽ	यशस्करी	37
9.	जतलल	।ऽ।, ऽऽ।, ।।	आकतनु	2
10.	जतलग	।ऽ।, ऽऽ।, ।ऽ	विता	12
11.	जतगल	।ऽ।, ऽऽ।, ऽ।	वितान	2

2.1 आठ अक्षरों वाले गीता के 80 छंद

12.	जतगग	।ऽ।, ऽऽ।, ऽऽ	वारिशाला	4
13.	जमगल	।ऽ।, ऽऽऽ, ऽ।		2
14.	जमगग	।ऽ।, ऽऽऽ, ऽऽ		11
				Total 202

11–12. जसलल, जसलग

।ऽ।, ।।ऽ, ।। और ।ऽ।, ।।ऽ, ।ऽ

गीता के 18 अध्यायों में जसलल (।ऽ।, ।।ऽ, ।।) और ससलग (।ऽ।, ।।ऽ, ।ऽ) छंद सूत्र के निम्नांकित 15 और 48 चरण प्रयुक्त हैं. चरण का अंतिम लघु अक्षर भी गुरु माना जाता है, अत: जसलग गण के कुल 63 चरण गीता में प्रयुक्त हैं.

गीता में आने वाले 63 जसलल–जसलग छंद

क्रम	गण	सूत्र	गीता चरण प्रतीक	श्लोक संदर्भ अध्याय.श्लोक.चरण
1.	जसलल	।ऽ।, ।।ऽ, ।।	मुखं च परिशुष्यति ।	1.29.2
2.	जसलल	।ऽ।, ।।ऽ, ।।	घ्नतोऽपि मधुसूदन ।	1.35.2
3.	जसलल	।ऽ।, ।।ऽ, ।।	अकीर्तिकरमर्जुन ।।	2.2.4
4.	जसलल	।ऽ।, ।।ऽ, ।।	प्रसादमधिगच्छति ।।	2.64.4
5.	जसलल	।ऽ।, ।।ऽ, ।।	स शान्तिमधिगच्छति ।।	2.71.4
6.	जसलल	।ऽ।, ।।ऽ, ।।	नियोजयसि केशव ।।	3.1.4
7.	जसलल	।ऽ।, ।।ऽ, ।।	नियम्य भरतर्षभ ।	3.41.2
8.	जसलल	।ऽ।, ।।ऽ, ।।	जनाः सुकृतिनोऽर्जुन ।	7.16.2
9.	जसलल	।ऽ।, ।।ऽ, ।।	मनो हृदि निरुध्य च ।	8.12.2
10.	जसलल	।ऽ।, ।।ऽ, ।।	कृताञ्जलिरभाषत ।।	11.14.4
11.	जसलल	।ऽ।, ।।ऽ, ।।	न शोचति न काङ्क्षति ।	12.17.2

2.1 आठ अक्षरों वाले गीता के 80 छंद

12.	जसलल	ISI, IIS, II	प्रकाशयति भारत ।।	13.34.4
13.	जसलल	ISI, IIS, II	ततो भवति भारत ।।	14.3.4
14.	जसलल	ISI, IIS, II	न शोचति न काङ्क्षति ।	18.54.2
15.	जसलल	ISI, IIS, II	यथेच्छसि तथा कुरु ।।	18.63.4
16.	जसलग	ISI, IIS, IS	कृपश्च समितिञ्जयः ।	1.8.2
17.	जसलग	ISI, IIS, IS	सुघोषमणिपुष्पकौ ।।	1.16.4
18.	जसलग	ISI, IIS, IS	पितॄनथ पितामहान् ।	1.26.2
19.	जसलग	ISI, IIS, IS	तथैव च पितामहाः ।	1.34.2
20.	जसलग	ISI, IIS, IS	उवाच मधुसूदनः ।।	2.1.4
21.	जसलग	ISI, IIS, IS	य एनमजमव्ययम् ।	2.21.2
22.	जसलग	ISI, IIS, IS	न शोषयति मारुतः ।।	2.23.4
23.	जसलग	ISI, IIS, IS	तयाऽपहृतचेतसाम् ।	2.44.2
24.	जसलग	ISI, IIS, IS	उभे सुकृतदुष्कृते ।	2.50.2
25.	जसलग	ISI, IIS, IS	सुखेषु विगतस्पृहः ।	2.56.2
26.	जसलग	ISI, IIS, IS	पुमांश्चरति निःस्पृहः ।	2.71.2
27.	जसलग	ISI, IIS, IS	असक्तः स विशिष्यते ।।	3.7.4
28.	जसलग	ISI, IIS, IS	बलादिव नियोजितः ।।	3.36.4
29.	जसलग	ISI, IIS, IS	रजोगुणसमुद्भवः ।	3.37.2
30.	जसलग	ISI, IIS, IS	यजन्त इह देवताः ।	4.12.2
31.	जसलग	ISI, IIS, IS	अकर्मणि च कर्म यः ।	4.18.2
32.	जसलग	ISI, IIS, IS	पवित्रमिह विद्यते ।	4.38.2

2.1 आठ अक्षरों वाले गीता के 80 छंद

33.	जसलग	ISI, IIS, IS	न चैव सुकृतं विभुः ।	5.15.2
34.	जसलग	ISI, IIS, IS	न तेषु रमते बुधः ॥	5.22.4
35.	जसलग	ISI, IIS, IS	स्थितश्चलति तत्त्वतः ॥	6.21.4
36.	जसलग	ISI, IIS, IS	न किञ्चिदपि चिन्तयेत् ॥	6.25.4
37.	जसलग	ISI, IIS, IS	प्रमाथि बलवद्दृढम् ।	6.34.2
38.	जसलग	ISI, IIS, IS	कुले भवति धीमताम् ।	6.42.2
39.	जसलग	ISI, IIS, IS	प्रभास्मि शशिसूर्ययोः ।	7.8.2
40.	जसलग	ISI, IIS, IS	अहं स च मम प्रियः ॥	7.17.4
41.	जसलग	ISI, IIS, IS	मयैव विहितान्हि तान् ॥	7.22.4
42.	जसलग	ISI, IIS, IS	ममाव्ययमनुत्तमम् ॥	7.24.4
43.	जसलग	ISI, IIS, IS	स याति परमां गतिम् ॥	8.13.4
44.	जसलग	ISI, IIS, IS	पवित्रमिदमुत्तमम् ।	9.2.2
45.	जसलग	ISI, IIS, IS	जगद्विपरिवर्तते ॥	9.10.4
46.	जसलग	ISI, IIS, IS	स्वधाहमहमौषधम् ।	9.16.2
47.	जसलग	ISI, IIS, IS	यजन्त्यविधिपूर्वकम् ॥	9.23.
48.	जसलग	ISI, IIS, IS	भवेद्युगपदुत्थिता ।	11.12.2
49.	जसलग	ISI, IIS, IS	ततः कुरु यतात्मवान् ॥	12.11.4
50.	जसलग	ISI, IIS, IS	विभक्तमिव च स्थितम् ।	13.17.2
51.	जसलग	ISI, IIS, IS	गुणाः प्रकृतिसम्भवाः ।	14.5.2
52.	जसलग	ISI, IIS, IS	प्रकाशकमनामयम् ।	14.6.2
53.	जसलग	ISI, IIS, IS	जना न विदुरासुराः ।	16.7.2

54.	जसलग	।ऽ।, ।।ऽ, ।ऽ	क्षयाय जगतोऽहिताः ॥	16.9.4
55.	जसलग	।ऽ।, ।।ऽ, ।ऽ	एतावदिति निश्चिताः ॥	16.11.4
56.	जसलग	।ऽ।, ।।ऽ, ।ऽ	भविष्यति पुनर्धनम् ॥	16.13.4
57.	जसलग	।ऽ।, ।।ऽ, ।ऽ	पतन्ति नरकेऽशुचौ ॥	16.16.4
58.	जसलग	।ऽ।, ।।ऽ, ।ऽ	स्थितिः सदिति चोच्यते ।	17.27.2
59.	जसलग	।ऽ।, ।।ऽ, ।ऽ	न त्याज्यमिति चापरे ॥	18.3.4
60.	जसलग	।ऽ।, ।।ऽ, ।ऽ	न हन्ति न निबध्यते ॥	18.17.4
61.	जसलग	।ऽ।, ।।ऽ, ।ऽ	त्रिधैव गुणभेदतः ।	18.19.2
62.	जसलग	।ऽ।, ।।ऽ, ।ऽ	सदोषमपि न त्यजेत् ।	18.48.2
63.	जसलग	।ऽ।, ।।ऽ, ।ऽ	न योत्स्य इति मन्यसे ।	18.59.2

13–14. जसगल, जसगग

।ऽ।, ।।ऽ, ऽ। और ।ऽ।, ।।ऽ, ऽऽ

भांर्गी छंद

गीता के 18 अध्यायों में जसगल (।ऽ।, ।।ऽ, ऽ।) और जसगग (।ऽ।, ।।ऽ, ऽऽ) छंद सूत्र के निम्नांकित 12 और 33 चरण प्रयुक्त हैं. चरण का अंतिम लघु अक्षर भी गुरु माना जाता है, अतः जसगग गण के भांर्गी छंद के कुल 45 चरण गीता में प्रयुक्त हैं.

गीता में आने वाले 45 जसगल–जसगग छंद

क्रम	गण	सूत्र	गीता चरण प्रतीक	श्लोक संदर्भ अध्याय.श्लोक.चरण
1.	1.19.3	नभश्च पृथिवीं चैव	जसगल	।ऽ।, ।।ऽ, ऽ।
2.	2.21.3	कथं स पुरुषः पार्थ	जसगल	।ऽ।, ।।ऽ, ऽ।
3.	2.31.1	स्वधर्ममपि चावेक्ष्य	जसगल	।ऽ।, ।।ऽ, ऽ।

4.	7.11.1	बलं बलवतामस्मि	जसगल	।ऽ।, ।।ऽ, ऽ।
5.	7.29.1	जरामरणमोक्षाय	जसगल	।ऽ।, ।।ऽ, ऽ।
6.	10.36.3	जयोऽस्मि व्यवसायोऽस्मि	जसगल	।ऽ।, ।।ऽ, ऽ।
7.	12.7.3	भवामि नचिरात्पार्थ	जसगल	।ऽ।, ।।ऽ, ऽ।
8.	12.10.3	मदर्थमपि कर्माणि	जसगल	।ऽ।, ।।ऽ, ऽ।
9.	13.22.3	कारणं गुणसङ्गोऽस्य	जसगल	।ऽ।, ।।ऽ, ऽ।
10.	17.25.1	तदित्यनभिसन्धाय	जसगल	।ऽ।, ।।ऽ, ऽ।
11.	18.47.3	स्वभावनियतं कर्म	जसगल	।ऽ।, ।।ऽ, ऽ।
12.	18.62.1	तमेव शरणं गच्छ	जसगल	।ऽ।, ।।ऽ, ऽ।
13.	1.15.3	पौण्ड्रं दध्मौ महाशङ्खं	जसगग	।ऽ।, ।।ऽ, ऽऽ
14.	1.16.1	अनन्तविजयं राजा	जसगग	।ऽ।, ।।ऽ, ऽऽ
15.	1.38.3	कुलक्षयकृतं दोषं	जसगग	।ऽ।, ।।ऽ, ऽऽ
16.	1.39.3	कुलक्षयकृतं दोषं	जसगग	।ऽ।, ।।ऽ, ऽऽ
17.	1.42.3	पतन्ति पितरो ह्येषां	जसगग	।ऽ।, ।।ऽ, ऽऽ
18.	1.45.1	अहो वत महत्पापं	जसगग	।ऽ।, ।।ऽ, ऽऽ
19.	1.47.3	विसृज्य सशरं चापं	जसगग	।ऽ।, ।।ऽ, ऽऽ
20.	2.9.3	न योत्स्य इति गोविन्दम्	जसगग	।ऽ।, ।।ऽ, ऽऽ
21.	2.12.3	न चैव न भविष्यामः	जसगग	।ऽ।, ।।ऽ, ऽऽ
22.	2.67.3	तदस्य हरति प्रज्ञां	जसगग	।ऽ।, ।।ऽ, ऽऽ
23.	3.34.3	तयोर्न वशमागच्छेत्	जसगग	।ऽ।, ।।ऽ, ऽऽ

24.	5.14.3	न कर्मफलसंयोगं	जसगग	।ऽ।, ।।ऽ, ऽऽ
25.	5.28.1	यतेन्द्रियमनोबुद्धिः	जसगग	।ऽ।, ।।ऽ, ऽऽ
26.	6.18.1	यदा विनियतं चित्तम्	जसगग	।ऽ।, ।।ऽ, ऽऽ
27.	6.27.1	प्रशान्तमनसं ह्येनं	जसगग	।ऽ।, ।।ऽ, ऽऽ
28.	7.13.1	त्रिभिर्गुणमयैर्भावैः	जसगग	।ऽ।, ।।ऽ, ऽऽ
29.	8.17.1	सहस्रयुगपर्यन्तम्	जसगग	।ऽ।, ।।ऽ, ऽऽ
30.	9.4.1	मया ततमिदं सर्वं	जसगग	।ऽ।, ।।ऽ, ऽऽ
31.	9.16.1	अहं क्रतुरहं यज्ञः	जसगग	।ऽ।, ।।ऽ, ऽऽ
32.	9.19.1	तपाम्यहमहं वर्षं	जसगग	।ऽ।, ।।ऽ, ऽऽ
33.	9.33.3	अनित्यमसुखं लोकम्	जसगग	।ऽ।, ।।ऽ, ऽऽ
34.	9.34.1	मन्मना भव मद्भक्तो	जसगग	।ऽ।, ।।ऽ, ऽऽ
35.	11.14.3	प्रणम्य शिरसा देवं	जसगग	।ऽ।, ।।ऽ, ऽऽ
36.	12.17.3	शुभाशुभपरित्यागी	जसगग	।ऽ।, ।।ऽ, ऽऽ
37.	13.10.1	असक्तिरनभिष्वङ्गः	जसगग	।ऽ।, ।।ऽ, ऽऽ
38.	14.14.3	तदोत्तमविदां लोकान्	जसगग	।ऽ।, ।।ऽ, ऽऽ
39.	14.18.3	जघन्यगुणवृत्तिस्था	जसगग	।ऽ।, ।।ऽ, ऽऽ
40.	14.20.3	जन्ममृत्युजरादुःखैः	जसगग	।ऽ।, ।।ऽ, ऽऽ
41.	17.5.1	अशास्त्रविहितं घोरं	जसगग	।ऽ।, ।।ऽ, ऽऽ
42.	17.22.3	असत्कृतमवज्ञातं	जसगग	।ऽ।, ।।ऽ, ऽऽ
43.	17.27.1	यज्ञे तपसि दाने च	जसगग	।ऽ।, ।।ऽ, ऽऽ
44.	18.45.3	स्वकर्मनिरतः सिद्धिं	जसगग	।ऽ।, ।।ऽ, ऽऽ

2.1 आठ अक्षरों वाले गीता के 80 छंद

45.	18.73.3	स्थितोऽस्मि गतसन्देहः	जसगग	।ऽ।, ।।ऽ, ऽऽ
				Total 45

15. जभलग

।ऽ।, ऽ।।, ।ऽ

मरु छंद

गीता के 18 अध्यायों में जभलग (।ऽ।, ऽ।।, ।ऽ) छंद सूत्र के मरु नामक छंद के निम्नांकित 11 चरण प्रयुक्त हैं. **ज्ञात रहे कि निचे दी हुई तालिका में जो भ गण वाले अनुष्टुप् चरण हैं वे श्लोक छंद में नहीं आते हैं.**

गीता में आने वाले 11 जभलग मरु छंद

क्रम	गण	सूत्र	गीता चरण प्रतीक	श्लोक संदर्भ अध्याय.श्लोक.चरण
1.	2.35.1	भयाद्रणादुपरतं	जभलग	।ऽ।, ऽ।।, ।ऽ
2.	2.43.3	क्रियाविशेषबहुलां	जभलग	।ऽ।, ऽ।।, ।ऽ
3.	4.31.1	यज्ञशिष्टामृतभुजो	जभलग	।ऽ।, ऽ।।, ।ऽ
4.	6.25.1	शनैः शनैरुपरमेत्	जभलग	।ऽ।, ऽ।।, ।ऽ
5.	6.27.3	उपैति शान्तरजसं	जभलग	।ऽ।, ऽ।।, ।ऽ
6.	9.13.3	भजन्त्यनन्यमनसो	जभलग	।ऽ।, ऽ।।, ।ऽ
7.	9.17.1	पिताहमस्य जगतो	जभलग	।ऽ।, ऽ।।, ।ऽ
8.	10.2.1	न मे विदुः सुरगणाः	जभलग	।ऽ।, ऽ।।, ।ऽ
9.	11.10.1	अनेकवक्त्रनयनम्	जभलग	।ऽ।, ऽ।।, ।ऽ
10.	15.19.3	स सर्वविद्भजति मां	जभलग	।ऽ।, ऽ।।, ।ऽ
11.	16.19.3	क्षिपाम्यजस्रमशुभान्	जभलग	।ऽ।, ऽ।।, ।ऽ
				Total 11

16. जरलग

।ऽ।, ऽ।ऽ, ।ऽ

प्रमाणिका छंद

प्रमाणिका जरौ लगौ : गीता के 18 अध्यायों में जरलग (।ऽ।, ऽ।ऽ, ।ऽ) छंद सूत्र के प्रमाणिका नामक छंद के निम्नांकित 2 चरण प्रयुक्त हैं.

गीता में आने वाले 2 जरलग प्रमाणिका छंद

क्रम	श्लोक संदर्भ अध्याय.श्लोक.चरण	गीता चरण प्रतीक	गण	सूत्र
1.	6.23.2	वियोगं योगसंज्ञितम् ।	जरलग	।ऽ।, ऽ।ऽ, ।ऽ
2.	11.11.2	दिव्यगन्धानुलेपनम् ।	जरलग	।ऽ।, ऽ।ऽ, ।ऽ
				Total 2

17–18. जरगल, जरगग

।ऽ।, ऽ।ऽ, ।। और ।ऽ।, ऽ।ऽ, ऽऽ

अनामिका और यशस्करी छंद

गीता के 18 अध्यायों में जरगल (।ऽ।, ऽ।ऽ, ऽ।) और जरगग (।ऽ।, ऽ।ऽ, ऽऽ) छंद सूत्र के निम्नांकित 13 और 37 चरण प्रयुक्त हैं. चरण का अंतिम लघु अक्षर भी गुरु माना जाता है, अत: जरगग गण के यशस्करी छंद के कुल 50 चरण गीता में प्रयुक्त हैं.

गीता में आने वाले 50 जरगल–जरगग छंद

क्रम	श्लोक संदर्भ अध्याय.श्लोक.चरण	गीता चरण प्रतीक	गण	सूत्र
1.	1.40.1	कुलक्षये प्रणश्यन्ति	जरगल	।ऽ।, ऽ।ऽ, ऽ।

2.	2.17.3	विनाशमव्ययस्यास्य	जरगल	।ऽ।, ऽ।ऽ, ऽ।
3.	3.18.3	न चास्य सर्वभूतेषु	जरगल	।ऽ।, ऽ।ऽ, ऽ।
4.	4.5.1	बहूनि मे व्यतीतानि	जरगल	।ऽ।, ऽ।ऽ, ऽ।
5.	4.18.3	स बुद्धिमान्मनुष्येषु	जरगल	।ऽ।, ऽ।ऽ, ऽ।
6.	6.7.1	जितात्मनः प्रशान्तस्य	जरगल	।ऽ।, ऽ।ऽ, ऽ।
7.	6.45.3	अनेकजन्मसंसिद्धः	जरगल	।ऽ।, ऽ।ऽ, ऽ।
8.	11.6.3	बहून्यदृष्टपूर्वाणि	जरगल	।ऽ।, ऽ।ऽ, ऽ।
9.	12.11.1	अथैतदप्यशक्तोऽसि	जरगल	।ऽ।, ऽ।ऽ, ऽ।
10.	13.13.3	अनादिमत्परं ब्रह्म	जरगल	।ऽ।, ऽ।ऽ, ऽ।
11.	14.8.1	तमस्त्वज्ञानजं विद्धि	जरगल	।ऽ।, ऽ।ऽ, ऽ।
12.	18.46.3	स्वकर्मणा तमभ्यर्च्य	जरगल	।ऽ।, ऽ।ऽ, ऽ।
13.	18.60.1	स्वभावजेन कौन्तेय	जरगल	।ऽ।, ऽ।ऽ, ऽ।
14.	1.20.1	अथ व्यवस्थितान्दृष्ट्वा	जरगग	।ऽ।, ऽ।ऽ, ऽऽ
15.	1.25.3	उवाच पार्थ पश्यैतान्	जरगग	।ऽ।, ऽ।ऽ, ऽऽ
16.	1.36.1	निहत्य धार्तराष्ट्रान्नः	जरगग	।ऽ।, ऽ।ऽ, ऽऽ
17.	2.2.3	अनार्यजुष्टमस्वर्ग्यम्	जरगग	।ऽ।, ऽ।ऽ, ऽऽ
18.	2.26.3	तथापि त्वं महाबाहो	जरगग	।ऽ।, ऽ।ऽ, ऽऽ
19.	3.4.1	न कर्मणामनारम्भात्	जरगग	।ऽ।, ऽ।ऽ, ऽऽ
20.	3.16.3	अघायुरिन्द्रियारामो	जरगग	।ऽ।, ऽ।ऽ, ऽऽ
21.	3.23.1	यदि ह्यहं न वर्तेयं	जरगग	।ऽ।, ऽ।ऽ, ऽऽ

22.	3.28.3	गुणा गुणेषु वर्तन्ते	जरगग	।ऽ।, ऽ।ऽ, ऽऽ
23.	4.1.1	इमं विवस्वते योगं	जरगग	।ऽ।, ऽ।ऽ, ऽऽ
24.	5.2.3	तयोस्तु कर्मसंन्यासात्	जरगग	।ऽ।, ऽ।ऽ, ऽऽ
25.	5.19.1	इहैव तैर्जितः सर्गो	जरगग	।ऽ।, ऽ।ऽ, ऽऽ
26.	6.6.3	अनात्मनस्तु शत्रुत्वे	जरगग	।ऽ।, ऽ।ऽ, ऽऽ
27.	6.23.3	स निश्चयेन योक्तव्यो	जरगग	।ऽ।, ऽ।ऽ, ऽऽ
28.	6.26.3	ततस्ततो नियम्यैतत्	जरगग	।ऽ।, ऽ।ऽ, ऽऽ
29.	6.28.3	सुखेन ब्रह्मसंस्पर्शम्	जरगग	।ऽ।, ऽ।ऽ, ऽऽ
30.	6.35.1	असंशयं महाबाहो	जरगग	।ऽ।, ऽ।ऽ, ऽऽ
31.	6.36.1	असंयतात्मना योगो	जरगग	।ऽ।, ऽ।ऽ, ऽऽ
32.	7.1.3	असंशयं समग्रं मां	जरगग	।ऽ।, ऽ।ऽ, ऽऽ
33.	7.8.1	रसोऽहमप्सु कौन्तेय	जरगग	।ऽ।, ऽ।ऽ, ऽऽ
34.	7.16.1	चतुर्विधा भजन्ते मां	जरगग	।ऽ।, ऽ।ऽ, ऽऽ
35.	7.17.3	प्रियो हि ज्ञानिनोऽत्यर्थम्	जरगग	।ऽ।, ऽ।ऽ, ऽऽ
36.	9.24.1	अहं हि सर्वयज्ञानां	जरगग	।ऽ।, ऽ।ऽ, ऽऽ
37.	10.10.3	ददामि बुद्धियोगं तं	जरगग	।ऽ।, ऽ।ऽ, ऽऽ
38.	10.24.1	पुरोधसां च मुख्यं मां	जरगग	।ऽ।, ऽ।ऽ, ऽऽ
39.	11.2.1	भवाप्ययौ हि भूतानां	जरगग	।ऽ।, ऽ।ऽ, ऽऽ
40.	11.14.1	ततः स विस्मयाविष्टो	जरगग	।ऽ।, ऽ।ऽ, ऽऽ
41.	13.11.3	विविक्तदेशसेवित्वम्	जरगग	।ऽ।, ऽ।ऽ, ऽऽ
42.	13.34.1	यथा प्रकाशयत्येकः	जरगग	।ऽ।, ऽ।ऽ, ऽऽ

2.1 आठ अक्षरों वाले गीता के 80 छंद

43.	16.3.3	भवन्ति सम्पदं दैवीम्	जरगग	ISI, SIS, SS
44.	16.8.1	असत्यमप्रतिष्ठं ते	जरगग	ISI, SIS, SS
45.	16.14.1	असौ मया हतः शत्रुः	जरगग	ISI, SIS, SS
46.	16.16.1	अनेकचित्तविभ्रान्ता	जरगग	ISI, SIS, SS
47.	18.15.1	शरीरवाङ्मनोभिर्यत्	जरगग	ISI, SIS, SS
48.	18.34.1	यया तु धर्मकामार्थान्	जरगग	ISI, SIS, SS
49.	18.42.1	शमो दमस्तपः शौचं	जरगग	ISI, SIS, SS
50.	18.53.3	विमुच्य निर्ममः शान्तो	जरगग	ISI, SIS, SS
				Total 50

19-20. जतलल, जतलग

ISI, SSI, II और ISI, SSI, IS

आकतनु और विता छंद

गीता के 18 अध्यायों में जतलल (ISI, SSI, II) आकतनु नामक छंद के 2 चरण और जतलग (ISI, SSI, IS) छंद सूत्र के विता नामक छंद के निम्नांकित 12 चरण प्रयुक्त हैं. चरण का अंतिम लघु अक्षर भी गुरु माना जाता है, अतः जतलग गण के विता छंद के कुल 14 चरण गीता में प्रयुक्त हैं.

गीता में आने वाले 14 जतलल-जतलग विता छंद

क्रम	श्लोक संदर्भ अध्याय.श्लोक.चरण	गीता चरण प्रतीक	गण	सूत्र
1.	6.26.1	यतो यतो निश्चरति	जतलल	ISI, SSI, II
2.	14.15.3	तथा प्रलीनस्तमसि	जतलल	ISI, SSI, II

3.	2.36.1	अवाच्यवादांश्च बहून्	जतलग	।ऽ।, ऽऽ।, ।ऽ
4.	3.8.3	शरीरयात्रापि च ते	जतलग	।ऽ।, ऽऽ।, ।ऽ
5.	3.21.3	स यत्प्रमाणं कुरुते	जतलग	।ऽ।, ऽऽ।, ।ऽ
6.	3.26.1	न बुद्धिभेदं जनयेत्	जतलग	।ऽ।, ऽऽ।, ।ऽ
7.	6.1.1	अनाश्रितः कर्मफलं	जतलग	।ऽ।, ऽऽ।, ।ऽ
8.	7.30.3	प्रयाणकालेऽपि च मां	जतलग	।ऽ।, ऽऽ।, ।ऽ
9.	8.2.3	प्रयाणकाले च कथं	जतलग	।ऽ।, ऽऽ।, ।ऽ
10.	8.14.1	अनन्यचेताः सततं	जतलग	।ऽ।, ऽऽ।, ।ऽ
11.	9.1.1	इदं तु ते गुह्यतमं	जतलग	।ऽ।, ऽऽ।, ।ऽ
12.	11.10.3	अनेकदिव्याभरणं	जतलग	।ऽ।, ऽऽ।, ।ऽ
13.	14.17.3	प्रमादमोहौ तमसो	जतलग	।ऽ।, ऽऽ।, ।ऽ
14.	18.36.1	सुखं त्विदानीं त्रिविधं	जतलग	।ऽ।, ऽऽ।, ।ऽ
				Total 14

21–22. जतगल, जतगग

।ऽ।, ऽऽ।, ऽ।, और ऽऽ।, ।।ऽ, ऽऽ

वितान और वारिशाला छंद

गीता के 18 अध्यायों में जतगल (।ऽ।, ऽऽ।, ऽ।) वितान नामक छंद के 2 चरण और जतगग (।ऽ।, ऽऽ।, ऽऽ) छंद सूत्र के वारिशाला नामक छंद के निम्नांकित 4 चरण प्रयुक्त हैं. चरण का अंतिम लघु अक्षर भी गुरु माना जाता है, अतः जतगग गण के विता छंद के कुल 6 चरण गीता में प्रयुक्त हैं.

गीता में आने वाले 6 जतलल-जतलग वारिशाला छंद

क्रम	श्लोक संदर्भ अध्याय.श्लोक.चरण	गीता चरण प्रतीक	गण	सूत्र
1.	2.61.3	वशे हि यस्येन्द्रियाणि	जतगल	।ऽ।, ऽऽ।, ऽ।
2.	14.10.1	रजस्तमश्चाभिभूय	जतगल	।ऽ।, ऽऽ।, ऽ।

3.	2.32.1	यदृच्छया चोपपन्नं	जतगग	।ऽ।, ऽऽ।, ऽऽ
4.	10.6.1	महर्षयः सप्त पूर्वे	जतगग	।ऽ।, ऽऽ।, ऽऽ
5.	3.11.3	परस्परं भावयन्तः	जतगग	।ऽ।, ऽऽ।, ऽऽ
6.	4.6.1	अजोऽपि सन्नव्ययात्मा	जतगग	।ऽ।, ऽऽ।, ऽऽ

23–24. जमगल, जमगग

।ऽ।, ऽऽऽ, ऽ। और ।ऽ।, ऽऽऽ, ऽऽ

गीता के 18 अध्यायों में जमगल (।ऽ।, ऽऽऽ, ऽ।) नामक छंद के 2 चरण और जमगग (।ऽ।, ऽऽऽ, ऽऽ) छंद सूत्र के निम्नांकित 9 चरण प्रयुक्त हैं. चरण का अंतिम लघु अक्षर भी गुरु माना जाता है, अत: जमगग गण के कुल 10 चरण गीता में प्रयुक्त हैं.

गीता में आने वाले 11 जमगल–जमगग छंद

क्रम	श्लोक संदर्भ अध्याय.श्लोक.चरण	गीता चरण प्रतीक	गण	सूत्र
1.	2.33.3	ततः स्वधर्मं कीर्तिं च	जमगल	।ऽ।, ऽऽऽ, ऽ।
2.	18.49.1	असक्तबुद्धिः सर्वत्र	जमगल	।ऽ।, ऽऽऽ, ऽ।
3.	2.71.1	विहाय कामान्यः सर्वा न्	जमगग	।ऽ।, ऽऽऽ, ऽऽ
4.	10.5.3	भवन्ति भावा भूतानां	जमगग	।ऽ।, ऽऽऽ, ऽऽ
5.	13.2.1	इदं शरीरं कौन्तेय	जमगग	।ऽ।, ऽऽऽ, ऽऽ
6.	15.18.3	अतोऽस्मि लोके वेदे च	जमगग	।ऽ।, ऽऽऽ, ऽऽ
7.	17.16.1	मनःप्रसादः सौम्यत्वं	जमगग	।ऽ।, ऽऽऽ, ऽऽ
8.	17.22.1	अदेशकाले यद्दानम्	जमगग	।ऽ।, ऽऽऽ, ऽऽ
9.	18.12.1	अनिष्टमिष्टं मिश्रं च	जमगग	।ऽ।, ऽऽऽ, ऽऽ
10.	18.46.1	यतः प्रवृत्तिर्भूतानां	जमगग	।ऽ।, ऽऽऽ, ऽऽ
11.	18.52.1	विविक्तसेवी लघ्वाशी	जमगग	।ऽ।, ऽऽऽ, ऽऽ

				Total 11

2.1.4 य-गण से आरंभ होने वाले गीता के 419 अष्टाक्षरी छंद

य-गण से आरंभ होने वाले विभिन्न 12 छंद, और उन तेरह छंदों के कुल 419 चरण गीता में पाए जाते हैं. उन सबका चित्रण निम्न तालिकाओं में दृष्ट है. **ज्ञात हो कि निचे दी हुई तालिका में जो भ मध्य गण वाले अनुष्टुप् छंद हैं वे श्लोक छंद में नहीं आते हैं.**

गीता में आने वाले य-गणात्मक विभिन्न छंदों की तालिका

क्रम	गण	गण सूत्र	छंद नाम	चरण संख्या
1.	यसलल	ISS, IIS, II		24
2.	यसलग	ISS, IIS, IS		79
3.	यसगल	ISS, IIS, SI	मनोला	17
4.	यसगग	ISS, IIS, SS	मनोला	39
5.	यभलग	ISS, SII, IS		10
6.	यभगग	ISS, SII, SS	चतुरीहा	2
7.	यरलल	ISS, SIS, II	भाषा	29
8.	यरलग	ISS, SIS, IS	भाषा	101
9.	यरगल	ISS, SIS, SI	सुचंद्राभा	44
10.	यरगग	ISS, SIS, SS	कुलाधारी	68
11.	यतलग	ISS, SSI, IS		1
12.	यतगग	ISS, SSI, SS	पारांतचारी	5
				Total 419

25–26. यसलल, यसलग

।ऽऽ, ।।ऽ, ।। और ।ऽऽ, ।।ऽ, ।ऽ

गीता के 18 अध्यायों में यसलल (।ऽऽ, ।।ऽ, ।।) छंद के 24 चरण और यसलग (।ऽऽ, ।।ऽ, ।ऽ) छंद सूत्र के निम्नांकित 79 चरण प्रयुक्त हैं. चरण का अंतिम लघु अक्षर भी गुरु माना जाता है, अतः यसलग गण के कुल 103 निम्नांकित चरण गीता में प्रयुक्त हैं.

गीता में आने वाले 103 जमगल-जमगग छंद

क्रम	श्लोक संदर्भ अध्याय.श्लोक.चरण	गीता चरण प्रतीक	गण	सूत्र
1.	1.21.4	रथं स्थापय मेऽच्युत ।।	यसलल	।ऽऽ, ।।ऽ, ।।
2.	1.40.4	अधर्मोऽभिभवत्युत ।।	यसलल	।ऽऽ, ।।ऽ, ।।
3.	2.53.4	तदा योगमवाप्स्यसि ।।	यसलल	।ऽऽ, ।।ऽ, ।।
4.	3.7.2	नियम्यारभतेऽर्जुन ।	यसलल	।ऽऽ, ।।ऽ, ।।
5.	4.31.4	कुतोऽन्यः कुरुसत्तम ।।	यसलल	।ऽऽ, ।।ऽ, ।।
6.	4.41.4	निबध्नन्ति धनञ्जय ।।	यसलल	।ऽऽ, ।।ऽ, ।।
7.	6.32.2	समं पश्यति योऽर्जुन ।	यसलल	।ऽऽ, ।।ऽ, ।।
8.	7.1.4	यथा ज्ञास्यसि तच्छृणु ।।	यसलल	।ऽऽ, ।।ऽ, ।।
9.	7.9.4	तपश्चास्मि तपस्विषु ।।	यसलल	।ऽऽ, ।।ऽ, ।।
10.	9.9.2	निबध्नन्ति धनञ्जय ।	यसलल	।ऽऽ, ।।ऽ, ।।
11.	10.4.4	भयं चाभयमेव च ।।	यसलल	।ऽऽ, ।।ऽ, ।।
12.	10.18.2	विभूतिं च जनार्दन ।	यसलल	।ऽऽ, ।।ऽ, ।।
13.	11.54.4	प्रवेष्टुं च परन्तप ।।	यसलल	।ऽऽ, ।।ऽ, ।।
14.	13.17.4	ग्रसिष्णु प्रभविष्णु च ।।	यसलल	।ऽऽ, ।।ऽ, ।।

2.1 आठ अक्षरों वाले गीता के 80 छंद

15.	14.9.2	रजः कर्मणि भारत ।	यसलल	ISS, IIS, II
16.	14.12.4	विवृद्धे भरतर्षभ ॥	यसलल	ISS, IIS, II
17.	14.13.4	विवृद्धे कुरुनन्दन ॥	यसलल	ISS, IIS, II
18.	15.16.2	क्षरश्चाक्षर एव च ।	यसलल	ISS, IIS, II
19.	18.1.4	पृथक्केशिनिषूदन ॥	यसलल	ISS, IIS, II
20.	18.19.4	यथावच्छृणु तान्यपि ॥	यसलल	ISS, IIS, II
21.	18.29.4	पृथक्त्वेन धनञ्जय ॥	यसलल	ISS, IIS, II
22.	18.35.2	विषादं मदमेव च ।	यसलल	ISS, IIS, II
23.	18.45.4	यथा विन्दति तच्छृणु ॥	यसलल	ISS, IIS, II
24.	18.73.4	करिष्ये वचनं तव ॥	यसलल	ISS, IIS, II
25.	1.11.2	यथाभागमवस्थिताः ।	यसलग	ISS, IIS, IS
26.	1.13.4	स शब्दस्तुमुलोऽभवत् ॥	यसलग	ISS, IIS, IS
27.	1.17.2	शिखण्डी च महारथः ।	यसलग	ISS, IIS, IS
28.	1.28.2	विषीदन्निदमब्रवीत् ॥	यसलग	ISS, IIS, IS
29.	1.28.4	युयुत्सुं समुपस्थितम् ।	यसलग	ISS, IIS, IS
30.	1.41.2	प्रदुष्यन्ति कुलस्त्रियः ।	यसलग	ISS, IIS, IS
31.	1.47.2	रथोपस्थ उपाविशत् ।	यसलग	ISS, IIS, IS
32.	2.10.4	विषीदन्तमिदं वचः ॥	यसलग	ISS, IIS, IS
33.	2.36.2	वदिष्यन्ति तवाहिताः ।	यसलग	ISS, IIS, IS
34.	2.36.4	ततो दुःखतरं नु किम् ॥	यसलग	ISS, IIS, IS

2.1 आठ अक्षरों वाले गीता के 80 छंद

35.	2.44.4	समाधौ न विधीयते ॥	यसलग	ISS, IIS, IS
36.	2.53.2	यदा स्थास्यति निश्चला ।	यसलग	ISS, IIS, IS
37.	2.54.4	किमासीत व्रजेत किम् ॥	यसलग	ISS, IIS, IS
38.	2.60.4	हरन्ति प्रसभं मनः ॥	यसलग	ISS, IIS, IS
39.	2.66.4	अशान्तस्य कुतः सुखम् ॥	यसलग	ISS, IIS, IS
40.	3.6.2	य आस्ते मनसा स्मरन् ।	यसलग	ISS, IIS, IS
41.	4.4.2	परं जन्म विवस्वतः ।	यसलग	ISS, IIS, IS
42.	4.8.2	विनाशाय च दुष्कृताम् ।	यसलग	ISS, IIS, IS
43.	4.14.2	न मे कर्मफले स्पृहा ।	यसलग	ISS, IIS, IS
44.	4.23.4	समग्रं प्रविलीयते ॥	यसलग	ISS, IIS, IS
45.	5.23.4	स युक्तः स सुखी नरः ॥	यसलग	ISS, IIS, IS
46.	5.26.2	यतीनां यतचेतसाम् ।	यसलग	ISS, IIS, IS
47.	5.28.2	मुनिर्मोक्षपरायणः ।	यसलग	ISS, IIS, IS
48.	6.3.4	शमः कारणमुच्यते ॥	यसलग	ISS, IIS, IS
49.	6.4.2	न कर्मस्वनुषज्जते ।	यसलग	ISS, IIS, IS
50.	6.10.4	निराशीरपरिग्रहः ॥	यसलग	ISS, IIS, IS
51.	6.13.4	दिशश्चानवलोकयन् ॥	यसलग	ISS, IIS, IS
52.	6.16.2	न चैकान्तमनश्नतः ।	यसलग	ISS, IIS, IS
53.	6.26.2	मनश्चञ्चलमस्थिरम् ।	यसलग	ISS, IIS, IS
54.	6.31.4	स योगी मयि वर्तते ॥	यसलग	ISS, IIS, IS
55.	6.32.4	स योगी परमो मतः ॥	यसलग	ISS, IIS, IS

2.1 आठ अक्षरों वाले गीता के 80 छंद

56.	6.45.4	ततो याति परां गतिम् ॥	यसलग	ISS, IIS, IS
57.	6.47.4	स मे युक्ततमो मतः ॥	यसलग	ISS, IIS, IS
58.	7.20.4	प्रकृत्या नियताः स्वया ॥	यसलग	ISS, IIS, IS
59.	8.16.4	पुनर्जन्म न विद्यते ॥	यसलग	ISS, IIS, IS
60.	8.21.2	तमाहुः परमां गतिम् ।	यसलग	ISS, IIS, IS
61.	9.1.2	प्रवक्ष्याम्यनसूयवे ।	यसलग	ISS, IIS, IS
62.	9.14.2	यतन्तश्च दृढव्रताः ।	यसलग	ISS, IIS, IS
63.	9.18.2	निवासः शरणं सुहृत् ।	यसलग	ISS, IIS, IS
64.	9.25.2	पितॄन्यान्ति पितृव्रताः ।	यसलग	ISS, IIS, IS
65.	9.33.4	इमं प्राप्य भजस्व माम् ॥	यसलग	ISS, IIS, IS
66.	10.12.2	पवित्रं परमं भवान् ।	यसलग	ISS, IIS, IS
67.	10.13.4	स्वयं चैव ब्रवीषि मे ॥	यसलग	ISS, IIS, IS
68.	10.27.4	नराणां च नराधिपम् ॥	यसलग	ISS, IIS, IS
69.	10.29.4	यमः संयमतामहम् ॥	यसलग	ISS, IIS, IS
70.	10.35.4	ऋतूनां कुसुमाकरः ॥	यसलग	ISS, IIS, IS
71.	10.37.4	कवीनामुशना कविः ॥	यसलग	ISS, IIS, IS
72.	11.2.2	श्रुतौ विस्तरशो मया ।	यसलग	ISS, IIS, IS
73.	11.4.2	मया द्रष्टुमिति प्रभो ।	यसलग	ISS, IIS, IS
74.	11.8.2	अनेनैव स्वचक्षुषा ।	यसलग	ISS, IIS, IS
75.	11.10.2	अनेकाद्भुतदर्शनम् ।	यसलग	ISS, IIS, IS
76.	11.51.4	सचेताः प्रकृतिं गतः ॥	यसलग	ISS, IIS, IS

77.	11.53.2	न दानेन न चेज्यया ।	यसलग	।ऽऽ, ।।ऽ, ।ऽ
78.	12.9.2	न शक्नोषि मयि स्थिरम् ।	यसलग	।ऽऽ, ।।ऽ, ।ऽ
79.	12.14.2	यतात्मा दृढनिश्चयः ।	यसलग	।ऽऽ, ।।ऽ, ।ऽ
80.	12.18.4	समः सङ्गविवर्जितः ।।	यसलग	।ऽऽ, ।।ऽ, ।ऽ
81.	13.29.4	ततो याति परां गतिम् ।।	यसलग	।ऽऽ, ।।ऽ, ।ऽ
82.	14.1.4	परां सिद्धिमितो गताः ।।	यसलग	।ऽऽ, ।।ऽ, ।ऽ
83.	14.10.4	तमः सत्त्वं रजस्तथा ।।	यसलग	।ऽऽ, ।।ऽ, ।ऽ
84.	14.20.4	विमुक्तोऽमृतमश्नुते ।।	यसलग	।ऽऽ, ।।ऽ, ।ऽ
85.	14.22.2	अतीतो भवति प्रभो ।	यसलग	।ऽऽ, ।।ऽ, ।ऽ
86.	14.23.2	गुणैर्यो न विचाल्यते ।	यसलग	।ऽऽ, ।।ऽ, ।ऽ
87.	15.12.2	जगद्भासयतेऽखिलम् ।	यसलग	।ऽऽ, ।।ऽ, ।ऽ
88.	15.17.4	बिभर्त्यव्यय ईश्वरः ।।	यसलग	।ऽऽ, ।।ऽ, ।ऽ
89.	16.20.4	ततो यान्त्यधमां गतिम् ।।	यसलग	।ऽऽ, ।।ऽ, ।ऽ
90.	16.22.4	ततो याति परां गतिम् ।।	यसलग	।ऽऽ, ।।ऽ, ।ऽ
91.	17.11.4	समाधाय स सात्त्विकः ।।	यसलग	।ऽऽ, ।।ऽ, ।ऽ
92.	17.16.4	तपो मानसमुच्यते ।।	यसलग	।ऽऽ, ।।ऽ, ।ऽ
93.	17.17.2	तपस्तत्त्रिविधं नरैः ।	यसलग	।ऽऽ, ।।ऽ, ।ऽ
94.	17.25.2	फलं यज्ञतपःक्रियाः ।	यसलग	।ऽऽ, ।।ऽ, ।ऽ
95.	17.27.4	सदित्येवाभिधीयते ।।	यसलग	।ऽऽ, ।।ऽ, ।ऽ
96.	18.22.4	तत्तामसमुदाहृतम् ।।	यसलग	।ऽऽ, ।।ऽ, ।ऽ
97.	18.28.2	शठो नैष्कृतिकोऽलसः ।	यसलग	।ऽऽ, ।।ऽ, ।ऽ

98.	18.39.2	सुखं मोहनमात्मनः ।	यसलग	।ऽऽ, ।।ऽ, ।ऽ
99.	18.41.4	स्वभावप्रभवैर्गुणैः ।।	यसलग	।ऽऽ, ।।ऽ, ।ऽ
100.	18.49.2	जितात्मा विगतस्पृहः ।	यसलग	।ऽऽ, ।।ऽ, ।ऽ
101.	18.50.2	तथाप्नोति निबोध मे ।	यसलग	।ऽऽ, ।।ऽ, ।ऽ
102.	18.60.4	करिष्यस्यवशोऽपि तत् ।।	यसलग	।ऽऽ, ।।ऽ, ।ऽ
103.	18.63.2	गुह्याद्गुह्यतरं मया ।	यसलग	।ऽऽ, ।।ऽ, ।ऽ
				Total 103

27–28. यसगल, यसगग

।ऽऽ, ।।ऽ, ऽ। और ।ऽऽ, ।।ऽ, ऽऽ

मनोला छंद

गीता के 18 अध्यायों में यसगल (।ऽऽ, ।।ऽ, ऽ।) छंद के 17 चरण और यसगग (।ऽऽ, ।।ऽ, ऽऽ) छंद सूत्र के निम्नांकित 39 चरण प्रयुक्त हैं. चरण का अंतिम लघु अक्षर भी गुरु माना जाता है, अतः यसगग गण वाले मनोला छंद के कुल 56 चरण गीता में प्रयुक्त हैं.

गीता में आने वाले 56 यसगल-यसगग छंद

क्रम	श्लोक संदर्भ अध्याय.श्लोक.चरण	गीता चरण प्रतीक	गण	सूत्र
1.	1.31.1	निमित्तानि च पश्यामि	यसगल	।ऽऽ, ।।ऽ, ऽ।
2.	1.32.1	न काङ्क्षे विजयं कृष्ण	यसगल	।ऽऽ, ।।ऽ, ऽ।
3.	2.11.3	गतासूनगतासूंश्च	यसगल	।ऽऽ, ।।ऽ, ऽ।
4.	3.2.3	तदेकं वद निश्चित्य	यसगल	।ऽऽ, ।।ऽ, ऽ।
5.	3.36.3	अनिच्छन्नपि वार्ष्णेय	यसगल	।ऽऽ, ।।ऽ, ऽ।

2.1 आठ अक्षरों वाले गीता के 80 छंद

6.	4.1.3	विवस्वान्मनवे प्राह	यसगल	ISS, IIS, SI
7.	7.26.3	भविष्याणि च भूतानि	यसगल	ISS, IIS, SI
8.	10.12.1	परं ब्रह्म परं धाम	यसगल	ISS, IIS, SI
9.	10.21.3	मरीचिर्मरुतामस्मि	यसगल	ISS, IIS, SI
10.	13.20.3	विकारांश्च गुणांश्चैव	यसगल	ISS, IIS, SI
11.	14.2.1	इदं ज्ञानमुपाश्रित्य	यसगल	ISS, IIS, SI
12.	14.19.3	गुणेभ्यश्च परं वेत्ति	यसगल	ISS, IIS, SI
13.	15.8.1	शरीरं यदवाप्नोति	यसगल	ISS, IIS, SI
14.	16.7.1	प्रवृत्तिं च निवृत्तिं च	यसगल	ISS, IIS, SI
15.	18.22.3	अतत्त्वार्थवदल्पं च	यसगल	ISS, IIS, SI
16.	18.30.1	प्रवृत्तिं च निवृत्तिं च	यसगल	ISS, IIS, SI
17.	18.63.3	विमृश्यैतदशेषेण	यसगल	ISS, IIS, SI
18.	1.41.1	अधर्माभिभवात्कृष्ण	यसगग	ISS, IIS, SS
19.	2.1.3	विषीदन्तमिदं वाक्यम्	यसगग	ISS, IIS, SS
20.	2.4.1	कथं भीष्ममहं सङ्ख्ये	यसगग	ISS, IIS, SS
21.	2.19.3	उभौ तौ न विजानीतो	यसगग	ISS, IIS, SS
22.	2.53.3	समाधावचला बुद्धिः	यसगग	ISS, IIS, SS
23.	2.58.1	यदा संहरते चायं	यसगग	ISS, IIS, SS
24.	2.66.3	न चाभावयतः शान्तिः	यसगग	ISS, IIS, SS
25.	3.10.3	अनेन प्रसविष्यध्वम्	यसगग	ISS, IIS, SS

26.	3.35.3	स्वधर्मे निधनं श्रेयः	यसगग	।ऽऽ, ।।ऽ, ऽऽ
27.	4.21.1	निराशीर्यतचित्तात्मा	यसगग	।ऽऽ, ।।ऽ, ऽऽ
28.	4.37.1	यथैधांसि समिद्धोऽग्निः	यसगग	।ऽऽ, ।।ऽ, ऽऽ
29.	6.13.1	समं कायशिरोग्रीवं	यसगग	।ऽऽ, ।।ऽ, ऽऽ
30.	6.32.3	सुखं वा यदि वा दुःखं	यसगग	।ऽऽ, ।।ऽ, ऽऽ
31.	7.4.3	अहङ्कार इतीयं मे	यसगग	।ऽऽ, ।।ऽ, ऽऽ
32.	7.15.1	न मां दुष्कृतिनो मूढाः	यसगग	।ऽऽ, ।।ऽ, ऽऽ
33.	7.24.3	परं भावमजानन्तो	यसगग	।ऽऽ, ।।ऽ, ऽऽ
34.	9.9.3	उदासीनवदासीनम्	यसगग	।ऽऽ, ।।ऽ, ऽऽ
35.	9.11.3	परं भावमजानन्तो	यसगग	।ऽऽ, ।।ऽ, ऽऽ
36.	10.5.1	अहिंसा समता तुष्टिः	यसगग	।ऽऽ, ।।ऽ, ऽऽ
37.	10.30.3	मृगाणां च मृगेन्द्रोऽहं	यसगग	।ऽऽ, ।।ऽ, ऽऽ
38.	10.31.3	झषाणां मकरश्चास्मि	यसगग	।ऽऽ, ।।ऽ, ऽऽ
39.	10.35.1	बृहत्साम तथा साम्नां	यसगग	।ऽऽ, ।।ऽ, ऽऽ
40.	11.52.1	सुदुर्दर्शमिदं रूपं	यसगग	।ऽऽ, ।।ऽ, ऽऽ
41.	13.8.1	अमानित्वमदम्भित्वम्	यसगग	।ऽऽ, ।।ऽ, ऽऽ
42.	13.28.3	विनश्यत्स्वविनश्यन्तं	यसगग	।ऽऽ, ।।ऽ, ऽऽ
43.	13.30.1	प्रकृत्यैव च कर्माणि	यसगग	।ऽऽ, ।।ऽ, ऽऽ
44.	13.31.1	यदा भूतपृथग्भावम्	यसगग	।ऽऽ, ।।ऽ, ऽऽ
45.	13.33.1	यथा सर्वगतं सौक्ष्म्यात्	यसगग	।ऽऽ, ।।ऽ, ऽऽ
46.	14.5.3	निबध्नन्ति महाबाहो	यसगग	।ऽऽ, ।।ऽ, ऽऽ

47.	14.23.1	उदासीनवदासीनो	यसगग	।SS, ।।S, SS
48.	15.6.1	न तद्भासयते सूर्यो	यसगग	।SS, ।।S, SS
49.	15.9.3	अधिष्ठाय मनश्चायं	यसगग	।SS, ।।S, SS
50.	15.11.3	यतन्तोऽप्यकृतात्मानो	यसगग	।SS, ।।S, SS
51.	15.12.1	यदादित्यगतं तेजो	यसगग	।SS, ।।S, SS
52.	16.9.1	एतां दृष्टिमवष्टभ्य	यसगग	।SS, ।।S, SS
53.	16.11.1	चिन्तामपरिमेयां च	यसगग	।SS, ।।S, SS
54.	17.15.1	अनुद्वेगकरं वाक्यं	यसगग	।SS, ।।S, SS
55.	18.31.1	यया धर्ममधर्मं च	यसगग	।SS, ।।S, SS
56.	18.34.3	प्रसङ्गेन फलाकाङ्क्षी	यसगग	।SS, ।।S, SS
				Total 56

29–30. यभलग, यभगग

।SS, S।।, ।S और ।SS, S।।, SS

चतुरीहा छंद

गीता के 18 अध्यायों में यभलग (।SS, S।।, ।S) छंद के 10 चरण और यभगग (।SS, S।।, SS) चतुरीहा नामक छंद के निम्नांकित 2 चरण प्रयुक्त हैं. चरण का अंतिम लघु अक्षर भी गुरु माना जाता है, अत: यभगग गण वाले चतुरीहा छंद के कुल 12 चरण गीता में प्रयुक्त हैं. **ज्ञात हो कि निचे दी हुई तालिका में जो भ मध्य गण वाले अनुष्टुप् छंद हैं वे श्लोक छंद में नहीं आते हैं.**

गीता में आने वाले 12 यभलग-यभगग छंद

क्रम	श्लोक संदर्भ अध्याय.श्लोक.चरण	गीता चरण प्रतीक	गण	सूत्र
1.	2.2.1	कुतस्त्वा कश्मलमिदं	यभलग	।SS, S।।, ।S

2.1 आठ अक्षरों वाले गीता के 80 छंद

2.	2.52.1	यदा ते मोहकलिलं	यभलग	।ऽऽ, ऽ।।, ।ऽ
3.	4.2.3	स कालेनेह महता	यभलग	।ऽऽ, ऽ।।, ।ऽ
4.	6.14.1	प्रशान्तात्मा विगतभीः	यभलग	।ऽऽ, ऽ।।, ।ऽ
5.	7.6.3	अहं कृत्स्नस्य जगतः	यभलग	।ऽऽ, ऽ।।, ।ऽ
6.	10.8.1	अहं सर्वस्य प्रभवो	यभलग	।ऽऽ, ऽ।।, ।ऽ
7.	10.25.1	महर्षीणां भृगुरहं	यभलग	।ऽऽ, ऽ।।, ।ऽ
8.	13.24.1	य एवं वेत्ति पुरुषं	यभलग	।ऽऽ, ऽ।।, ।ऽ
9.	17.26.3	प्रशस्ते कर्मणि तथा	यभलग	।ऽऽ, ऽ।।, ।ऽ
10.	18.32.1	अधर्मं धर्ममिति या	यभलग	।ऽऽ, ऽ।।, ।ऽ
11.	2.37.1	हतो वा प्राप्स्यसि स्वर्गं	यभगग	।ऽऽ, ऽ।।, ऽऽ
12.	4.29.1	अपाने जुह्वति प्राणं	यभगग	।ऽऽ, ऽ।।, ऽऽ
				Total 12

31–32. यरलल, यरलग

।ऽऽ, ऽ।ऽ, ।। और ।ऽऽ, ऽ।ऽ, ।ऽ

भाषा छंद

गीता के 18 अध्यायों में यरलल (।ऽऽ, ऽ।ऽ, ।।) छंद के 29 चरण और यरलग (।ऽऽ, ऽ।ऽ, ।ऽ) छंद के निम्नांकित 101 चरण प्रयुक्त हैं. चरण का अंतिम लघु अक्षर भी गुरु माना जाता है, अतः यरलग गण वाले भाषा नामक छंद के कुल 130 चरण गीता में प्रयुक्त हैं.

गीता में आने वाले 130 यरलल-यरलग छंद

क्रम	श्लोक संदर्भ अध्याय.श्लोक.चरण	गीता चरण प्रतीक	गण	सूत्र
1.	1.11.4	भवन्तः सर्व एव हि ।।	यरलल	।ऽऽ, ऽ।ऽ, ।।
2.	1.24.2	गुडाकेशेन भारत ।	यरलल	।ऽऽ, ऽ।ऽ, ।।

3.	1.39.4	प्रपश्यद्भिर्जनार्दन ॥	यरलल	।ऽऽ, ऽ।ऽ, ।।
4.	1.42.2	कुलघ्नानां कुलस्य च ।	यरलल	।ऽऽ, ऽ।ऽ, ।।
5.	1.44.2	मनुष्याणां जनार्दन ।	यरलल	।ऽऽ, ऽ।ऽ, ।।
6.	2.9.2	गुडाकेशः परन्तप ।	यरलल	।ऽऽ, ऽ।ऽ, ।।
7.	2.17.4	न कश्चित्कर्तुमर्हति ॥	यरलल	।ऽऽ, ऽ।ऽ, ।।
8.	2.54.2	समाधिस्थस्य केशव ।	यरलल	।ऽऽ, ऽ।ऽ, ।।
9.	3.1.2	मता बुद्धिर्जनार्दन ।	यरलल	।ऽऽ, ऽ।ऽ, ।।
10.	3.3.2	पुरा प्रोक्ता मयानघ ।	यरलल	।ऽऽ, ऽ।ऽ, ।।
11.	3.9.4	मुक्तसङ्गः समाचर ॥	यरलल	।ऽऽ, ऽ।ऽ, ।।
12.	3.25.2	यथा कुर्वन्ति भारत ।	यरलल	।ऽऽ, ऽ।ऽ, ।।
13.	3.38.2	यथादर्शो मलेन च ।	यरलल	।ऽऽ, ऽ।ऽ, ।।
14.	5.1.2	पुनर्योगं च शंससि ।	यरलल	।ऽऽ, ऽ।ऽ, ।।
15.	9.9.4	असक्तं तेषु कर्मसु ॥	यरलल	।ऽऽ, ऽ।ऽ, ।।
16.	9.19.2	निगृह्णाम्युत्सृजामि च ।	यरलल	।ऽऽ, ऽ।ऽ, ।।
17.	9.28.4	विमुक्तो मामुपैष्यसि ॥	यरलल	।ऽऽ, ऽ।ऽ, ।।
18.	9.31.4	न मे भक्तः प्रणश्यति ॥	यरलल	।ऽऽ, ऽ।ऽ, ।।
19.	10.16.4	इमांस्त्वं व्याप्य तिष्ठसि ॥	यरलल	।ऽऽ, ऽ।ऽ, ।।
20.	10.40.2	विभूतीनां परन्तप ।	यरलल	।ऽऽ, ऽ।ऽ, ।।
21.	13.30.4	अकर्तारं स पश्यति ॥	यरलल	।ऽऽ, ऽ।ऽ, ।।
22.	14.9.4	प्रमादे सञ्जयत्युत ॥	यरलल	।ऽऽ, ऽ।ऽ, ।।
23.	14.11.4	विवृद्धं सत्त्वमित्युत ॥	यरलल	।ऽऽ, ऽ।ऽ, ।।

2.1 आठ अक्षरों वाले गीता के 80 छंद

24.	14.13.2	प्रमादो मोह एव च ।	यरलल	ISS, SIS, II
25.	14.19.2	यदा द्रष्टानुपश्यति ।	यरलल	ISS, SIS, II
26.	14.27.4	सुखस्यैकान्तिकस्य च ॥	यरलल	ISS, SIS, II
27.	16.14.2	हनिष्ये चापरानपि ।	यरलल	ISS, SIS, II
28.	18.72.4	प्रनष्टस्ते धनञ्जय ॥	यरलल	ISS, SIS, II
29.	18.78.4	ध्रुवा नीतिर्मतिर्मम ॥	यरलल	ISS, SIS, II
30.	1.9.2	मदर्थे त्यक्तजीविताः ।	यरलग	ISS, SIS, IS
31.	1.10.2	बलं भीष्माभिरक्षितम् ।	यरलग	ISS, SIS, IS
32.	1.10.4	बलं भीमाभिरक्षितम् ॥	यरलग	ISS, SIS, IS
33.	1.13.1	ततः शङ्खाश्च भेर्यश्च	यरलग	ISS, SIS, IS
34.	1.46.2	अशस्त्रं शस्त्रपाणयः ।	यरलग	ISS, SIS, IS
35.	2.32.4	लभन्ते युद्धमीदृशम् ॥	यरलग	ISS, SIS, IS
36.	2.48.4	समत्वं योग उच्यते ॥	यरलग	ISS, SIS, IS
37.	2.51.2	फलं त्यक्त्वा मनीषिणः ।	यरलग	ISS, SIS, IS
38.	2.51.4	पदं गच्छन्त्यनामयम् ॥	यरलग	ISS, SIS, IS
39.	2.55.4	स्थितप्रज्ञस्तदोच्यते ॥	यरलग	ISS, SIS, IS
40.	2.59.2	निराहारस्य देहिनः ।	यरलग	ISS, SIS, IS
41.	2.59.4	परं दृष्ट्वा निवर्तते ॥	यरलग	ISS, SIS, IS
42.	2.66.2	न चायुक्तस्य भावना ।	यरलग	ISS, SIS, IS
43.	3.10.2	पुरोवाच प्रजापतिः ।	यरलग	ISS, SIS, IS

2.1 आठ अक्षरों वाले गीता के 80 छंद

44.	3.23.4	मनुष्याः पार्थ सर्वशः ॥	यरलग	ISS, SIS, IS
45.	3.24.2	न कुर्यां कर्म चेदहम् ।	यरलग	ISS, SIS, IS
46.	3.25.4	चिकीर्षुर्लोकसङ्ग्रहम् ॥	यरलग	ISS, SIS, IS
47.	3.27.2	गुणैः कर्माणि सर्वशः ।	यरलग	ISS, SIS, IS
48.	3.38.4	तथा तेनेदमावृतम् ॥	यरलग	ISS, SIS, IS
49.	4.2.2	इमं राजर्षयो विदुः ।	यरलग	ISS, SIS, IS
50.	4.3.4	रहस्यं ह्येतदुत्तमम् ॥	यरलग	ISS, SIS, IS
51.	4.7.4	तदात्मानं सृजाम्यहम् ॥	यरलग	ISS, SIS, IS
52.	4.11.4	मनुष्याः पार्थ सर्वशः ॥	यरलग	ISS, SIS, IS
53.	4.18.4	स युक्तः कृत्स्नकर्मकृत् ॥	यरलग	ISS, SIS, IS
54.	4.19.4	तमाहुः पण्डितं बुधाः ॥	यरलग	ISS, SIS, IS
55.	4.34.2	परिप्रश्नेन सेवया ।	यरलग	ISS, SIS, IS
56.	5.3.4	सुखं बन्धात्प्रमुच्यते ॥	यरलग	ISS, SIS, IS
57.	5.12.4	फले सक्तो निबद्ध्यते ॥	यरलग	ISS, SIS, IS
58.	5.14.4	स्वभावस्तु प्रवर्तते ॥	यरलग	ISS, SIS, IS
59.	5.19.2	येषां साम्ये स्थितं मनः ।	यरलग	ISS, SIS, IS
60.	5.24.2	तथान्तर्ज्योतिरेव यः ।	यरलग	ISS, SIS, IS
61.	6.7.4	तथा मानापमानयोः ॥	यरलग	ISS, SIS, IS
62.	6.20.2	निरुद्धं योगसेवया ।	यरलग	ISS, SIS, IS
63.	6.31.2	भजत्येकत्वमास्थितः ।	यरलग	ISS, SIS, IS
64.	6.35.2	मनो दुर्निग्रहं चलम् ।	यरलग	ISS, SIS, IS

65.	6.38.4	विमूढो ब्रह्मणः पथि ।।	यरलग	।ऽऽ, ऽ।ऽ, ।ऽ
66.	6.41.2	उषित्वा शाश्वतीः समाः ।	यरलग	।ऽऽ, ऽ।ऽ, ।ऽ
67.	7.2.2	इदं वक्ष्याम्यशेषतः ।	यरलग	।ऽऽ, ऽ।ऽ, ।ऽ
68.	7.5.4	ययेदं धार्यते जगत् ।।	यरलग	।ऽऽ, ऽ।ऽ, ।ऽ
69.	7.15.2	प्रपद्यन्ते नराधमाः ।	यरलग	।ऽऽ, ऽ।ऽ, ।ऽ
70.	7.20.2	प्रपद्यन्तेऽन्यदेवताः ।	यरलग	।ऽऽ, ऽ।ऽ, ।ऽ
71.	7.28.2	जनानां पुण्यकर्मणाम् ।	यरलग	।ऽऽ, ऽ।ऽ, ।ऽ
72.	7.28.4	भजन्ते मां दृढव्रताः ।।	यरलग	।ऽऽ, ऽ।ऽ, ।ऽ
73.	8.3.2	स्वभावोऽध्यात्ममुच्यते ।	यरलग	।ऽऽ, ऽ।ऽ, ।ऽ
74.	8.3.4	विसर्गः कर्मसंज्ञितः ।।	यरलग	।ऽऽ, ऽ।ऽ, ।ऽ
75.	8.5.2	स्मरन्मुक्त्वा कलेवरम् ।	यरलग	।ऽऽ, ऽ।ऽ, ।ऽ
76.	8.6.2	त्यजत्यन्ते कलेवरम् ।	यरलग	।ऽऽ, ऽ।ऽ, ।ऽ
77.	8.6.4	सदा तद्भावभावितः ।।	यरलग	।ऽऽ, ऽ।ऽ, ।ऽ
78.	8.17.2	अहर्यद्ब्रह्मणो विदुः ।	यरलग	।ऽऽ, ऽ।ऽ, ।ऽ
79.	9.4.4	न चाहं तेष्ववस्थितः ।।	यरलग	।ऽऽ, ऽ।ऽ, ।ऽ
80.	9.5.4	ममात्मा भूतभावनः ।।	यरलग	।ऽऽ, ऽ।ऽ, ।ऽ
81.	9.15.2	यजन्तो मामुपासते ।	यरलग	।ऽऽ, ऽ।ऽ, ।ऽ
82.	9.18.4	निधानं बीजमव्ययम् ।।	यरलग	।ऽऽ, ऽ।ऽ, ।ऽ
83.	9.23.2	यजन्ते श्रद्धयान्विताः ।	यरलग	।ऽऽ, ऽ।ऽ, ।ऽ
84.	9.29.2	न मे द्वेष्योऽस्ति न प्रियः ।	यरलग	।ऽऽ, ऽ।ऽ, ।ऽ
85.	10.2.4	महर्षीणां च सर्वशः ।।	यरलग	।ऽऽ, ऽ।ऽ, ।ऽ

86.	10.4.2	क्षमा सत्यं दमः शमः।	यरलग	।ऽऽ, ऽ।ऽ, ।ऽ
87.	10.5.2	तपो दानं यशोऽयशः।	यरलग	।ऽऽ, ऽ।ऽ, ।ऽ
88.	10.14.4	विदुर्देवा न दानवाः ।।	यरलग	।ऽऽ, ऽ।ऽ, ।ऽ
89.	10.25.2	गिरामस्म्येकमक्षरम्।	यरलग	।ऽऽ, ऽ।ऽ, ।ऽ
90.	10.34.4	स्मृतिर्मेधा धृतिः क्षमा ।।	यरलग	।ऽऽ, ऽ।ऽ, ।ऽ
91.	10.39.4	मया भूतं चराचरम् ।।	यरलग	।ऽऽ, ऽ।ऽ, ।ऽ
92.	10.40.4	विभूतेर्विस्तरो मया ।।	यरलग	।ऽऽ, ऽ।ऽ, ।ऽ
93.	11.9.2	महायोगेश्वरो हरिः।	यरलग	।ऽऽ, ऽ।ऽ, ।ऽ
94.	11.11.4	अनन्तं विश्वतोमुखम् ।।	यरलग	।ऽऽ, ऽ।ऽ, ।ऽ
95.	11.13.4	शरीरे पाण्डवस्तदा ।।	यरलग	।ऽऽ, ऽ।ऽ, ।ऽ
96.	12.16.2	उदासीनो गतव्यथः।	यरलग	।ऽऽ, ऽ।ऽ, ।ऽ
97.	12.18.2	तथा मानापमानयोः।	यरलग	।ऽऽ, ऽ।ऽ, ।ऽ
98.	12.20.2	यथोक्तं पर्युपासते।	यरलग	।ऽऽ, ऽ।ऽ, ।ऽ
99.	13.8.2	अहिंसा क्षान्तिरार्जवम्।	यरलग	।ऽऽ, ऽ।ऽ, ।ऽ
100.	13.13.4	न सत्तन्नासदुच्यते ।।	यरलग	।ऽऽ, ऽ।ऽ, ।ऽ
101.	13.33.4	तथात्मा नोपलिप्यते ।।	यरलग	।ऽऽ, ऽ।ऽ, ।ऽ
102.	14.4.4	अहं बीजप्रदः पिता ।।	यरलग	।ऽऽ, ऽ।ऽ, ।ऽ
103.	14.18.4	अधो गच्छन्ति तामसाः ।।	यरलग	।ऽऽ, ऽ।ऽ, ।ऽ
104.	14.25.4	गुणातीतः स उच्यते ।।	यरलग	।ऽऽ, ऽ।ऽ, ।ऽ
105.	15.14.4	पचाम्यन्नं चतुर्विधम् ।।	यरलग	।ऽऽ, ऽ।ऽ, ।ऽ
106.	16.5.2	निबन्धायासुरी मता।	यरलग	।ऽऽ, ऽ।ऽ, ।ऽ

107.	16.7.4	न सत्यं तेषु विद्यते ।।	यरलग	।ऽऽ, ऽ।ऽ, ।ऽ
108.	16.8.4	किमन्यत्कामहैतुकम् ।।	यरलग	।ऽऽ, ऽ।ऽ, ।ऽ
109.	16.10.4	प्रवर्तन्तेऽशुचिव्रताः ।।	यरलग	।ऽऽ, ऽ।ऽ, ।ऽ
110.	16.13.2	इमिमं प्राप्स्ये मनोरथम् ।	यरलग	।ऽऽ, ऽ।ऽ, ।ऽ
111.	16.22.2	तमोद्वारैस्त्रिभिर्नरः ।	यरलग	।ऽऽ, ऽ।ऽ, ।ऽ
112.	17.1.2	यजन्ते श्रद्धयान्विताः ।	यरलग	।ऽऽ, ऽ।ऽ, ।ऽ
113.	17.4.4	यजन्ते तामसा जनाः ।।	यरलग	।ऽऽ, ऽ।ऽ, ।ऽ
114.	17.18.2	तपो दम्भेन चैव यत् ।	यरलग	।ऽऽ, ऽ।ऽ, ।ऽ
115.	17.22.2	अपात्रेभ्यश्च दीयते ।	यरलग	।ऽऽ, ऽ।ऽ, ।ऽ
116.	17.25.4	क्रियन्ते मोक्षकाङ्क्षिभिः ।।	यरलग	।ऽऽ, ऽ।ऽ, ।ऽ
117.	17.26.2	सदित्येतत्प्रयुज्यते ।	यरलग	।ऽऽ, ऽ।ऽ, ।ऽ
118.	17.28.2	तपस्तप्तं कृतं च यत् ।	यरलग	।ऽऽ, ऽ।ऽ, ।ऽ
119.	18.3.2	कर्म प्राहुर्मनीषिणः ।	यरलग	।ऽऽ, ऽ।ऽ, ।ऽ
120.	18.9.4	स त्यागः सात्त्विको मतः ।।	यरलग	।ऽऽ, ऽ।ऽ, ।ऽ
121.	18.15.4	पञ्चैते तस्य हेतवः ।।	यरलग	।ऽऽ, ऽ।ऽ, ।ऽ
122.	18.23.2	अरागद्वेषतः कृतम् ।	यरलग	।ऽऽ, ऽ।ऽ, ।ऽ
123.	18.33.2	मनःप्राणेन्द्रियक्रियाः ।	यरलग	।ऽऽ, ऽ।ऽ, ।ऽ
124.	18.33.4	धृतिः सा पार्थ सात्त्विकी ।।	यरलग	।ऽऽ, ऽ।ऽ, ।ऽ
125.	18.34.4	धृतिः सा पार्थ राजसी ।।	यरलग	।ऽऽ, ऽ।ऽ, ।ऽ
126.	18.35.4	धृतिः सा पार्थ तामसी ।।	यरलग	।ऽऽ, ऽ।ऽ, ।ऽ
127.	18.40.4	यदेभिः स्यात्त्रिभिर्गुणैः ।।	यरलग	।ऽऽ, ऽ।ऽ, ।ऽ

128.	18.60.2	निबद्धः स्वेन कर्मणा ।	यरलग	।ऽऽ, ऽ।ऽ, ।ऽ
129.	18.64.4	ततो वक्ष्यामि ते हितम् ।।	यरलग	।ऽऽ, ऽ।ऽ, ।ऽ
130.	18.72.2	त्वयैकाग्रेण चेतसा ।	यरलग	।ऽऽ, ऽ।ऽ, ।ऽ
				Total 130

33–34. यरगल, यरगग

।ऽऽ, ऽ।ऽ, ऽ। और ।ऽऽ, ऽ।ऽ, ऽऽ

कुलाधारी और सुचंद्राभा छंद

सुचन्द्राभा यृरौ ग्लौ (पिंगल 8.146). गीता के 18 अध्यायों में यरगल (।ऽऽ, ऽ।ऽ, ऽ।) कुलाधारी छंद के 44 चरण और यरगग (।ऽऽ, ऽ।ऽ, ऽऽ) सुचंद्राभा छंद के निम्नांकित 68 चरण प्रयुक्त हैं. चरण का अंतिम लघु अक्षर भी गुरु माना जाता है, अत: यरगग गण वाले **यृरौ गौ** सुचंद्रभा छंद के कुल 112 चरण गीता में प्रयुक्त हैं.

गीता में आने वाले 112 यरगल–यरगग छंद

क्रम	श्लोक संदर्भ अध्याय.श्लोक.चरण	गीता चरण प्रतीक	गण	सूत्र
1.	1.6.1	युधामन्युश्च विक्रान्त	यरगल	।ऽऽ, ऽ।ऽ, ऽ।
2.	1.8.1	भवान्भीष्मश्च कर्णश्च	यरगल	।ऽऽ, ऽ।ऽ, ऽ।
3.	1.31.3	न च श्रेयोऽनुपश्यामि	यरगल	।ऽऽ, ऽ।ऽ, ऽ।
4.	1.35.3	अपि त्रैलोक्यराज्यस्य	यरगल	।ऽऽ, ऽ।ऽ, ऽ।
5.	2.34.1	अकीर्तिं चापि भूतानि	यरगल	।ऽऽ, ऽ।ऽ, ऽ।
6.	2.38.3	ततो युद्धाय युज्यस्व	यरगल	।ऽऽ, ऽ।ऽ, ऽ।
7.	3.9.3	तदर्थं कर्म कौन्तेय	यरगल	।ऽऽ, ऽ।ऽ, ऽ।
8.	3.19.3	असक्तो ह्याचरन्कर्म	यरगल	।ऽऽ, ऽ।ऽ, ऽ।

9.	4.14.1	न मां कर्माणि लिम्पन्ति	यरगल	ISS, SIS, SI
10.	4.22.3	समः सिद्धावसिद्धौ च	यरगल	ISS, SIS, SI
11.	5.12.3	अयुक्तः कामकारेण	यरगल	ISS, SIS, SI
12.	5.14.1	न कर्तृत्वं न कर्माणि	यरगल	ISS, SIS, SI
13.	6.1.3	स संन्यासी च योगी च	यरगल	ISS, SIS, SI
14.	6.9.1	सुहृन्मित्रार्युदासीन	यरगल	ISS, SIS, SI
15.	6.16.3	न चाति स्वप्नशीलस्य	यरगल	ISS, SIS, SI
16.	6.39.3	त्वदन्यः संशयस्यास्य	यरगल	ISS, SIS, SI
17.	7.3.1	मनुष्याणां सहस्रेषु	यरगल	ISS, SIS, SI
18.	9.6.3	तथा सर्वाणि भूतानि	यरगल	ISS, SIS, SI
19.	9.13.1	महात्मानस्तु मां पार्थ	यरगल	ISS, SIS, SI
20.	9.29.1	समोऽहं सर्वभूतेषु	यरगल	ISS, SIS, SI
21.	10.3.3	असम्मूढः स मर्त्येषु	यरगल	ISS, SIS, SI
22.	10.29.3	पितॄणामर्यमा चास्मि	यरगल	ISS, SIS, SI
23.	11.13.3	अपश्यद्देवदेवस्य	यरगल	ISS, SIS, SI
24.	12.6.3	अनन्येनैव योगेन	यरगल	ISS, SIS, SI
25.	12.18.1	समः शत्रौ च मित्रे च	यरगल	ISS, SIS, SI
26.	13.15.3	असक्तं सर्वभृच्चैव	यरगल	ISS, SIS, SI
27.	13.23.1	उपद्रष्टानुमन्ता च	यरगल	ISS, SIS, SI
28.	13.28.1	समं सर्वेषु भूतेषु	यरगल	ISS, SIS, SI
29.	13.29.1	समं पश्यन्हि सर्वत्र	यरगल	ISS, SIS, SI

2.1 आठ अक्षरों वाले गीता के 80 छंद

30.	13.32.3	शरीरस्थोऽपि कौन्तेय	यरगल	ISS, SIS, SI
31.	14.7.1	रजो रागात्मकं विद्धि	यरगल	ISS, SIS, SI
32.	14.10.3	रजः सत्त्वं तमश्चैव	यरगल	ISS, SIS, SI
33.	14.22.1	प्रकाशं च प्रवृत्तिं च	यरगल	ISS, SIS, SI
34.	14.23.3	गुणा वर्तन्त इत्येव	यरगल	ISS, SIS, SI
35.	15.8.3	गृहीत्वैतानि संयाति	यरगल	ISS, SIS, SI
36.	15.10.3	विमूढा नानुपश्यन्ति	यरगल	ISS, SIS, SI
37.	15.16.3	क्षरः सर्वाणि भूतानि	यरगल	ISS, SIS, SI
38.	16.5.1	दैवी सम्पद्विमोक्षाय	यरगल	ISS, SIS, SI
39.	16.16.3	प्रसक्ताः कामभोगेषु	यरगल	ISS, SIS, SI
40.	18.12.3	भवत्यत्यागिनां प्रेत्य	यरगल	ISS, SIS, SI
41.	18.39.1	यदग्रे चानुबन्धे च	यरगल	ISS, SIS, SI
42.	18.50.3	समासेनैव कौन्तेय	यरगल	ISS, SIS, SI
43.	18.54.3	समः सर्वेषु भूतेषु	यरगल	ISS, SIS, SI
44.	18.67.1	इदं ते नातपस्काय	यरगल	ISS, SIS, SI
45.	1.10.1	अपर्याप्तं तदस्माकं	यरगग	ISS, SIS, SS
46.	1.14.1	ततः श्वेतैर्हयैर्युक्ते	यरगग	ISS, SIS, SS
47.	1.19.1	स घोषो धार्तराष्ट्राणां	यरगग	ISS, SIS, SS
48.	1.20.3	प्रवृत्ते शस्त्रसम्पाते	यरगग	ISS, SIS, SS
49.	1.21.1	हृषीकेशं तदा वाक्यम्	यरगग	ISS, SIS, SS

50.	1.39.1	कथं न ज्ञेयमस्माभिः	यरगग	।ऽऽ, ऽ।ऽ, ऽऽ
51.	2.11.1	अशोच्यानन्वशोचस्त्वं	यरगग	।ऽऽ, ऽ।ऽ, ऽऽ
52.	2.13.3	तथा देहान्तरप्राप्तिः	यरगग	।ऽऽ, ऽ।ऽ, ऽऽ
53.	2.19.1	य एनं वेत्ति हन्तारं	यरगग	।ऽऽ, ऽ।ऽ, ऽऽ
54.	2.23.3	न चैनं क्लेदयन्त्यापो	यरगग	।ऽऽ, ऽ।ऽ, ऽऽ
55.	2.52.3	तदा गन्तासि निर्वेदं	यरगग	।ऽऽ, ऽ।ऽ, ऽऽ
56.	2.65.1	प्रसादे सर्वदुःखानां	यरगग	।ऽऽ, ऽ।ऽ, ऽऽ
57.	3.22.1	न मे पार्थास्ति कर्तव्यं	यरगग	।ऽऽ, ऽ।ऽ, ऽऽ
58.	3.30.3	निराशीर्निर्ममो भूत्वा	यरगग	।ऽऽ, ऽ।ऽ, ऽऽ
59.	3.38.3	यथोल्बेनावृतो गर्भः	यरगग	।ऽऽ, ऽ।ऽ, ऽऽ
60.	4.3.1	स एवायं मया तेऽद्य	यरगग	।ऽऽ, ऽ।ऽ, ऽऽ
61.	4.8.1	परित्राणाय साधूनां	यरगग	।ऽऽ, ऽ।ऽ, ऽऽ
62.	4.22.1	यदृच्छालाभसन्तुष्टो	यरगग	।ऽऽ, ऽ।ऽ, ऽऽ
63.	5.24.3	स योगी ब्रह्मनिर्वाणं	यरगग	।ऽऽ, ऽ।ऽ, ऽऽ
64.	5.25.1	लभन्ते ब्रह्मनिर्वाणम्	यरगग	।ऽऽ, ऽ।ऽ, ऽऽ
65.	6.11.1	शुचौ देशे प्रतिष्ठाप्य	यरगग	।ऽऽ, ऽ।ऽ, ऽऽ
66.	6.14.3	मनः संयम्य मच्चित्तो	यरगग	।ऽऽ, ऽ।ऽ, ऽऽ
67.	6.19.1	यथा दीपो निवातस्थो	यरगग	।ऽऽ, ऽ।ऽ, ऽऽ
68.	6.41.3	शुचीनां श्रीमतां गेहे	यरगग	।ऽऽ, ऽ।ऽ, ऽऽ
69.	6.46.1	तपस्विभ्योऽधिको योगी	यरगग	।ऽऽ, ऽ।ऽ, ऽऽ
70.	7.18.1	उदाराः सर्व एवैते	यरगग	।ऽऽ, ऽ।ऽ, ऽऽ

2.1 आठ अक्षरों वाले गीता के 80 छंद

71.	7.19.1	बहूनां जन्मनामन्ते	यरगग	ISS, SIS, SS
72.	8.20.1	परस्तस्मात्तु भावोऽन्योऽ	यरगग	ISS, SIS, SS
73.	8.23.3	प्रयाता यान्ति तं कालं	यरगग	ISS, SIS, SS
74.	9.6.1	यथाकाशस्थितो नित्यं	यरगग	ISS, SIS, SS
75.	9.14.3	नमस्यन्तश्च मां भक्त्या	यरगग	ISS, SIS, SS
76.	9.18.1	गतिर्भर्ता प्रभुः साक्षी	यरगग	ISS, SIS, SS
77.	9.22.1	अनन्याश्चिन्तयन्तो मां	यरगग	ISS, SIS, SS
78.	9.32.3	स्त्रियो वैश्यास्तथा शूद्राः	यरगग	ISS, SIS, SS
79.	10.4.3	सुखं दुःखं भवोऽभावो	यरगग	ISS, SIS, SS
80.	10.17.1	कथं विद्यामहं योगिं	यरगग	ISS, SIS, SS
81.	10.23.3	वसूनां पावकश्चास्मि	यरगग	ISS, SIS, SS
82.	10.29.1	अनन्तश्चास्मि नागानां	यरगग	ISS, SIS, SS
83.	10.37.3	मुनीनामप्यहं व्यासः	यरगग	ISS, SIS, SS
84.	11.51.3	इदानीमस्मि संवृत्तः	यरगग	ISS, SIS, SS
85.	13.6.1	महाभूतान्यहङ्कारो	यरगग	ISS, SIS, SS
86.	13.16.1	बहिरन्तश्च भूतानाम्	यरगग	ISS, SIS, SS
87.	14.1.1	परं भूयः प्रवक्ष्यामि	यरगग	ISS, SIS, SS
88.	14.8.3	प्रमादालस्यनिद्राभिः	यरगग	ISS, SIS, SS
89.	14.12.3	रजस्येतानि जायन्ते	यरगग	ISS, SIS, SS
90.	14.13.3	तमस्येतानि जायन्ते	यरगग	ISS, SIS, SS
91.	14.14.1	यदा सत्त्वे प्रवृद्धे तु	यरगग	ISS, SIS, SS

92.	14.20.1	गुणानेतानतीत्य त्रीन्	यरगग	।ऽऽ, ऽ।ऽ, ऽऽ
93.	14.22.3	किमाचारः कथं चैतान्	यरगग	।ऽऽ, ऽ।ऽ, ऽऽ
94.	15.11.1	यतन्तो योगिनश्चैनं	यरगग	।ऽऽ, ऽ।ऽ, ऽऽ
95.	15.14.1	अहं वैश्वनरो भूत्वा	यरगग	।ऽऽ, ऽ।ऽ, ऽऽ
96.	16.2.1	अहिंसा सत्यमक्रोधः	यरगग	।ऽऽ, ऽ।ऽ, ऽऽ
97.	16.2.3	दया भूतेष्वलोलुप्त्वं	यरगग	।ऽऽ, ऽ।ऽ, ऽऽ
98.	16.7.3	न शौचं नापि चाचारो	यरगग	।ऽऽ, ऽ।ऽ, ऽऽ
99.	16.17.3	यजन्ते नामयज्ञैस्ते	यरगग	।ऽऽ, ऽ।ऽ, ऽऽ
100.	16.18.1	अहङ्कारं बलं दर्पं	यरगग	।ऽऽ, ऽ।ऽ, ऽऽ
101.	17.4.1	यजन्ते सात्त्विका देवान्	यरगग	।ऽऽ, ऽ।ऽ, ऽऽ
102.	17.19.3	परस्योत्सादनार्थं वा	यरगग	।ऽऽ, ऽ।ऽ, ऽऽ
103.	17.24.3	प्रवर्तन्ते विधानोक्ताः	यरगग	।ऽऽ, ऽ।ऽ, ऽऽ
104.	18.8.3	स कृत्वा राजसं त्यागं	यरगग	।ऽऽ, ऽ।ऽ, ऽऽ
105.	18.14.1	अधिष्ठानं तथा कर्ता	यरगग	।ऽऽ, ऽ।ऽ, ऽऽ
106.	18.28.1	अयुक्तः प्राकृतः स्तब्धः	यरगग	।ऽऽ, ऽ।ऽ, ऽऽ
107.	18.28.3	विषादी दीर्घसूत्री च	यरगग	।ऽऽ, ऽ।ऽ, ऽऽ
108.	18.35.1	यया स्वप्नं भयं शोकं	यरगग	।ऽऽ, ऽ।ऽ, ऽऽ
109.	18.53.1	अहङ्कारं बलं दर्पं	यरगग	।ऽऽ, ऽ।ऽ, ऽऽ
110.	18.55.3	ततो मां तत्त्वतो ज्ञात्वा	यरगग	।ऽऽ, ऽ।ऽ, ऽऽ
111.	18.66.3	अहं त्वां सर्वपापेभ्यो	यरगग	।ऽऽ, ऽ।ऽ, ऽऽ
112.	18.67.3	न चाशुश्रूषवे वाच्यं	यरगग	।ऽऽ, ऽ।ऽ, ऽऽ

				Total 112

35–36. यतलग, यतगग

।SS, SS।, ।S और ।SS, SS।, SS

पारांतचारी

गीता के 18 अध्यायों में यतलग (।SS, SS।, ।S) छंद का 1 चरण और यतगग (।SS, SS।, SS) पारांतचारी नामक छंद के निम्नांकित 5 चरण प्रयुक्त हैं. चरण की अंतिम लघु मात्रा गुरु मान कर यतगग सूत्र के परांतचारी छंद के 6 चरण गीता में पाए जाते हैं.

गीता में आने वाले 6 यतलग–यतगग छंद

क्रम	श्लोक संदर्भ अध्याय.श्लोक.चरण	गीता चरण प्रतीक	गण	सूत्र
1	9.10.1	मयाध्यक्षेण प्रकृतिः	यतलग	।SS, SS।, ।S
2	2.26.1	अथ चैनं नित्यजातं	यतगग	।SS, SS।, SS
3	2.63.3	स्मृतिभ्रंशाद्बुद्धिनाशो	यतगग	।SS, SS।, SS
4	13.32.1	अनादित्वान्निर्गुणत्वात्	यतगग	।SS, SS।, SS
5	15.7.1	ममैवांशो जीवलोके	यतगग	।SS, SS।, SS
6	15.7.3	मनःषष्ठानीन्द्रियाणि	यतगग	।SS, SS।, SS

2.1 आठ अक्षरों वाले गीता के 80 छंद

2.1.5 भ-गण से आरंभ होने वाले गीता का 1 अष्टाक्षरी छंद

भ-गण से आरंभ होने वाला केवल 1 छंद गीता में पाया जाता है. उसका चित्रण निम्न तालिका में दिखाया गया है.

37. भसगग

SII, IIS, SS

गीता के 18 अध्यायों में भसगग (SII, IIS, SS) सूत्र का केवल 1 चरण प्रयुक्त है.

गीता में आने वाला 1 भसगग छंद

क्रम	श्लोक संदर्भ अध्याय.श्लोक.चरण	गीता चरण प्रतीक	गण	सूत्र
1	13.21.1	कार्यकरणकर्तृत्वे	भसगग	SII, IIS, SS

2.1.6 र गण से आरंभ होने वाले गीता के 609 अष्टाक्षरी छंद

र-गण से आरंभ होने वाले विभिन्न 14 छंद, और उन तेरह छंदों के कुल 609 चरण गीता में पाए जाते हैं. उन सब का चित्रण निम्न तालिकाओं में दृष्ट है. **ज्ञात रहे कि निचे दी हुई तालिका में जो भ मध्य गण वाले अनुष्टुप् छंद हैं वे श्लोक छंद में नहीं आते हैं.**

गीता में आने वाले र-गणात्मक 14 विभिन्न छंदों की तालिका

क्रम	गण	गण सूत्र	छंद नाम	चरण संख्या
1.	रसलल	SIS, IIS, II		22
2.	रसलग	SIS, IIS, IS		103
3.	रसगल	SIS, IIS, SI		32
4.	रसगग	SIS, IIS, SS		74
5.	रभलल	SIS, SII, II		1
6.	रभलग	SIS, SII, IS		11

7.	ररलल	ऽIऽ, ऽIऽ, II		40
8.	ररलग	ऽIऽ, ऽIऽ, Iऽ		151
9.	ररगल	ऽIऽ, ऽIऽ, ऽI		53
10.	ररगग	ऽIऽ, ऽIऽ, ऽऽ	पद्ममाला	114
11.	रतलल	ऽIऽ, ऽऽI, II		1
12.	रतलग	ऽIऽ, ऽऽI, Iऽ		1
13.	रतगल	ऽIऽ, ऽऽI, ऽI		1
14.	रतगग	ऽIऽ, ऽऽI, ऽऽ		5
				Total 609

38–39. रसलल, रसलग

ऽIऽ, IIऽ, II और ऽIऽ, IIऽ, Iऽ

गीता के 18 अध्यायों में रसलल (ऽIऽ, IIऽ, II) छंद सूत्र के 22 चरण और रसलग (ऽIऽ, IIऽ, Iऽ) छंद सूत्र के निम्नांकित 103 चरण प्रयुक्त हैं. चरण का अंतिम लघु अक्षर भी गुरु माना जाता है, अत: रसलग सूत्र वाले कुल 125 चरण गीता में प्रयुक्त हैं.

गीता में आने वाले 125 रसलल–रसलग छंद

क्रम	श्लोक संदर्भ अध्याय.श्लोक.चरण	गीता चरण प्रतीक	गण	सूत्र
1.	1.27.2	सेनयोरुभयोरपि ।	रसलल	ऽIऽ, IIऽ, II
2.	2.25.4	नानुशोचितुमर्हसि ।।	रसलल	ऽIऽ, IIऽ, II
3.	2.47.2	मा फलेषु कदाचन ।	रसलल	ऽIऽ, IIऽ, II
4.	3.22.4	वर्त एव च कर्मणि ।।	रसलल	ऽIऽ, IIऽ, II

5.	4.26.2	संयमाग्निषु जुह्वति ।	रसलल	ऽ।ऽ, ।।ऽ, ।।
6.	4.26.4	इन्द्रियाग्निषु जुह्वति ।।	रसलल	ऽ।ऽ, ।।ऽ, ।।
7.	4.37.2	भस्मसात्कुरुतेऽर्जुन ।	रसलल	ऽ।ऽ, ।।ऽ, ।।
8.	5.3.2	यो न द्वेष्टि न काङ्क्षति ।	रसलल	ऽ।ऽ, ।।ऽ, ।।
9.	5.9.2	उन्मिषन्निमिषन्नपि ।	रसलल	ऽ।ऽ, ।।ऽ, ।।
10.	5.18.2	ब्राह्मणे गवि हस्तिनि ।	रसलल	ऽ।ऽ, ।।ऽ, ।।
11.	7.7.2	किञ्चिदस्ति धनञ्जय ।	रसलल	ऽ।ऽ, ।।ऽ, ।।
12.	7.21.2	श्रद्धयार्चितुमिच्छति ।	रसलल	ऽ।ऽ, ।।ऽ, ।।
13.	7.26.4	मां तु वेद न कश्चन ।।	रसलल	ऽ।ऽ, ।।ऽ, ।।
14.	8.7.2	मामनुस्मर युध्य च ।	रसलल	ऽ।ऽ, ।।ऽ, ।।
15.	11.3.4	ऐमैश्वरं पुरुषोत्तम ।।	रसलल	ऽ।ऽ, ।।ऽ, ।।
16.	11.52.2	दृष्टवानसि यन्मम ।	रसलल	ऽ।ऽ, ।।ऽ, ।।
17.	13.10.2	पुत्रदारगृहादिषु ।	रसलल	ऽ।ऽ, ।।ऽ, ।।
18.	13.15.4	निर्गुणं गुणभोक्तृ च ।।	रसलल	ऽ।ऽ, ।।ऽ, ।।
19.	14.22.2	मोहमेव च पाण्डव ।	रसलल	ऽ।ऽ, ।।ऽ, ।।
20.	16.6.2	दैव आसुर एव च ।	रसलल	ऽ।ऽ, ।।ऽ, ।।
21.	16.24.4	कर्म कर्तुमिहार्हसि ।।	रसलल	ऽ।ऽ, ।।ऽ, ।।
22.	18.42.2	क्षान्तिरार्जवमेव च ।	रसलल	ऽ।ऽ, ।।ऽ, ।।
23.	1.6.4	सर्व एव महारथाः ।।	रसलग	ऽ।ऽ, ।।ऽ, ।ऽ
24.	1.18.2	सर्वशः पृथिवीपते ।	रसलग	ऽ।ऽ, ।।ऽ, ।ऽ

25.	1.43.2	वर्णसङ्करकारकैः ।	रसलग	ऽ।ऽ, ।।ऽ, ।ऽ
26.	2.17.2	येन सर्वमिदं ततम् ।	रसलग	ऽ।ऽ, ।।ऽ, ।ऽ
27.	2.28.4	तत्र का परिदेवना ।।	रसलग	ऽ।ऽ, ।।ऽ, ।ऽ
28.	2.31.4	क्षत्रियस्य न विद्यते ।।	रसलग	ऽ।ऽ, ।।ऽ, ।ऽ
29.	2.40.4	त्रायते महतो भयात् ।।	रसलग	ऽ।ऽ, ।।ऽ, ।ऽ
30.	2.41.4	बुद्धयोऽव्यवसायिनाम् ।।	रसलग	ऽ।ऽ, ।।ऽ, ।ऽ
31.	2.43.2	जन्मकर्मफलप्रदाम् ।	रसलग	ऽ।ऽ, ।।ऽ, ।ऽ
32.	2.46.4	ब्राह्मणस्य विजानतः ।।	रसलग	ऽ।ऽ, ।।ऽ, ।ऽ
33.	2.67.2	यन्मनोऽनुविधीयते ।	रसलग	ऽ।ऽ, ।।ऽ, ।ऽ
34.	3.16.2	नानुवर्तयतीह यः ।	रसलग	ऽ।ऽ, ।।ऽ, ।ऽ
35.	3.20.2	आस्थिता जनकादयः ।	रसलग	ऽ।ऽ, ।।ऽ, ।ऽ
36.	3.29.4	कृत्स्नविन्न विचालयेत् ।।	रसलग	ऽ।ऽ, ।।ऽ, ।ऽ
37.	3.42.2	इन्द्रियेभ्यः परं मनः ।	रसलग	ऽ।ऽ, ।।ऽ, ।ऽ
38.	4.1.2	प्रोक्तवानहमव्ययम् ।	रसलग	ऽ।ऽ, ।।ऽ, ।ऽ
39.	4.8.4	सम्भवामि युगे युगे ।।	रसलग	ऽ।ऽ, ।।ऽ, ।ऽ
40.	4.11.2	तांस्तथैव भजाम्यहम् ।	रसलग	ऽ।ऽ, ।।ऽ, ।ऽ
41.	4.14.4	कर्मभिर्न स बध्यते ।।	रसलग	ऽ।ऽ, ।।ऽ, ।ऽ
42.	4.21.2	त्यक्तसर्वपरिग्रहः ।	रसलग	ऽ।ऽ, ।।ऽ, ।ऽ
43.	4.14.4	ब्रह्मकर्मसमाधिना ।।	रसलग	ऽ।ऽ, ।।ऽ, ।ऽ
44.	4.37.4	भस्मसात्कुरुते तथा ।।	रसलग	ऽ।ऽ, ।।ऽ, ।ऽ
45.	5.6.2	दुःखमाप्तुमयोगतः ।	रसलग	ऽ।ऽ, ।।ऽ, ।ऽ

46.	5.10.4	पद्मपत्रमिवाम्भसा ।।	रसलग	ऽ।ऽ, ।।ऽ, ।ऽ
47.	5.16.4	प्रकाशयति तत्परम् ।।	रसलग	ऽ।ऽ, ।।ऽ, ।ऽ
48.	5.18.4	पण्डिताः समदर्शिनः ।।	रसलग	ऽ।ऽ, ।।ऽ, ।ऽ
49.	5.22.2	दुःखयोनय एव ते ।	रसलग	ऽ।ऽ, ।।ऽ, ।ऽ
50.	5.23.2	प्राक्शरीरविमोक्षणात् ।	रसलग	ऽ।ऽ, ।।ऽ, ।ऽ
51.	5.25.4	सर्वभूतहिते रताः ।।	रसलग	ऽ।ऽ, ।।ऽ, ।ऽ
52.	5.26.4	वर्तते विदितात्मनाम् ।।	रसलग	ऽ।ऽ, ।।ऽ, ।ऽ
53.	5.29.2	सर्वलोकमहेश्वरम् ।	रसलग	ऽ।ऽ, ।।ऽ, ।ऽ
54.	6.3.2	कर्म कारणमुच्यते ।	रसलग	ऽ।ऽ, ।।ऽ, ।ऽ
55.	6.12.4	योगमात्मविशुद्धये ।।	रसलग	ऽ।ऽ, ।।ऽ, ।ऽ
56.	6.13.2	धारयन्नचलं स्थिरः ।	रसलग	ऽ।ऽ, ।।ऽ, ।ऽ
57.	6.27.2	योगिनं सुखमुत्तमम् ।	रसलग	ऽ।ऽ, ।।ऽ, ।ऽ
58.	6.27.4	ब्रह्मभूतमकल्मषम् ।।	रसलग	ऽ।ऽ, ।।ऽ, ।ऽ
59.	7.10.2	विद्धि पार्थ सनातनम् ।	रसलग	ऽ।ऽ, ।।ऽ, ।ऽ
60.	7.11.2	कामरागविवर्जितम् ।	रसलग	ऽ।ऽ, ।।ऽ, ।ऽ
61.	9.8.2	विसृजामि पुनः पुनः ।	रसलग	ऽ।ऽ, ।।ऽ, ।ऽ
62.	9.10.2	सूयते सचराचरम् ।	रसलग	ऽ।ऽ, ।।ऽ, ।ऽ
63.	9.11.2	मानुषीं तनुमाश्रितम् ।	रसलग	ऽ।ऽ, ।।ऽ, ।ऽ
64.	9.27.2	यज्जुहोषि ददासि यत् ।	रसलग	ऽ।ऽ, ।।ऽ, ।ऽ
65.	9.27.4	तत्कुरुष्व मदर्पणम् ।।	रसलग	ऽ।ऽ, ।।ऽ, ।ऽ
66.	9.32.4	तेऽपि यान्ति परां गतिम् ।।	रसलग	ऽ।ऽ, ।।ऽ, ।ऽ

67.	10.3.2	वेत्ति लोकमहेश्वरम् ।	रसलग	ऽ।ऽ, ।।ऽ, ।ऽ
68.	10.5.4	मत्त एव पृथग्विधाः ।।	रसलग	ऽ।ऽ, ।।ऽ, ।ऽ
69.	10.10.4	येन मामुपयान्ति ते ।।	रसलग	ऽ।ऽ, ।।ऽ, ।ऽ
70.	10.12.4	आदिदेवमजं विभुम् ।।	रसलग	ऽ।ऽ, ।।ऽ, ।ऽ
71.	10.15.4	देवदेव जगत्पते ।।	रसलग	ऽ।ऽ, ।।ऽ, ।ऽ
72.	10.17.2	स्त्वां सदा परिचिन्तयन् ।	रसलग	ऽ।ऽ, ।।ऽ, ।ऽ
73.	10.21.2	ज्योतिषां रविरंशुमान् ।	रसलग	ऽ।ऽ, ।।ऽ, ।ऽ
74.	10.24.2	विद्धि पार्थ बृहस्पतिम् ।	रसलग	ऽ।ऽ, ।।ऽ, ।ऽ
75.	10.27.2	विद्धि माममृतोद्भवम् ।	रसलग	ऽ।ऽ, ।।ऽ, ।ऽ
76.	10.34.2	उद्भवश्च भविष्यताम् ।	रसलग	ऽ।ऽ, ।।ऽ, ।ऽ
77.	10.38.2	नीतिरस्मि जिगीषताम् ।	रसलग	ऽ।ऽ, ।।ऽ, ।ऽ
78.	10.41.2	श्रीमदूर्जितमेव वा ।	रसलग	ऽ।ऽ, ।।ऽ, ।ऽ
79.	11.6.2	अश्विनौ मरुतस्तथा ।	रसलग	ऽ।ऽ, ।।ऽ, ।ऽ
80.	11.12.4	भासस्तस्य महात्मनः ।।	रसलग	ऽ।ऽ, ।।ऽ, ।ऽ
81.	11.53.4	दृष्टवानसि मां यथा ।।	रसलग	ऽ।ऽ, ।।ऽ, ।ऽ
82.	12.4.4	सर्वभूतहिते रताः ।।	रसलग	ऽ।ऽ, ।।ऽ, ।ऽ
83.	12.5.4	देहवद्भिरवाप्यते ।।	रसलग	ऽ।ऽ, ।।ऽ, ।ऽ
84.	13.2.2	क्षेत्रमित्यभिधीयते ।	रसलग	ऽ।ऽ, ।।ऽ, ।ऽ
85.	13.6.4	पञ्च चेन्द्रियगोचराः ।।	रसलग	ऽ।ऽ, ।।ऽ, ।ऽ
86.	13.11.2	भक्तिरव्यभिचारिणी ।	रसलग	ऽ।ऽ, ।।ऽ, ।ऽ
87.	13.14.2	सर्वतोऽक्षिशिरोमुखम् ।	रसलग	ऽ।ऽ, ।।ऽ, ।ऽ

88.	14.11.2	प्रकाश उपजायते ।	रसलग	ऽ।ऽ, ।।ऽ, ।ऽ
89.	14.12.2	कर्मणामशमः स्पृहा ।	रसलग	ऽ।ऽ, ।।ऽ, ।ऽ
90.	14.15.2	कर्मसङ्गिषु जायते ।	रसलग	ऽ।ऽ, ।।ऽ, ।ऽ
91.	14.15.4	मूढयोनिषु जायते ।।	रसलग	ऽ।ऽ, ।।ऽ, ।ऽ
92.	14.22.4	त्रीन्गुणानतिवर्तते ।।	रसलग	ऽ।ऽ, ।।ऽ, ।ऽ
93.	14.23.4	योऽवतिष्ठति नेङ्गते ।।	रसलग	ऽ।ऽ, ।।ऽ, ।ऽ
94.	15.13.2	धारयाम्यहमोजसा ।	रसलग	ऽ।ऽ, ।।ऽ, ।ऽ
95.	15.18.2	अक्षरादपि चोत्तमः ।	रसलग	ऽ।ऽ, ।।ऽ, ।ऽ
96.	16.4.4	पार्थ सम्पदमासुरीम् ।।	रसलग	ऽ।ऽ, ।।ऽ, ।ऽ
97.	16.10.2	दम्भमानमदान्विताः ।	रसलग	ऽ।ऽ, ।।ऽ, ।ऽ
98.	16.16.2	मोहजालसमावृताः ।	रसलग	ऽ।ऽ, ।।ऽ, ।ऽ
99.	17.5.4	कामरागबलान्विताः ।।	रसलग	ऽ।ऽ, ।।ऽ, ।ऽ
100.	17.6.2	भूतग्राममचेतसः ।	रसलग	ऽ।ऽ, ।।ऽ, ।ऽ
101.	17.9.2	तीक्ष्णरूक्षविदाहिनः ।	रसलग	ऽ।ऽ, ।।ऽ, ।ऽ
102.	17.10.2	पूति पर्युषितं च यत् ।	रसलग	ऽ।ऽ, ।।ऽ, ।ऽ
103.	17.13.2	मन्त्रहीनमदक्षिणम् ।	रसलग	ऽ।ऽ, ।।ऽ, ।ऽ
104.	17.13.4	तामसं परिचक्षते ।।	रसलग	ऽ।ऽ, ।।ऽ, ।ऽ
105.	17.15.4	वाङ्मयं तप उच्यते ।।	रसलग	ऽ।ऽ, ।।ऽ, ।ऽ
106.	17.16.2	मौनमात्मविनिग्रहः ।	रसलग	ऽ।ऽ, ।।ऽ, ।ऽ
107.	17.17.4	सात्त्विकं परिचक्षते ।।	रसलग	ऽ।ऽ, ।।ऽ, ।ऽ
108.	17.18.4	राजसं चलमध्रुवम् ।।	रसलग	ऽ।ऽ, ।।ऽ, ।ऽ

109.	17.19.2	पीडया क्रियते तपः।	रसलग	ऽ।ऽ, ।।ऽ, ।ऽ
110.	17.20.2	दीयतेऽनुपकारिणे।	रसलग	ऽ।ऽ, ।।ऽ, ।ऽ
111.	17.23.2	ब्रह्मणस्त्रिविधः स्मृतः।	रसलग	ऽ।ऽ, ।।ऽ, ।ऽ
112.	17.24.2	यज्ञदानतपःक्रियाः।	रसलग	ऽ।ऽ, ।।ऽ, ।ऽ
113.	18.5.4	पावनानि मनीषिणाम् ।।	रसलग	ऽ।ऽ, ।।ऽ, ।ऽ
114.	18.6.4	निश्चितं मतमुत्तमम् ।।	रसलग	ऽ।ऽ, ।।ऽ, ।ऽ
115.	18.7.4	तामसः परिकीर्तितः ।।	रसलग	ऽ।ऽ, ।।ऽ, ।ऽ
116.	18.8.4	नैव त्यागफलं लभेत् ।।	रसलग	ऽ।ऽ, ।।ऽ, ।ऽ
117.	18.13.2	कारणानि निबोध मे।	रसलग	ऽ।ऽ, ।।ऽ, ।ऽ
118.	18.15.2	कर्म प्रारभते नरः।	रसलग	ऽ।ऽ, ।।ऽ, ।ऽ
119.	18.20.2	भावमव्ययमीक्षते।	रसलग	ऽ।ऽ, ।।ऽ, ।ऽ
120.	18.27.4	राजसः परिकीर्तितः ।।	रसलग	ऽ।ऽ, ।।ऽ, ।ऽ
121.	18.32.2	मन्यते तमसावृता।	रसलग	ऽ।ऽ, ।।ऽ, ।ऽ
122.	18.42.4	ब्रह्मकर्म स्वभावजम् ।।	रसलग	ऽ।ऽ, ।।ऽ, ।ऽ
123.	18.44.2	वैश्यकर्म स्वभावजम्।	रसलग	ऽ।ऽ, ।।ऽ, ।ऽ
124.	18.46.2	येन सर्वमिदं ततम्।	रसलग	ऽ।ऽ, ।।ऽ, ।ऽ
125.	18.56.4	शाश्वतं पदमव्ययम् ।।	रसलग	ऽ।ऽ, ।।ऽ, ।ऽ
				Total 125

40–41. रसगल, रसगग

ऽ।ऽ, ।।ऽ, ऽ। और ऽ।ऽ, ।।ऽ, ऽऽ

गीता के 18 अध्यायों में रसलल (ऽ।ऽ, ।।ऽ, ऽ।) छंद सूत्र के 32 चरण और रसलग (ऽ।ऽ, ।।ऽ, ऽऽ) छंद सूत्र के निम्नांकित 74 चरण प्रयुक्त हैं. चरण का अंतिम लघु अक्षर भी गुरु माना जाता है, अत: रसलग सूत्र वाले कुल 106 चरण गीता में प्रयुक्त हैं.

गीता में आने वाले 106 रसगल-रसगग छंद

क्रम	श्लोक संदर्भ अध्याय.श्लोक.चरण	गीता चरण प्रतीक	गण	सूत्र
1.	1.7.3	नायका मम सैन्यस्य	रसगल	ऽ।ऽ, ।।ऽ, ऽ।
2.	1.42.1	सङ्करो नरकायैव	रसगल	ऽ।ऽ, ।।ऽ, ऽ।
3.	2.42.3	वेदवादरताः पार्थ	रसगल	ऽ।ऽ, ।।ऽ, ऽ।
4.	2.57.3	नाभिनन्दति न द्वेष्टि	रसगल	ऽ।ऽ, ।।ऽ, ऽ।
5.	2.66.1	नास्ति बुद्धिरयुक्तस्य	रसगल	ऽ।ऽ, ।।ऽ, ऽ।
6.	3.5.3	कार्यते ह्यवशः कर्म	रसगल	ऽ।ऽ, ।।ऽ, ऽ।
7.	3.20.3	लोकसङ्ग्रहमेवापि	रसगल	ऽ।ऽ, ।।ऽ, ऽ।
8.	4.5.3	तान्यहं वेद सर्वाणि	रसगल	ऽ।ऽ, ।।ऽ, ऽ।
9.	5.10.3	लिप्यते न स पापेन	रसगल	ऽ।ऽ, ।।ऽ, ऽ।
10.	6.19.3	योगिनो यतचित्तस्य	रसगल	ऽ।ऽ, ।।ऽ, ऽ।
11.	8.15.1	मामुपेत्य पुनर्जन्म	रसगल	ऽ।ऽ, ।।ऽ, ऽ।
12.	8.15.3	नाप्नुवन्ति महात्मानः	रसगल	ऽ।ऽ, ।।ऽ, ऽ।
13.	8.16.3	मामुपेत्य तु कौन्तेय	रसगल	ऽ।ऽ, ।।ऽ, ऽ।
14.	9.27.1	यत्करोषि यदश्नासि	रसगल	ऽ।ऽ, ।।ऽ, ऽ।

15.	9.27.3	यत्तपस्यसि कौन्तेय	रसगल	ऽ।ऽ, ।।ऽ, ऽ।
16.	9.32.1	मां हि पार्थ व्यपाश्रित्य	रसगल	ऽ।ऽ, ।।ऽ, ऽ।
17.	10.15.3	भूतभावन भूतेश	रसगल	ऽ।ऽ, ।।ऽ, ऽ।
18.	10.17.3	केषु केषु च भावेषु	रसगल	ऽ।ऽ, ।।ऽ, ऽ।
19.	10.19.1	हन्त ते कथयिष्यामि	रसगल	ऽ।ऽ, ।।ऽ, ऽ।
20.	12.17.1	यो न हृष्यति न द्वेष्टि	रसगल	ऽ।ऽ, ।।ऽ, ऽ।
21.	13.5.3	ब्रह्मसूत्रपदैश्चैव	रसगल	ऽ।ऽ, ।।ऽ, ऽ।
22.	13.6.3	इन्द्रियाणि दशैकं च	रसगल	ऽ।ऽ, ।।ऽ, ऽ।
23.	13.9.3	जन्ममृत्युजराव्याधि	रसगल	ऽ।ऽ, ।।ऽ, ऽ।
24.	13.26.3	तेऽपि चातितरन्त्येव	रसगल	ऽ।ऽ, ।।ऽ, ऽ।
25.	14.4.1	सर्वयोनिषु कौन्तेय	रसगल	ऽ।ऽ, ।।ऽ, ऽ।
26.	14.26.1	मां च योऽव्यभिचारेण	रसगल	ऽ।ऽ, ।।ऽ, ऽ।
27.	14.27.3	शाश्वतस्य च धर्मस्य	रसगल	ऽ।ऽ, ।।ऽ, ऽ।
28.	17.12.3	इज्यते भरतश्रेष्ठ	रसगल	ऽ।ऽ, ।।ऽ, ऽ।
29.	17.14.3	ब्रह्मचर्यमहिंसा च	रसगल	ऽ।ऽ, ।।ऽ, ऽ।
30.	18.3.3	यज्ञदानतपःकर्म	रसगल	ऽ।ऽ, ।।ऽ, ऽ।
31.	18.5.1	यज्ञदानतपःकर्म	रसगल	ऽ।ऽ, ।।ऽ, ऽ।
32.	18.29.3	प्रोच्यमानमशेषेण	रसगल	ऽ।ऽ, ।।ऽ, ऽ।
33.	1.12.1	तस्य सञ्जनयन्हर्षं	रसगग	ऽ।ऽ, ।।ऽ, ऽऽ
34.	1.21.3	सेनयोरुभयोर्मध्ये	रसगग	ऽ।ऽ, ।।ऽ, ऽऽ

35.	1.22.3	कैर्मया सह योद्धव्यम्	रसगग	ऽ।ऽ, ।।ऽ, ऽऽ
36.	1.24.3	सेनयोरुभयोर्मध्ये	रसगग	ऽ।ऽ, ।।ऽ, ऽऽ
37.	1.27.3	तान्समीक्ष्य स कौन्तेयः	रसगग	ऽ।ऽ, ।।ऽ, ऽऽ
38.	1.29.3	वेपथुश्च शरीरे मे	रसगग	ऽ।ऽ, ।।ऽ, ऽऽ
39.	1.34.3	मातुलाः श्वशुराः पौत्राः	रसगग	ऽ।ऽ, ।।ऽ, ऽऽ
40.	2.1.1	तं तथा कृपयाविष्टम्	रसगग	ऽ।ऽ, ।।ऽ, ऽऽ
41.	2.10.3	सेनयोरुभयोर्मध्ये	रसगग	ऽ।ऽ, ।।ऽ, ऽऽ
42.	2.15.1	यं हि न व्यथयन्त्येते	रसगग	ऽ।ऽ, ।।ऽ, ऽऽ
43.	2.18.1	अन्तवन्त इमे देहा	रसगग	ऽ।ऽ, ।।ऽ, ऽऽ
44.	2.51.3	जन्मबन्धविनिर्मुक्ताः	रसगग	ऽ।ऽ, ।।ऽ, ऽऽ
45.	2.56.3	वीतरागभयक्रोधः	रसगग	ऽ।ऽ, ।।ऽ, ऽऽ
46.	2.62.1	ध्यायतो विषयान्पुंसः	रसगग	ऽ।ऽ, ।।ऽ, ऽऽ
47.	2.71.3	निर्ममो निरहङ्कारः	रसगग	ऽ।ऽ, ।।ऽ, ऽऽ
48.	3.18.1	नैव तस्य कृतेनार्थो	रसगग	ऽ।ऽ, ।।ऽ, ऽऽ
49.	3.20.1	कर्मणैव हि संसिद्धिम्	रसगग	ऽ।ऽ, ।।ऽ, ऽऽ
50.	3.21.1	यद्यदाचरति श्रेष्ठः	रसगग	ऽ।ऽ, ।।ऽ, ऽऽ
51.	3.22.3	नानवाप्तमवाप्तव्यं	रसगग	ऽ।ऽ, ।।ऽ, ऽऽ
52.	3.24.3	सङ्करस्य च कर्ता स्याम्	रसगग	ऽ।ऽ, ।।ऽ, ऽऽ
53.	3.28.1	तत्त्ववित्तु महाबाहो	रसगग	ऽ।ऽ, ।।ऽ, ऽऽ
54.	3.29.3	तानकृत्स्नविदो मन्दा न्	रसगग	ऽ।ऽ, ।।ऽ, ऽऽ
55.	3.32.3	सर्वज्ञानविमूढांस्तान्	रसगग	ऽ।ऽ, ।।ऽ, ऽऽ

56.	3.40.1	इन्द्रियाणि मनो बुद्धिः	रसगग	ऽIऽ, IIऽ, ऽऽ
57.	3.42.1	इन्द्रियाणि पराण्याहुः	रसगग	ऽIऽ, IIऽ, ऽऽ
58.	4.9.1	जन्म कर्म च मे दिव्यम्	रसगग	ऽIऽ, IIऽ, ऽऽ
59.	4.10.1	वीतरागभयक्रोधा	रसगग	ऽIऽ, IIऽ, ऽऽ
60.	4.17.1	कर्मणो ह्यपि बोद्धव्यं	रसगग	ऽIऽ, IIऽ, ऽऽ
61.	4.27.3	आत्मसंयमयोगाग्नौ	रसगग	ऽIऽ, IIऽ, ऽऽ
62.	5.12.1	युक्तः कर्मफलं त्यक्त्वा	रसगग	ऽIऽ, IIऽ, ऽऽ
63.	6.21.3	वेत्ति यत्र न चैवायं	रसगग	ऽIऽ, IIऽ, ऽऽ
64.	6.34.1	चञ्चलं हि मनः कृष्ण	रसगग	ऽIऽ, IIऽ, ऽऽ
65.	6.41.1	प्राप्य पुण्यकृतां लोकान्	रसगग	ऽIऽ, IIऽ, ऽऽ
66.	6.47.1	योगिनामपि सर्वेषां	रसगग	ऽIऽ, IIऽ, ऽऽ
67.	7.15.3	माययाऽपहृतज्ञाना	रसगग	ऽIऽ, IIऽ, ऽऽ
68.	7.18.3	आस्थितः स हि युक्तात्मा	रसगग	ऽIऽ, IIऽ, ऽऽ
69.	7.23.1	अन्तवत्तु फलं तेषां	रसगग	ऽIऽ, IIऽ, ऽऽ
70.	8.5.3	यः प्रयाति स मद्भावं	रसगग	ऽIऽ, IIऽ, ऽऽ
71.	8.25.3	तत्र चान्द्रमसं ज्योतिः	रसगग	ऽIऽ, IIऽ, ऽऽ
72.	9.5.3	भूतभृन्न च भूतस्थो	रसगग	ऽIऽ, IIऽ, ऽऽ
73.	9.8.3	भूतग्राममिमं कृत्स्नम्	रसगग	ऽIऽ, IIऽ, ऽऽ
74.	9.28.1	शुभाशुभफलैरेवं	रसगग	ऽIऽ, IIऽ, ऽऽ
75.	9.29.3	ये भजन्ति तु मां भक्त्या	रसगग	ऽIऽ, IIऽ, ऽऽ
76.	9.30.3	साधुरेव स मन्तव्यः	रसगग	ऽIऽ, IIऽ, ऽऽ

77.	10.1.1	भूय एव महाबाहो	रसगग	ऽ।ऽ, ।।ऽ, ऽऽ
78.	10.14.1	सर्वमेतदृतं मन्ये	रसगग	ऽ।ऽ, ।।ऽ, ऽऽ
79.	11.4.1	मन्यसे यदि तच्छक्यं	रसगग	ऽ।ऽ, ।।ऽ, ऽऽ
80.	12.2.3	श्रद्धया परयोपेताः	रसगग	ऽ।ऽ, ।।ऽ, ऽऽ
81.	12.11.3	सर्वकर्मफलत्यागं	रसगग	ऽ।ऽ, ।।ऽ, ऽऽ
82.	12.13.3	निर्ममो निरहङ्कारः	रसगग	ऽ।ऽ, ।।ऽ, ऽऽ
83.	13.14.3	सर्वतःश्रुतिमल्लोके	रसगग	ऽ।ऽ, ।।ऽ, ऽऽ
84.	13.17.3	भूतभर्तृ च तज्ज्ञेयं	रसगग	ऽ।ऽ, ।।ऽ, ऽऽ
85.	13.18.1	ज्योतिषामपि तज्ज्योतिः	रसगग	ऽ।ऽ, ।।ऽ, ऽऽ
86.	14.16.1	कर्मणः सुकृतस्याहुः	रसगग	ऽ।ऽ, ।।ऽ, ऽऽ
87.	15.1.1	ऊर्ध्वमूलमधःशाखम्	रसगग	ऽ।ऽ, ।।ऽ, ऽऽ
88.	15.16.1	द्वाविमौ पुरुषौ लोके	रसगग	ऽ।ऽ, ।।ऽ, ऽऽ
89.	15.17.1	उत्तमः पुरुषस्त्वन्यः	रसगग	ऽ।ऽ, ।।ऽ, ऽऽ
90.	16.14.3	ईश्वरोऽहमहं भोगी	रसगग	ऽ।ऽ, ।।ऽ, ऽऽ
91.	16.19.1	तानहं द्विषतः क्रूरान्	रसगग	ऽ।ऽ, ।।ऽ, ऽऽ
92.	17.17.1	श्रद्धया परया तप्तं	रसगग	ऽ।ऽ, ।।ऽ, ऽऽ
93.	17.21.3	दीयते च परिक्लिष्टं	रसगग	ऽ।ऽ, ।।ऽ, ऽऽ
94.	17.27.3	कर्म चैव तदर्थीयं	रसगग	ऽ।ऽ, ।।ऽ, ऽऽ
95.	18.2.3	सर्वकर्मफलत्यागं	रसगग	ऽ।ऽ, ।।ऽ, ऽऽ
96.	18.4.1	निश्चयं शृणु मे तत्र	रसगग	ऽ।ऽ, ।।ऽ, ऽऽ
97.	18.11.3	यस्तु कर्मफलत्यागी	रसगग	ऽ।ऽ, ।।ऽ, ऽऽ

98.	18.19.3	प्रोच्यते गुणसङ्ख्याने	रसगग	ऽ।ऽ, ।।ऽ, ऽऽ
99.	18.22.1	यत्तु कृत्स्नवदेकस्मिन्	रसगग	ऽ।ऽ, ।।ऽ, ऽऽ
100.	18.43.3	दानमीश्वरभावश्च	रसगग	ऽ।ऽ, ।।ऽ, ऽऽ
101.	18.52.3	ध्यानयोगपरो नित्यं	रसगग	ऽ।ऽ, ।।ऽ, ऽऽ
102.	18.57.3	बुद्धियोगमुपाश्रित्य	रसगग	ऽ।ऽ, ।।ऽ, ऽऽ
103.	18.64.1	सर्वगुह्यतमं भूयः	रसगग	ऽ।ऽ, ।।ऽ, ऽऽ
104.	18.65.1	मन्मना भव मद्भक्तो	रसगग	ऽ।ऽ, ।।ऽ, ऽऽ
105.	18.76.3	केशवार्जुनयोः पुण्यं	रसगग	ऽ।ऽ, ।।ऽ, ऽऽ
106.	18.78.3	तत्र श्रीर्विजयो भूतिः	रसगग	ऽ।ऽ, ।।ऽ, ऽऽ
				Total 106

42–43. रभलल, रभलग

ऽ।ऽ, ऽ।।, ।। और ऽ।ऽ, ऽ।।, ।ऽ

कुरुचरी छंद

गीता के 18 अध्यायों में रभलल (ऽ।ऽ, ऽ।।, ।।) छंद सूत्र का 1 चरण और रभलग (ऽ।ऽ, ऽ।।, ।ऽ) छंद सूत्र के निम्नांकित 11 चरण प्रयुक्त हैं. चरण का अंतिम लघु अक्षर भी गुरु माना जाता है, अतः रभलग सूत्र वाले कुरुचरी नामक छंद के कुल 12 चरण गीता में प्रयुक्त हैं. ज्ञात हो कि निचे दी हुई तालिका में जो भ मध्य गण वाले अनुष्टुप् छंद हैं मगर वे श्लोक छंद में नहीं आते हैं. **ज्ञात हो कि निचे दी हुई तालिका में जो भ मध्य गण वाले अनुष्टुप् छंद हैं मगर वे श्लोक छंद में नहीं आते हैं.**

गीता में आने वाले 12 रभलल-रभलग कुरुचरी छंद

क्रम	श्लोक संदर्भ अध्याय.श्लोक.चरण	गीता चरण प्रतीक	गण	सूत्र
1.	18.37.1	यत्तदग्रे विषमिव	रभलल	ऽ।ऽ, ऽ।।, ।।

2.	2.67.1	इन्द्रियाणां हि चरतां	रभलग	ऽ।ऽ, ऽ।।, ।ऽ
3.	4.13.3	तस्य कर्तारमपि मां	रभलग	ऽ।ऽ, ऽ।।, ।ऽ
4.	5.13.1	सर्वकर्माणि मनसा	रभलग	ऽ।ऽ, ऽ।।, ।ऽ
5.	8.3.1	अक्षरं ब्रह्म परमं	रभलग	ऽ।ऽ, ऽ।।, ।ऽ
6.	8.3.3	भूतभावोद्भवकरो	रभलग	ऽ।ऽ, ऽ।।, ।ऽ
7.	11.11.1	दिव्यमाल्याम्बरधरं	रभलग	ऽ।ऽ, ऽ।।, ।ऽ
8.	12.20.1	ये तु धर्म्यामृतमिदं	रभलग	ऽ।ऽ, ऽ।।, ।ऽ
9.	14.9.3	ज्ञानमावृत्य तु तमः	रभलग	ऽ।ऽ, ऽ।।, ।ऽ
10.	17.10.1	यातयामं गतरसं	रभलग	ऽ।ऽ, ऽ।।, ।ऽ
11.	18.41.1	ब्राह्मणक्षत्रियविशां	रभलग	ऽ।ऽ, ऽ।।, ।ऽ
12.	18.56.1	सर्वकर्माण्यपि सदा	रभलग	ऽ।ऽ, ऽ।।, ।ऽ
				Total 12

44–45. ररलल, ररलग

ऽ।ऽ, ऽ।ऽ, ।। और ऽ।ऽ, ऽ।ऽ, ।ऽ

हेमरूप छंद

गीता के 18 अध्यायों में ररलल (ऽ।ऽ, ऽ।ऽ, ।।) छंद सूत्र के 40 चरण और ररलग (ऽ।ऽ, ऽ।ऽ, ।ऽ) छंद सूत्र के निम्नांकित 151 चरण प्रयुक्त हैं. चरण का अंतिम लघु अक्षर भी गुरु माना जाता है, अतः ररलग सूत्र वाले हेमरूप नामक छंद के कुल 191 चरण गीता में प्रयुक्त हैं.

गीता में आने वाले 191 ररलल–ररलग हेमरूप छंद

क्रम	श्लोक संदर्भ अध्याय.श्लोक.चरण	गीता चरण प्रतीक	गण	सूत्र
1.	1.7.2	तान्निबोध द्विजोत्तम ।	ररलल	ऽ।ऽ, ऽ।ऽ, ।।
2.	2.14.4	तांस्तितिक्षस्व भारत ॥	ररलल	ऽ।ऽ, ऽ।ऽ, ।।
3.	2.28.2	व्यक्तमध्यानि भारत ।	ररलल	ऽ।ऽ, ऽ।ऽ, ।।

4.	2.39.4	कर्मबन्धं प्रहास्यसि ॥	ररलल	ऽ।ऽ, ऽ।ऽ, ।।
5.	2.49.2	बुद्धियोगाद्धनञ्जय ।	ररलल	ऽ।ऽ, ऽ।ऽ, ।।
6.	2.63.4	बुद्धिनाशात्प्रणश्यति ॥	ररलल	ऽ।ऽ, ऽ।ऽ, ।।
7.	2.72.4	ब्रह्मनिर्वाणमृच्छति ॥	ररलल	ऽ।ऽ, ऽ।ऽ, ।।
8.	3.18.2	नाकृतेनेह कश्चन ।	ररलल	ऽ।ऽ, ऽ।ऽ, ।।
9.	3.33.4	निग्रहः किं करिष्यति ॥	ररलल	ऽ।ऽ, ऽ।ऽ, ।।
10.	4.9.4	नैति मामेति सोऽर्जुन ॥	ररलल	ऽ।ऽ, ऽ।ऽ, ।।
11.	4.33.2	ज्ञानयज्ञः परन्तप ।	ररलल	ऽ।ऽ, ऽ।ऽ, ।।
12.	4.40.2	संशयात्मा विनश्यति ।	ररलल	ऽ।ऽ, ऽ।ऽ, ।।
13.	5.11.2	केवलैरिन्द्रियैरपि ।	ररलल	ऽ।ऽ, ऽ।ऽ, ।।
14.	6.16.4	जाग्रतो नैव चार्जुन ॥	ररलल	ऽ।ऽ, ऽ।ऽ, ।।
15.	6.17.2	युक्तचेष्टस्य कर्मसु ।	ररलल	ऽ।ऽ, ऽ।ऽ, ।।
16.	6.29.2	सर्वभूतानि चात्मनि ।	ररलल	ऽ।ऽ, ऽ।ऽ, ।।
17.	6.37.4	कां गतिं कृष्ण गच्छति ॥	ररलल	ऽ।ऽ, ऽ।ऽ, ।।
18.	6.40.4	दुर्गतिं तात गच्छति ॥	ररलल	ऽ।ऽ, ऽ।ऽ, ।।
19.	7.4.2	खं मनो बुद्धिरेव च ।	ररलल	ऽ।ऽ, ऽ।ऽ, ।।
20.	7.12.4	न त्वहं तेषु ते मयि ॥	ररलल	ऽ।ऽ, ऽ।ऽ, ।।
21.	7.26.2	वर्तमानानि चार्जुन ।	ररलल	ऽ।ऽ, ऽ।ऽ, ।।
22.	7.27.2	द्वन्द्वमोहेन भारत ।	ररलल	ऽ।ऽ, ऽ।ऽ, ।।
23.	8.27.4	योगयुक्तो भवार्जुन ॥	ररलल	ऽ।ऽ, ऽ।ऽ, ।।
24.	9.3.4	मृत्युसंसारवर्त्मनि ॥	ररलल	ऽ।ऽ, ऽ।ऽ, ।।

25.	11.55.4	यः स मामेति पाण्डव ॥	ररलल	ऽ।ऽ, ऽ।ऽ, ॥
26.	13.3.2	सर्वक्षेत्रेषु भारत ।	ररलल	ऽ।ऽ, ऽ।ऽ, ॥
27.	13.4.4	तत्समासेन मे शृणु ॥	ररलल	ऽ।ऽ, ऽ।ऽ, ॥
28.	13.6.2	बुद्धिरव्यक्तमेव च ।	ररलल	ऽ।ऽ, ऽ।ऽ, ॥
29.	13.14.4	सर्वमावृत्य तिष्ठति ॥	ररलल	ऽ।ऽ, ऽ।ऽ, ॥
30.	13.20.2	विद्ध्यनादी उभावपि ।	ररलल	ऽ।ऽ, ऽ।ऽ, ॥
31.	14.6.4	ज्ञानसङ्गेन चानघ ॥	ररलल	ऽ।ऽ, ऽ।ऽ, ॥
32.	14.8.4	तन्निबध्नाति भारत ॥	ररलल	ऽ।ऽ, ऽ।ऽ, ॥
33.	15.19.4	सर्वभावेन भारत ॥	ररलल	ऽ।ऽ, ऽ।ऽ, ॥
34.	16.6.4	आसुरं पार्थ मे शृणु ॥	ररलल	ऽ।ऽ, ऽ।ऽ, ॥
35.	16.19.4	आसुरीष्वेव योनिषु ॥	ररलल	ऽ।ऽ, ऽ।ऽ, ॥
36.	17.2.4	तामसी चेति तां शृणु ॥	ररलल	ऽ।ऽ, ऽ।ऽ, ॥
37.	18.51.4	रागद्वेषौ व्युदस्य च ॥	ररलल	ऽ।ऽ, ऽ।ऽ, ॥
38.	18.58.2	मत्प्रसादात्तरिष्यसि ।	ररलल	ऽ।ऽ, ऽ।ऽ, ॥
39.	18.62.2	सर्वभावेन भारत ।	ररलल	ऽ।ऽ, ऽ।ऽ, ॥
40.	18.73.2	त्वत्प्रसादान्मयाच्युत ।	ररलल	ऽ।ऽ, ऽ।ऽ, ॥
41.	1.5.2	काशिराजश्च वीर्यवान् ।	ररलग	ऽ।ऽ, ऽ।ऽ, ।ऽ
42.	1.6.2	उत्तमौजाश्च वीर्यवान् ।	ररलग	ऽ।ऽ, ऽ।ऽ, ।ऽ
43.	1.8.4	सौमदत्तिस्तथैव च ॥	ररलग	ऽ।ऽ, ऽ।ऽ, ।ऽ
44.	1.15.2	देवदत्तं धनञ्जयः ।	ररलग	ऽ।ऽ, ऽ।ऽ, ।ऽ

45.	1.17.4	सात्यकिश्चापराजितः ।।	ररलग	ऽ।ऽ, ऽ।ऽ, ।ऽ
46.	1.20.2	धार्तराष्ट्रान्कपिध्वजः ।	ररलग	ऽ।ऽ, ऽ।ऽ, ।ऽ
47.	1.22.2	योद्धुकामानवस्थितान् ।	ररलग	ऽ।ऽ, ऽ।ऽ, ।ऽ
48.	1.24.4	स्थापयित्वा रथोत्तमम् ।।	ररलग	ऽ।ऽ, ऽ।ऽ, ।ऽ
49.	1.29.4	रोमहर्षश्च जायते ।।	ररलग	ऽ।ऽ, ऽ।ऽ, ।ऽ
50.	1.37.2	धार्तराष्ट्रान्स्वबान्धवान् ।	ररलग	ऽ।ऽ, ऽ।ऽ, ।ऽ
51.	1.38.4	मित्रद्रोहे च पातकम् ।।	ररलग	ऽ।ऽ, ऽ।ऽ, ।ऽ
52.	1.41.4	जायते वर्णसङ्करः ।।	ररलग	ऽ।ऽ, ऽ।ऽ, ।ऽ
53.	1.42.4	लुप्तपिण्डोदकक्रियाः ।।	ररलग	ऽ।ऽ, ऽ।ऽ, ।ऽ
54.	1.47.4	शोकसंविग्नमानसः ।।	ररलग	ऽ।ऽ, ऽ।ऽ, ।ऽ
55.	2.1.2	अश्रुपूर्णाकुलेक्षणम् ।	ररलग	ऽ।ऽ, ऽ।ऽ, ।ऽ
56.	2.11.4	नानुशोचन्ति पण्डिताः ।।	ररलग	ऽ।ऽ, ऽ।ऽ, ।ऽ
57.	2.15.4	सोऽमृतत्वाय कल्पते ।।	ररलग	ऽ।ऽ, ऽ।ऽ, ।ऽ
58.	2.40.2	प्रत्यवायो न विद्यते ।	ररलग	ऽ।ऽ, ऽ।ऽ, ।ऽ
59.	2.42.4	नान्यदस्तीति वादिनः ।।	ररलग	ऽ।ऽ, ऽ।ऽ, ।ऽ
60.	2.46.2	सर्वतः सम्प्लुतोदके ।	ररलग	ऽ।ऽ, ऽ।ऽ, ।ऽ
61.	2.61.2	युक्त आसीत मत्परः ।	ररलग	ऽ।ऽ, ऽ।ऽ, ।ऽ
62.	2.65.2	हानिरस्योपजायते ।	ररलग	ऽ।ऽ, ऽ।ऽ, ।ऽ
63.	2.69.4	सा निशा पश्यतो मुनेः ।।	ररलग	ऽ।ऽ, ऽ।ऽ, ।ऽ
64.	3.3.4	कर्मयोगेन योगिनाम् ।।	ररलग	ऽ।ऽ, ऽ।ऽ, ।ऽ
65.	3.5.2	जातु तिष्ठत्यकर्मकृत् ।	ररलग	ऽ।ऽ, ऽ।ऽ, ।ऽ

66.	3.8.2	कर्म ज्यायो ह्यकर्मणः ।	ररलग	ऽ।ऽ, ऽ।ऽ, ।ऽ
67.	3.8.4	न प्रसिद्ध्येदकर्मणः ।।	ररलग	ऽ।ऽ, ऽ।ऽ, ।ऽ
68.	3.13.4	ये पचन्त्यात्मकारणात् ।।	ररलग	ऽ।ऽ, ऽ।ऽ, ।ऽ
69.	3.17.2	आत्मतृप्तश्च मानवः ।	ररलग	ऽ।ऽ, ऽ।ऽ, ।ऽ
70.	3.17.4	तस्य कार्यं न विद्यते ।।	ररलग	ऽ।ऽ, ऽ।ऽ, ।ऽ
71.	3.18.4	कश्चिदर्थव्यपाश्रयः ।।	ररलग	ऽ।ऽ, ऽ।ऽ, ।ऽ
72.	3.21.2	तत्तदेवेतरो जनः ।	ररलग	ऽ।ऽ, ऽ।ऽ, ।ऽ
73.	3.23.2	जातु कर्मण्यतन्द्रितः ।	ररलग	ऽ।ऽ, ऽ।ऽ, ।ऽ
74.	3.32.2	नानुतिष्ठन्ति मे मतम् ।	ररलग	ऽ।ऽ, ऽ।ऽ, ।ऽ
75.	3.32.4	विद्धि नष्टानचेतसः ।।	ररलग	ऽ।ऽ, ऽ।ऽ, ।ऽ
76.	3.34.2	रागद्वेषौ व्यवस्थितौ ।	ररलग	ऽ।ऽ, ऽ।ऽ, ।ऽ
77.	3.39.2	ज्ञानिनो नित्यवैरिणा ।	ररलग	ऽ।ऽ, ऽ।ऽ, ।ऽ
78.	3.40.4	ज्ञानमावृत्य देहिनम् ।।	ररलग	ऽ।ऽ, ऽ।ऽ, ।ऽ
79.	3.41.4	ज्ञानविज्ञाननाशनम् ।।	ररलग	ऽ।ऽ, ऽ।ऽ, ।ऽ
80.	3.43.4	कामरूपं दुरासदम् ।।	ररलग	ऽ।ऽ, ऽ।ऽ, ।ऽ
81.	4.6.4	सम्भवाम्यात्ममायया ।।	ररलग	ऽ।ऽ, ऽ।ऽ, ।ऽ
82.	4.10.2	मन्मया मामुपाश्रिताः ।	ररलग	ऽ।ऽ, ऽ।ऽ, ।ऽ
83.	4.13.4	विद्ध्यकर्तारमव्ययम् ।।	ररलग	ऽ।ऽ, ऽ।ऽ, ।ऽ
84.	4.19.2	कामसङ्कल्पवर्जिताः ।	ररलग	ऽ।ऽ, ऽ।ऽ, ।ऽ
85.	4.20.2	नित्यतृप्तो निराश्रयः ।	ररलग	ऽ।ऽ, ऽ।ऽ, ।ऽ
86.	4.20.4	नैव किञ्चित्करोति सः ।।	ररलग	ऽ।ऽ, ऽ।ऽ, ।ऽ

87.	4.25.2	योगिनः पर्युपासते ।	ररलग	ऽ।ऽ, ऽ।ऽ, ।ऽ
88.	4.27.2	प्राणकर्माणि चापरे ।	ररलग	ऽ।ऽ, ऽ।ऽ, ।ऽ
89.	4.27.4	जुह्वति ज्ञानदीपिते ।।	ररलग	ऽ।ऽ, ऽ।ऽ, ।ऽ
90.	4.28.2	योगयज्ञास्तथापरे ।	ररलग	ऽ।ऽ, ऽ।ऽ, ।ऽ
91.	4.34.4	ज्ञानिनस्तत्त्वदर्शिनः ।।	ररलग	ऽ।ऽ, ऽ।ऽ, ।ऽ
92.	4.39.2	तत्परः संयतेन्द्रियः ।	ररलग	ऽ।ऽ, ऽ।ऽ, ।ऽ
93.	4.41.2	ज्ञानसञ्छिन्नसंशयम् ।	ररलग	ऽ।ऽ, ऽ।ऽ, ।ऽ
94.	5.2.4	कर्मयोगो विशिष्यते ।।	ररलग	ऽ।ऽ, ऽ।ऽ, ।ऽ
95.	5.12.2	शान्तिमाप्नोति नैष्ठिकीम् ।	ररलग	ऽ।ऽ, ऽ।ऽ, ।ऽ
96.	5.13.4	नैव कुर्वन्न कारयन् ।।	ररलग	ऽ।ऽ, ऽ।ऽ, ।ऽ
97.	5.15.4	तेन मुह्यन्ति जन्तवः ।।	ररलग	ऽ।ऽ, ऽ।ऽ, ।ऽ
98.	5.17.4	ज्ञाननिर्धूतकल्मषाः ।।	ररलग	ऽ।ऽ, ऽ।ऽ, ।ऽ
99.	5.20.2	नोद्विजेत्प्राप्य चाप्रियम् ।	ररलग	ऽ।ऽ, ऽ।ऽ, ।ऽ
100.	5.20.4	ब्रह्मविद्ब्रह्मणि स्थितः ।।	ररलग	ऽ।ऽ, ऽ।ऽ, ।ऽ
101.	5.24.4	ब्रह्मभूतोऽधिगच्छति ।।	ररलग	ऽ।ऽ, ऽ।ऽ, ।ऽ
102.	5.28.4	यः सदा मुक्त एव सः ।।	ररलग	ऽ।ऽ, ऽ।ऽ, ।ऽ
103.	6.14.2	ब्रह्मचारिव्रते स्थितः ।	ररलग	ऽ।ऽ, ऽ।ऽ, ।ऽ
104.	6.14.4	युक्त आसीत मत्परः ।।	ररलग	ऽ।ऽ, ऽ।ऽ, ।ऽ
105.	6.18.4	युक्त इत्युच्यते तदा ।।	ररलग	ऽ।ऽ, ऽ।ऽ, ।ऽ
106.	6.19.2	नेङ्गते सोपमा स्मृता ।	ररलग	ऽ।ऽ, ऽ।ऽ, ।ऽ
107.	6.19.4	युञ्जतो योगमात्मनः ।।	ररलग	ऽ।ऽ, ऽ।ऽ, ।ऽ

108.	6.22.2	मन्यते नाधिकं ततः ।	ररलग	ऽıऽ, ऽıऽ, ıऽ
109.	6.33.4	चञ्चलत्वात्स्थितिं स्थिराम् ।।	ररलग	ऽıऽ, ऽıऽ, ıऽ
110.	6.39.2	छेत्तुमर्हस्यशेषतः ।	ररलग	ऽıऽ, ऽıऽ, ıऽ
111.	6.44.4	शब्दब्रह्मातिवर्तते ।।	ररलग	ऽıऽ, ऽıऽ, ıऽ
112.	6.47.2	मद्गतेनान्तरात्मना ।	ररलग	ऽıऽ, ऽıऽ, ıऽ
113.	7.12.2	राजसास्तामसाश्च ये ।	ररलग	ऽıऽ, ऽıऽ, ıऽ
114.	7.15.4	आसुरं भावमाश्रिताः ।।	ररलग	ऽıऽ, ऽıऽ, ıऽ
115.	7.17.2	एकभक्तिर्विशिष्यते ।	ररलग	ऽıऽ, ऽıऽ, ıऽ
116.	7.19.2	ज्ञानवान्मां प्रपद्यते ।	ररलग	ऽıऽ, ऽıऽ, ıऽ
117.	7.23.2	तद्भवत्यल्पमेधसाम् ।	ररलग	ऽıऽ, ऽıऽ, ıऽ
118.	7.25.2	योगमायासमावृतः ।	ररलग	ऽıऽ, ऽıऽ, ıऽ
119.	7.30.2	साधियज्ञं च ये विदुः ।	ररलग	ऽıऽ, ऽıऽ, ıऽ
120.	7.30.4	ते विदुर्युक्तचेतसः ।।	ररलग	ऽıऽ, ऽıऽ, ıऽ
121.	8.5.4	याति नास्त्यत्र संशयः ।।	ररलग	ऽıऽ, ऽıऽ, ıऽ
122.	8.8.4	याति पार्थानुचिन्तयन् ।।	ररलग	ऽıऽ, ऽıऽ, ıऽ
123.	8.12.4	आस्थितो योगधारणाम् ।।	ररलग	ऽıऽ, ऽıऽ, ıऽ
124.	8.13.2	व्याहरन्मामनुस्मरन् ।	ररलग	ऽıऽ, ऽıऽ, ıऽ
125.	8.14.4	नित्ययुक्तस्य योगिनः ।।	ररलग	ऽıऽ, ऽıऽ, ıऽ
126.	8.22.4	येन सर्वमिदं ततम् ।।	ररलग	ऽıऽ, ऽıऽ, ıऽ
127.	8.26.4	अन्ययावर्तते पुनः ।।	ररलग	ऽıऽ, ऽıऽ, ıऽ
128.	9.5.2	पश्य मे योगमैश्वरम् ।	ररलग	ऽıऽ, ऽıऽ, ıऽ

129.	9.12.2	मोघज्ञाना विचेतसः ।	ररलग	ऽ।ऽ, ऽ।ऽ, ।ऽ
130.	9.14.4	नित्ययुक्ता उपासते ।।	ररलग	ऽ।ऽ, ऽ।ऽ, ।ऽ
131.	9.22.2	ये जनाः पर्युपासते ।	ररलग	ऽ।ऽ, ऽ।ऽ, ।ऽ
132.	9.22.	योगक्षेमं वहाम्यहम् ।।	ररलग	ऽ।ऽ, ऽ।ऽ, ।ऽ
133.	9.25.4	यान्ति मद्याजिनोऽपि माम् ।।	ररलग	ऽ।ऽ, ऽ।ऽ, ।ऽ
134.	9.28.2	मोक्ष्यसे कर्मबन्धनैः ।	ररलग	ऽ।ऽ, ऽ।ऽ, ।ऽ
135.	10.3.4	सर्वपापैः प्रमुच्यते ।।	ररलग	ऽ।ऽ, ऽ।ऽ, ।ऽ
136.	10.7.4	युज्यते नात्र संशयः ।।	ररलग	ऽ।ऽ, ऽ।ऽ, ।ऽ
137.	10.9.2	बोधयन्तः परस्परम् ।	ररलग	ऽ।ऽ, ऽ।ऽ, ।ऽ
138.	10.11.4	ज्ञानदीपेन भास्वता ।।	ररलग	ऽ।ऽ, ऽ।ऽ, ।ऽ
139.	10.18.4	शृण्वतो नास्ति मेऽमृतम् ।।	ररलग	ऽ।ऽ, ऽ।ऽ, ।ऽ
140.	10.20.2	सर्वभूताशयस्थितः ।	ररलग	ऽ।ऽ, ऽ।ऽ, ।ऽ
141.	10.25.4	स्थावराणां हिमालयः ।।	ररलग	ऽ।ऽ, ऽ।ऽ, ।ऽ
142.	10.30.4	वैनतेयश्च पक्षिणाम् ।।	ररलग	ऽ।ऽ, ऽ।ऽ, ।ऽ
143.	10.31.4	स्रोतसामस्मि जाह्नवी ।।	ररलग	ऽ।ऽ, ऽ।ऽ, ।ऽ
144.	10.37.2	पाण्डवानां धनञ्जयः ।	ररलग	ऽ।ऽ, ऽ।ऽ, ।ऽ
145.	11.1.2	गुह्यमध्यात्मसंज्ञितम् ।	ररलग	ऽ।ऽ, ऽ।ऽ, ।ऽ
146.	11.4.4	दर्शयात्मानमव्ययम् ।।	ररलग	ऽ।ऽ, ऽ।ऽ, ।ऽ
147.	11.8.4	पश्य मे योगमैश्वरम् ।।	ररलग	ऽ।ऽ, ऽ।ऽ, ।ऽ
148.	11.14.2	हृष्टरोमा धनञ्जयः ।	ररलग	ऽ।ऽ, ऽ।ऽ, ।ऽ
149.	12.2.2	नित्ययुक्ता उपासते ।	ररलग	ऽ।ऽ, ऽ।ऽ, ।ऽ

150.	12.7.2	मृत्युसंसारसागरात् ।	ररलग	ऽ।ऽ, ऽ।ऽ, ।ऽ
151.	12.17.4	भक्तिमान्यः स मे प्रियः ।।	ररलग	ऽ।ऽ, ऽ।ऽ, ।ऽ
152.	12.19.4	भक्तिमान्मे प्रियो नरः ।।	ररलग	ऽ।ऽ, ऽ।ऽ, ।ऽ
153.	13.4.2	यद्विकारि यतश्च यत् ।	ररलग	ऽ।ऽ, ऽ।ऽ, ।ऽ
154.	13.5.4	हेतुमद्भिर्विनिश्चितैः ।।	ररलग	ऽ।ऽ, ऽ।ऽ, ।ऽ
155.	13.9.4	दुःखदोषानुदर्शनम् ।।	ररलग	ऽ।ऽ, ऽ।ऽ, ।ऽ
156.	13.12.2	तत्त्वज्ञानार्थदर्शनम् ।	ररलग	ऽ।ऽ, ऽ।ऽ, ।ऽ
157.	13.25.2	केचिदात्मानमात्मना ।	ररलग	ऽ।ऽ, ऽ।ऽ, ।ऽ
158.	13.25.4	कर्मयोगेन चापरे ।।	ररलग	ऽ।ऽ, ऽ।ऽ, ।ऽ
159.	13.31.4	ब्रह्म सम्पद्यते तदा ।।	ररलग	ऽ।ऽ, ऽ।ऽ, ।ऽ
160.	13.35.2	अन्तरं ज्ञानचक्षुषा ।	ररलग	ऽ।ऽ, ऽ।ऽ, ।ऽ
161.	13.35.4	ये विदुर्यान्ति ते परम् ।।	ररलग	ऽ।ऽ, ऽ।ऽ, ।ऽ
162.	14.4.2	मूर्तयः सम्भवन्ति याः ।	ररलग	ऽ।ऽ, ऽ।ऽ, ।ऽ
163.	14.7.4	कर्मसङ्गेन देहिनम् ।।	ररलग	ऽ।ऽ, ऽ।ऽ, ।ऽ
164.	14.8.2	मोहनं सर्वदेहिनाम् ।	ररलग	ऽ।ऽ, ऽ।ऽ, ।ऽ
165.	14.16.2	सात्त्विकं निर्मलं फलम् ।	ररलग	ऽ।ऽ, ऽ।ऽ, ।ऽ
166.	14.24.4	तुल्यनिन्दात्मसंस्तुतिः ।।	ररलग	ऽ।ऽ, ऽ।ऽ, ।ऽ
167.	14.26.2	भक्तियोगेन सेवते ।	ररलग	ऽ।ऽ, ऽ।ऽ, ।ऽ
168.	14.26.4	ब्रह्मभूयाय कल्पते ।।	ररलग	ऽ।ऽ, ऽ।ऽ, ।ऽ
169.	15.7.2	जीवभूतः सनातनः ।	ररलग	ऽ।ऽ, ऽ।ऽ, ।ऽ
170.	15.14.2	प्राणिनां देहमाश्रितः ।	ररलग	ऽ।ऽ, ऽ।ऽ, ।ऽ

171.	16.1.2	ज्ञानयोगव्यवस्थितिः ।	ररलग	ऽ।ऽ, ऽ।ऽ, ।ऽ
172.	16.2.4	मार्दवं ह्रीरचापलम् ।।	ररलग	ऽ।ऽ, ऽ।ऽ, ।ऽ
173.	16.18.4	प्रद्विषन्तोऽभ्यसूयकाः ।।	ररलग	ऽ।ऽ, ऽ।ऽ, ।ऽ
174.	16.23.2	वर्तते कामकारतः ।	ररलग	ऽ।ऽ, ऽ।ऽ, ।ऽ
175.	17.1.4	सत्त्वमाहो रजस्तमः ।।	ररलग	ऽ।ऽ, ऽ।ऽ, ।ऽ
176.	17.2.2	देहिनां सा स्वभावजा ।	ररलग	ऽ।ऽ, ऽ।ऽ, ।ऽ
177.	17.4.2	यक्षरक्षांसि राजसाः ।	ररलग	ऽ।ऽ, ऽ।ऽ, ।ऽ
178.	17.9.4	दुःखशोकामयप्रदाः ।।	ररलग	ऽ।ऽ, ऽ।ऽ, ।ऽ
179.	17.10.4	भोजनं तामसप्रियम् ।।	ररलग	ऽ।ऽ, ऽ।ऽ, ।ऽ
180.	17.14.2	पूजनं शौचमार्जवम् ।	ररलग	ऽ।ऽ, ऽ।ऽ, ।ऽ
181.	18.1.2	तत्त्वमिच्छामि वेदितुम् ।	ररलग	ऽ।ऽ, ऽ।ऽ, ।ऽ
182.	18.7.2	कर्मणो नोपपद्यते ।	ररलग	ऽ।ऽ, ऽ।ऽ, ।ऽ
183.	18.13.4	सिद्धये सर्वकर्मणाम् ।।	ररलग	ऽ।ऽ, ऽ।ऽ, ।ऽ
184.	18.37.4	आत्मबुद्धिप्रसादजम् ।।	ररलग	ऽ।ऽ, ऽ।ऽ, ।ऽ
185.	18.38.4	तत्सुखं राजसं स्मृतम् ।।	ररलग	ऽ।ऽ, ऽ।ऽ, ।ऽ
186.	18.53.4	ब्रह्मभूयाय कल्पते ।।	ररलग	ऽ।ऽ, ऽ।ऽ, ।ऽ
187.	18.66.4	मोक्षयिष्यामि मा शुचः ।।	ररलग	ऽ।ऽ, ऽ।ऽ, ।ऽ
188.	18.71.4	प्राप्नुयात्पुण्यकर्मणाम् ।।	ररलग	ऽ।ऽ, ऽ।ऽ, ।ऽ
189.	18.74.4	अद्‌भुतं रोमहर्षणम् ।।	ररलग	ऽ।ऽ, ऽ।ऽ, ।ऽ
190.	18.77.2	रूपमत्यद्‌भुतं हरेः ।	ररलग	ऽ।ऽ, ऽ।ऽ, ।ऽ
191.	18.78.2	यत्र पार्थो धनुर्धरः ।	ररलग	ऽ।ऽ, ऽ।ऽ, ।ऽ

				Total 192

46–47. ररगल, ररगग

ऽ।ऽ, ऽ।ऽ, ऽ। और ऽ।ऽ, ऽ।ऽ, ऽऽ

लक्ष्मी और पद्ममाला छंद

पद्ममाला रौ गौ (पिंगल 8.19). गीता के 18 अध्यायों में ररगल (ऽ।ऽ, ऽ।ऽ, ऽ।) छंद सूत्र के लक्ष्मी छंद के 53 चरण और ररगग (ऽ।ऽ, ऽ।ऽ, ऽऽ) छंद सूत्र के पद्ममाला नामक छंद के निम्नांकित 167 चरण प्रयुक्त हैं. चरण का अंतिम लघु अक्षर भी गुरु माना जाता है, अतः ररगग सूत्र वाले पद्ममाला नामक छंद के कुल 167 चरण गीता में प्रयुक्त हैं.

गीता में आने वाले 167 ररगल–ररगग पद्ममाला छंद

क्रम	श्लोक संदर्भ अध्याय.श्लोक.चरण	गीता चरण प्रतीक	गण	सूत्र
1.	1.1.3	मामकाः पाण्डवाश्चैव	ररगल	ऽ।ऽ, ऽ।ऽ, ऽ।
2.	1.11.3	भीष्ममेवाभिरक्षन्तु	ररगल	ऽ।ऽ, ऽ।ऽ, ऽ।
3.	1.14.3	माधवः पाण्डवश्चैव	ररगल	ऽ।ऽ, ऽ।ऽ, ऽ।
4.	1.38.1	यद्यप्येते न पश्यन्ति	ररगल	ऽ।ऽ, ऽ।ऽ, ऽ।
5.	1.41.3	स्त्रीषु दुष्टासु वार्ष्णेय	ररगल	ऽ।ऽ, ऽ।ऽ, ऽ।
6.	2.18.3	अनाशिनोऽप्रमेयस्य	ररगल	ऽ।ऽ, ऽ।ऽ, ऽ।
7.	2.50.1	बुद्धियुक्तो जहातीह	ररगल	ऽ।ऽ, ऽ।ऽ, ऽ।
8.	2.51.1	कर्मजं बुद्धियुक्ता हि	ररगल	ऽ।ऽ, ऽ।ऽ, ऽ।
9.	2.60.3	इन्द्रियाणि प्रमाथीनि	ररगल	ऽ।ऽ, ऽ।ऽ, ऽ।
10.	2.61.1	तानि सर्वाणि संयम्य	ररगल	ऽ।ऽ, ऽ।ऽ, ऽ।

11.	2.65.3	प्रसन्नचेतसो ह्याशु	ररगल	ऽ।ऽ, ऽ।ऽ, ऽ।
12.	3.26.3	जोषयेत्सर्वकर्माणि	ररगल	ऽ।ऽ, ऽ।ऽ, ऽ।
13.	3.39.3	कामरूपेण कौन्तेय	ररगल	ऽ।ऽ, ऽ।ऽ, ऽ।
14.	4.8.3	धर्मसंस्थापनार्थाय	ररगल	ऽ।ऽ, ऽ।ऽ, ऽ।
15.	4.40.1	अज्ञश्चाश्रद्दधानश्च	ररगल	ऽ।ऽ, ऽ।ऽ, ऽ।
16.	4.41.3	आत्मवन्तं न कर्माणि	ररगल	ऽ।ऽ, ऽ।ऽ, ऽ।
17.	5.6.3	योगयुक्तो मुनिर्ब्रह्म	ररगल	ऽ।ऽ, ऽ।ऽ, ऽ।
18.	5.8.1	नैव किञ्चित्करोमीति	ररगल	ऽ।ऽ, ऽ।ऽ, ऽ।
19.	5.9.3	इन्द्रियाणीन्द्रियार्थेषु	ररगल	ऽ।ऽ, ऽ।ऽ, ऽ।
20.	5.11.4	योगिनः कर्म कुर्वन्ति	ररगल	ऽ।ऽ, ऽ।ऽ, ऽ।
21.	5.20.1	न प्रहृष्येत्प्रियं प्राप्य	ररगल	ऽ।ऽ, ऽ।ऽ, ऽ।
22.	6.4.1	यदा हि नेन्द्रियार्थेषु	ररगल	ऽ।ऽ, ऽ।ऽ, ऽ।
23.	6.6.1	बन्धुरात्मात्मनस्तस्य	ररगल	ऽ।ऽ, ऽ।ऽ, ऽ।
24.	6.40.1	पार्थ नैवेह नामुत्र	ररगल	ऽ।ऽ, ऽ।ऽ, ऽ।
25.	7.9.3	जीवनं सर्वभूतेषु	ररगल	ऽ।ऽ, ऽ।ऽ, ऽ।
26.	7.12.3	मत्त एवेति तान्विद्धि	ररगल	ऽ।ऽ, ऽ।ऽ, ऽ।
27.	7.13.3	मोहितं नाभिजानाति	ररगल	ऽ।ऽ, ऽ।ऽ, ऽ।
28.	8.2.1	अधियज्ञः कथं कोऽत्र	ररगल	ऽ।ऽ, ऽ।ऽ, ऽ।
29.	8.6.3	तं तमेवैति कौन्तेय	ररगल	ऽ।ऽ, ऽ।ऽ, ऽ।
30.	8.12.1	सर्वद्वाराणि संयम्य	ररगल	ऽ।ऽ, ऽ।ऽ, ऽ।
31.	8.20.3	यः स सर्वेषु भूतेषु	ररगल	ऽ।ऽ, ऽ।ऽ, ऽ।

32.	9.10.3	हेतुनानेन कौन्तेय	ररगल	ऽ।ऽ, ऽ।ऽ, ऽ।
33.	9.23.	तेऽपि मामेव कौन्तेय	ररगल	ऽ।ऽ, ऽ।ऽ, ऽ।
34.	10.7.3	सोऽविकम्पेन योगेन	ररगल	ऽ।ऽ, ऽ।ऽ, ऽ।
35.	10.16.1	वक्तुमर्हस्यशेषेण	ररगल	ऽ।ऽ, ऽ।ऽ, ऽ।
36.	10.22.3	इन्द्रियाणां मनश्चास्मि	ररगल	ऽ।ऽ, ऽ।ऽ, ऽ।
37.	11.1.3	यत्त्वयोक्तं वचस्तेन	ररगल	ऽ।ऽ, ऽ।ऽ, ऽ।
38.	11.5.1	पश्य मे पार्थ रूपाणि	ररगल	ऽ।ऽ, ऽ।ऽ, ऽ।
39.	11.9.3	दर्शयामास पार्थाय	ररगल	ऽ।ऽ, ऽ।ऽ, ऽ।
40.	12.6.1	ये तु सर्वाणि कर्माणि	ररगल	ऽ।ऽ, ऽ।ऽ, ऽ।
41.	13.24.3	सर्वथा वर्तमानोऽपि	ररगल	ऽ।ऽ, ऽ।ऽ, ऽ।
42.	14.7.3	तन्निबध्नाति कौन्तेय	ररगल	ऽ।ऽ, ऽ।ऽ, ऽ।
43.	17.2.3	सात्त्विकी राजसी चैव	ररगल	ऽ।ऽ, ऽ।ऽ, ऽ।
44.	18.8.1	दुःखमित्येव यत्कर्म	ररगल	ऽ।ऽ, ऽ।ऽ, ऽ।
45.	18.9.1	कार्यमित्येव यत्कर्म	ररगल	ऽ।ऽ, ऽ।ऽ, ऽ।
46.	18.21.3	वेत्ति सर्वेषु भूतेषु	ररगल	ऽ।ऽ, ऽ।ऽ, ऽ।
47.	18.24.1	यत्तु कामेप्सुना कर्म	ररगल	ऽ।ऽ, ऽ।ऽ, ऽ।
48.	18.56.3	मत्प्रसादादवाप्नोति	ररगल	ऽ।ऽ, ऽ।ऽ, ऽ।
49.	18.57.1	चेतसा सर्वकर्माणि	ररगल	ऽ।ऽ, ऽ।ऽ, ऽ।
50.	18.61.3	भ्रामयन्सर्वभूतानि	ररगल	ऽ।ऽ, ऽ।ऽ, ऽ।
51.	18.66.1	सर्वधर्मान्परित्यज्य	ररगल	ऽ।ऽ, ऽ।ऽ, ऽ।
52.	18.74.1	इत्यहं वासुदेवस्य	ररगल	ऽ।ऽ, ऽ।ऽ, ऽ।

53.	18.77.1	तच्च संस्मृत्य संस्मृत्य	ररगल	ऽ।ऽ, ऽ।ऽ, ऽ।
54.	1.1.1	धर्मक्षेत्रे कुरुक्षेत्रे	ररगग	ऽ।ऽ, ऽ।ऽ, ऽऽ
55.	1.4.1	अत्र शूरा महेष्वासा	ररगग	ऽ।ऽ, ऽ।ऽ, ऽऽ
56.	1.12.3	सिंहनादं विनद्योच्चैः	ररगग	ऽ।ऽ, ऽ।ऽ, ऽऽ
57.	1.22.1	यावदेतान्निरीक्षेऽहं	ररगग	ऽ।ऽ, ऽ।ऽ, ऽऽ
58.	1.23.1	योत्समानानवेक्षेऽहं	ररगग	ऽ।ऽ, ऽ।ऽ, ऽऽ
59.	1.23.3	धार्तराष्ट्रस्य दुर्बुद्धेः	ररगग	ऽ।ऽ, ऽ।ऽ, ऽऽ
60.	1.24.1	एवमुक्तो हृषीकेशो	ररगग	ऽ।ऽ, ऽ।ऽ, ऽऽ
61.	1.36.3	पापमेवाश्रयेदस्मान्	ररगग	ऽ।ऽ, ऽ।ऽ, ऽऽ
62.	1.46.3	धार्तराष्ट्रा रणे हन्युः	ररगग	ऽ।ऽ, ऽ।ऽ, ऽऽ
63.	1.47.1	एवमुक्त्वार्जुनः सङ्ख्ये	ररगग	ऽ।ऽ, ऽ।ऽ, ऽऽ
64.	2.9.1	एवमुक्त्वा हृषीकेशं	ररगग	ऽ।ऽ, ऽ।ऽ, ऽऽ
65.	2.13.1	देहिनोऽस्मिन्यथा देहे	ररगग	ऽ।ऽ, ऽ।ऽ, ऽऽ
66.	2.14.3	आगमापायिनोऽनित्याः	ररगग	ऽ।ऽ, ऽ।ऽ, ऽऽ
67.	2.16.1	नासतो विद्यते भावो	ररगग	ऽ।ऽ, ऽ।ऽ, ऽऽ
68.	2.40.3	स्वल्पमप्यस्य धर्मस्य	ररगग	ऽ।ऽ, ऽ।ऽ, ऽऽ
69.	2.42.1	यामिमां पुष्पितां वाचं	ररगग	ऽ।ऽ, ऽ।ऽ, ऽऽ
70.	2.48.3	सिद्ध्यसिद्ध्योः समो भूत्वा	ररगग	ऽ।ऽ, ऽ।ऽ, ऽऽ
71.	2.58.3	इन्द्रियाणीन्द्रियार्थेभ्यः	ररगग	ऽ।ऽ, ऽ।ऽ, ऽऽ
72.	2.64.3	आत्मवश्यैर्विधेयात्मा	ररगग	ऽ।ऽ, ऽ।ऽ, ऽऽ

73.	2.68.3	इन्द्रियाणीन्द्रियार्थेभ्यः	ररगग	ऽ।ऽ, ऽ।ऽ, ऽऽ
74.	2.69.1	या निशा सर्वभूतानां	ररगग	ऽ।ऽ, ऽ।ऽ, ऽऽ
75.	3.3.3	ज्ञानयोगेन साङ्ख्यानां	ररगग	ऽ।ऽ, ऽ।ऽ, ऽऽ
76.	3.6.3	इन्द्रियार्थान्विमूढात्मा	ररगग	ऽ।ऽ, ऽ।ऽ, ऽऽ
77.	3.13.1	यज्ञशिष्टाशिनः सन्तो	ररगग	ऽ।ऽ, ऽ।ऽ, ऽऽ
78.	3.13.3	भुञ्जते ते त्वघं पापा	ररगग	ऽ।ऽ, ऽ।ऽ, ऽऽ
79.	3.15.1	कर्म ब्रह्मोद्भवं विद्धि	ररगग	ऽ।ऽ, ऽ।ऽ, ऽऽ
80.	3.34.1	इन्द्रियस्येन्द्रियस्यार्थे	ररगग	ऽ।ऽ, ऽ।ऽ, ऽऽ
81.	3.37.3	महाशनो महापाप्मा	ररगग	ऽ।ऽ, ऽ।ऽ, ऽऽ
82.	3.39.1	आवृतं ज्ञानमेतेन	ररगग	ऽ।ऽ, ऽ।ऽ, ऽऽ
83.	4.7.1	यदा यदा हि धर्मस्य	ररगग	ऽ।ऽ, ऽ।ऽ, ऽऽ
84.	4.11.1	ये यथा मां प्रपद्यन्ते	ररगग	ऽ।ऽ, ऽ।ऽ, ऽऽ
85.	4.17.3	अकर्मणश्च बोद्धव्यं	ररगग	ऽ।ऽ, ऽ।ऽ, ऽऽ
86.	4.19.1	यस्य सर्वे समारम्भाः	ररगग	ऽ।ऽ, ऽ।ऽ, ऽऽ
87.	4.25.1	दैवमेवापरे यज्ञं	ररगग	ऽ।ऽ, ऽ।ऽ, ऽऽ
88.	4.28.1	द्रव्ययज्ञास्तपोयज्ञा	ररगग	ऽ।ऽ, ऽ।ऽ, ऽऽ
89.	4.32.3	कर्मजान्विद्धि तान्सर्वान्	ररगग	ऽ।ऽ, ऽ।ऽ, ऽऽ
90.	4.35.3	येन भूतान्यशेषेण	ररगग	ऽ।ऽ, ऽ।ऽ, ऽऽ
91.	4.38.3	तत्स्वयं योगसंसिद्धः	ररगग	ऽ।ऽ, ऽ।ऽ, ऽऽ
92.	4.41.1	योगसंन्यस्तकर्माणं	ररगग	ऽ।ऽ, ऽ।ऽ, ऽऽ
93.	5.4.1	साङ्ख्ययोगौ पृथग्बालाः	ररगग	ऽ।ऽ, ऽ।ऽ, ऽऽ

94.	5.4.3	एकमप्यास्थितः सम्यक्	ररगग	ऽIऽ, ऽIऽ, ऽऽ
95.	5.7.1	योगयुक्तो विशुद्धात्मा	ररगग	ऽIऽ, ऽIऽ, ऽऽ
96.	5.7.3	सर्वभूतात्मभूतात्मा	ररगग	ऽIऽ, ऽIऽ, ऽऽ
97.	5.22.1	ये हि संस्पर्शजा भोगा	ररगग	ऽIऽ, ऽIऽ, ऽऽ
98.	6.2.3	न ह्यसंन्यस्तसङ्कल्पो	ररगग	ऽIऽ, ऽIऽ, ऽऽ
99.	6.3.1	आरुरुक्षोर्मुनेर्योगं	ररगग	ऽIऽ, ऽIऽ, ऽऽ
100.	6.4.3	सर्वसङ्कल्पसंन्यासी	ररगग	ऽIऽ, ऽIऽ, ऽऽ
101.	6.5.1	उद्धरेदात्मनात्मानं	ररगग	ऽIऽ, ऽIऽ, ऽऽ
102.	6.8.1	ज्ञानविज्ञानतृप्तात्मा	ररगग	ऽIऽ, ऽIऽ, ऽऽ
103.	6.8.3	युक्त इत्युच्यते योगी	ररगग	ऽIऽ, ऽIऽ, ऽऽ
104.	6.18.3	निःस्पृहः सर्वकामेभ्यो	ररगग	ऽIऽ, ऽIऽ, ऽऽ
105.	6.20.3	यत्र चैवात्मनात्मानं	ररगग	ऽIऽ, ऽIऽ, ऽऽ
106.	6.25.3	आत्मसंस्थं मनः कृत्वा	ररगग	ऽIऽ, ऽIऽ, ऽऽ
107.	6.29.1	सर्वभूतस्थमात्मानं	ररगग	ऽIऽ, ऽIऽ, ऽऽ
108.	6.29.3	ईक्षते योगयुक्तात्मा	ररगग	ऽIऽ, ऽIऽ, ऽऽ
109.	6.31.1	सर्वभूतस्थितं यो मां	ररगग	ऽIऽ, ऽIऽ, ऽऽ
110.	6.31.3	सर्वथा वर्तमानोऽपि	ररगग	ऽIऽ, ऽIऽ, ऽऽ
111.	6.38.3	अप्रतिष्ठो महाबाहो	ररगग	ऽIऽ, ऽIऽ, ऽऽ
112.	6.43.1	तत्र तं बुद्धिसंयोगं	ररगग	ऽIऽ, ऽIऽ, ऽऽ
113.	7.4.1	भूमिरापोऽनलो वायुः	ररगग	ऽIऽ, ऽIऽ, ऽऽ
114.	7.5.3	जीवभूतां महाबाहो	ररगग	ऽIऽ, ऽIऽ, ऽऽ

115.	7.21.3	तस्य तस्याचलां श्रद्धां	ररगग	ऽ।ऽ, ऽ।ऽ, ऽऽ
116.	7.27.3	सर्वभूतानि सम्मोहं	ररगग	ऽ।ऽ, ऽ।ऽ, ऽऽ
117.	7.30.1	साधिभूताधिदैवं मां	ररगग	ऽ।ऽ, ऽ।ऽ, ऽऽ
118.	8.5.1	अन्तकाले च मामेव	ररगग	ऽ।ऽ, ऽ।ऽ, ऽऽ
119.	8.13.3	यः प्रयाति त्यजन्देहं	ररगग	ऽ।ऽ, ऽ।ऽ, ऽऽ
120.	8.23.1	यत्र काले त्वनावृत्तिम्	ररगग	ऽ।ऽ, ऽ।ऽ, ऽऽ
121.	8.26.1	शुक्लकृष्णे गती ह्येते	ररगग	ऽ।ऽ, ऽ।ऽ, ऽऽ
122.	8.26.3	एकया यात्यनावृत्तिम्	ररगग	ऽ।ऽ, ऽ।ऽ, ऽऽ
123.	9.7.1	सर्वभूतानि कौन्तेय	ररगग	ऽ।ऽ, ऽ।ऽ, ऽऽ
124.	9.12.3	राक्षसीमासुरीं चैव	ररगग	ऽ।ऽ, ऽ।ऽ, ऽऽ
125.	9.15.1	ज्ञानयज्ञेन चाप्यन्ये	ररगग	ऽ।ऽ, ऽ।ऽ, ऽऽ
126.	9.25.1	यान्ति देवव्रता देवान्	ररगग	ऽ।ऽ, ऽ।ऽ, ऽऽ
127.	9.33.1	किं पुनर्ब्राह्मणाः पुण्या	ररगग	ऽ।ऽ, ऽ।ऽ, ऽऽ
128.	10.11.3	नाशयाम्यात्मभावस्थो	ररगग	ऽ।ऽ, ऽ।ऽ, ऽऽ
129.	10.18.1	विस्तरेणात्मनो योगं	ररगग	ऽ।ऽ, ऽ।ऽ, ऽऽ
130.	10.28.1	आयुधानामहं वज्रं	ररगग	ऽ।ऽ, ऽ।ऽ, ऽऽ
131.	10.33.1	अक्षराणामकारोऽस्मि	ररगग	ऽ।ऽ, ऽ।ऽ, ऽऽ
132.	10.40.3	एष तूद्देशतः प्रोक्तो	ररगग	ऽ।ऽ, ऽ।ऽ, ऽऽ
133.	10.41.3	तत्तदेवावगच्छ त्वं	ररगग	ऽ।ऽ, ऽ।ऽ, ऽऽ
134.	11.3.1	एवमेतद्यथात्थ त्वम्	ररगग	ऽ।ऽ, ऽ।ऽ, ऽऽ
135.	11.3.3	द्रष्टुमिच्छामि ते रूपम्	ररगग	ऽ।ऽ, ऽ।ऽ, ऽऽ

136.	11.9.1	एवमुक्त्वा ततो राजन्	ररगग	ऽIऽ, ऽIऽ, ऽऽ
137.	11.53.3	शक्य एवंविधो द्रष्टुं	ररगग	ऽIऽ, ऽIऽ, ऽऽ
138.	12.4.1	सन्नियम्येन्द्रियग्रामं	ररगग	ऽIऽ, ऽIऽ, ऽऽ
139.	12.19.1	तुल्यनिन्दास्तुतिर्मौनी	ररगग	ऽIऽ, ऽIऽ, ऽऽ
140.	13.9.1	इन्द्रियार्थेषु वैराग्यम्	ररगग	ऽIऽ, ऽIऽ, ऽऽ
141.	13.14.1	सर्वतःपाणिपादं तत्	ररगग	ऽIऽ, ऽIऽ, ऽऽ
142.	13.27.3	क्षेत्रक्षेत्रज्ञसंयोगात्	ररगग	ऽIऽ, ऽIऽ, ऽऽ
143.	14.3.3	सम्भवः सर्वभूतानां	ररगग	ऽIऽ, ऽIऽ, ऽऽ
144.	14.11.1	सर्वद्वारेषु देहेऽस्मिन्	ररगग	ऽIऽ, ऽIऽ, ऽऽ
145.	14.13.1	अप्रकाशोऽप्रवृत्तिश्च	ररगग	ऽIऽ, ऽIऽ, ऽऽ
146.	14.27.1	ब्रह्मणो हि प्रतिष्ठाहम्	ररगग	ऽIऽ, ऽIऽ, ऽऽ
147.	16.5.3	मा शुचः सम्पदं दैवीम्	ररगग	ऽIऽ, ऽIऽ, ऽऽ
148.	16.10.1	काममाश्रित्य दुष्पूरं	ररगग	ऽIऽ, ऽIऽ, ऽऽ
149.	16.17.1	आत्मसम्भाविताः स्तब्धा	ररगग	ऽIऽ, ऽIऽ, ऽऽ
150.	16.20.1	आसुरीं योनिमापन्ना	ररगग	ऽIऽ, ऽIऽ, ऽऽ
151.	16.22.3	आचरत्यात्मनः श्रेयः	ररगग	ऽIऽ, ऽIऽ, ऽऽ
152.	17.6.1	कर्षयन्तः शरीरस्थं	ररगग	ऽIऽ, ऽIऽ, ऽऽ
153.	17.16.3	भावसंशुद्धिरित्येतत्	ररगग	ऽIऽ, ऽIऽ, ऽऽ
154.	18.17.1	यस्य नाहङ्कृतो भावो	ररगग	ऽIऽ, ऽIऽ, ऽऽ
155.	18.20.1	सर्वभूतेषु येनैकं	ररगग	ऽIऽ, ऽIऽ, ऽऽ
156.	18.26.1	मुक्तसङ्गोऽनहंवादी	ररगग	ऽIऽ, ऽIऽ, ऽऽ

157.	18.27.3	हर्षशोकान्वितः कर्ता	ररगग	ऽ।ऽ, ऽ।ऽ, ऽऽ
158.	18.37.3	तत्सुखं सात्त्विकं प्रोक्तम्	ररगग	ऽ।ऽ, ऽ।ऽ, ऽऽ
159.	18.54.1	ब्रह्मभूतः प्रसन्नात्मा	ररगग	ऽ।ऽ, ऽ।ऽ, ऽऽ
160.	18.61.1	ईश्वरः सर्वभूतानां	ररगग	ऽ।ऽ, ऽ।ऽ, ऽऽ
161.	18.62.3	तत्प्रसादात्परां शान्तिं	ररगग	ऽ।ऽ, ऽ।ऽ, ऽऽ
162.	18.70.3	ज्ञानयज्ञेन तेनाहम्	ररगग	ऽ।ऽ, ऽ।ऽ, ऽऽ
163.	18.71.3	सोऽपि मुक्तः शुभाँल्लोकान्	ररगग	ऽ।ऽ, ऽ।ऽ, ऽऽ
164.	18.72.1	कच्चिदेतच्छ्रुतं पार्थ	ररगग	ऽ।ऽ, ऽ।ऽ, ऽऽ
165.	18.72.3	कच्चिदज्ञानसम्मोहः	ररगग	ऽ।ऽ, ऽ।ऽ, ऽऽ
166.	18.77.3	विस्मयो मे महान्राजन्	ररगग	ऽ।ऽ, ऽ।ऽ, ऽऽ
167.	18.78.1	यत्र योगेश्वरः कृष्णो	ररगग	ऽ।ऽ, ऽ।ऽ, ऽऽ
				Total 167

48–49. रतलल, रतलग

ऽ।ऽ, ऽऽ।, ।। और ऽ।ऽ, ऽऽ।, ।ऽ

गीता के 18 अध्यायों में रतलल (ऽ।ऽ, ऽऽ।, ।।) छंद सूत्र का 1 चरण और रतलग (ऽ।ऽ, ऽऽ।, ।ऽ) छंद सूत्र का 1 चरण प्रयुक्त हैं. चरण का अंतिम लघु अक्षर भी गुरु माना जाता है, अतः रतलग सूत्र वाले कुल 2 निम्नांकित चरण गीता में प्रयुक्त हैं.

गीता में आने वाले 2 रतलल–रतलग छंद

क्रम	श्लोक संदर्भ अध्याय.श्लोक.चरण	गीता चरण प्रतीक	गण	सूत्र
1	7.19.3	वासुदेवः सर्वमिति	रतलल	ऽ।ऽ, ऽऽ।, ।।

2	12.20.3	श्रद्दधाना मत्परमा	रतलग	ऽ।ऽ, ऽऽ।, ।ऽ
				Total 2

50–51. रतगल, रतगग

ऽ।ऽ, ऽऽ।, ऽ। और ऽ।ऽ, ऽऽ।, ऽऽ

गीता के 18 अध्यायों में रतगल (ऽ।ऽ, ऽऽ।, ऽ।) छंद सूत्र का 1 चरण और रतगग (ऽ।ऽ, ऽऽ।, ऽऽ) छंद सूत्र के 5 चरण प्रयुक्त हैं. चरण का अंतिम लघु अक्षर भी गुरु माना जाता है, अत: रतगग सूत्र वाले कुल 6 निम्नांकित चरण गीता में प्रयुक्त हैं.

गीता में आने वाले 6 रतगल–रतगग छंद

क्रम	श्लोक संदर्भ अध्याय.श्लोक.चरण	गीता चरण प्रतीक	गण	सूत्र
1.	3.37.1	काम एष क्रोध एष	रतगल	ऽ।ऽ, ऽऽ।, ऽ।
2.	1.5.1	धृष्टकेतुश्चेकितानः	रतगग	ऽ।ऽ, ऽऽ।, ऽऽ
3.	3.1.1	ज्यायसी चेत्कर्मणस्ते	रतगग	ऽ।ऽ, ऽऽ।, ऽऽ
4.	9.2.1	राजविद्या राजगुह्यं	रतगग	ऽ।ऽ, ऽऽ।, ऽऽ
5.	14.6.1	तत्र सत्त्वं निर्मलत्वात्	रतगग	ऽ।ऽ, ऽऽ।, ऽऽ
6.	18.26.3	सिद्ध्यसिद्ध्योर्निर्विकारः	रतगग	ऽ।ऽ, ऽऽ।, ऽऽ
				Total 6

2.1.7 त–गण से आरंभ होने वाले गीता के 310 अष्टाक्षरी छंद

त–गण से आरंभ होने वाले विभिन्न 15 छंद, और उन तेरह छंदों के कुल 310 चरण गीता में पाए जाते हैं. उन सब का चित्रण निम्न तालिकाओं में दृष्ट है. ज्ञात हो कि निचे दी हुई तालिका में जो भ मध्य गण वाले अनुष्टुप् छंद हैं वे श्लोक छंद में नहीं आते हैं.

गीता में आने वाले त–गणात्मक 15 विभिन्न छंदों की तालिका

क्रम	गण	गण सूत्र	छंद नाम	चरण संख्या

2.1 आठ अक्षरों वाले गीता के 80 छंद

1.	तसलल	ऽऽ।, ।।ऽ, ।।		35
2.	तसलग	ऽऽ।, ।।ऽ, ।ऽ		85
3.	तसगल	ऽऽ।, ।।ऽ, ऽ।	श्यामा	29
4.	तसगग	ऽऽ।, ।।ऽ, ऽऽ	श्यामा	49
5.	तभलल	ऽऽ।, ऽ।।, ।।	रामा	2
6.	तभलग	ऽऽ।, ऽ।।, ।ऽ	रामा	7
7.	तरलल	ऽऽ।, ऽ।ऽ, ।।	नाराचिका	1
8.	तरलग	ऽऽ।, ऽ।ऽ, ।ऽ	नाराचिका	2
9.	तरगल	ऽऽ।, ऽ।ऽ, ऽ।	विभा	18
10.	तरगग	ऽऽ।, ऽ।ऽ, ऽऽ	विभा	51
11.	ततलल	ऽऽ।, ऽऽ।, ।।	कराली	1
12.	ततलग	ऽऽ।, ऽऽ।, ।ऽ	गर्भ	13
13.	ततगग	ऽऽ।, ऽऽ।, ऽऽ	केतुमाला	3
14.	तमगल	ऽऽ।, ऽऽऽ, ऽ।	मृत्युंजय	7
15.	तमगग	ऽऽ।, ऽऽऽ, ऽऽ	मृत्युंजय	7
				Total 310

52–53. तसलल, तसलग

ऽऽ।, ।।ऽ, ।। और ऽऽ।, ।।ऽ, ।ऽ

गीता के 18 अध्यायों में तसलल (ऽऽ।, ।।ऽ, ।।) छंद सूत्र के 35 चरण और तसलग (ऽऽ।, ।।ऽ, ।ऽ)

2.1 आठ अक्षरों वाले गीता के 80 छंद

छंद सूत्र के 85 चरण प्रयुक्त हैं. चरण का अंतिम लघु अक्षर भी गुरु गाना जाता है, अत: तसलग सूत्र वाले कुल 120 निम्नांकित चरण गीता में प्रयुक्त हैं.

गीता में आने वाले 120 तसलल-तसगग छंद

क्रम	श्लोक संदर्भ अध्याय.श्लोक.चरण	गीता चरण प्रतीक	गण	सूत्र
1.	1.4.2	भीमार्जुनसमा युधि ।	तसलल	ऽऽ।, ।।ऽ, ।।
2.	2.4.2	द्रोणं च मधुसूदन ।	तसलल	ऽऽ।, ।।ऽ, ।।
3.	2.41.2	एकेह कुरुनन्दन ।	तसलल	ऽऽ।, ।।ऽ, ।।
4.	2.52.2	बुद्धिर्व्यतितरिष्यति ।	तसलल	ऽऽ।, ।।ऽ, ।।
5.	3.4.4	सिद्धिं समधिगच्छति ।।	तसलल	ऽऽ।, ।।ऽ, ।।
6.	3.11.4	श्रेयः परमवाप्स्यथ ।।	तसलल	ऽऽ।, ।।ऽ, ।।
7.	4.5.2	जन्मानि तव चार्जुन ।	तसलल	ऽऽ।, ।।ऽ, ।।
8.	4.7.2	ग्लानिर्भवति भारत ।	तसलल	ऽऽ।, ।।ऽ, ।।
9.	5.5.4	यः पश्यति स पश्यति ।।	तसलल	ऽऽ।, ।।ऽ, ।।
10.	6.2.4	योगी भवति कश्चन ।।	तसलल	ऽऽ।, ।।ऽ, ।।
11.	6.30.2	सर्वं च मयि पश्यति ।	तसलल	ऽऽ।, ।।ऽ, ।।
12.	6.33.2	साम्येन मधुसूदन ।	तसलल	ऽऽ।, ।।ऽ, ।।
13.	6.38.2	छिन्नाभ्रमिव नश्यति ।	तसलल	ऽऽ।, ।।ऽ, ।।
14.	7.7.4	सूत्रे मणिगणा इव ।।	तसलल	ऽऽ।, ।।ऽ, ।।
15.	7.11.4	कामोऽस्मि भरतर्षभ ।।	तसलल	ऽऽ।, ।।ऽ, ।।
16.	7.16.4	ज्ञानी च भरतर्षभ ।।	तसलल	ऽऽ।, ।।ऽ, ।।
17.	8.1.2	किं कर्म पुरुषोत्तम ।	तसलल	ऽऽ।, ।।ऽ, ।।
18.	8.20.4	नश्यत्सु न विनश्यति ।।	तसलल	ऽऽ।, ।।ऽ, ।।

2.1 आठ अक्षरों वाले गीता के 80 छंद

19.	8.21.4	तद्धाम परमं मम ॥	तसलल	SSI, IIS, II
20.	8.23.4	वक्ष्यामि भरतर्षभ ॥	तसलल	SSI, IIS, II
21.	9.17.4	ऋक्साम यजुरेव च ॥	तसलल	SSI, IIS, II
22.	9.24.2	भोक्ता च प्रभुरेव च ।	तसलल	SSI, IIS, II
23.	10.9.4	तुष्यन्ति च रमन्ति च ॥	तसलल	SSI, IIS, II
24.	10.14.2	यन्मां वदसि केशव ।	तसलल	SSI, IIS, II
25.	10.39.2	बीजं तदहमर्जुन ।	तसलल	SSI, IIS, II
26.	12.10.2	मत्कर्मपरमो भव ।	तसलल	SSI, IIS, II
27.	12.13.2	मैत्रः करुण एव च ।	तसलल	SSI, IIS, II
28.	13.27.4	तद्विद्धि भरतर्षभ ॥	तसलल	SSI, IIS, II
29.	13.28.4	यः पश्यति स पश्यति ॥	तसलल	SSI, IIS, II
30.	13.31.2	एकस्थमनुपश्यति ।	तसलल	SSI, IIS, II
31.	14.10.2	सत्त्वं भवति भारत ।	तसलल	SSI, IIS, II
32.	15.6.4	तद्धाम परमं मम ॥	तसलल	SSI, IIS, II
33.	17.3.2	श्रद्धा भवति भारत ।	तसलल	SSI, IIS, II
34.	18.58.4	न श्रोष्यसि विनङ्क्ष्यसि ॥	तसलल	SSI, IIS, II
35.	18.69.4	अन्यः प्रियतरः भुवि ॥	तसलल	SSI, IIS, II
36.	1.2.4	राजा वचनमब्रवीत् ॥	तसलग	SSI, IIS, IS
37.	1.3.2	आचार्य महतीं चमूम् ।	तसलग	SSI, IIS, IS
38.	1.5.4	शैब्यश्च नरपुङ्गवः ॥	तसलग	SSI, IIS, IS

39.	1.22.4	अस्मिन्रणसमुद्यमे ।।	तसलग	ऽऽ।, ।।ऽ, ।ऽ
40.	1.23.2	य एतेऽत्र समागताः ।	तसलग	ऽऽ।, ।।ऽ, ।ऽ
41.	1.23.4	युद्धे प्रियचिकीर्षवः ।।	तसलग	ऽऽ।, ।।ऽ, ।ऽ
42.	1.30.2	त्वक्चैव परिदह्यते ।	तसलग	ऽऽ।, ।।ऽ, ।ऽ
43.	1.31.4	हत्वा स्वजनमाहवे ।।	तसलग	ऽऽ।, ।।ऽ, ।ऽ
44.	1.38.2	लोभोपहतचेतसः ।	तसलग	ऽऽ।, ।।ऽ, ।ऽ
45.	1.45.2	कर्तुं व्यवसिता वयम् ।	तसलग	ऽऽ।, ।।ऽ, ।ऽ
46.	1.45.4	हन्तुं स्वजनमुद्यताः ।।	तसलग	ऽऽ।, ।।ऽ, ।ऽ
47.	2.12.4	सर्वे वयमतः परम् ।।	तसलग	ऽऽ।, ।।ऽ, ।ऽ
48.	2.14.2	शीतोष्णसुखदुःखदाः ।	तसलग	ऽऽ।, ।।ऽ, ।ऽ
49.	2.21.4	कं घातयति हन्ति कम् ।	तसलग	ऽऽ।, ।।ऽ, ।ऽ
50.	2.23.2	नैनं दहति पावकः ।	तसलग	ऽऽ।, ।।ऽ, ।ऽ
51.	2.37.4	युद्धाय कृतनिश्चयः ।।	तसलग	ऽऽ।, ।।ऽ, ।ऽ
52.	3.5.4	सर्वः प्रकृतिजैर्गुणैः ।।	तसलग	ऽऽ।, ।।ऽ, ।ऽ
53.	3.15.2	ब्रह्माक्षरसमुद्भवम् ।	तसलग	ऽऽ।, ।।ऽ, ।ऽ
54.	3.21.4	लोकस्तदनुवर्तते ।।	तसलग	ऽऽ।, ।।ऽ, ।ऽ
55.	3.27.4	कर्ताऽहमिति मन्यते ।।	तसलग	ऽऽ।, ।।ऽ, ।ऽ
56.	3.30.4	युद्ध्यस्व विगतज्वरः ।।	तसलग	ऽऽ।, ।।ऽ, ।ऽ
57.	3.34.4	तौ ह्यस्य परिपन्थिनौ ।।	तसलग	ऽऽ।, ।।ऽ, ।ऽ
58.	3.36.2	पापं चरति पूरुषः ।	तसलग	ऽऽ।, ।।ऽ, ।ऽ
59.	3.37.4	विद्ध्येनमिह वैरिणम् ।।	तसलग	ऽऽ।, ।।ऽ, ।ऽ

60.	4.12.4	सिद्धिर्भवति कर्मजा ।।	तसलग	ऽऽ।, ।।ऽ, ।ऽ
61.	4.15.2	पूर्वैरपि मुमुक्षुभिः ।	तसलग	ऽऽ।, ।।ऽ, ।ऽ
62.	4.22.4	कृत्वापि न निबद्ध्यते ।।	तसलग	ऽऽ।, ।।ऽ, ।ऽ
63.	4.30.4	यज्ञक्षपितकल्मषाः ।।	तसलग	ऽऽ।, ।।ऽ, ।ऽ
64.	4.33.4	ज्ञाने परिसमाप्यते ।।	तसलग	ऽऽ।, ।।ऽ, ।ऽ
65.	5.2.2	निःश्रेयसकरावुभौ ।	तसलग	ऽऽ।, ।।ऽ, ।ऽ
66.	5.7.4	कुर्वन्नपि न लिप्यते ।।	तसलग	ऽऽ।, ।।ऽ, ।ऽ
67.	5.9.4	वर्तन्त इति धारयन् ।।	तसलग	ऽऽ।, ।।ऽ, ।ऽ
68.	5.14.2	लोकस्य सृजति प्रभुः ।	तसलग	ऽऽ।, ।।ऽ, ।ऽ
69.	6.5.2	नात्मानमवसादयेत् ।	तसलग	ऽऽ।, ।।ऽ, ।ऽ
70.	6.5.4	आत्मैव रिपुरात्मनः ।।	तसलग	ऽऽ।, ।।ऽ, ।ऽ
71.	6.11.4	चैलाजिनकुशोत्तरम् ।।	तसलग	ऽऽ।, ।।ऽ, ।ऽ
72.	6.15.2	योगी नियतमानसः ।	तसलग	ऽऽ।, ।।ऽ, ।ऽ
73.	6.17.4	योगो भवति दुःखहा ।।	तसलग	ऽऽ।, ।।ऽ, ।ऽ
74.	6.25.2	बुद्ध्या धृतिगृहीतया ।	तसलग	ऽऽ।, ।।ऽ, ।ऽ
75.	6.28.2	योगी विगतकल्मषः ।	तसलग	ऽऽ।, ।।ऽ, ।ऽ
76.	6.29.4	सर्वत्र समदर्शनः ।।	तसलग	ऽऽ।, ।।ऽ, ।ऽ
77.	6.34.4	वायोरिव सुदुष्करम् ।।	तसलग	ऽऽ।, ।।ऽ, ।ऽ
78.	6.36.2	दुष्प्राप इति मे मतिः ।	तसलग	ऽऽ।, ।।ऽ, ।ऽ
79.	6.37.2	योगाच्चलितमानसः ।	तसलग	ऽऽ।, ।।ऽ, ।ऽ
80.	7.2.4	ज्ञातव्यमवशिष्यते ।।	तसलग	ऽऽ।, ।।ऽ, ।ऽ

81.	7.3.2	कश्चिद्यतति सिद्धये ।	तसलग	ऽऽ।, ।।ऽ, ।ऽ
82.	7.4.4	भिन्ना प्रकृतिरष्टधा ।।	तसलग	ऽऽ।, ।।ऽ, ।ऽ
83.	7.21.4	तामेव विदधाम्यहम् ।।	तसलग	ऽऽ।, ।।ऽ, ।ऽ
84.	8.2.4	ज्ञेयोऽसि नियतात्मभिः ।।	तसलग	ऽऽ।, ।।ऽ, ।ऽ
85.	8.14.2	यो मां स्मरति नित्यशः ।	तसलग	ऽऽ।, ।।ऽ, ।ऽ
86.	8.15.2	दुःखालयमशाश्वतम् ।	तसलग	ऽऽ।, ।।ऽ, ।ऽ
87.	9.13.2	दैवीं प्रकृतिमाश्रिताः ।	तसलग	ऽऽ।, ।।ऽ, ।ऽ
88.	9.30.4	सम्यग्व्यवसितो हि सः ।।	तसलग	ऽऽ।, ।।ऽ, ।ऽ
89.	10.1.4	वक्ष्यामि हितकाम्यया ।।	तसलग	ऽऽ।, ।।ऽ, ।ऽ
90.	10.17.4	चिन्त्योऽसि भगवन्मया ।।	तसलग	ऽऽ।, ।।ऽ, ।ऽ
91.	10.23.4	मेरुः शिखरिणामहम् ।।	तसलग	ऽऽ।, ।।ऽ, ।ऽ
92.	10.30.2	कालः कलयतामहम् ।	तसलग	ऽऽ।, ।।ऽ, ।ऽ
93.	10.32.4	वादः प्रवदतामहम् ।।	तसलग	ऽऽ।, ।।ऽ, ।ऽ
94.	11.2.4	माहात्म्यमपि चाव्ययम् ।।	तसलग	ऽऽ।, ।।ऽ, ।ऽ
95.	11.7.2	पश्याद्य सचराचरम् ।	तसलग	ऽऽ।, ।।ऽ, ।ऽ
96.	12.3.4	कूटस्थमचलं ध्रुवम् ।।	तसलग	ऽऽ।, ।।ऽ, ।ऽ
97.	12.4.2	सर्वत्र समबुद्धयः ।	तसलग	ऽऽ।, ।।ऽ, ।ऽ
98.	13.2.4	क्षेत्रज्ञ इति तद्विदः ।।	तसलग	ऽऽ।, ।।ऽ, ।ऽ
99.	13.15.2	सर्वेन्द्रियविवर्जितम् ।	तसलग	ऽऽ।, ।।ऽ, ।ऽ
100.	13.20.4	विद्धि प्रकृतिसम्भवान् ।।	तसलग	ऽऽ।, ।।ऽ, ।ऽ
101.	13.21.2	हेतुः प्रकृतिरुच्यते ।	तसलग	ऽऽ।, ।।ऽ, ।ऽ

102.	13.22.2	भुङ्क्ते प्रकृतिजान्गुणान् ।	तसलग	ऽऽI, IIऽ, Iऽ
103.	13.26.4	मृत्युं श्रुतिपरायणाः ॥	तसलग	ऽऽI, IIऽ, Iऽ
104.	15.19.2	जानाति पुरुषोत्तमम् ।	तसलग	ऽऽI, IIऽ, Iऽ
105.	16.15.2	कोऽन्योऽस्ति सदृशो मया ।	तसलग	ऽऽI, IIऽ, Iऽ
106.	17.8.2	सुखप्रीतिविवर्धनाः ।	तसलग	ऽऽI, IIऽ, Iऽ
107.	17.12.2	दम्भार्थमपि चैव यत् ।	तसलग	ऽऽI, IIऽ, Iऽ
108.	17.15.2	सत्यं प्रियहितं च यत् ।	तसलग	ऽऽI, IIऽ, Iऽ
109.	17.19.4	तत्तामसमुदाहृतम् ॥	तसलग	ऽऽI, IIऽ, Iऽ
110.	17.22.4	तत्तामसमुदाहृतम् ॥	तसलग	ऽऽI, IIऽ, Iऽ
111.	17.23.4	यज्ञाश्च विहिताः पुरा ॥	तसलग	ऽऽI, IIऽ, Iऽ
112.	18.4.2	त्यागे भरतसत्तम ।	तसलग	ऽऽI, IIऽ, Iऽ
113.	18.24.4	तद्राजसमुदाहृतम् ॥	तसलग	ऽऽI, IIऽ, Iऽ
114.	18.39.4	तत्तामसमुदाहृतम् ॥	तसलग	ऽऽI, IIऽ, Iऽ
115.	18.74.2	पार्थस्य च महात्मनः ।	तसलग	ऽऽI, IIऽ, Iऽ
116.	18.75.4	साक्षात्कथयतः स्वयम् ॥	तसलग	ऽऽI, IIऽ, Iऽ
117.	18.76.2	संवादमिममद्भुतम् ।	तसलग	ऽऽI, IIऽ, Iऽ
118.	18.76.4	हृष्यामि च मुहुर्मुहुः ॥	तसलग	ऽऽI, IIऽ, Iऽ
119.	18.77.4	हृष्यामि च पुनः पुनः ॥	तसलग	ऽऽI, IIऽ, Iऽ
120.	3.17.1	यस्त्वात्मरतिरेव स्यात्	तसलग	ऽऽI, IIऽ, Iऽ
				Total 120

54–55. तसगल, तसगग

ऽऽ।, ।।ऽ, ऽ। और ऽऽ।, ।।ऽ, ऽऽ

गीता के 18 अध्यायों में तसगल (ऽऽ।, ।।ऽ, ऽ।) छंद सूत्र के 29 चरण और तसगग (ऽऽ।, ।।ऽ, ऽऽ) छंद सूत्र के 49 चरण प्रयुक्त हैं. चरण का अंतिम लघु अक्षर भी गुरु माना जाता है, अत: तसगग सूत्र वाले कुल 78 निम्नांकित चरण गीता में प्रयुक्त हैं.

गीता में आने वाले 78 तसगल-तसगग छंद

क्रम	श्लोक संदर्भ अध्याय.श्लोक.चरण	गीता चरण प्रतीक	गण	सूत्र
1.	1.2.3	आचार्यमुपसङ्गम्य	तसगल	ऽऽ।, ।।ऽ, ऽ।
2.	1.3.3	व्यूढां द्रुपदपुत्रेण	तसगल	ऽऽ।, ।।ऽ, ऽ।
3.	1.17.1	काश्यश्च परमेष्वासः	तसगल	ऽऽ।, ।।ऽ, ऽ।
4.	1.29.1	सीदन्ति मम गात्राणि	तसगल	ऽऽ।, ।।ऽ, ऽ।
5.	1.45.3	यद्राज्यसुखलोभेन	तसगल	ऽऽ।, ।।ऽ, ऽ।
6.	2.28.3	अव्यक्तनिधनान्येव	तसगल	ऽऽ।, ।।ऽ, ऽ।
7.	2.49.1	दूरेण ह्यवरं कर्म	तसगल	ऽऽ।, ।।ऽ, ऽ।
8.	2.49.3	बुद्धौ शरणमन्विच्छ	तसगल	ऽऽ।, ।।ऽ, ऽ।
9.	4.16.1	किं कर्म किमकर्मेति	तसगल	ऽऽ।, ।।ऽ, ऽ।
10.	6.7.3	शीतोष्णसुखदुःखेषु	तसगल	ऽऽ।, ।।ऽ, ऽ।
11.	6.9.3	साधुष्वपि च पापेषु	तसगल	ऽऽ।, ।।ऽ, ऽ।
12.	6.44.3	जिज्ञासुरपि योगस्य	तसगल	ऽऽ।, ।।ऽ, ऽ।
13.	10.3.1	यो मामजमनादिं च	तसगल	ऽऽ।, ।।ऽ, ऽ।
14.	10.18.3	भूयः कथय तृप्तिर्हि	तसगल	ऽऽ।, ।।ऽ, ऽ।

15.	10.36.1	द्यूतं छलयतामस्मि	तसगल	ऽऽ।, ।।ऽ, ऽ।
16.	10.38.1	दण्डो दमयतामस्मि	तसगल	ऽऽ।, ।।ऽ, ऽ।
17.	11.2.3	त्वत्तः कमलपत्राक्ष	तसगल	ऽऽ।, ।।ऽ, ऽ।
18.	12.3.3	सर्वत्रगमचिन्त्यं च	तसगल	ऽऽ।, ।।ऽ, ऽ।
19.	12.8.1	मय्येव मन आधत्स्व	तसगल	ऽऽ।, ।।ऽ, ऽ।
20.	12.18.3	शीतोष्णसुखदुःखेषु	तसगल	ऽऽ।, ।।ऽ, ऽ।
21.	13.35.3	भूतप्रकृतिमोक्षं च	तसगल	ऽऽ।, ।।ऽ, ऽ।
22.	16.15.1	आढ्योऽभिजनवानस्मि	तसगल	ऽऽ।, ।।ऽ, ऽ।
23.	16.23.1	यः शास्त्रविधिमुत्सृज्य	तसगल	ऽऽ।, ।।ऽ, ऽ।
24.	17.1.1	ये शास्त्रविधिमुत्सृज्य	तसगल	ऽऽ।, ।।ऽ, ऽ।
25.	17.9.1	कट्वम्ललवणात्युष्ण	तसगल	ऽऽ।, ।।ऽ, ऽ।
26.	17.14.1	देवद्विजगुरुप्राज्ञ	तसगल	ऽऽ।, ।।ऽ, ऽ।
27.	18.1.3	त्यागस्य च हृषीकेश	तसगल	ऽऽ।, ।।ऽ, ऽ।
28.	18.6.1	एतान्यपि तु कर्माणि	तसगल	ऽऽ।, ।।ऽ, ऽ।
29.	18.10.1	न द्वेष्ट्यकुशलं कर्म	तसगल	ऽऽ।, ।।ऽ, ऽ।
30.	1.9.1	अन्ये च बहवः शूरा	तसगग	ऽऽ।, ।।ऽ, ऽऽ
31.	1.44.1	उत्सन्नकुलधर्माणां	तसगग	ऽऽ।, ।।ऽ, ऽऽ
32.	2.3.3	क्षुद्रं हृदयदौर्बल्यं	तसगग	ऽऽ।, ।।ऽ, ऽऽ
33.	2.27.3	तस्मादपरिहार्येऽर्थे	तसगग	ऽऽ।, ।।ऽ, ऽऽ
34.	2.45.1	त्रैगुण्यविषया वेदा	तसगग	ऽऽ।, ।।ऽ, ऽऽ

35.	2.47.3	मा कर्मफलहेतुर्भूः	तसगग	ऽऽ।, ।।ऽ, ऽऽ
36.	2.63.1	क्रोधाद्भवति सम्मोहः	तसगग	ऽऽ।, ।।ऽ, ऽऽ
37.	3.14.3	यज्ञाद्भवति पर्जन्यो	तसगग	ऽऽ।, ।।ऽ, ऽऽ
38.	3.27.3	अहङ्कारविमूढात्मा	तसगग	ऽऽ।, ।।ऽ, ऽऽ
39.	3.31.1	ये मे मतमिदं नित्यम्	तसगग	ऽऽ।, ।।ऽ, ऽऽ
40.	4.32.1	एवं बहुविधा यज्ञा	तसगग	ऽऽ।, ।।ऽ, ऽऽ
41.	5.11.1	कायेन मनसा बुद्ध्या	तसगग	ऽऽ।, ।।ऽ, ऽऽ
42.	5.16.1	ज्ञानेन तु तदज्ञानं	तसगग	ऽऽ।, ।।ऽ, ऽऽ
43.	5.17.3	गच्छन्त्यपुनरावृत्तिं	तसगग	ऽऽ।, ।।ऽ, ऽऽ
44.	5.18.1	विद्याविनयसम्पन्ने	तसगग	ऽऽ।, ।।ऽ, ऽऽ
45.	6.20.1	यत्रोपरमते चित्तं	तसगग	ऽऽ।, ।।ऽ, ऽऽ
46.	6.24.1	सङ्कल्पप्रभवान्कामान्	तसगग	ऽऽ।, ।।ऽ, ऽऽ
47.	7.7.1	मत्तः परतरं नान्यत्	तसगग	ऽऽ।, ।।ऽ, ऽऽ
48.	7.20.3	तं तं नियममास्थाय	तसगग	ऽऽ।, ।।ऽ, ऽऽ
49.	8.7.3	मय्यर्पितमनोबुद्धिः	तसगग	ऽऽ।, ।।ऽ, ऽऽ
50.	8.16.1	आब्रह्मभुवनाल्लोकाः	तसगग	ऽऽ।, ।।ऽ, ऽऽ
51.	8.17.3	रात्रिं युगसहस्रान्तां	तसगग	ऽऽ।, ।।ऽ, ऽऽ
52.	8.21.3	यं प्राप्य न निवर्तन्ते	तसगग	ऽऽ।, ।।ऽ, ऽऽ
53.	9.16.3	मन्त्रोऽहमहमेवाज्यम्	तसगग	ऽऽ।, ।।ऽ, ऽऽ
54.	9.31.1	क्षिप्रं भवति धर्मात्मा	तसगग	ऽऽ।, ।।ऽ, ऽऽ
55.	10.10.1	तेषां सततयुक्तानां	तसगग	ऽऽ।, ।।ऽ, ऽऽ

56.	10.27.1	उच्चैःश्रवसमश्वानां	तसगग	ऽऽ।, ।।ऽ, ऽऽ
57.	10.40.1	नान्तोऽस्ति मम दिव्यानां	तसगग	ऽऽ।, ।।ऽ, ऽऽ
58.	11.4.3	योगेश्वर ततो मे त्वं	तसगग	ऽऽ।, ।।ऽ, ऽऽ
59.	12.1.1	एवं सततयुक्ता ये	तसगग	ऽऽ।, ।।ऽ, ऽऽ
60.	12.3.1	ये त्वक्षरमनिर्देश्यम्	तसगग	ऽऽ।, ।।ऽ, ऽऽ
61.	12.5.1	क्लेशोऽधिकतरस्तेषाम्	तसगग	ऽऽ।, ।।ऽ, ऽऽ
62.	12.14.3	मय्यर्पितमनोबुद्धि	तसगग	ऽऽ।, ।।ऽ, ऽऽ
63.	13.10.3	नित्यं च समचित्तत्वम्	तसगग	ऽऽ।, ।।ऽ, ऽऽ
64.	13.15.1	सर्वेन्द्रियगुणाभासं	तसगग	ऽऽ।, ।।ऽ, ऽऽ
65.	13.30.3	यः पश्यति तथात्मानम्	तसगग	ऽऽ।, ।।ऽ, ऽऽ
66.	15.12.3	यच्चन्द्रमसि यच्चाग्नौ	तसगग	ऽऽ।, ।।ऽ, ऽऽ
67.	15.18.1	यस्मात्क्षरमतीतोऽहम्	तसगग	ऽऽ।, ।।ऽ, ऽऽ
68.	16.18.3	मामात्मपरदेहेषु	तसगग	ऽऽ।, ।।ऽ, ऽऽ
69.	17.10.3	उच्छिष्टमपि चामेध्यं	तसगग	ऽऽ।, ।।ऽ, ऽऽ
70.	17.13.3	श्रद्धाविरहितं यज्ञं	तसगग	ऽऽ।, ।।ऽ, ऽऽ
71.	17.20.1	दातव्यमिति यद्दानं	तसगग	ऽऽ।, ।।ऽ, ऽऽ
72.	17.23.1	ॐ तत्सदिति निर्देशो	तसगग	ऽऽ।, ।।ऽ, ऽऽ
73.	18.4.3	त्यागो हि पुरुषव्याघ्र	तसगग	ऽऽ।, ।।ऽ, ऽऽ
74.	18.16.3	पश्यत्यकृतबुद्धित्वात्	तसगग	ऽऽ।, ।।ऽ, ऽऽ
75.	18.17.3	हत्वापि स इमाँल्लोकान्	तसगग	ऽऽ।, ।।ऽ, ऽऽ
76.	18.40.3	सत्त्वं प्रकृतिजैर्मुक्तं	तसगग	ऽऽ।, ।।ऽ, ऽऽ

2.1 आठ अक्षरों वाले गीता के 80 छंद

77.	18.68.3	भक्तिं मयि परां कृत्वा	तसगग	SSI, IIS, SS
78.	18.74.3	संवादमिममश्रौषम्	तसगग	SSI, IIS, SS
				Total 78

56–57. तभलल, तभलग

SSI, SII, II और SSI, SII, IS

रामा छंद

गीता के 18 अध्यायों में तभगल (SSI, SII, II) छंद सूत्र के 2 चरण और तभगग (SSI, SII, IS) छंद सूत्र के 7 चरण प्रयुक्त हैं। चरण का अंतिम लघु अक्षर भी गुरु माना जाता है, अत: तभलग सूत्र वाले रामा छंद के कुल 9 निम्नांकित चरण गीता में प्रयुक्त हैं। पुनश्च याद रहे कि भ मध्य गण वाले अनुष्टुप् चरण श्लोक छंद में नहीं आते हैं।

गीता में आने वाले 9 तभलल-तभलग छंद

क्रम	श्लोक संदर्भ अध्याय.श्लोक.चरण	गीता चरण प्रतीक	गण	सूत्र
1.	14.5.1	सत्त्वं रजस्तम इति	तभलल	SSI, SII, II
2.	18.64.3	इष्टोऽसि मे दृढमिति	तभलल	SSI, SII, II
3.	3.7.1	यस्त्विन्द्रियाणि मनसा	तभलग	SSI, SII, IS
4.	6.36.3	वश्यात्मना तु यतता	तभलग	SSI, SII, IS
5.	6.42.3	एतद्धि दुर्लभतरं	तभलग	SSI, SII, IS
6.	16.11.3	कामोपभोगपरमा	तभलग	SSI, SII, IS
7.	17.25.3	दानक्रियाश्च विविधाः	तभलग	SSI, SII, IS
8.	18.33.1	धृत्या यया धारयते	तभलग	SSI, SII, IS
9.	18.70.1	अध्येष्यते च य इमं	तभलग	SSI, SII, IS
				Total 9

2.1 आठ अक्षरों वाले गीता के 80 छंद

58–59. तरलल, तरलग

ऽऽ।, ऽ।ऽ, ।। और ऽऽ।, ऽ।ऽ, ।ऽ

नाराचिका छंद

नाराचिका तरौ ल्गौ. गीता के 18 अध्यायों में तरलल (ऽऽ।, ऽ।ऽ, ।।) छंद सूत्र के 2 चरण और तरलग (ऽऽ।, ऽ।ऽ, ।ऽ) छंद सूत्र का 1 चरण प्रयुक्त है. चरण का अंतिम लघु अक्षर भी गुरु माना जाता है, अत: तरलग सूत्र वाले नाराचिका छंद के कुल 3 निम्नांकित चरण गीता में प्रयुक्त हैं.

गीता में आने वाले 3 तरलल-तरलग छंद

क्रम	श्लोक संदर्भ अध्याय.श्लोक.चरण	गीता चरण प्रतीक	गण	सूत्र
1.	4.4.4	त्वमादौ प्रोक्तवानिति ।।	तरलल	ऽऽ।, ऽ।ऽ, ।।
2.	2.45.4	निर्योगक्षेम आत्मवान् ।।	तरलग	ऽऽ।, ऽ।ऽ, ।ऽ
3.	6.40.2	विनाशस्तस्य विद्यते ।	तरलग	ऽऽ।, ऽ।ऽ, ।ऽ
				Total 3

60–61. तरगल, तरगग

ऽऽ।, ऽ।ऽ, ऽ। और ऽऽ।, ऽ।ऽ, ऽऽ

विभा छंद

विभा तरौ गौ. गीता के 18 अध्यायों में तरगल (ऽऽ।, ऽ।ऽ, ऽ।) छंद सूत्र के 18 चरण और तरगग (ऽऽ।, ऽ।ऽ, ऽऽ) छंद सूत्र के 51 चरण प्रयुक्त है. चरण का अंतिम लघु अक्षर भी गुरु माना जाता है, अत: तरगग सूत्र वाले विभा नामक छंद के कुल 69 निम्नांकित चरण गीता में प्रयुक्त हैं.

2.1 आठ अक्षरों वाले गीता के 80 छंद

गीता में आने वाले 69 तरगल तरगग छंद

क्रम	श्लोक संदर्भ अध्याय.श्लोक.चरण	गीता चरण प्रतीक	गण	सूत्र
1.	3.6.1	कर्मेन्द्रियाणि संयम्य	तरगल	ऽऽ।, ऽ।ऽ, ऽ।
2.	3.14.1	अन्नाद्भवन्ति भूतानि	तरगल	ऽऽ।, ऽ।ऽ, ऽ।
3.	4.3.3	भक्तोऽसि मे सखा चेति	तरगल	ऽऽ।, ऽ।ऽ, ऽ।
4.	4.20.3	कर्मण्यभिप्रवृत्तोऽपि	तरगल	ऽऽ।, ऽ।ऽ, ऽ।
5.	4.28.3	स्वाध्यायज्ञानयज्ञाश्च	तरगल	ऽऽ।, ऽ।ऽ, ऽ।
6.	6.16.1	नात्यश्नतस्तु योगोऽस्ति	तरगल	ऽऽ।, ऽ।ऽ, ऽ।
7.	6.22.3	यस्मिन्स्थितो न दुःखेन	तरगल	ऽऽ।, ऽ।ऽ, ऽ।
8.	8.8.1	अभ्यासयोगयुक्तेन	तरगल	ऽऽ।, ऽ।ऽ, ऽ।
9.	9.4.3	मत्स्थानि सर्वभूतानि	तरगल	ऽऽ।, ऽ।ऽ, ऽ।
10.	9.7.3	कल्पक्षये पुनस्तानि	तरगल	ऽऽ।, ऽ।ऽ, ऽ।
11.	9.17.3	वेद्यं पवित्रमोङ्कार	तरगल	ऽऽ।, ऽ।ऽ, ऽ।
12.	10.19.3	प्राधान्यतः कुरुश्रेष्ठ	तरगल	ऽऽ।, ऽ।ऽ, ऽ।
13.	11.5.3	नानाविधानि दिव्यानि	तरगल	ऽऽ।, ऽ।ऽ, ऽ।
14.	11.54.1	भक्त्या त्वनन्यया	तरगल	ऽऽ।, ऽ।ऽ, ऽ।
15.	12.4.3	ते प्राप्नुवन्ति मामेव	तरगल	ऽऽ।, ऽ।ऽ, ऽ।
16.	14.22.3	न द्वेष्टि सम्प्रवृत्तानि	तरगल	ऽऽ।, ऽ।ऽ, ऽ।
17.	14.25.1	मानापमानयोस्तुल्यः	तरगल	ऽऽ।, ऽ।ऽ, ऽ।
18.	15.1.3	छन्दांसि यस्य पर्णानि	तरगल	ऽऽ।, ऽ।ऽ, ऽ।

19.	1.2.1	दृष्ट्वा तु पाण्डवानीकं	तरगग	ऽऽ।, ऽ।ऽ, ऽऽ
20.	1.35.1	एतान्न हन्तुमिच्छामि	तरगग	ऽऽ।, ऽ।ऽ, ऽऽ
21.	2.21.1	वेदाविनाशिनं नित्यं	तरगग	ऽऽ।, ऽ।ऽ, ऽऽ
22.	2.27.1	जातस्य हि ध्रुवो मृत्युः	तरगग	ऽऽ।, ऽ।ऽ, ऽऽ
23.	2.34.3	सम्भावितस्य चाकीर्तिः	तरगग	ऽऽ।, ऽ।ऽ, ऽऽ
24.	3.16.1	एवं प्रवर्तितं चक्रं	तरगग	ऽऽ।, ऽ।ऽ, ऽऽ
25.	3.32.1	ये त्वेतदभ्यसूयन्तो	तरगग	ऽऽ।, ऽ।ऽ, ऽऽ
26.	3.40.3	एतैर्विमोहयत्येष	तरगग	ऽऽ।, ऽ।ऽ, ऽऽ
27.	3.41.1	तस्मात्त्वमिन्द्रियाण्यादौ	तरगग	ऽऽ।, ऽ।ऽ, ऽऽ
28.	4.2.1	एवं परम्पराप्राप्त म्	तरगग	ऽऽ।, ऽ।ऽ, ऽऽ
29.	4.12.3	क्षिप्रं हि मानुषे लोके	तरगग	ऽऽ।, ऽ।ऽ, ऽऽ
30.	4.18.1	कर्मण्यकर्म यः पश्येत्	तरगग	ऽऽ।, ऽ।ऽ, ऽऽ
31.	4.19.3	ज्ञानाग्निदग्धकर्माणं	तरगग	ऽऽ।, ऽ।ऽ, ऽऽ
32.	4.24.3	ब्रह्मैव तेन गन्तव्यं	तरगग	ऽऽ।, ऽ।ऽ, ऽऽ
33.	5.3.1	ज्ञेयः स नित्यसंन्यासी	तरगग	ऽऽ।, ऽ।ऽ, ऽऽ
34.	5.17.1	तद्बुद्धयस्तदात्मानः	तरगग	ऽऽ।, ऽ।ऽ, ऽऽ
35.	5.21.3	स ब्रह्मयोगयुक्तात्मा	तरगग	ऽऽ।, ऽ।ऽ, ऽऽ
36.	5.24.1	योऽन्तःसुखोऽन्तरारामः	तरगग	ऽऽ।, ऽ।ऽ, ऽऽ
37.	6.13.3	सम्प्रेक्ष्य नासिकाग्रं स्वं	तरगग	ऽऽ।, ऽ।ऽ, ऽऽ
38.	6.37.3	अप्राप्य योगसंसिद्धिं	तरगग	ऽऽ।, ऽ।ऽ, ऽऽ
39.	7.12.1	ये चैव सात्त्विका भावा	तरगग	ऽऽ।, ऽ।ऽ, ऽऽ

40.	7.14.3	मामेव ये प्रपद्यन्ते	तरगग	ऽऽ।, ऽ।ऽ, ऽऽ
41.	7.28.3	ते द्वन्द्वमोहनिर्मुक्ता	तरगग	ऽऽ।, ऽ।ऽ, ऽऽ
42.	7.29.3	ते ब्रह्म तद्विदुः कृत्स्नम्	तरगग	ऽऽ।, ऽ।ऽ, ऽऽ
43.	8.18.3	रात्र्यागमे प्रलीयन्ते	तरगग	ऽऽ।, ऽ।ऽ, ऽऽ
44.	8.19.1	भूतग्रामः स एवायं	तरगग	ऽऽ।, ऽ।ऽ, ऽऽ
45.	8.19.3	रात्र्यागमेऽवशः पार्थ	तरगग	ऽऽ।, ऽ।ऽ, ऽऽ
46.	9.3.3	अप्राप्य मां निवर्तन्ते	तरगग	ऽऽ।, ऽ।ऽ, ऽऽ
47.	9.23.1	येऽप्यन्यदेवताभक्ता	तरगग	ऽऽ।, ऽ।ऽ, ऽऽ
48.	9.25.3	भूतानि यान्ति भूतेज्या	तरगग	ऽऽ।, ऽ।ऽ, ऽऽ
49.	9.28.3	संन्यासयोगयुक्तात्मा	तरगग	ऽऽ।, ऽ।ऽ, ऽऽ
50.	10.27.3	ऐरावतं गजेन्द्राणां	तरगग	ऽऽ।, ऽ।ऽ, ऽऽ
51.	10.39.1	यच्चापि सर्वभूतानां	तरगग	ऽऽ।, ऽ।ऽ, ऽऽ
52.	10.41.1	यद्यद्विभूतिमत्सत्त्वं	तरगग	ऽऽ।, ऽ।ऽ, ऽऽ
53.	11.6.1	पश्यादित्यान्वसून्रुद्रान्	तरगग	ऽऽ।, ऽ।ऽ, ऽऽ
54.	11.7.1	इहैकस्थं जगत्कृत्स्नं	तरगग	ऽऽ।, ऽ।ऽ, ऽऽ
55.	11.8.3	दिव्यं ददामि ते चक्षुः	तरगग	ऽऽ।, ऽ।ऽ, ऽऽ
56.	12.7.1	तेषामहं समुद्धर्ता	तरगग	ऽऽ।, ऽ।ऽ, ऽऽ
57.	12.12.1	श्रेयो हि ज्ञानमभ्यासात्	तरगग	ऽऽ।, ऽ।ऽ, ऽऽ
58.	13.12.1	अध्यात्मज्ञाननित्यत्वं	तरगग	ऽऽ।, ऽ।ऽ, ऽऽ
59.	14.2.3	सर्गेऽपि नोपजायन्ते	तरगग	ऽऽ।, ऽ।ऽ, ऽऽ
60.	14.11.3	ज्ञानं यदा तदा विद्यात्	तरगग	ऽऽ।, ऽ।ऽ, ऽऽ

61.	14.12.1	लोभः प्रवृत्तिरारम्भः	तरगग	ऽऽ।, ऽ।ऽ, ऽऽ
62.	14.24.3	तुल्यप्रियाप्रियो धीरः	तरगग	ऽऽ।, ऽ।ऽ, ऽऽ
63.	15.13.3	पुष्णामि चौषधीः सर्वाः	तरगग	ऽऽ।, ऽ।ऽ, ऽऽ
64.	16.1.3	दानं दमश्च यज्ञश्च	तरगग	ऽऽ।, ऽ।ऽ, ऽऽ
65.	16.3.1	तेजः क्षमा धृतिः शौचम्	तरगग	ऽऽ।, ऽ।ऽ, ऽऽ
66.	17.7.3	यज्ञस्तपस्तथा दानं	तरगग	ऽऽ।, ऽ।ऽ, ऽऽ
67.	17.18.1	सत्कारमानपूजार्थं	तरगग	ऽऽ।, ऽ।ऽ, ऽऽ
68.	17.28.1	अश्रद्धया हुतं दत्तं	तरगग	ऽऽ।, ऽ।ऽ, ऽऽ
69.	18.51.1	बुद्ध्या विशुद्धया युक्तो	तरगग	ऽऽ।, ऽ।ऽ, ऽऽ
				Total 69

62–63. ततलल, ततलग

ऽऽ।, ऽऽ।, ।। और ऽऽ।, ऽऽ।, ।ऽ

कराली और गर्भ छंद

गीता के 18 अध्यायों में ततलल (ऽऽ।, ऽऽ।, ।।) छंद सूत्र का 1 चरण और ततलग (ऽऽ।, ऽऽ।, ।ऽ) छंद सूत्र के 13 चरण प्रयुक्त है. चरण का अंतिम लघु अक्षर भी गुरु माना जाता है, अत: ततलग सूत्र वाले गर्भ नामक छंद के कुल 14 निम्नांकित चरण गीता में प्रयुक्त हैं.

गीता में आने वाले 14 ततलल–ततलग छंद

क्रम	श्लोक संदर्भ अध्याय.श्लोक.चरण	गीता चरण प्रतीक	गण	सूत्र
1.	14.9.1	सत्त्वं सुखे सञ्जयति	ततलल	ऽऽ।, ऽऽ।, ।।
2.	2.43.1	कामात्मनः स्वर्गपरा	ततलग	ऽऽ।, ऽऽ।, ।ऽ

3.	2.56.1	दुःखेष्वनुद्विग्नमनाः	ततलग	ऽऽ।, ऽऽ।, ।ऽ
4.	3.19.1	तस्मादसक्तः सततं	ततलग	ऽऽ।, ऽऽ।, ।ऽ
5.	3.35.1	श्रेयान्स्वधर्मो विगुणः	ततलग	ऽऽ।, ऽऽ।, ।ऽ
6.	4.24.1	ब्रह्मार्पणं ब्रह्म हविः	ततलग	ऽऽ।, ऽऽ।, ।ऽ
7.	9.3.1	अश्रद्दधानाः पुरुषा	ततलग	ऽऽ।, ऽऽ।, ।ऽ
8.	11.55.1	मत्कर्मकृन्मत्परमो	ततलग	ऽऽ।, ऽऽ।, ।ऽ
9.	12.9.3	अभ्यासयोगेन ततो	ततलग	ऽऽ।, ऽऽ।, ।ऽ
10.	17.3.3	श्रद्धामयोऽयं पुरुषो	ततलग	ऽऽ।, ऽऽ।, ।ऽ
11.	17.11.3	यष्टव्यमेवेति मनः	ततलग	ऽऽ।, ऽऽ।, ।ऽ
12.	18.47.1	श्रेयान्स्वधर्मो विगुणः	ततलग	ऽऽ।, ऽऽ।, ।ऽ
13.	18.49.3	नैष्कर्म्यसिद्धिं परमां	ततलग	ऽऽ।, ऽऽ।, ।ऽ
14.	18.75.1	व्यासप्रसादाच्छ्रुतवान्	ततलग	ऽऽ।, ऽऽ।, ।ऽ
				Total 14

64. ततगग

ऽऽ।, ऽऽ।, ऽऽ

केतुमाला छंद

गीता के 18 अध्यायों में ततगग (ऽऽ।, ऽऽ।, ऽऽ) सूत्र के केतुमाला नामक छंद के कुल 3 निम्नांकित चरण गीता में प्रयुक्त हैं.

गीता में आने वाले 3 ततगग छंद

क्रम	श्लोक संदर्भ अध्याय.श्लोक.चरण	गीता चरण प्रतीक	गण	सूत्र
1.	3.7.3	कर्मेन्द्रियैः कर्मयोगम्	ततगग	ऽऽ।, ऽऽ।, ऽऽ
2.	6.11.3	नात्युच्छ्रितं नातिनीचं	ततगग	ऽऽ।, ऽऽ।, ऽऽ
3.	8.27.1	नैते सृती पार्थ जानन्	ततगग	ऽऽ।, ऽऽ।, ऽऽ

				Total 3

65–66. तमगल, तमगग

ऽऽ।, ऽऽऽ, ऽ। और ऽऽ।, ऽऽऽ, ऽऽ

मृत्युंजय छंद

गीता के 18 अध्यायों में तमगल (ऽऽ।, ऽऽऽ, ऽ।) छंद सूत्र के 7 चरण और तमगग (ऽऽ।, ऽऽऽ, ऽऽ) छंद सूत्र के 7 चरण प्रयुक्त है. चरण का अंतिम लघु अक्षर भी गुरु माना जाता है, अतः तमगग सूत्र वाले मृत्युंजय नामक छंद के कुल 14 निम्नांकित चरण गीता में प्रयुक्त हैं.

गीता में आने वाले 14 तमगल–तमगग छंद

क्रम	श्लोक संदर्भ अध्याय.श्लोक.चरण	गीता चरण प्रतीक	गण	सूत्र
1.	5.22.3	आद्यन्तवन्तः कौन्तेय	तमगल	ऽऽ।, ऽऽऽ, ऽ।
2.	7.11.3	धर्माविरुद्धो भूतेषु	तमगल	ऽऽ।, ऽऽऽ, ऽ।
3.	7.25.1	नाहं प्रकाशः सर्वस्य	तमगल	ऽऽ।, ऽऽऽ, ऽ।
4.	10.7.1	एतां विभूतिं योगं च	तमगल	ऽऽ।, ऽऽऽ, ऽ।
5.	13.19.3	मद्भक्त एतद्विज्ञाय	तमगल	ऽऽ।, ऽऽऽ, ऽ।
6.	16.22.1	एतैर्विमुक्तः कौन्तेय	तमगल	ऽऽ।, ऽऽऽ, ऽ।
7.	18.13.3	साङ्ख्ये कृतान्ते प्रोक्तानि	तमगल	ऽऽ।, ऽऽऽ, ऽ।
8.	2.31.3	धर्म्याद्धि युद्धाच्छ्रेयोऽन्यत्	तमगग	ऽऽ।, ऽऽऽ, ऽऽ
9.	8.24.3	तत्र प्रयाता गच्छन्ति	तमगग	ऽऽ।, ऽऽऽ, ऽऽ
10.	10.32.3	अध्यात्मविद्या विद्यानां	तमगग	ऽऽ।, ऽऽऽ, ऽऽ
11.	14.19.1	नान्यं गुणेभ्यः कर्तारं	तमगग	ऽऽ।, ऽऽऽ, ऽऽ
12.	16.6.1	द्वौ भूतसर्गौ लोकेऽस्मिन्	तमगग	ऽऽ।, ऽऽऽ, ऽऽ
13.	16.10.3	मोहाद्गृहीत्वासद्ग्राहान्	तमगग	ऽऽ।, ऽऽऽ, ऽऽ
14.	17.3.1	सत्त्वानुरूपा सर्वस्य	तमगग	ऽऽ।, ऽऽऽ, ऽऽ
				Total 14

2.1.8 म-गण से आरंभ होने वाले गीता के 698 अष्टाक्षरी छंद

गीता में म गण सबसे विस्तृत गण है. म-गण से आरंभ होने वाले विभिन्न 13 छंद, और उन तेरह छंदों के कुल 698 चरण गीता में पाए जाते हैं. उन सब का चित्रण निम्न तालिकाओं में दृष्ट है. **ज्ञात हो कि निचे दी हुई तालिकाओं में जो भ मध्य गण वाले अनुष्टुप् छंद हैं वे सभी चंद व चरण श्लोक छंद में नहीं आते हैं.**

गीता में आने वाले म-गणात्मक 13 विभिन्न छंदों की तालिका

क्रम	गण	गण सूत्र	छंद नाम	चरण संख्या
1.	मनगग	SSS, III, SS	हंसरुत	2
2.	मसलल	SSS, IIS, II		43
3.	मसलग	SSS, IIS, IS		112
4.	मसगल	SSS, IIS, SI		33
5.	मसगग	SSS, IIS, SS		85
6.	मभलग	SSS, SII, IS	अतिजनी	11
7.	मरलल	SSS, SIS, II	क्षमा	44
8.	मरलग	SSS, SIS, IS		181
9.	मरगल	SSS, SIS, SI		66
10.	मरगग	SSS, SIS, SS		111
11.	मतलग	SSS, SSI, IS		2
12.	मतगल	SSS, SSI, SI		2
13.	मतगग	SSS, SSI, SS		6
				Total 698

67. मनगग

ऽऽऽ, ।।।, ऽऽ

हंसरुत छंद

हंसरुतं म्नौ गौ (पिंगल 6.7) न मध्य गण वाला यह एक अकेला छंद गीता में आता है. गीता के 18 अध्यायों में मनगग (ऽऽऽ, ।।।, ऽऽ) सूत्र वाले हंसरुत नामक छंद का निम्नांकित 1 चरण प्रयुक्त है.

गीता में आने वाला 1 मनगग छंद

क्रम	श्लोक संदर्भ अध्याय.श्लोक.चरण	गीता चरण प्रतीक	गण	सूत्र
1	2.46.1	यावानर्थ उदपाने	मनगग	ऽऽऽ, ।।।, ऽऽ

68–69. मसलल, मसलग

ऽऽऽ, ।।ऽ, ।। और ऽऽऽ, ।।ऽ, ।ऽ

मृत्युंजय छंद

गीता के 18 अध्यायों में मसलल (ऽऽऽ, ।।ऽ, ।।) छंद सूत्र के 43 चरण और मसलग (ऽऽऽ, ।।ऽ, ।ऽ) छंद सूत्र के 112 चरण प्रयुक्त है. चरण का अंतिम लघु अक्षर भी गुरु माना जाता है, अत: मसलग छंद के कुल 155 निम्नांकित चरण गीता में प्रयुक्त हैं.

गीता में आने वाले 155 मसलल–मसलग छंद

क्रम	श्लोक संदर्भ अध्याय.श्लोक.चरण	गीता चरण प्रतीक	गण	सूत्र
1.	2.4.4	पूजार्हावरिसूदन ॥	मसलल	ऽऽऽ, ।।ऽ, ।।
2.	2.13.4	धीरस्तत्र न मुह्यति ॥	मसलल	ऽऽऽ, ।।ऽ, ।।
3.	2.26.4	नैवं शोचितुमर्हसि ॥	मसलल	ऽऽऽ, ।।ऽ, ।।

4.	2.27.2	ध्रुवं जन्म मृतस्य च ।	मसलल	ऽऽऽ, ।।ऽ, ।।
5.	2.27.4	न त्वं शोचितुमर्हसि ।।	मसलल	ऽऽऽ, ।।ऽ, ।।
6.	2.30.4	न त्वं शोचितुमर्हसि ।।	मसलल	ऽऽऽ, ।।ऽ, ।।
7.	2.33.2	सङ्ग्रामं न करिष्यसि ।	मसलल	ऽऽऽ, ।।ऽ, ।।
8.	2.33.4	हित्वा पापमवाप्स्यसि ।।	मसलल	ऽऽऽ, ।।ऽ, ।।
9.	2.38.4	नैवं पापमवाप्स्यसि ।।	मसलल	ऽऽऽ, ।।ऽ, ।।
10.	2.43.4	भोगैश्वर्यगतिं प्रति ।।	मसलल	ऽऽऽ, ।।ऽ, ।।
11.	2.67.4	वायुर्नावमिवाम्भसि ।।	मसलल	ऽऽऽ, ।।ऽ, ।।
12.	2.72.2	नैनां प्राप्य विमुह्यति ।	मसलल	ऽऽऽ, ।।ऽ, ।।
13.	3.16.3	मोघं पार्थ स जीवति ।।	मसलल	ऽऽऽ, ।।ऽ, ।।
14.	3.19.2	कार्यं कर्म समाचर ।	मसलल	ऽऽऽ, ।।ऽ, ।।
15.	3.29.2	सज्जन्ते गुणकर्मसु ।	मसलल	ऽऽऽ, ।।ऽ, ।।
16.	4.5.4	न त्वं वेत्थ परन्तप ।।	मसलल	ऽऽऽ, ।।ऽ, ।।
17.	4.35.2	एवं यास्यसि पाण्डव ।	मसलल	ऽऽऽ, ।।ऽ, ।।
18.	4.38.4	कालेनात्मनि विन्दति ।।	मसलल	ऽऽऽ, ।।ऽ, ।।
19.	5.21.2	विन्दत्यात्मनि यत्सुखम् ।	मसलल	ऽऽऽ, ।।ऽ, ।।
20.	6.15.4	मत्संस्थामधिगच्छति ।।	मसलल	ऽऽऽ, ।।ऽ, ।।
21.	6.20.4	पश्यन्नात्मनि तुष्यति ।।	मसलल	ऽऽऽ, ।।ऽ, ।।
22.	6.43.4	संसिद्धौ कुरुनन्दन ।।	मसलल	ऽऽऽ, ।।ऽ, ।।
23.	7.6.2	सर्वाणीत्युपधारय ।	मसलल	ऽऽऽ, ।।ऽ, ।।
24.	7.27.4	सर्गे यान्ति परन्तप ।।	मसलल	ऽऽऽ, ।।ऽ, ।।

25.	8.2.2	देहेऽस्मिन्मधुसूदन ।	मसलल	SSS, IIS, II
26.	8.4.4	देहे देहभृतां वर ॥	मसलल	SSS, IIS, II
27.	8.27.2	योगी मुह्यति कश्चन ।	मसलल	SSS, IIS, II
28.	9.3.2	धर्मस्यास्य परन्तप ।	मसलल	SSS, IIS, II
29.	9.6.4	मत्स्थानीत्युपधारय ॥	मसलल	SSS, IIS, II
30.	10.42.2	किं ज्ञातेन तवार्जुन ।	मसलल	SSS, IIS, II
31.	11.1.4	मोहोऽयं विगतो मम ॥	मसलल	SSS, IIS, II
32.	11.3.2	आत्मानं परमेश्वर ।	मसलल	SSS, IIS, II
33.	12.10.4	कुर्वन्सिद्धिमवाप्स्यसि ॥	मसलल	SSS, IIS, II
34.	16.20.2	मूढा जन्मनि जन्मनि ।	मसलल	SSS, IIS, II
35.	17.7.4	तेषां भेदमिमं शृणु ॥	मसलल	SSS, IIS, II
36.	18.34.2	धृत्या धारयतेऽर्जुन ।	मसलल	SSS, IIS, II
37.	18.36.4	दुःखान्तं च निगच्छति ॥	मसलल	SSS, IIS, II
38.	18.41.2	शूद्राणां च परन्तप ।	मसलल	SSS, IIS, II
39.	18.57.4	मच्चित्तः सततं भव ॥	मसलल	SSS, IIS, II
40.	18.61.2	हृद्देशेऽर्जुन तिष्ठति ।	मसलल	SSS, IIS, II
41.	18.66.2	मामेकं शरणं व्रज ।	मसलल	SSS, IIS, II
42.	18.67.2	नाभक्ताय कदाचन ।	मसलल	SSS, IIS, II
43.	18.68.2	मद्भक्तेष्वभिधास्यति ।	मसलल	SSS, IIS, II
44.	1.9.4	सर्वे युद्धविशारदाः ॥	मसलग	SSS, IIS, IS

45.	1.25.2	सर्वेषां च महीक्षिताम् ।	मसलग	SSS, IIS, IS
46.	1.35.4	हेतोः किं नु महीकृते ।।	मसलग	SSS, IIS, IS
47.	1.46.4	तन्मे क्षेमतरं भवेत् ।।	मसलग	SSS, IIS, IS
48.	2.3.2	नैतत्त्वय्युपपद्यते ।	मसलग	SSS, IIS, IS
49.	2.3.4	त्यक्त्वोत्तिष्ठ परन्तप ।।	मसलग	SSS, IIS, IS
50.	2.19.4	नायं हन्ति न हन्यते ।।	मसलग	SSS, IIS, IS
51.	2.32.2	स्वर्गद्वारमपावृतम् ।	मसलग	SSS, IIS, IS
52.	2.35.4	भूत्वा यास्यसि लाघवम् ।।	मसलग	SSS, IIS, IS
53.	2.50.4	योगः कर्मसु कौशलम् ।।	मसलग	SSS, IIS, IS
54.	2.55.2	सर्वान्पार्थ मनोगतान् ।	मसलग	SSS, IIS, IS
55.	2.57.2	तत्तत्प्राप्य शुभाशुभम् ।	मसलग	SSS, IIS, IS
56.	2.63.2	सम्मोहात्स्मृतिविभ्रमः ।	मसलग	SSS, IIS, IS
57.	2.65.4	बुद्धिः पर्यवतिष्ठते ।।	मसलग	SSS, IIS, IS
58.	3.2.2	बुद्धिं मोहयसीव मे ।	मसलग	SSS, IIS, IS
59.	3.4.2	नैष्कर्म्यं पुरुषोऽश्नुते ।	मसलग	SSS, IIS, IS
60.	3.14.4	यज्ञः कर्मसमुद्भवः ।।	मसलग	SSS, IIS, IS
61.	3.42.4	यो बुद्धेः परतस्तु सः ।।	मसलग	SSS, IIS, IS
62.	4.15.4	पूर्वैः पूर्वतरं कृतम् ।।	मसलग	SSS, IIS, IS
63.	4.17.2	बोद्धव्यं च विकर्मणः ।	मसलग	SSS, IIS, IS
64.	4.23.2	ज्ञानावस्थितचेतसः ।	मसलग	SSS, IIS, IS
65.	4.29.4	प्राणायामपरायणाः ।।	मसलग	SSS, IIS, IS

2.1 आठ अक्षरों वाले गीता के 80 छंद

66.	4.31.2	यान्ति ब्रह्म सनातनम् ।	मसलग	SSS, IIS, IS
67.	5.1.4	तन्मे ब्रूहि सुनिश्चितम् ॥	मसलग	SSS, IIS, IS
68.	5.5.2	तद्योगैरपि गम्यते ।	मसलग	SSS, IIS, IS
69.	5.16.2	येषां नाशितमात्मनः ।	मसलग	SSS, IIS, IS
70.	5.19.4	तस्माद्ब्रह्मणि ते स्थिताः ॥	मसलग	SSS, IIS, IS
71.	5.27.4	नासाभ्यन्तरचारिणौ ॥	मसलग	SSS, IIS, IS
72.	6.1.2	कार्यं कर्म करोति यः ।	मसलग	SSS, IIS, IS
73.	6.8.2	कूटस्थो विजितेन्द्रियः ।	मसलग	SSS, IIS, IS
74.	6.10.2	आत्मानं रहसि स्थितः ।	मसलग	SSS, IIS, IS
75.	6.21.2	बुद्धिग्राह्यमतीन्द्रियम् ।	मसलग	SSS, IIS, IS
76.	6.26.4	आत्मन्येव वशं नयेत् ॥	मसलग	SSS, IIS, IS
77.	6.28.4	अत्यन्तं सुखमश्नुते ॥	मसलग	SSS, IIS, IS
78.	6.35.4	वैराग्येण च गृह्यते ॥	मसलग	SSS, IIS, IS
79.	6.36.4	शक्योऽवाप्तुमुपायतः ॥	मसलग	SSS, IIS, IS
80.	6.39.4	छेत्ता न ह्युपपद्यते ॥	मसलग	SSS, IIS, IS
81.	6.42.4	लोके जन्म यदीदृशम् ॥	मसलग	SSS, IIS, IS
82.	6.46.2	ज्ञानिभ्योऽपि मतोऽधिकः ।	मसलग	SSS, IIS, IS
83.	7.9.2	तेजश्चास्मि विभावसौ ।	मसलग	SSS, IIS, IS
84.	7.13.2	एभिः सर्वमिदं जगत् ।	मसलग	SSS, IIS, IS
85.	7.13.4	मामेभ्यः परमव्ययम् ॥	मसलग	SSS, IIS, IS
86.	7.22.2	तस्याराधनमीहते ।	मसलग	SSS, IIS, IS

87.	7.25.4	लोको मामजमव्ययम् ।।	मसलग	ऽऽऽ, ।।ऽ, ।ऽ
88.	7.29.2	मामाश्रित्य यतन्ति ये ।	मसलग	ऽऽऽ, ।।ऽ, ।ऽ
89.	8.15.4	संसिद्धिं परमां गताः ।।	मसलग	ऽऽऽ, ।।ऽ, ।ऽ
90.	8.17.4	तेऽहोरात्रविदो जनाः ।।	मसलग	ऽऽऽ, ।।ऽ, ।ऽ
91.	8.24.4	ब्रह्म ब्रह्मविदो जनाः ।।	मसलग	ऽऽऽ, ।।ऽ, ।ऽ
92.	8.25.4	योगी प्राप्य निवर्तते ।।	मसलग	ऽऽऽ, ।।ऽ, ।ऽ
93.	9.7.4	कल्पादौ विसृजाम्यहम् ।।	मसलग	ऽऽऽ, ।।ऽ, ।ऽ
94.	9.26.4	अश्नामि प्रयतात्मनः ।।	मसलग	ऽऽऽ, ।।ऽ, ।ऽ
95.	10.6.2	चत्वारो मनवस्तथा ।	मसलग	ऽऽऽ, ।।ऽ, ।ऽ
96.	10.6.4	येषां लोक इमाः प्रजाः ।।	मसलग	ऽऽऽ, ।।ऽ, ।ऽ
97.	10.8.4	बुधा भावसमन्विताः ।।	मसलग	ऽऽऽ, ।।ऽ, ।ऽ
98.	10.15.2	वेत्थ त्वं पुरुषोत्तम ।	मसलग	ऽऽऽ, ।।ऽ, ।ऽ
99.	10.16.2	दिव्या ह्यात्मविभूतयः ।	मसलग	ऽऽऽ, ।।ऽ, ।ऽ
100.	10.19.2	दिव्या ह्यात्मविभूतयः ।	मसलग	ऽऽऽ, ।।ऽ, ।ऽ
101.	10.26.4	सिद्धानां कपिलो मुनिः ।।	मसलग	ऽऽऽ, ।।ऽ, ।ऽ
102.	10.31.2	रामः शस्त्रभृतामहम् ।	मसलग	ऽऽऽ, ।।ऽ, ।ऽ
103.	10.38.4	ज्ञानं ज्ञानवतामहम् ।।	मसलग	ऽऽऽ, ।।ऽ, ।ऽ
104.	11.52.4	नित्यं दर्शनकाङ्क्षिणः ।।	मसलग	ऽऽऽ, ।।ऽ, ।ऽ
105.	12.2.4	ते मे युक्ततमा मताः ।।	मसलग	ऽऽऽ, ।।ऽ, ।ऽ
106.	12.6.4	मां ध्यायन्त उपासते ।।	मसलग	ऽऽऽ, ।।ऽ, ।ऽ
107.	12.7.4	मय्यावेशितचेतसाम् ।।	मसलग	ऽऽऽ, ।।ऽ, ।ऽ

108.	12.12.4	त्यागाच्छान्तिरनन्तरम् ।।	मसलग	SSS, IIS, IS
109.	12.15.2	लोकान्नोद्विजते च यः ।	मसलग	SSS, IIS, IS
110.	12.15.4	मुर्क्तो यः स च मे प्रियः ।।	मसलग	SSS, IIS, IS
111.	13.5.2	छन्दोभिर्विविधैः पृथक् ।	मसलग	SSS, IIS, IS
112.	13.12.4	अज्ञानं यदतोऽन्यथा ।।	मसलग	SSS, IIS, IS
113.	13.13.2	यज्ज्ञात्वामृतमश्नुते ।	मसलग	SSS, IIS, IS
114.	13.23.4	देहेऽस्मिन्पुरुषः परः ।।	मसलग	SSS, IIS, IS
115.	13.26.2	श्रुत्वान्येभ्य उपासते ।	मसलग	SSS, IIS, IS
116.	13.27.2	सत्त्वं स्थावरजङ्गमम् ।	मसलग	SSS, IIS, IS
117.	13.28.2	तिष्ठन्तं परमेश्वरम् ।	मसलग	SSS, IIS, IS
118.	13.34.2	कृत्स्नं लोकमिमं रविः ।	मसलग	SSS, IIS, IS
119.	14.5.4	देहे देहिनमव्ययम् ।।	मसलग	SSS, IIS, IS
120.	14.7.2	तृष्णासङ्गसमुद्भवम् ।	मसलग	SSS, IIS, IS
121.	14.20.2	देही देहसमुद्भवान् ।	मसलग	SSS, IIS, IS
122.	15.1.4	यस्तं वेद स वेदवित् ।।	मसलग	SSS, IIS, IS
123.	15.16.4	कूटस्थोऽक्षर उच्यते ।।	मसलग	SSS, IIS, IS
124.	16.1.4	स्वाध्यायस्तप आर्जवम् ।।	मसलग	SSS, IIS, IS
125.	16.2.2	त्यागः शान्तिरपैशुनम् ।	मसलग	SSS, IIS, IS
126.	16.14.4	सिद्धोऽहं बलवान्सुखी ।।	मसलग	SSS, IIS, IS
127.	16.15.4	इत्यज्ञानविमोहिताः ।।	मसलग	SSS, IIS, IS
128.	16.17.4	दम्भेनाविधिपूर्वकम् ।।	मसलग	SSS, IIS, IS

2.1 आठ अक्षरों वाले गीता के 80 छंद

129.	16.19.2	संसारेषु नराधमान् ।	मसलग	SSS, IIS, IS
130.	16.21.2	द्वारं नाशनमात्मनः ।	मसलग	SSS, IIS, IS
131.	16.21.4	तस्मादेतत्त्रयं त्यजेत् ॥	मसलग	SSS, IIS, IS
132.	17.6.4	तान्विद्ध्यासुरनिश्चयान् ॥	मसलग	SSS, IIS, IS
133.	17.14.4	शारीरं तप उच्यते ॥	मसलग	SSS, IIS, IS
134.	18.2.2	संन्यासं कवयो विदुः ।	मसलग	SSS, IIS, IS
135.	18.8.2	कायक्लेशभयात्त्यजेत् ।	मसलग	SSS, IIS, IS
136.	18.11.4	स त्यागीत्यभिधीयते ॥	मसलग	SSS, IIS, IS
137.	18.17.2	बुद्धिर्यस्य न लिप्यते ।	मसलग	SSS, IIS, IS
138.	18.22.2	कार्ये सक्तमहैतुकम् ।	मसलग	SSS, IIS, IS
139.	18.23.4	यत्तत्सात्त्विकमुच्यते ॥	मसलग	SSS, IIS, IS
140.	18.25.4	यत्तत्तामसमुच्यते ॥	मसलग	SSS, IIS, IS
141.	18.26.2	धृत्युत्साहसमन्वितः ।	मसलग	SSS, IIS, IS
142.	18.26.4	कर्ता सात्त्विक उच्यते ॥	मसलग	SSS, IIS, IS
143.	18.28.4	कर्ता तामस उच्यते ॥	मसलग	SSS, IIS, IS
144.	18.43.2	युद्धे चाप्यपलायनम् ।	मसलग	SSS, IIS, IS
145.	18.43.4	क्षात्रं कर्म स्वभावजम् ॥	मसलग	SSS, IIS, IS
146.	18.44.4	शूद्रस्यापि स्वभावजम् ॥	मसलग	SSS, IIS, IS
147.	18.45.2	संसिद्धिं लभते नरः ।	मसलग	SSS, IIS, IS
148.	18.46.4	सिद्धिं विन्दति मानवः ॥	मसलग	SSS, IIS, IS
149.	18.48.4	धूमेनाग्निरिवावृताः ॥	मसलग	SSS, IIS, IS

2.1 आठ अक्षरों वाले गीता के 80 छंद

150.	18.52.4	वैराग्यं समुपाश्रितः ॥	मसलग	SSS, IIS, IS
151.	18.54.4	मद्भक्तिं लभते पराम् ॥	मसलग	SSS, IIS, IS
152.	18.62.4	स्थानं प्राप्स्यसि शाश्वतम् ॥	मसलग	SSS, IIS, IS
153.	18.69.2	कश्चिन्मे प्रियकृत्तमः ।	मसलग	SSS, IIS, IS
154.	18.70.4	इष्टः स्यामिति मे मतिः ॥	मसलग	SSS, IIS, IS
155.	18.75.2	एतद्गुह्यमहं परम् ।	मसलग	SSS, IIS, IS
				Total 155

70–71. मसगल, मसगग

SSS, IIS, SI और SSS, IIS, SS

गीता के 18 अध्यायों में मसगल (SSS, IIS, SI) छंद सूत्र के 33 चरण और मसगग (SSS, IIS, SS) छंद सूत्र के 86 चरण प्रयुक्त है. चरण का अंतिम लघु अक्षर भी गुरु माना जाता है, अतः मसगग छंद के कुल 119 निम्नांकित चरण गीता में प्रयुक्त हैं.

गीता में आने वाले 155 मसलल-मसलग छंद

क्रम	श्लोक संदर्भ अध्याय.श्लोक.चरण	गीता चरण प्रतीक	गण	सूत्र
1.	1.28.3	दृष्ट्वेमं स्वजनं कृष्ण	मसगल	SSS, IIS, SI
2.	2.3.1	क्लैब्यं मा स्म गमः पार्थ	मसगल	SSS, IIS, SI
3.	2.40.1	नेहाभिक्रमनाशोऽस्ति	मसगल	SSS, IIS, SI
4.	2.48.1	योगस्थः कुरु कर्माणि	मसगल	SSS, IIS, SI
5.	2.64.1	रागद्वेषवियुक्तैस्तु	मसगल	SSS, IIS, SI
6.	2.69.3	यस्यां जाग्रति भूतानि	मसगल	SSS, IIS, SI

2.1 आठ अक्षरों वाले गीता के 80 छंद

7.	3.11.1	देवान्भावयतानेन	मसगल	SSS, IIS, SI
8.	3.15.3	तस्मात्सर्वगतं ब्रह्म	मसगल	SSS, IIS, SI
9.	4.7.3	अभ्युत्थानमधर्मस्य	मसगल	SSS, IIS, SI
10.	4.23.3	यज्ञायाचरतः कर्म	मसगल	SSS, IIS, SI
11.	4.26.3	शब्दादीन्विषयानन्य	मसगल	SSS, IIS, SI
12.	4.34.1	तद्विद्धि प्रणिपातेन	मसगल	SSS, IIS, SI
13.	5.19.3	निर्दोषं हि समं ब्रह्म	मसगल	SSS, IIS, SI
14.	6.17.1	युक्ताहारविहारस्य	मसगल	SSS, IIS, SI
15.	6.30.1	यो मां पश्यति सर्वत्र	मसगल	SSS, IIS, SI
16.	6.30.3	तस्याहं न प्रणश्यामि	मसगल	SSS, IIS, SI
17.	6.35.3	अभ्यासेन तु कौन्तेय	मसगल	SSS, IIS, SI
18.	6.45.1	प्रयत्नाद्यतमानस्तु	मसगल	SSS, IIS, SI
19.	7.1.1	मय्यासक्तमनाः पार्थ	मसगल	SSS, IIS, SI
20.	7.10.3	बुद्धिर्बुद्धिमतामस्मि	मसगल	SSS, IIS, SI
21.	7.23.3	देवान्देवयजो यान्ति	मसगल	SSS, IIS, SI
22.	7.26.1	वेदाहं समतीतानि	मसगल	SSS, IIS, SI
23.	8.14.3	तस्याहं सुलभः पार्थ	मसगल	SSS, IIS, SI
24.	9.15.3	एकत्वेन पृथक्त्वेन	मसगल	SSS, IIS, SI
25.	9.31.3	कौन्तेय प्रतिजानीहि	मसगल	SSS, IIS, SI
26.	12.10.1	अभ्यासेऽप्यसमर्थोऽसि	मसगल	SSS, IIS, SI
27.	13.25.1	ध्यानेनात्मनि पश्यन्ति	मसगल	SSS, IIS, SI

2.1 आठ अक्षरों वाले गीता के 80 छंद

28.	15.17.3	यो लोकत्रयमाविश्य	मसगल	SSS, IIS, SI
29.	17.8.1	आयुःसत्त्वबलारोग्य-	मसगल	SSS, IIS, SI
30.	17.15.3	स्वाध्यायाभ्यसनं चैव	मसगल	SSS, IIS, SI
31.	18.36.3	अभ्यासाद्रमते यत्र	मसगल	SSS, IIS, SI
32.	18.55.1	भक्त्या मामभिजानाति	मसगल	SSS, IIS, SI
33.	18.71.1	श्रद्धावाननसूयश्च	मसगल	SSS, IIS, SI
34.	1.7.1	अस्माकं तु विशिष्टा ये	मसगग	SSS, IIS, SS
35.	1.10.3	पर्याप्तं त्विदमेतेषां	मसगग	SSS, IIS, SS
36.	1.18.3	सौभद्रश्च महाबाहुः	मसगग	SSS, IIS, SS
37.	1.34.1	आचार्याः पितरः पुत्राः	मसगग	SSS, IIS, SS
38.	2.24.1	अच्छेद्योऽयमदाह्योऽयम्	मसगग	SSS, IIS, SS
39.	2.24.3	नित्यः सर्वगतः स्थाणुः	मसगग	SSS, IIS, SS
40.	2.25.1	अव्यक्तोऽयमचिन्त्योऽयम्	मसगग	SSS, IIS, SS
41.	2.30.1	देही नित्यमवध्योऽयं	मसगग	SSS, IIS, SS
42.	2.36.3	निन्दन्तस्तव सामर्थ्यं	मसगग	SSS, IIS, SS
43.	2.39.1	एषा तेऽभिहिता साङ्ख्ये	मसगग	SSS, IIS, SS
44.	2.68.1	तस्माद्यस्य महाबाहो	मसगग	SSS, IIS, SS
45.	3.1.3	तत्किं कर्मणि घोरे मां	मसगग	SSS, IIS, SS
46.	3.3.1	लोकेऽस्मिन्द्विविधा निष्ठा	मसगग	SSS, IIS, SS
47.	3.17.3	आत्मन्येव च सन्तुष्टः	मसगग	SSS, IIS, SS

48.	3.24.1	उत्सीदेयुरिमे लोका	मसगग	SSS, IIS, SS
49.	3.38.1	धूमेनाव्रियते वह्निः	मसगग	SSS, IIS, SS
50.	4.20.1	त्यक्त्वा कर्मफलासङ्गं	मसगग	SSS, IIS, SS
51.	4.25.3	ब्रह्माग्नावपरे यज्ञं	मसगग	SSS, IIS, SS
52.	4.27.1	सर्वाणीन्द्रियकर्माणि	मसगग	SSS, IIS, SS
53.	4.29.3	प्राणापानगती रुद्ध्वा	मसगग	SSS, IIS, SS
54.	4.33.1	श्रेयान्द्रव्यमयाद्यज्ञात्	मसगग	SSS, IIS, SS
55.	4.35.1	यज्ज्ञात्वा न पुनर्मोहम्	मसगग	SSS, IIS, SS
56.	4.39.1	श्रद्धावाँल्लभते ज्ञानं	मसगग	SSS, IIS, SS
57.	3.41.3	पाप्मानं प्रजहि ह्येनं	मसगग	SSS, III, SS
58.	5.3.3	निर्द्वन्द्वो हि महाबाहो	मसगग	SSS, IIS, SS
59.	5.6.1	संन्यासस्तु महाबाहो	मसगग	SSS, IIS, SS
60.	5.26.1	कामक्रोधवियुक्तानां	मसगग	SSS, IIS, SS
61.	6.2.1	यं संन्यासमिति प्राहुः	मसगग	SSS, IIS, SS
62.	6.10.3	एकाकी यतचित्तात्मा	मसगग	SSS, IIS, SS
63.	6.38.1	कच्चिन्नोभयविभ्रष्टः	मसगग	SSS, IIS, SS
64.	6.47.3	श्रद्धावान्भजते यो मां	मसगग	SSS, IIS, SS
65.	7.27.1	इच्छाद्वेषसमुत्थेन	मसगग	SSS, IIS, SS
66.	7.28.1	येषां त्वन्तगतं पापं	मसगग	SSS, IIS, SS
67.	8.1.1	किं तद्ब्रह्म किमध्यात्मं	मसगग	SSS, IIS, SS
68.	8.6.1	यं यं वाऽपि स्मरन्भावं	मसगग	SSS, IIS, SS

2.1 आठ अक्षरों वाले गीता के 80 छंद

69.	8.21.1	अव्यक्तोऽक्षर इत्युक्तः	मसगग	SSS, IIS, SS
70.	8.24.1	अग्निर्ज्योतिरहः शुक्लः	मसगग	SSS, IIS, SS
71.	9.2.3	प्रत्यक्षावगमं धर्म्यं	मसगग	SSS, IIS, SS
72.	9.34.3	मामेवैष्यसि युक्त्वैवम्	मसगग	SSS, IIS, SS
73.	10.13.1	आहुस्त्वामृषयः सर्वे	मसगग	SSS, IIS, SS
74.	10.25.3	यज्ञानां जपयज्ञोऽस्मि	मसगग	SSS, IIS, SS
75.	10.34.1	मृत्युः सर्वहरश्चाहम्	मसगग	SSS, IIS, SS
76.	10.42.3	विष्टभ्याहमिदं कृत्स्नम्	मसगग	SSS, IIS, SS
77.	11.11.3	सर्वाश्चर्यमयं देवम्	मसगग	SSS, IIS, SS
78.	12.1.3	ये चाप्यक्षरमव्यक्तं	मसगग	SSS, IIS, SS
79.	12.2.1	मय्यावेश्य मनो ये मां	मसगग	SSS, IIS, SS
80.	12.5.3	अव्यक्ता हि गतिर्दुःखं	मसगग	SSS, IIS, SS
81.	12.12.3	ध्यानात्कर्मफलत्यागः	मसगग	SSS, IIS, SS
82.	12.14.1	सन्तुष्टः सततं योगी	मसगग	SSS, IIS, SS
83.	12.15.1	यस्मान्नोद्विजते लोको	मसगग	SSS, IIS, SS
84.	12.15.3	हर्षामर्षभयोद्वेगै	मसगग	SSS, IIS, SS
85.	12.16.3	सर्वारम्भपरित्यागी	मसगग	SSS, IIS, SS
86.	13.1.4	एतद्वेदितुमिच्छामि	मसगग	SSS, IIS, SS
87.	13.12.3	एतज्ज्ञानमिति प्रोक्तम्	मसगग	SSS, IIS, SS
88.	13.16.3	सूक्ष्मत्वात्तदविज्ञेयं	मसगग	SSS, IIS, SS
89.	13.26.1	अन्ये त्वेवमजानन्तः	मसगग	SSS, IIS, SS

2.1 आठ अक्षरों वाले गीता के 80 छंद

90.	14.1.3	यज्ज्ञात्वा मुनयः सर्वे	मसगग	SSS, IIS, SS
91.	14.4.3	तासां ब्रह्म महद्योनिः	मसगग	SSS, IIS, SS
92.	14.25.3	सर्वारम्भपरित्यागी	मसगग	SSS, IIS, SS
93.	15.6.3	यद्गत्वा न निवर्तन्ते	मसगग	SSS, IIS, SS
94.	15.13.1	गामाविश्य च भूतानि	मसगग	SSS, IIS, SS
95.	15.14.3	प्राणापानसमायुक्तः	मसगग	SSS, IIS, SS
96.	15.19.1	यो मामेवमसम्मूढो	मसगग	SSS, IIS, SS
97.	16.6.3	दैवो विस्तरशः प्रोक्त	मसगग	SSS, IIS, SS
98.	16.12.1	आशापाशशतैर्बद्धाः	मसगग	SSS, IIS, SS
99.	16.24.3	ज्ञात्वा शास्त्रविधानोक्तं	मसगग	SSS, IIS, SS
100.	17.4.3	प्रेतान्भूतगणांश्चान्ये	मसगग	SSS, IIS, SS
101.	17.7.1	आहारस्त्वपि सर्वस्य	मसगग	SSS, IIS, SS
102.	17.21.1	यत्तु प्रत्युपकारार्थं	मसगग	SSS, IIS, SS
103.	18.1.1	संन्यासस्य महाबाहो	मसगग	SSS, IIS, SS
104.	18.3.1	त्याज्यं दोषवदित्येके	मसगग	SSS, IIS, SS
105.	18.7.3	मोहात्तस्य परित्यागः	मसगग	SSS, IIS, SS
106.	18.10.3	त्यागी सत्त्वसमाविष्टो	मसगग	SSS, IIS, SS
107.	18.13.1	पञ्चैतानि महाबाहो	मसगग	SSS, IIS, SS
108.	18.15.3	न्याय्यं वा विपरीतं वा	मसगग	SSS, IIS, SS
109.	18.16.1	तत्रैवं सति कर्तारम्	मसगग	SSS, IIS, SS
110.	18.19.1	ज्ञानं कर्म च कर्ता च	मसगग	SSS, IIS, SS

111.	18.21.1	पृथक्त्वेन तु यज्ज्ञानं	मसगग	SSS, IIS, SS
112.	18.27.1	रागी कर्मफलप्रेप्सुः	मसगग	SSS, IIS, SS
113.	18.32.3	सर्वार्थान्विपरीतांश्च	मसगग	SSS, IIS, SS
114.	18.33.3	योगेनाव्यभिचारिण्या	मसगग	SSS, IIS, SS
115.	18.41.3	कर्माणि प्रविभक्तानि	मसगग	SSS, IIS, SS
116.	18.51.3	शब्दादीन्विषयांस्त्यक्त्वा	मसगग	SSS, IIS, SS
117.	18.59.3	मिथ्यैष व्यवसायस्ते	मसगग	SSS, IIS, SS
118.	18.60.3	कर्तुं नेच्छसि यन्मोहात्	मसगग	SSS, IIS, SS
119.	18.65.3	मामेवैष्यसि सत्यं ते	मसगग	SSS, IIS, SS
				Total 119

72. मभलग

SSS, SII, IS

अतिजनी छंद

गीता के 18 अध्यायों में मभलग (SSS, SII, IS) छंद सूत्र के 11 अतिजनी नामक छंद के निम्नांकित चरण में प्रयुक्त हैं. और याद रहे कि भ मध्य गण के अनुष्टुप् चरण श्लोक छंद में नहीं गिने जाते हैं.

गीता में आने वाले 11 मभलग छंद

क्रम	श्लोक संदर्भ अध्याय.श्लोक.चरण	गीता चरण प्रतीक	गण	सूत्र
1.	1.9.3	नानाशस्त्रप्रहरणाः	मभलग	SSS, SII, IS
2.	1.25.1	भीष्मद्रोणप्रमुखतः	मभलग	SSS, SII, IS
3.	2.35.3	येषां च त्वं बहुमतो	मभलग	SSS, SII, IS

4.	4.40.3	नायं लोकोऽस्ति न परो	मभलग	SSS, SII, IS
5.	5.29.1	भोक्तारं यज्ञतपसां	मभलग	SSS, SII, IS
6.	6.10.1	योगी युञ्जीत सततम्	मभलग	SSS, SII, IS
7.	6.15.3	शान्तिं निर्वाणपरमां	मभलग	SSS, SII, IS
8.	7.14.1	दैवी ह्येषा गुणमयी	मभलग	SSS, SII, IS
9.	9.1.3	ज्ञानं विज्ञानसहितं	मभलग	SSS, SII, IS
10.	11.53.1	नाहं वेदैर्न तपसा	मभलग	SSS, SII, IS
11.	18.45.1	स्वे स्वे कर्मण्यभिरतः	मभलग	SSS, SII, IS
				Total 11

73–74. मरलल, मरलग

SSS, SIS, II और SSS, SIS, IS

क्षमा छंद

गीता के 18 अध्यायों में मरलल (SSS, SIS, II) छंद सूत्र के 44 चरण और मरलग (SSS, SIS, IS) छंद सूत्र के 182 चरण प्रयुक्त है. चरण का अंतिम लघु अक्षर भी गुरु माना जाता है, अतः मरलग सूत्र के क्षमा नामक छंद के कुल 226 निम्नांकित चरण गीता में प्रयुक्त हैं.

गीता में आने वाले 226 मरलल–मरलग छंद

क्रम	श्लोक संदर्भ अध्याय.श्लोक.चरण	गीता चरण प्रतीक	गण	सूत्र
1.	1.33.2	राज्यं भोगाः सुखानि च ।	मरलल	SSS, SIS, II
2.	1.33.4	प्राणांस्त्यक्त्वा धनानि च ।।	मरलल	SSS, SIS, II
3.	1.36.2	का प्रीतिः स्याज्जनार्दन ।	मरलल	SSS, SIS, II
4.	2.9.4	उक्त्वा तूष्णीं बभूव ह ।।	मरलल	SSS, SIS, II
5.	2.18.4	तस्माद्युद्ध्यस्व भारत ।।	मरलल	SSS, SIS, II

6.	2.24.2	अक्लेद्योऽशोष्य एव च ।	मरलल	ऽऽऽ, ऽ।ऽ, ।।
7.	2.30.2	देहे सर्वस्य भारत ।	मरलल	ऽऽऽ, ऽ।ऽ, ।।
8.	2.39.2	बुद्धिर्योगे त्विमां शृणु ।	मरलल	ऽऽऽ, ऽ।ऽ, ।।
9.	2.45.2	निस्त्रैगुण्यो भवार्जुन ।	मरलल	ऽऽऽ, ऽ।ऽ, ।।
10.	2.47.4	मा ते सङ्गोऽस्त्वकर्मणि ।।	मरलल	ऽऽऽ, ऽ।ऽ, ।।
11.	2.48.2	सङ्गं त्यक्त्वा धनञ्जय ।	मरलल	ऽऽऽ, ऽ।ऽ, ।।
12.	2.52.4	श्रोतव्यस्य श्रुतस्य च ।।	मरलल	ऽऽऽ, ऽ।ऽ, ।।
13.	3.20.4	सम्पश्यन्कर्तुमर्हसि ।।	मरलल	ऽऽऽ, ऽ।ऽ, ।।
14.	3.39.4	दुष्पूरेणानलेन च ।।	मरलल	ऽऽऽ, ऽ।ऽ, ।।
15.	4.2.4	योगो नष्टः परन्तप ।।	मरलल	ऽऽऽ, ऽ।ऽ, ।।
16.	4.25.4	यज्ञेनैवोपजुह्वति ।।	मरलल	ऽऽऽ, ऽ।ऽ, ।।
17.	4.30.2	प्राणान्प्राणेषु जुह्वति ।	मरलल	ऽऽऽ, ऽ।ऽ, ।।
18.	4.35.4	द्रक्ष्यस्यात्मन्यथो मयि ।।	मरलल	ऽऽऽ, ऽ।ऽ, ।।
19.	6.2.2	योगं तं विद्धि पाण्डव ।	मरलल	ऽऽऽ, ऽ।ऽ, ।।
20.	6.9.2	मध्यस्थद्वेष्यबन्धुषु ।	मरलल	ऽऽऽ, ऽ।ऽ, ।।
21.	6.46.4	तस्माद्योगी भवार्जुन ।।	मरलल	ऽऽऽ, ऽ।ऽ, ।।
22.	7.8.4	शब्दः खे पौरुषं नृषु ।।	मरलल	ऽऽऽ, ऽ।ऽ, ।।
23.	7.23.4	मद्भक्ता यान्ति मामपि ।।	मरलल	ऽऽऽ, ऽ।ऽ, ।।
24.	9.26.2	यो मे भक्त्या प्रयच्छति ।	मरलल	ऽऽऽ, ऽ।ऽ, ।।
25.	9.31.2	शश्वच्छान्तिं निगच्छति ।	मरलल	ऽऽऽ, ऽ।ऽ, ।।
26.	9.34.2	मद्याजी मां नमस्कुरु ।	मरलल	ऽऽऽ, ऽ।ऽ, ।।

27.	10.20.4	भूतानामन्त एव च ।।	मरलल	SSS, SIS, II
28.	10.32.2	मध्यं चैवाहमर्जुन ।	मरलल	SSS, SIS, II
29.	10.33.2	द्वन्द्वः सामासिकस्य च ।	मरलल	SSS, SIS, II
30.	11.5.4	नानावर्णाकृतीनि च ।।	मरलल	SSS, SIS, II
31.	11.6.4	पश्याश्चर्याणि भारत ।।	मरलल	SSS, SIS, II
32.	11.7.4	यच्चान्यद्द्रष्टुमिच्छसि ।।	मरलल	SSS, SIS, II
33.	12.9.4	मामिच्छाप्तुं धनञ्जय ।।	मरलल	SSS, SIS, II
34.	13.1.2	क्षेत्रं क्षेत्रज्ञमेव च ।	मरलल	SSS, SIS, II
35.	13.1.4	ज्ञानं ज्ञेयं च केशव ।।	मरलल	SSS, SIS, II
36.	13.3.4	यत्तज्ज्ञानं मतं मम ।।	मरलल	SSS, SIS, II
37.	13.10.4	इष्टानिष्टोपपत्तिषु ।।	मरलल	SSS, SIS, II
38.	14.19.4	मद्भावं सोऽधिगच्छति ।।	मरलल	SSS, SIS, II
39.	16.4.2	क्रोधः पारुष्यमेव च ।	मरलल	SSS, SIS, II
40.	18.6.2	सङ्गं त्यक्त्वा फलानि च ।	मरलल	SSS, SIS, II
41.	18.31.2	कार्यं चाकार्यमेव च ।	मरलल	SSS, SIS, II
42.	18.49.4	संन्यासेनाधिगच्छति ।।	मरलल	SSS, SIS, II
43.	18.51.2	धृत्यात्मानं नियम्य च ।	मरलल	SSS, SIS, II
44.	18.65.2	मद्याजी मां नमस्कुरु ।	मरलल	SSS, SIS, II
45.	1.2.2	व्यूढं दुर्योधनस्तदा ।	मरलग	SSS, SIS, IS
46.	1.7.4	संज्ञार्थं तान्ब्रवीमि ते ।।	मरलग	SSS, SIS, IS

2.1 आठ अक्षरों वाले गीता के 80 छंद

47.	1.12.4	शङ्खं दध्मौ प्रतापवान् ॥	मरलग	SSS, SIS, IS
48.	1.14.4	दिव्यौ शङ्खौ प्रदध्मतुः ॥	मरलग	SSS, SIS, IS
49.	1.15.4	भीमकर्मा वृकोदरः ॥	मरलग	SSS, SIS, IS
50.	1.16.2	कुन्तीपुत्रो युधिष्ठिरः ।	मरलग	SSS, SIS, IS
51.	1.18.4	शङ्खान्दध्मुः पृथक्पृथक् ॥	मरलग	SSS, SIS, IS
52.	1.26.4	पुत्रान्पौत्रान्सखींस्तथा ॥	मरलग	SSS, SIS, IS
53.	1.27.4	सर्वान्बन्धूनवस्थितान् ।	मरलग	SSS, SIS, IS
54.	1.32.4	किं भोगैर्जीवितेन वा ॥	मरलग	SSS, SIS, IS
55.	1.34.4	श्यालाः सम्बन्धिनस्तथा ॥	मरलग	SSS, SIS, IS
56.	1.36.4	हत्वैतानाततायिनः ॥	मरलग	SSS, SIS, IS
57.	1.39.2	पापादस्मान्निवर्तितुम् ।	मरलग	SSS, SIS, IS
58.	2.11.2	प्रज्ञावादांश्च भाषसे ।	मरलग	SSS, SIS, IS
59.	2.12.2	न त्वं नेमे जनाधिपाः ।	मरलग	SSS, SIS, IS
60.	2.13.2	कौमारं यौवनं जरा ।	मरलग	SSS, SIS, IS
61.	2.16.2	नाभावो विद्यते सतः ।	मरलग	SSS, SIS, IS
62.	2.18.2	नित्यस्योक्ताः शरीरिणः ।	मरलग	SSS, SIS, IS
63.	2.19.2	यश्चैनं मन्यते हतम् ।	मरलग	SSS, SIS, IS
64.	2.26.2	नित्यं वा मन्यसे मृतम् ।	मरलग	SSS, SIS, IS
65.	2.35.2	मंस्यन्ते त्वां महारथाः ।	मरलग	SSS, SIS, IS
66.	2.37.2	जित्वा वा भोक्ष्यसे महीम् ।	मरलग	SSS, SIS, IS
67.	2.38.2	लाभालाभौ जयाजयौ ।	मरलग	SSS, SIS, IS

2.1 आठ अक्षरों वाले गीता के 80 छंद

68.	2.57.4	तस्य प्रज्ञा प्रतिष्ठिता ॥	मरलग	SSS, SIS, IS
69.	2.58.2	कूर्मोऽङ्गानीव सर्वशः ।	मरलग	SSS, SIS, IS
70.	2.58.4	तस्य प्रज्ञा प्रतिष्ठिता ॥	मरलग	SSS, SIS, IS
71.	2.61.4	तस्य प्रज्ञा प्रतिष्ठिता ॥	मरलग	SSS, SIS, IS
72.	2.62.2	सङ्गस्तेषूपजायते ।	मरलग	SSS, SIS, IS
73.	2.62.4	कामात्क्रोधोऽभिजायते ॥	मरलग	SSS, SIS, IS
74.	2.68.4	तस्य प्रज्ञा प्रतिष्ठिता ॥	मरलग	SSS, SIS, IS
75.	2.69.2	तस्यां जागर्ति संयमी ।	मरलग	SSS, SIS, IS
76.	3.2.4	येन श्रेयोऽहमाप्नुयाम् ॥	मरलग	SSS, SIS, IS
77.	3.6.4	मिथ्याचारः स उच्यते ॥	मरलग	SSS, SIS, IS
78.	3.9.2	लोकोऽयं कर्मबन्धनः ।	मरलग	SSS, SIS, IS
79.	3.11.2	ते देवा भावयन्तु वः ।	मरलग	SSS, SIS, IS
80.	3.12.2	दास्यन्ते यज्ञभाविताः ।	मरलग	SSS, SIS, IS
81.	3.12.4	यो भुङ्क्ते स्तेन एव सः ॥	मरलग	SSS, SIS, IS
82.	3.13.2	मुच्यन्ते सर्वकिल्बिषैः ।	मरलग	SSS, SIS, IS
83.	3.14.2	पर्जन्यादन्नसम्भवः ।	मरलग	SSS, SIS, IS
84.	3.15.4	नित्यं यज्ञे प्रतिष्ठितम् ॥	मरलग	SSS, SIS, IS
85.	3.26.2	अज्ञानां कर्मसङ्गिनाम् ।	मरलग	SSS, SIS, IS
86.	3.26.4	विद्वान्युक्तः समाचरन् ॥	मरलग	SSS, SIS, IS
87.	3.30.2	संन्यस्याध्यात्मचेतसा ।	मरलग	SSS, SIS, IS
88.	3.31.4	मुच्यन्ते तेऽपि कर्मभिः ॥	मरलग	SSS, SIS, IS

89.	3.40.2	अस्याधिष्ठानमुच्यते ।	मरलग	ऽऽऽ, ऽ।ऽ, ।ऽ
90.	3.43.2	संस्तभ्यात्मानमात्मना ।	मरलग	ऽऽऽ, ऽ।ऽ, ।ऽ
91.	4.3.2	योगः प्रोक्तः पुरातनः ।	मरलग	ऽऽऽ, ऽ।ऽ, ।ऽ
92.	4.6.2	भूतानामीश्वरोऽपि सन् ।	मरलग	ऽऽऽ, ऽ।ऽ, ।ऽ
93.	4.9.2	एवं यो वेत्ति तत्त्वतः ।	मरलग	ऽऽऽ, ऽ।ऽ, ।ऽ
94.	4.10.4	पूता मद्भावमागताः ॥	मरलग	ऽऽऽ, ऽ।ऽ, ।ऽ
95.	4.16.4	यज्ज्ञात्वा मोक्ष्यसेऽशुभात् ॥	मरलग	ऽऽऽ, ऽ।ऽ, ।ऽ
96.	4.21.4	कुर्वन्नाप्नोति किल्बिषम् ॥	मरलग	ऽऽऽ, ऽ।ऽ, ।ऽ
97.	4.22.2	द्वन्द्वातीतो विमत्सरः ।	मरलग	ऽऽऽ, ऽ।ऽ, ।ऽ
98.	4.24.2	ब्रह्माग्नौ ब्रह्मणा हुतम् ।	मरलग	ऽऽऽ, ऽ।ऽ, ।ऽ
99.	4.29.2	प्राणेऽपानं तथापरे ।	मरलग	ऽऽऽ, ऽ।ऽ, ।ऽ
100.	4.32.4	एवं ज्ञात्वा विमोक्ष्यसे ॥	मरलग	ऽऽऽ, ऽ।ऽ, ।ऽ
101.	4.36.2	सर्वेभ्यः पापकृत्तमः ।	मरलग	ऽऽऽ, ऽ।ऽ, ।ऽ
102.	4.42.2	हृत्स्थं ज्ञानासिनात्मनः ।	मरलग	ऽऽऽ, ऽ।ऽ, ।ऽ
103.	4.42.4	आतिष्ठोत्तिष्ठ भारत ॥	मरलग	ऽऽऽ, ऽ।ऽ, ।ऽ
104.	5.8.2	युक्तो मन्येत तत्त्ववित् ।	मरलग	ऽऽऽ, ऽ।ऽ, ।ऽ
105.	5.8.4	अश्नन्गच्छन्स्वपञ्श्वसन् ॥	मरलग	ऽऽऽ, ऽ।ऽ, ।ऽ
106.	5.10.2	सङ्गं त्यक्त्वा करोति यः ।	मरलग	ऽऽऽ, ऽ।ऽ, ।ऽ
107.	5.11.4	सङ्गं त्यक्त्वात्मशुद्धये ॥	मरलग	ऽऽऽ, ऽ।ऽ, ।ऽ
108.	5.13.2	संन्यस्यास्ते सुखं वशी ।	मरलग	ऽऽऽ, ऽ।ऽ, ।ऽ
109.	5.17.2	तन्निष्ठास्तत्परायणाः ।	मरलग	ऽऽऽ, ऽ।ऽ, ।ऽ

2.1 आठ अक्षरों वाले गीता के 80 छंद

110.	5.27.2	चक्षुश्चैवान्तरे भ्रुवोः ।	मरलग	SSS, SIS, IS
111.	5.29.4	ज्ञात्वा मां शान्तिमृच्छति ॥	मरलग	SSS, SIS, IS
112.	6.4.4	योगारूढस्तदोच्यते ॥	मरलग	SSS, SIS, IS
113.	6.6.2	येनात्मैवात्मना जितः ।	मरलग	SSS, SIS, IS
114.	6.6.4	वर्तेतात्मैव शत्रुवत् ।	मरलग	SSS, SIS, IS
115.	6.18.2	आत्मन्येवावतिष्ठते ।	मरलग	SSS, SIS, IS
116.	6.23.4	योगोऽनिर्विण्णचेतसा ॥	मरलग	SSS, SIS, IS
117.	6.24.2	त्यक्त्वा सर्वानशेषतः ।	मरलग	SSS, SIS, IS
118.	6.41.4	योगभ्रष्टोऽभिजायते ॥	मरलग	SSS, SIS, IS
119.	6.45.2	योगी संशुद्धकिल्बिषः ।	मरलग	SSS, SIS, IS
120.	7.1.2	योगं युञ्जन्मदाश्रयः ।	मरलग	SSS, SIS, IS
121.	7.3.4	कश्चिन्मां वेत्ति तत्त्वतः ॥	मरलग	SSS, SIS, IS
122.	7.10.4	तेजस्तेजस्विनामहम् ॥	मरलग	SSS, SIS, IS
123.	7.14.4	मायामेतां तरन्ति ते ॥	मरलग	SSS, SIS, IS
124.	7.18.2	ज्ञानी त्वात्मैव मे मतम् ।	मरलग	SSS, SIS, IS
125.	7.18.4	मामेवानुत्तमां गतिम् ॥	मरलग	SSS, SIS, IS
126.	7.24.2	मन्यन्ते मामबुद्धयः ।	मरलग	SSS, SIS, IS
127.	7.29.4	अध्यात्मं कर्म चाखिलम् ॥	मरलग	SSS, SIS, IS
128.	8.7.4	मामेवैष्यस्यसंशयम् ॥	मरलग	SSS, SIS, IS
129.	8.18.4	तत्रैवाव्यक्तसंज्ञके ॥	मरलग	SSS, SIS, IS
130.	8.19.2	भूत्वा भूत्वा प्रलीयते ।	मरलग	SSS, SIS, IS

2.1 आठ अक्षरों वाले गीता के 80 छंद

131.	8.20.2	व्यक्तोऽव्यक्तात्सनातनः।	मरलग	SSS, SIS, IS
132.	8.22.2	भक्त्या लभ्यस्त्वनन्यया।	मरलग	SSS, SIS, IS
133.	8.23.2	आवृत्तिं चैव योगिनः।	मरलग	SSS, SIS, IS
134.	8.24.2	षण्मासा उत्तरायणम्।	मरलग	SSS, SIS, IS
135.	8.25.2	षण्मासा दक्षिणायनम्।	मरलग	SSS, SIS, IS
136.	9.1.4	यज्ज्ञात्वा मोक्ष्यसेऽशुभात्॥	मरलग	SSS, SIS, IS
137.	9.6.2	वायुः सर्वत्रगो महान्।	मरलग	SSS, SIS, IS
138.	9.17.2	माता धाता पितामहः।	मरलग	SSS, SIS, IS
139.	9.24.	तत्त्वेनातश्च्यवन्ति ते॥	मरलग	SSS, SIS, IS
140.	9.32.2	येऽपि स्युः पापयोनयः।	मरलग	SSS, SIS, IS
141.	9.33.2	भक्ता राजर्षयस्तथा।	मरलग	SSS, SIS, IS
142.	9.34.4	आत्मानं मत्परायणः॥	मरलग	SSS, SIS, IS
143.	10.8.2	मत्तः सर्वं प्रवर्तते।	मरलग	SSS, SIS, IS
144.	10.13.2	देवर्षिर्नारदस्तथा।	मरलग	SSS, SIS, IS
145.	10.19.4	नास्त्यन्तो विस्तरस्य मे॥	मरलग	SSS, SIS, IS
146.	10.21.4	नक्षत्राणामहं शशी॥	मरलग	SSS, SIS, IS
147.	10.22.2	देवानामस्मि वासवः।	मरलग	SSS, SIS, IS
148.	10.22.4	भूतानामस्मि चेतना॥	मरलग	SSS, SIS, IS
149.	10.23.2	वित्तेशो यक्षरक्षसाम्।	मरलग	SSS, SIS, IS
150.	10.26.2	देवर्षीणां च नारदः।	मरलग	SSS, SIS, IS
151.	10.28.2	धेनूनामस्मि कामधुक्।	मरलग	SSS, SIS, IS

152.	10.28.4	सर्पाणामस्मि वासुकिः ॥	मरलग	SSS, SIS, IS
153.	10.33.4	धाताहं विश्वतोमुखः ॥	मरलग	SSS, SIS, IS
154.	10.35.2	गायत्री छन्दसामहम् ।	मरलग	SSS, SIS, IS
155.	10.36.2	तेजस्तेजस्विनामहम् ।	मरलग	SSS, SIS, IS
156.	10.36.4	सत्त्वं सत्त्ववतामहम् ॥	मरलग	SSS, SIS, IS
157.	10.42.4	एकांशेन स्थितो जगत् ॥	मरलग	SSS, SIS, IS
158.	11.10.4	दिव्यानेकोद्यतायुधम् ॥	मरलग	SSS, SIS, IS
159.	11.55.2	मद्भक्तः सङ्गवर्जितः ।	मरलग	SSS, SIS, IS
160.	12.1.2	भक्तास्त्वां पर्युपासते ।	मरलग	SSS, SIS, IS
161.	12.1.4	तेषां के योगवित्तमाः ॥	मरलग	SSS, SIS, IS
162.	12.3.2	अव्यक्तं पर्युपासते ।	मरलग	SSS, SIS, IS
163.	12.5.2	अव्यक्तासक्तचेतसाम् ।	मरलग	SSS, SIS, IS
164.	12.11.2	कर्तुं मद्योगमाश्रितः ।	मरलग	SSS, SIS, IS
165.	12.12.2	ज्ञानाद्ध्यानं विशिष्यते ।	मरलग	SSS, SIS, IS
166.	12.14.4	र्यो मद्भक्तः स मे प्रियः ॥	मरलग	SSS, SIS, IS
167.	12.16.4	यो मद्भक्तः स मे प्रियः ॥	मरलग	SSS, SIS, IS
168.	12.19.2	सन्तुष्टो येन केनचित् ।	मरलग	SSS, SIS, IS
169.	12.20.4	भक्तास्तेऽतीव मे प्रियाः ॥	मरलग	SSS, SIS, IS
170.	13.7.2	सङ्घातश्चेतना धृतिः ।	मरलग	SSS, SIS, IS
171.	13.16.4	दूरस्थं चान्तिके च तत् ॥	मरलग	SSS, SIS, IS
172.	13.19.2	ज्ञेयं चोक्तं समासतः ।	मरलग	SSS, SIS, IS

2.1 आठ अक्षरों वाले गीता के 80 छंद

173.	13.19.4	मद्भावायोपपद्यते ॥	मरलग	SSS, SIS, IS
174.	13.21.4	भोक्तृत्वे हेतुरुच्यते ॥	मरलग	SSS, SIS, IS
175.	13.23.2	भर्ता भोक्ता महेश्वरः ।	मरलग	SSS, SIS, IS
176.	13.33.2	आकाशं नोपलिप्यते ।	मरलग	SSS, SIS, IS
177.	14.1.2	ज्ञानानां ज्ञानमुत्तमम् ।	मरलग	SSS, SIS, IS
178.	14.3.2	तस्मिन्गर्भं दधाम्यहम् ।	मरलग	SSS, SIS, IS
179.	14.16.4	अज्ञानं तमसः फलम् ॥	मरलग	SSS, SIS, IS
180.	14.18.2	मध्ये तिष्ठन्ति राजसाः ।	मरलग	SSS, SIS, IS
181.	14.25.2	तुल्यो मित्रारिपक्षयोः ।	मरलग	SSS, SIS, IS
182.	15.1.2	अश्वत्थं प्राहुरव्ययम् ।	मरलग	SSS, SIS, IS
183.	15.8.2	यच्चाप्युत्क्रामतीश्वरः ।	मरलग	SSS, SIS, IS
184.	15.8.4	वायुर्गन्धानिवाशयात् ॥	मरलग	SSS, SIS, IS
185.	15.10.2	भुञ्जानं वा गुणान्वितम् ।	मरलग	SSS, SIS, IS
186.	15.10.4	पश्यन्ति ज्ञानचक्षुषः ॥	मरलग	SSS, SIS, IS
187.	15.11.2	पश्यन्त्यात्मन्यवस्थितम् ।	मरलग	SSS, SIS, IS
188.	15.11.4	नैनं पश्यन्त्यचेतसः ॥	मरलग	SSS, SIS, IS
189.	15.12.4	तत्तेजो विद्धि मामकम् ॥	मरलग	SSS, SIS, IS
190.	15.13.4	सोमो भूत्वा रसात्मकः ॥	मरलग	SSS, SIS, IS
191.	16.3.2	अद्रोहो नातिमानिता ।	मरलग	SSS, SIS, IS
192.	16.9.2	नष्टात्मानोऽल्पबुद्धयः ।	मरलग	SSS, SIS, IS
193.	16.12.4	अन्यायेनार्थसञ्चयान् ॥	मरलग	SSS, SIS, IS

2.1 आठ अक्षरों वाले गीता के 80 छंद

194.	16.18.2	कामं क्रोधं च संश्रिताः ।	मरलग	SSS, SIS, IS
195.	16.24.2	कार्याकार्यव्यवस्थितौ ।	मरलग	SSS, SIS, IS
196.	17.3.4	यो यच्छ्रद्धः स एव सः ॥	मरलग	SSS, SIS, IS
197.	17.5.2	तप्यन्ते ये तपो जनाः ।	मरलग	SSS, SIS, IS
198.	17.8.4	आहाराः सात्त्विकप्रियाः ॥	मरलग	SSS, SIS, IS
199.	17.12.4	तं यज्ञं विद्धि राजसम् ॥	मरलग	SSS, SIS, IS
200.	17.20.4	तद्दानं सात्त्विकं स्मृतम् ॥	मरलग	SSS, SIS, IS
201.	17.21.4	तद्दानं राजसं स्मृतम् ॥	मरलग	SSS, SIS, IS
202.	17.26.4	सच्छब्दः पार्थ युज्यते ॥	मरलग	SSS, SIS, IS
203.	18.2.4	प्राहुस्त्यागं विचक्षणाः ॥	मरलग	SSS, SIS, IS
204.	18.5.2	न त्याज्यं कार्यमेव तत् ।	मरलग	SSS, SIS, IS
205.	18.10.4	मेधावी छिन्नसंशयः ॥	मरलग	SSS, SIS, IS
206.	18.11.2	त्यक्तुं कर्माण्यशेषतः ।	मरलग	SSS, SIS, IS
207.	18.14.4	दैवं चैवात्र पञ्चमम् ॥	मरलग	SSS, SIS, IS
208.	18.16.2	आत्मानं केवलं तु यः ।	मरलग	SSS, SIS, IS
209.	18.20.4	तज्ज्ञानं विद्धि सात्त्विकम् ॥	मरलग	SSS, SIS, IS
210.	18.21.2	नानाभावान्पृथग्विधान् ।	मरलग	SSS, SIS, IS
211.	18.21.4	तज्ज्ञानं विद्धि राजसम् ॥	मरलग	SSS, SIS, IS
212.	18.24.2	साहङ्कारेण वा पुनः ।	मरलग	SSS, SIS, IS
213.	18.27.2	लुब्धो हिंसात्मकोऽशुचिः ।	मरलग	SSS, SIS, IS
214.	18.30.2	कार्याकार्ये भयाभये ।	मरलग	SSS, SIS, IS

2.1 आठ अक्षरों वाले गीता के 80 छंद

215.	18.30.4	बुद्धिः सा पार्थ सात्त्विकी ॥	मरलग	SSS, SIS, IS
216.	18.31.4	बुद्धिः सा पार्थ राजसी ॥	मरलग	SSS, SIS, IS
217.	18.32.4	बुद्धिः सा पार्थ तामसी ॥	मरलग	SSS, SIS, IS
218.	18.38.2	यत्तदग्रेऽमृतोपमम् ।	मरलग	SSS, SIS, IS
219.	18.47.4	कुर्वन्नाप्नोति किल्बिषम् ॥	मरलग	SSS, SIS, IS
220.	18.50.4	निष्ठा ज्ञानस्य या परा ॥	मरलग	SSS, SIS, IS
221.	18.53.2	कामं क्रोधं परिग्रहम् ।	मरलग	SSS, SIS, IS
222.	18.55.2	यावान्यश्चास्मि तत्त्वतः ।	मरलग	SSS, SIS, IS
223.	18.56.2	कुर्वाणो मद्व्यपाश्रयः ।	मरलग	SSS, SIS, IS
224.	18.61.4	यन्त्रारूढानि मायया ॥	मरलग	SSS, SIS, IS
225.	18.68.4	मामेवैष्यत्यसंशयः ॥	मरलग	SSS, SIS, IS
226.	18.70.2	धर्म्यं संवादमावयोः ।	मरलग	SSS, SIS, IS
				Total 226

75-76. मरगल, मरगग

SSS, SIS, SI और SSS, SIS, SS

गीता के 18 अध्यायों में मरगल (SSS, SIS, SI) छंद सूत्र के 65 चरण और मरगग (SSS, SIS, SS) छंद सूत्र के 111 चरण प्रयुक्त है। चरण का अंतिम लघु अक्षर भी गुरु माना जाता है, अतः मरगग सूत्र के क्षमा नामक छंद के कुल 176 निम्नांकित चरण गीता में प्रयुक्त हैं।

गीता में आने वाले 176 मरगल-मरगग छंद

2.1 आठ अक्षरों वाले गीता के 80 छंद

क्रम	श्लोक संदर्भ अध्याय.श्लोक.चरण	गीता चरण प्रतीक	गण	सूत्र
1.	1.6.3	सौभद्रो द्रौपदेयाश्च	मरगल	SSS, SIS, SI
2.	1.8.3	अश्वत्थामा विकर्णश्च	मरगल	SSS, SIS, SI
3.	1.17.3	धृष्टद्युम्नो विराटश्च	मरगल	SSS, SIS, SI
4.	1.32.3	किं नो राज्येन गोविन्द	मरगल	SSS, SIS, SI
5.	2.14.1	मात्रास्पर्शास्तु कौन्तेय	मरगल	SSS, SIS, SI
6.	2.23.1	नैनं छिन्दन्ति शस्त्राणि	मरगल	SSS, SIS, SI
7.	2.30.3	तस्मात्सर्वाणि भूतानि	मरगल	SSS, SIS, SI
8.	2.37.3	तस्मादुत्तिष्ठ कौन्तेय	मरगल	SSS, SIS, SI
9.	2.39.3	बुद्ध्या युक्तो यया पार्थ	मरगल	SSS, SIS, SI
10.	2.50.3	तस्माद्योगाय युज्यस्व	मरगल	SSS, SIS, SI
11.	2.72.1	एषा ब्राह्मी स्थितिः पार्थ	मरगल	SSS, SIS, SI
12.	3.2.1	व्यामिश्रेणेव वाक्येन	मरगल	SSS, SIS, SI
13.	3.9.1	यज्ञार्थात्कर्मणोऽन्यत्र	मरगल	SSS, SIS, SI
14.	3.12.3	तैर्दत्तानप्रदायैभ्यो	मरगल	SSS, SIS, SI
15.	4.9.3	त्यक्त्वा देहं पुनर्जन्म	मरगल	SSS, SIS, SI
16.	4.15.1	एवं ज्ञात्वा कृतं कर्म	मरगल	SSS, SIS, SI
17.	4.16.3	तत्ते कर्म प्रवक्ष्यामि	मरगल	SSS, SIS, SI
18.	4.21.3	शारीरं केवलं कर्म	मरगल	SSS, SIS, SI
19.	4.36.3	सर्वं ज्ञानप्लवेनैव	मरगल	SSS, SIS, SI
20.	4.37.3	ज्ञानाग्निः सर्वकर्माणि	मरगल	SSS, SIS, SI

21.	5.1.1	संन्यासं कर्मणां कृष्ण	मरगल	ऽऽऽ, ऽ।ऽ, ऽ।
22.	5.2.1	संन्यासः कर्मयोगश्च	मरगल	ऽऽऽ, ऽ।ऽ, ऽ।
23.	5.5.3	एकं साङ्ख्यं च योगं च	मरगल	ऽऽऽ, ऽ।ऽ, ऽ।
24.	5.10.1	ब्रह्मण्याधाय कर्माणि	मरगल	ऽऽऽ, ऽ।ऽ, ऽ।
25.	6.3.3	योगारूढस्य तस्यैव	मरगल	ऽऽऽ, ऽ।ऽ, ऽ।
26.	6.17.3	युक्तस्वप्नावबोधस्य	मरगल	ऽऽऽ, ऽ।ऽ, ऽ।
27.	6.23.1	तं विद्याद्दुःखसंयोग	मरगल	ऽऽऽ, ऽ।ऽ, ऽ।
28.	6.32.1	आत्मौपम्येन सर्वत्र	मरगल	ऽऽऽ, ऽ।ऽ, ऽ।
29.	6.33.3	एतस्याहं न पश्यामि	मरगल	ऽऽऽ, ऽ।ऽ, ऽ।
30.	6.39.1	एतन्मे संशयं कृष्ण	मरगल	ऽऽऽ, ऽ।ऽ, ऽ।
31.	7.6.1	एतद्योनीनि भूतानि	मरगल	ऽऽऽ, ऽ।ऽ, ऽ।
32.	7.9.1	पुण्यो गन्धः पृथिव्यां च	मरगल	ऽऽऽ, ऽ।ऽ, ऽ।
33.	7.25.3	मूढोऽयं नाभिजानाति	मरगल	ऽऽऽ, ऽ।ऽ, ऽ।
34.	8.7.1	तस्मात्सर्वेषु कालेषु	मरगल	ऽऽऽ, ऽ।ऽ, ऽ।
35.	8.22.3	यस्यान्तःस्थानि भूतानि	मरगल	ऽऽऽ, ऽ।ऽ, ऽ।
36.	8.27.3	तस्मात्सर्वेषु कालेषु	मरगल	ऽऽऽ, ऽ।ऽ, ऽ।
37.	10.1.3	यत्तेऽहं प्रीयमाणाय	मरगल	ऽऽऽ, ऽ।ऽ, ऽ।
38.	10.22.1	वेदानां सामवेदोऽस्मि	मरगल	ऽऽऽ, ऽ।ऽ, ऽ।
39.	10.23.1	रुद्राणां शङ्करश्चास्मि	मरगल	ऽऽऽ, ऽ।ऽ, ऽ।
40.	10.32.1	सर्गाणामादिरन्तश्च	मरगल	ऽऽऽ, ऽ।ऽ, ऽ।
41.	10.37.1	वृष्णीनां वासुदेवोऽस्मि	मरगल	ऽऽऽ, ऽ।ऽ, ऽ।

42.	11.54.3	ज्ञातुं द्रष्टुं च तत्त्वेन	मरगल	ऽऽऽ, ऽ।ऽ, ऽ।
43.	11.55.3	निर्वैरः सर्वभूतेषु	मरगल	ऽऽऽ, ऽ।ऽ, ऽ।
44.	13.3.1	क्षेत्रज्ञं चापि मां विद्धि	मरगल	ऽऽऽ, ऽ।ऽ, ऽ।
45.	13.4.1	तत्क्षेत्रं यच्च यादृक्च	मरगल	ऽऽऽ, ऽ।ऽ, ऽ।
46.	13.7.3	एतत्क्षेत्रं समासेन	मरगल	ऽऽऽ, ऽ।ऽ, ऽ।
47.	13.13.1	ज्ञेयं यत्तत्प्रवक्ष्यामि	मरगल	ऽऽऽ, ऽ।ऽ, ऽ।
48.	13.25.3	अन्ये साङ्ख्येन योगेन	मरगल	ऽऽऽ, ऽ।ऽ, ऽ।
49.	15.10.1	उत्क्रामन्तं स्थितं वापि	मरगल	ऽऽऽ, ऽ।ऽ, ऽ।
50.	16.4.3	अज्ञानं चाभिजातस्य	मरगल	ऽऽऽ, ऽ।ऽ, ऽ।
51.	16.15.3	यक्ष्ये दास्यामि मोदिष्य	मरगल	ऽऽऽ, ऽ।ऽ, ऽ।
52.	16.20.3	मामप्राप्यैव कौन्तेय	मरगल	ऽऽऽ, ऽ।ऽ, ऽ।
53.	17.1.3	तेषां निष्ठा तु का कृष्ण	मरगल	ऽऽऽ, ऽ।ऽ, ऽ।
54.	17.20.3	देशे काले च पात्रे च	मरगल	ऽऽऽ, ऽ।ऽ, ऽ।
55.	17.23.3	ब्राह्मणास्तेन वेदाश्च	मरगल	ऽऽऽ, ऽ।ऽ, ऽ।
56.	17.26.1	सद्भावे साधुभावे च	मरगल	ऽऽऽ, ऽ।ऽ, ऽ।
57.	18.5.3	यज्ञो दानं तपश्चैव	मरगल	ऽऽऽ, ऽ।ऽ, ऽ।
58.	18.6.3	कर्तव्यानीति मे पार्थ	मरगल	ऽऽऽ, ऽ।ऽ, ऽ।
59.	18.9.3	सङ्गं त्यक्त्वा फलं चैव	मरगल	ऽऽऽ, ऽ।ऽ, ऽ।
60.	18.29.1	बुद्धेर्भेदं धृतेश्चैव	मरगल	ऽऽऽ, ऽ।ऽ, ऽ।
61.	18.30.3	बन्धं मोक्षं च या वेत्ति	मरगल	ऽऽऽ, ऽ।ऽ, ऽ।
62.	18.48.3	सर्वारम्भा हि दोषेण	मरगल	ऽऽऽ, ऽ।ऽ, ऽ।

63.	18.50.1	सिद्धिं प्राप्तो यथा ब्रह्म	मरगल	ऽऽऽ, ऽ।ऽ, ऽ।
64.	18.58.1	मच्चित्तः सर्वदुर्गाणि	मरगल	ऽऽऽ, ऽ।ऽ, ऽ।
65.	18.76.1	राजन्संस्मृत्य संस्मृत्य	मरगल	ऽऽऽ, ऽ।ऽ, ऽ।
66.	1.3.1	पश्यैतां पाण्डुपुत्राणाम्	मरगग	ऽऽऽ, ऽ।ऽ, ऽऽ
67.	1.15.1	पाञ्चजन्यं हृषीकेशो	मरगग	ऽऽऽ, ऽ।ऽ, ऽऽ
68.	1.26.1	तत्रापश्यत्स्थितान्पार्थः	मरगग	ऽऽऽ, ऽ।ऽ, ऽऽ
69.	1.26.3	आचार्यान्मातुलान्भ्रातॄन्	मरगग	ऽऽऽ, ऽ।ऽ, ऽऽ
70.	1.30.1	गाण्डीवं स्रंसते हस्तात्	मरगग	ऽऽऽ, ऽ।ऽ, ऽऽ
71.	1.37.1	तस्मान्नार्हा वयं हन्तुं	मरगग	ऽऽऽ, ऽ।ऽ, ऽऽ
72.	1.40.3	धर्मे नष्टे कुलं कृत्स्नम्	मरगग	ऽऽऽ, ऽ।ऽ, ऽऽ
73.	1.43.1	दोषैरेतैः कुलघ्नानां	मरगग	ऽऽऽ, ऽ।ऽ, ऽऽ
74.	2.25.3	तस्मादेवं विदित्वैनं	मरगग	ऽऽऽ, ऽ।ऽ, ऽऽ
75.	2.28.1	अव्यक्तादीनि भूतानि	मरगग	ऽऽऽ, ऽ।ऽ, ऽऽ
76.	2.44.1	भोगैश्वर्यप्रसक्तानां	मरगग	ऽऽऽ, ऽ।ऽ, ऽऽ
77.	2.45.3	निर्द्वन्द्वो नित्यसत्त्वस्थो	मरगग	ऽऽऽ, ऽ।ऽ, ऽऽ
78.	2.16.3	तावान्सर्वेषु वेदेषु	मरगग	ऽऽऽ, ऽ।ऽ, ऽऽ
79.	2.47.1	कर्मण्येवाधिकारस्ते	मरगग	ऽऽऽ, ऽ।ऽ, ऽऽ
80.	2.54.1	स्थितप्रज्ञस्य का भाषा	मरगग	ऽऽऽ, ऽ।ऽ, ऽऽ
81.	2.55.3	आत्मन्येवात्मना तुष्टः	मरगग	ऽऽऽ, ऽ।ऽ, ऽऽ
82.	2.57.1	यः सर्वत्रानभिस्नेहः	मरगग	ऽऽऽ, ऽ।ऽ, ऽऽ

2.1 आठ अक्षरों वाले गीता के 80 छंद

83.	2.62.3	सङ्गात्सञ्जायते कामः	मरगग	SSS, SIS, SS
84.	2.72.3	स्थित्वास्यामन्तकालेऽपि	मरगग	SSS, SIS, SS
85.	3.12.1	इष्टान्भोगान्हि वो देवा	मरगग	SSS, SIS, SS
86.	3.25.1	सक्ताः कर्मण्यविद्वांसो	मरगग	SSS, SIS, SS
87.	3.25.3	कुर्याद्विद्वांस्तथाऽसक्तः	मरगग	SSS, SIS, SS
88.	3.31.3	श्रद्धावन्तोऽनसूयन्तो	मरगग	SSS, SIS, SS
89.	3.43.1	एवं बुद्धेः परं बुद्ध्वा	मरगग	SSS, SIS, SS
90.	4.12.1	काङ्क्षन्तः कर्मणां सिद्धिं	मरगग	SSS, SIS, SS
91.	4.13.1	चातुर्वर्ण्यं मया सृष्टं	मरगग	SSS, SIS, SS
92.	4.26.1	श्रोत्रादीनीन्द्रियाण्यन्ये	मरगग	SSS, SIS, SS
93.	4.31.3	नायं लोकोऽस्त्ययज्ञस्य	मरगग	SSS, SIS, SS
94.	4.33.3	सर्वं कर्माखिलं पार्थ	मरगग	SSS, SIS, SS
95.	4.39.3	ज्ञानं लब्ध्वा परां शान्तिम्	मरगग	SSS, SIS, SS
96.	4.42.1	तस्मादज्ञानसम्भूतं	मरगग	SSS, SIS, SS
97.	4.42.3	छित्त्वैनं संशयं योगम्	मरगग	SSS, SIS, SS
98.	5.1.3	यच्छ्रेय एतयोरेकं	मरगग	SSS, SIS, SS
99.	5.5.1	यत्साङ्ख्यैः प्राप्यते स्थानं	मरगग	SSS, SIS, SS
100.	5.8.3	पश्यञ्शृण्वन्स्पृशञ्जिघ्रन्	मरगग	SSS, SIS, SS
101.	5.15.1	नादत्ते कस्यचित्पापं	मरगग	SSS, SIS, SS
102.	5.15.3	अज्ञानेनावृतं ज्ञानं	मरगग	SSS, SIS, SS
103.	5.16.3	तेषामादित्यवज्ज्ञानं	मरगग	SSS, SIS, SS

104.	5.21.1	बाह्यस्पर्शैष्वसक्तात्मा	मरगग	ऽऽऽ, ऽ।ऽ, ऽऽ
105.	5.23.1	शक्नोतीहैव यः सोढुं	मरगग	ऽऽऽ, ऽ।ऽ, ऽऽ
106.	5.23.3	कामक्रोधोद्भवं वेगं	मरगग	ऽऽऽ, ऽ।ऽ, ऽऽ
107.	5.25.3	छिन्नद्वैधा यतात्मानः	मरगग	ऽऽऽ, ऽ।ऽ, ऽऽ
108.	5.27.1	स्पर्शान्कृत्वा बहिर्बाह्यान्	मरगग	ऽऽऽ, ऽ।ऽ, ऽऽ
109.	5.27.3	प्राणापानौ समौ कृत्वा	मरगग	ऽऽऽ, ऽ।ऽ, ऽऽ
110.	6.5.3	आत्मैव ह्यात्मनो बन्धुः	मरगग	ऽऽऽ, ऽ।ऽ, ऽऽ
111.	6.12.1	तत्रैकाग्रं मनः कृत्वा	मरगग	ऽऽऽ, ऽ।ऽ, ऽऽ
112.	6.15.1	युञ्जन्नेवं सदात्मानं	मरगग	ऽऽऽ, ऽ।ऽ, ऽऽ
113.	6.22.1	यं लब्ध्वा चापरं लाभं	मरगग	ऽऽऽ, ऽ।ऽ, ऽऽ
114.	6.28.1	युञ्जन्नेवं सदात्मानं	मरगग	ऽऽऽ, ऽ।ऽ, ऽऽ
115.	6.33.1	योऽयं योगस्त्वया प्रोक्तः	मरगग	ऽऽऽ, ऽ।ऽ, ऽऽ
116.	6.34.3	तस्याहं निग्रहं मन्ये	मरगग	ऽऽऽ, ऽ।ऽ, ऽऽ
117.	6.44.1	पूर्वाभ्यासेन तेनैव	मरगग	ऽऽऽ, ऽ।ऽ, ऽऽ
118.	6.46.3	कर्मिभ्यश्चाधिको योगी	मरगग	ऽऽऽ, ऽ।ऽ, ऽऽ
119.	7.2.1	ज्ञानं तेऽहं सविज्ञानम्	मरगग	ऽऽऽ, ऽ।ऽ, ऽऽ
120.	7.2.3	यज्ज्ञात्वा नेह भूयोऽन्यत्	मरगग	ऽऽऽ, ऽ।ऽ, ऽऽ
121.	7.10.1	बीजं मां सर्वभूतानां	मरगग	ऽऽऽ, ऽ।ऽ, ऽऽ
122.	7.16.3	आर्तो जिज्ञासुरर्थार्थी	मरगग	ऽऽऽ, ऽ।ऽ, ऽऽ
123.	7.20.1	कामैस्तैस्तैर्हृतज्ञानाः	मरगग	ऽऽऽ, ऽ।ऽ, ऽऽ
124.	7.21.1	यो यो यां यां तनुं भक्तः	मरगग	ऽऽऽ, ऽ।ऽ, ऽऽ

125.	7.24.1	अव्यक्तं व्यक्तिमापन्नं	मरगग	SSS, SIS, SS
126.	8.12.3	मूर्ध्न्याधायात्मनः प्राणम्	मरगग	SSS, SIS, SS
127.	8.13.1	ओमित्येकाक्षरं ब्रह्म	मरगग	SSS, SIS, SS
128.	8.18.1	अव्यक्ताद्व्यक्तयः सर्वाः	मरगग	SSS, SIS, SS
129.	8.25.1	धूमो रात्रिस्तथा कृष्णः	मरगग	SSS, SIS, SS
130.	9.12.1	मोघाशा मोघकर्माणो	मरगग	SSS, SIS, SS
131.	9.22.	तेषां नित्याभियुक्तानां	मरगग	SSS, SIS, SS
132.	9.26.1	पत्रं पुष्पं फलं तोयं	मरगग	SSS, SIS, SS
133.	10.4.1	बुद्धिर्ज्ञानमसम्मोहः	मरगग	SSS, SIS, SS
134.	10.6.3	मद्भावा मानसा जाता	मरगग	SSS, SIS, SS
135.	10.9.1	मच्चित्ता मद्गतप्राणा	मरगग	SSS, SIS, SS
136.	10.11.1	तेषामेवानुकम्पार्थम्	मरगग	SSS, SIS, SS
137.	10.16.3	याभिर्विभूतिभिर्लोकान्	मरगग	SSS, SIS, SS
138.	10.21.1	आदित्यानामहं विष्णुः	मरगग	SSS, SIS, SS
139.	10.24.3	सेनानीनामहं स्कन्दः	मरगग	SSS, SIS, SS
140.	10.26.1	अश्वत्थः सर्ववृक्षाणां	मरगग	SSS, SIS, SS
141.	10.30.1	प्रह्लादश्चास्मि दैत्यानां	मरगग	SSS, SIS, SS
142.	10.34.3	कीर्तिः श्रीर्वाक्च नारीणां	मरगग	SSS, SIS, SS
143.	10.35.3	मासानां मार्गशीर्षोऽहम्	मरगग	SSS, SIS, SS
144.	10.38.3	मौनं चैवास्मि गुह्यानां	मरगग	SSS, SIS, SS
145.	11.13.1	तत्रैकस्थं जगत्कृत्स्नं	मरगग	SSS, SIS, SS

2.1 आठ अक्षरों वाले गीता के 80 छंद

146.	11.51.1	दृष्ट्वेदं मानुषं रूपं	मरगग	SSS, SIS, SS
147.	11.52.3	देवा अप्यस्य रूपस्य	मरगग	SSS, SIS, SS
148.	12.13.1	अद्वेष्टा सर्वभूतानां	मरगग	SSS, SIS, SS
149.	13.2.3	एतद्यो वेत्ति तं प्राहुः	मरगग	SSS, SIS, SS
150.	13.3.3	क्षेत्रक्षेत्रज्ञयोर्ज्ञानं	मरगग	SSS, SIS, SS
151.	13.7.1	इच्छा द्वेषः सुखं दुःखं	मरगग	SSS, SIS, SS
152.	13.8.3	आचार्योपासनं शौचं	मरगग	SSS, SIS, SS
153.	13.27.1	यावत्सञ्जायते किञ्चित्	मरगग	SSS, SIS, SS
154.	13.33.3	सर्वत्रावस्थितो देहे	मरगग	SSS, SIS, SS
155.	13.34.3	क्षेत्रं क्षेत्री तथा कृत्स्नं	मरगग	SSS, SIS, SS
156.	13.35.1	क्षेत्रक्षेत्रज्ञयोरेवम्	मरगग	SSS, SIS, SS
157.	14.17.1	सत्त्वात्सञ्जायते ज्ञानं	मरगग	SSS, SIS, SS
158.	14.18.1	ऊर्ध्वं गच्छन्ति सत्त्वस्था	मरगग	SSS, SIS, SS
159.	14.21.1	कैर्लिङ्गैस्त्रीन्गुणानेतान्	मरगग	SSS, SIS, SS
160.	16.4.1	दम्भो दर्पोऽभिमानश्च	मरगग	SSS, SIS, SS
161.	16.12.3	ईहन्ते कामभोगार्थम्	मरगग	SSS, SIS, SS
162.	16.21.3	कामः क्रोधस्तथा लोभः	मरगग	SSS, SIS, SS
163.	16.24.1	तस्माच्छास्त्रं प्रमाणं ते	मरगग	SSS, SIS, SS
164.	17.5.3	दम्भाहङ्कारसंयुक्ताः	मरगग	SSS, SIS, SS
165.	17.6.3	मां चैवान्तःशरीरस्थं	मरगग	SSS, SIS, SS
166.	17.8.3	रस्याः स्निग्धाः स्थिरा हृद्या	मरगग	SSS, SIS, SS

2.1 आठ अक्षरों वाले गीता के 80 छंद

167.	17.9.3	आहारा राजसस्येष्टा	मरगग	SSS, SIS, SS
168.	17.24.1	तस्मादोमित्युदाहृत्य	मरगग	SSS, SIS, SS
169.	18.2.1	काम्यानां कर्मणां न्यासं	मरगग	SSS, SIS, SS
170.	18.18.1	ज्ञानं ज्ञेयं परिज्ञाता	मरगग	SSS, SIS, SS
171.	18.25.3	मोहादारभ्यते कर्म	मरगग	SSS, SIS, SS
172.	18.39.3	निद्रालस्यप्रमादोत्थं	मरगग	SSS, SIS, SS
173.	18.42.3	ज्ञानं विज्ञानमास्तिक्यं	मरगग	SSS, SIS, SS
174.	18.43.1	शौर्यं तेजो धृतिर्दाक्ष्यं	मरगग	SSS, SIS, SS
175.	18.73.1	नष्टो मोहः स्मृतिर्लब्धा	मरगग	SSS, SIS, SS
176.	18.75.3	योगं योगेश्वरात्कृष्णात्	मरगग	SSS, SIS, SS
				Total 177

77. मतलग

SSS, SSI, IS

गीता के 18 अध्यायों में मतलग (SSS, SSI, IS) छंद सूत्र के निम्नांकित 2 चरण प्रयुक्त हैं.

गीता में आने वाले 2 मतलग छंद

क्रम	गण	गण सूत्र	छंद नाम	चरण संख्या
1.	4.30.3	सर्वेऽप्येते यज्ञविदो	मतलग	SSS, SSI, IS
2.	10.26.3	गन्धर्वाणां चित्ररथः	मतलग	SSS, SSI, IS
				Total 2

78–79. मतगल, मतगग

ऽऽऽ, ऽऽ।, ऽ। और ऽऽऽ, ऽऽ।, ऽऽ

गीता के 18 अध्यायों में मतगल (ऽऽऽ, ऽऽ।, ऽ।) छंद सूत्र के 2 चरण और मतगग (ऽऽऽ, ऽऽ।, ऽऽ) छंद सूत्र के 6 चरण प्रयुक्त है. चरण का अंतिम लघु अक्षर भी गुरु माना जाता है, अत: मतगग सूत्र के कुल 8 निम्नांकित चरण गीता में प्रयुक्त हैं.

गीता में आने वाले 8 मतगल–मतगग छंद

क्रम	श्लोक संदर्भ अध्याय.श्लोक.चरण	गीता चरण प्रतीक	गण	सूत्र
1.	7.17.1	तेषां ज्ञानी नित्ययुक्त	मतगल	ऽऽऽ, ऽऽ।, ऽ।
2.	15.9.1	श्रोत्रं चक्षुः स्पर्शनं च	मतगल	ऽऽऽ, ऽऽ।, ऽ।
3.	1.33.1	येषामर्थे काङ्क्षितं नो	मतगग	ऽऽऽ, ऽऽ।, ऽऽ
4.	1.43.3	उत्साद्यन्ते जातिधर्माः	मतगग	ऽऽऽ, ऽऽ।, ऽऽ
5.	2.12.1	न त्वेवाहं जातु नासं	मतगग	ऽऽऽ, ऽऽ।, ऽऽ
6.	13.18.3	ज्ञानं ज्ञेयं ज्ञानगम्यं	मतगग	ऽऽऽ, ऽऽ।, ऽऽ
7.	15.20.3	एतद्बुद्ध्वा बुद्धिमान्स्यात्	मतगग	ऽऽऽ, ऽऽ।, ऽऽ
8.	17.19.1	मूढग्राहेणात्मनो यत्	मतगग	ऽऽऽ, ऽऽ।, ऽऽ
				Total 8

वर्ग २

3. नौ अक्षरों वाला गीता का एकमात्र छंद

80. सजस

।।ऽ, ।।ऽ, ।।ऽ

यक्षि

गीता के 18 अध्यायों में सजस (।।ऽ, ।ऽ।, ।।ऽ) छंद सूत्र का यक्षि नामाक छंद का निम्नांकित 1 अनुष्टुप् चरण प्रयुक्त है.

गीता में आने वाला 1 सजस छंद

क्रम	गण	गण सूत्र	छंद नाम	गीता चरण प्रतीक	श्लोक संदर्भ
1.	सजस	।।ऽ, ।ऽ।, ।।ऽ	यक्षि	मदनुग्रहाय परमं	11.1.1

वर्ग ३

4. ग्यारह अक्षरों वाले गीता के 23 छंद

81. जभजगग

।ऽऽ, ऽऽ।, ।।ऽ, ऽऽ।

गीता के 18 अध्यायों में जभजगग (।ऽ।, ऽ।।, ।ऽ।, ऽऽ) सूत्र का निम्नांकित 1 चरण प्रयुक्त है.

गीता में आने वाला 1 जभजगग छंद

क्रम	गण	गण सूत्र	गीता चरण प्रतीक	श्लोक संदर्भ
1	जभजगग	।ऽ।, ऽ।।, ।ऽ।, ऽऽ	कविं पुराणमनुशासितारम्	8.9.1

82–83. जभतगल, जभतगग

।ऽ।, ऽ।।, ऽऽ।, ऽ। और ।ऽ।, ऽ।।, ऽऽ।, ऽऽ

गीता के 18 अध्यायों में जभतगल (।ऽ।, ऽ।।, ऽऽ।, ऽ।) छंद सूत्र का 1 चरण और जभतगग (।ऽ।, ऽ।।, ऽऽ।, ऽऽ) छंद सूत्र के 8 चरण प्रयुक्त है. चरण का अंतिम लघु अक्षर भी गुरु माना जाता है, अत: जभतगग सूत्र के कुल 9 निम्नांकित चरण गीता में प्रयुक्त हैं.

गीता में आने वाले 9 जभतगल–जभतगग छंद

क्रम	गण	गण सूत्र	गीता चरण प्रतीक	श्लोक संदर्भ
1.	जभतगल	।ऽ।, ऽ।।, ऽऽ।, ऽ।	किरीटिनं गदिनं चक्रिणं च	11.17.1
2.	जभतगग	।ऽ।, ऽ।।, ऽऽ।, ऽऽ	न जायते म्रियते वा कदाचित्	2.20.1
3.	जभतगग	।ऽ।, ऽ।।, ऽऽ।, ऽऽ	विशन्ति यद्यतयो वीतरागाः ।	8.11.2
4.	जभतगग	।ऽ।, ऽ।।, ऽऽ।, ऽऽ	त्वमक्षरं परमं वेदितव्यं	11.18.1

4. ग्यारह अक्षरों वाले गीता के 23 छंद

5.	जभतगग	।ऽ।, ऽ।।, ऽऽ।, ऽऽ	स्तुवन्ति त्वा स्तुतिभिः पुष्कलाभिः ।।	11.21.4
6.	जभतगग	।ऽ।, ऽ।।, ऽऽ।, ऽऽ	बहूदरं बहुदंष्ट्राकरालं	11.23.3
7.	जभतगग	।ऽ।, ऽ।।, ऽऽ।, ऽऽ	अमी च त्वां धृतराष्ट्रस्य पुत्राः	11.26.1
8.	जभतगग	।ऽ।, ऽ।।, ऽऽ।, ऽऽ	अजानता महिमानं तवेदं	11.41.3
9.	जभतगग	।ऽ।, ऽ।।, ऽऽ।, ऽऽ	किरीटिनं गदिनं चक्रहस्तम्	11.46.1
				Total 9

84–85. जतजगल, जतजगग

।ऽ।, ऽऽ।, ।ऽ।, ऽ। और ।ऽ।, ऽऽ।, ।ऽ।, ऽऽ

उपेंद्रवज्रा छंद

गीता के 18 अध्यायों में **जतजगल** (।ऽ।, ऽऽ।, ।ऽ।, ऽ।) छंद सूत्र के 15 चरण और **जतजगग** (।ऽ।, ऽऽ।, ।ऽ।, ऽऽ) छंद सूत्र के 52 चरण प्रयुक्त है. चरण का अंतिम लघु अक्षर भी गुरु माना जाता है, अत: **जतजगग** सूत्र के उपेंद्रवज्रा नामक छंद के कुल 67 निम्नांकित चरण गीता में प्रयुक्त हैं. इन्द्र भगवान के छोटे बंधु उपेंद्र देव याने वामन (भागवत पुराण 10.3.42, वायु पु. 98.8, ब्रह्माण्ड पु. 3.21.59) के नाम पर रखा गया यह 11 अक्षरों की 17 मात्रा वाला एक सम वर्णवृत्त का छंद है.

गीता में आने वाले 67 जतजगल-जतजगग छंद

क्रम	गण	गण सूत्र	छंद नाम	गीता चरण प्रतीक	श्लोक संदर्भ
1.	जतजगल	।ऽ।, ऽऽ।, ।ऽ।, ऽ।	उपेंद्रवज्रा	नवानि गृह्णाति नरोऽपराणि ।	2.22.2
2.	जतजगल	।ऽ।, ऽऽ।, ।ऽ।, ऽ।	उपेंद्रवज्रा	प्रसीद देवेश जगन्निवास ।।	11.25.4
3.	जतजगल	।ऽ।, ऽऽ।, ।ऽ।, ऽ।	उपेंद्रवज्रा	समुद्रमेवाभिमुखा द्रवन्ति ।	11.28.2
4.	जतजगल	।ऽ।, ऽऽ।, ।ऽ।, ऽ।	उपेंद्रवज्रा	विशन्ति वक्त्राण्यभिविज्वलन्ति ।।	11.28.4
5.	जतजगल	।ऽ।, ऽऽ।, ।ऽ।, ऽ।	उपेंद्रवज्रा	नमोऽस्तु ते देववर प्रसीद ।	11.31.2
6.	जतजगल	।ऽ।, ऽऽ।, ।ऽ।, ऽ।	उपेंद्रवज्रा	जगत्प्रहृष्यत्यनुरज्यते च ।	11.36.2
7.	जतजगल	।ऽ।, ऽऽ।, ।ऽ।, ऽ।	उपेंद्रवज्रा	अनन्त देवेश जगन्निवास	11.37.3
8.	जतजगल	।ऽ।, ऽऽ।, ।ऽ।, ऽ।	उपेंद्रवज्रा	प्रजापतिस्त्वं प्रपितामहश्च ।	11.39.2

4. ग्यारह अक्षरों वाले गीता के 23 छंद

9.	जतजगल	।ऽ।, ऽऽ।, ।ऽ।, ऽ।	उपेंद्रवज्रा	नमोऽस्तु ते सर्वत एव सर्व ।	11.40.2
10.	जतजगल	।ऽ।, ऽऽ।, ।ऽ।, ऽ।	उपेंद्रवज्रा	मया प्रमादात्प्रणयेन वापि ।।	11.41.4
11.	जतजगल	।ऽ।, ऽऽ।, ।ऽ।, ऽ।	उपेंद्रवज्रा	विहारशय्यासनभोजनेषु ।	11.42.2
12.	जतजगल	।ऽ।, ऽऽ।, ।ऽ।, ऽ।	उपेंद्रवज्रा	प्रसीद देवेश जगन्निवास ।।	11.45.4
13.	जतजगल	।ऽ।, ऽऽ।, ।ऽ।, ऽ।	उपेंद्रवज्रा	तदेव मे रूपमिदं प्रपश्य ।।	11.49.4
14.	जतजगल	।ऽ।, ऽऽ।, ।ऽ।, ऽ।	उपेंद्रवज्रा	अधश्च मूलान्यनुसन्ततानि	15.2.3
15.	जतजगल	।ऽ।, ऽऽ।, ।ऽ।, ऽ।	उपेंद्रवज्रा	असङ्गशस्त्रेण दृढेन छित्त्वा ।।	15.3.4
16.	जतजगग	।ऽ।, ऽऽ।, ।ऽ।, ऽऽ	उपेंद्रवज्रा	गुरूनहत्वा हि महानुभावान्	2.5.1
17.	जतजगग	।ऽ।, ऽऽ।, ।ऽ।, ऽऽ	उपेंद्रवज्रा	न हि प्रपश्यामि ममापनुद्यात्	2.8.1
18.	जतजगग	।ऽ।, ऽऽ।, ।ऽ।, ऽऽ	उपेंद्रवज्रा	अवाप्य भूमावसपत्नमृद्धं	2.8.3
19.	जतजगग	।ऽ।, ऽऽ।, ।ऽ।, ऽऽ	उपेंद्रवज्रा	समुद्रमापः प्रविशन्ति यद्वत् ।	2.70.2
20.	जतजगग	।ऽ।, ऽऽ।, ।ऽ।, ऽऽ	उपेंद्रवज्रा	स शान्तिमाप्नोति न कामकामी ।।	2.70.4
21.	जतजगग	।ऽ।, ऽऽ।, ।ऽ।, ऽऽ	उपेंद्रवज्रा	अणोरणीयांसमनुस्मरेद्यः ।	8.9.2
22.	जतजगग	।ऽ।, ऽऽ।, ।ऽ।, ऽऽ	उपेंद्रवज्रा	ऋषींश्च सर्वानुरगांश्च दिव्यान् ।।	11.15.4
23.	जतजगग	।ऽ।, ऽऽ।, ।ऽ।, ऽऽ	उपेंद्रवज्रा	अनेकबाहूदरवक्त्रनेत्रं	11.16.1
24.	जतजगग	।ऽ।, ऽऽ।, ।ऽ।, ऽऽ	उपेंद्रवज्रा	त्वमस्य विश्वस्य परं निधानम् ।	11.18.2
25.	जतजगग	।ऽ।, ऽऽ।, ।ऽ।, ऽऽ	उपेंद्रवज्रा	त्वमव्ययः शाश्वतधर्मगोप्ता	11.18.3
26.	जतजगग	।ऽ।, ऽऽ।, ।ऽ।, ऽऽ	उपेंद्रवज्रा	सनातनस्त्वं पुरुषो मतो मे ।।	11.18.4
27.	जतजगग	।ऽ।, ऽऽ।, ।ऽ।, ऽऽ	उपेंद्रवज्रा	अनादिमध्यान्तमनन्तवीर्यम्	11.19.1
28.	जतजगग	।ऽ।, ऽऽ।, ।ऽ।, ऽऽ	उपेंद्रवज्रा	अनन्तबाहुं शशिसूर्यनेत्रम् ।	11.19.2
29.	जतजगग	।ऽ।, ऽऽ।, ।ऽ।, ऽऽ	उपेंद्रवज्रा	स्वतेजसा विश्वमिदं तपन्तम् ।।	11.19.4
30.	जतजगग	।ऽ।, ऽऽ।, ।ऽ।, ऽऽ	उपेंद्रवज्रा	नभःस्पृशं दीप्तमनेकवर्णं	11.24.1
31.	जतजगग	।ऽ।, ऽऽ।, ।ऽ।, ऽऽ	उपेंद्रवज्रा	धृतिं न विन्दामि शमं च विष्णो ।।	11.24.4
32.	जतजगग	।ऽ।, ऽऽ।, ।ऽ।, ऽऽ	उपेंद्रवज्रा	दिशो न जाने न लभे च शर्म	11.25.3
33.	जतजगग	।ऽ।, ऽऽ।, ।ऽ।, ऽऽ	उपेंद्रवज्रा	सहास्मदीयैरपि योधमुख्यैः ।।	11.26.4
34.	जतजगग	।ऽ।, ऽऽ।, ।ऽ।, ऽऽ	उपेंद्रवज्रा	यथा नदीनां बहवोऽम्बुवेगाः	11.28.1
35.	जतजगग	।ऽ।, ऽऽ।, ।ऽ।, ऽऽ	उपेंद्रवज्रा	तथा तवामी नरलोकवीरा	11.28.3

4. ग्यारह अक्षरों वाले गीता के 23 छंद

36.	जतजगग	ISI, SSI, ISI, SS	उपेंद्रवज्रा	यथा प्रदीप्तं ज्वलनं पतङ्गा	11.29.1
37.	जतजगग	ISI, SSI, ISI, SS	उपेंद्रवज्रा	विशन्ति नाशाय समृद्धवेगाः ।	11.29.2
38.	जतजगग	ISI, SSI, ISI, SS	उपेंद्रवज्रा	तथैव नाशाय विशन्ति लोकाः	11.29.3
39.	जतजगग	ISI, SSI, ISI, SS	उपेंद्रवज्रा	तवापि वक्त्राणि समृद्धवेगाः ॥	11.29.4
40.	जतजगग	ISI, SSI, ISI, SS	उपेंद्रवज्रा	न हि प्रजानामि तव प्रवृत्तिम् ॥	11.31.4
41.	जतजगग	ISI, SSI, ISI, SS	उपेंद्रवज्रा	ऋतेऽपि त्वां न भविष्यन्ति सर्वे	11.32.3
42.	जतजगग	ISI, SSI, ISI, SS	उपेंद्रवज्रा	निमित्तमात्रं भव सव्यसाचिन् ॥	11.33.4
43.	जतजगग	ISI, SSI, ISI, SS	उपेंद्रवज्रा	मया हतांस्त्वं जहि मा व्यथिष्ठा	11.34.3
44.	जतजगग	ISI, SSI, ISI, SS	उपेंद्रवज्रा	त्वमादिदेवः पुरुषः पुराणः	11.38.1
45.	जतजगग	ISI, SSI, ISI, SS	उपेंद्रवज्रा	त्वमस्य विश्वस्य परं निधानम् ।	11.38.2
46.	जतजगग	ISI, SSI, ISI, SS	उपेंद्रवज्रा	त्वया ततं विश्वमनन्तरूप ॥	11.38.4
47.	जतजगग	ISI, SSI, ISI, SS	उपेंद्रवज्रा	नमो नमस्तेऽस्तु सहस्रकृत्वः	11.39.3
48.	जतजगग	ISI, SSI, ISI, SS	उपेंद्रवज्रा	पुनश्च भूयोऽपि नमो नमस्ते ॥	11.39.4
49.	जतजगग	ISI, SSI, ISI, SS	उपेंद्रवज्रा	नमः पुरस्तादथ पृष्ठतस्ते	11.40.1
50.	जतजगग	ISI, SSI, ISI, SS	उपेंद्रवज्रा	अनन्तवीर्यामितविक्रमस्त्वं	11.40.3
51.	जतजगग	ISI, SSI, ISI, SS	उपेंद्रवज्रा	सखेति मत्वा प्रसभं यदुक्तं	11.41.1
52.	जतजगग	ISI, SSI, ISI, SS	उपेंद्रवज्रा	पितासि लोकस्य चराचरस्य	11.43.1
53.	जतजगग	ISI, SSI, ISI, SS	उपेंद्रवज्रा	त्वमस्य पूज्यश्च गुरुर्गरीयान् ।	11.43.2
54.	जतजगग	ISI, SSI, ISI, SS	उपेंद्रवज्रा	प्रसादये त्वामहमीशमीड्यम् ।	11.44.2
55.	जतजगग	ISI, SSI, ISI, SS	उपेंद्रवज्रा	पितेव पुत्रस्य सखेव सख्युः	11.44.3
56.	जतजगग	ISI, SSI, ISI, SS	उपेंद्रवज्रा	प्रियः प्रियायार्हसि देव सोढुम् ॥	11.44.4
57.	जतजगग	ISI, SSI, ISI, SS	उपेंद्रवज्रा	अदृष्टपूर्वं हृषितोऽस्मि दृष्ट्वा	11.45.1
58.	जतजगग	ISI, SSI, ISI, SS	उपेंद्रवज्रा	भयेन च प्रव्यथितं मनो मे ।	11.45.2
59.	जतजगग	ISI, SSI, ISI, SS	उपेंद्रवज्रा	तदेव मे दर्शय देव रूपं	11.45.3
60.	जतजगग	ISI, SSI, ISI, SS	उपेंद्रवज्रा	सहस्रबाहो भव विश्वमूर्ते ॥	11.46.4
61.	जतजगग	ISI, SSI, ISI, SS	उपेंद्रवज्रा	मया प्रसन्नेन तवार्जुनेदं	11.47.1
62.	जतजगग	ISI, SSI, ISI, SS	उपेंद्रवज्रा	न वेदयज्ञाध्ययनैर्न दानैः	11.48.1
63.	जतजगग	ISI, SSI, ISI, SS	उपेंद्रवज्रा	न च क्रियाभिर्न तपोभिरुग्रैः ।	11.48.2

4. ग्यारह अक्षरों वाले गीता के 23 छंद

64.	जतजगग	।ऽ।, ऽऽ।, ।ऽ।, ऽऽ	उपेंद्रवज्रा	गुणप्रवृद्धा विषयप्रवालाः ।	15.2.2
65.	जतजगग	।ऽ।, ऽऽ।, ।ऽ।, ऽऽ	उपेंद्रवज्रा	ततः पदं तत्परिमार्गितव्यं	15.4.1
66.	जतजगग	।ऽ।, ऽऽ।, ।ऽ।, ऽऽ	उपेंद्रवज्रा	तमेव चाद्यं पुरुषं प्रपद्ये	15.4.3
67.	जतजगग	।ऽ।, ऽऽ।, ।ऽ।, ऽऽ	उपेंद्रवज्रा	यतः प्रवृत्तिः प्रसृता पुराणी ।।	15.4.4
					Total 67

86–87. जततगल, जततगग

।ऽ।, ऽऽ।, ऽऽ।, ऽ। और ।ऽ।, ऽऽ।, ऽऽ।, ऽऽ

गीता के 18 अध्यायों में **जतजगल** (।ऽ।, ऽऽ।, ऽऽ।, ऽ।) छंद सूत्र के 2 चरण और **जतजगग** (।ऽ।, ऽऽ।, ऽऽ।, ऽऽ) छंद सूत्र के 4 चरण प्रयुक्त है. चरण का अंतिम लघु अक्षर भी गुरु माना जाता है, अतः **जततगग** सूत्र के कुल 6 निम्नांकित चरण गीता में प्रयुक्त हैं.

गीता में आने वाले 6 जततगल–जततगग छंद

क्रम	गण	गण सूत्र	गीता चरण प्रतीक	श्लोक संदर्भ
1.	जततगल	।ऽ।, ऽऽ।, ऽऽ।, ऽ।	यदक्षरं वेदविदो वदन्ति	8.11.1
2.	जततगल	।ऽ।, ऽऽ।, ऽऽ।, ऽ।	सगद्गदं भीतभीतः प्रणम्य ।।	11.35.4
3.	जततगग	।ऽ।, ऽऽ।, ऽऽ।, ऽऽ	न हन्यते हन्यमाने शरीरे ।।	2.20.4
4.	जततगग	।ऽ।, ऽऽ।, ऽऽ।, ऽऽ	गतागतं कामकामा लभन्ते ।।	9.21.4
5.	जततगग	।ऽ।, ऽऽ।, ऽऽ।, ऽऽ	कृताञ्जलिर्वेपमानः किरीटी ।	11.35.2
6.	जततगग	।ऽ।, ऽऽ।, ऽऽ।, ऽऽ	गरीयसे ब्रह्मणोऽप्यादिकर्त्रे ।	11.37.2
				Total 6

88–89. यभतगल, यभतगग

।ऽऽ, ऽ।।, ऽऽ।, ऽ। और ।ऽऽ, ऽ।।, ऽऽ।, ऽऽ

गीता के 18 अध्यायों में **यभतगल** (।ऽऽ, ऽ।।, ऽऽ।, ऽ।) छंद सूत्र का 1 चरण और **यभतगग** (।ऽऽ,

4. ग्यारह अक्षरों वाले गीता के 23 छंद

SII, SSI, SS) छंद सूत्र के 2 चरण प्रयुक्त है. चरण का अंतिम लघु अक्षर भी गुरु माना जाता है, अत: **यभतगग** सूत्र के कुल 3 निम्नांकित चरण गीता में प्रयुक्त हैं.

गीता में आने वाले 3 यभतगल-यभतगग छंद

क्रम	गण	गण सूत्र	गीता चरण प्रतीक	श्लोक संदर्भ
1	यभतगल	ISS, SII, SSI, SI	अमी हि त्वां सुरसङ्घा विशन्ति	11.21.1
2	यभतगग	ISS, SII, SSI, SS	महाबाहो बहुबाहूरुपादम् ।	11.23.2
3	यभतगग	ISS, SII, SSI, SS	अधश्चोर्ध्वं प्रसृतास्तस्य शाखा	15.2.1
				Total 3

90-91. यततगल, यततगग

ISS, SSI, SSI, SI और ISS, SSI, SSI, SS

गीता के 18 अध्यायों में **यततगल** (ISS, SSI, SSI, SI) छंद सूत्र का 1 चरण और **यततगग** (ISS, SSI, SSI, SS) छंद सूत्र के 4 चरण प्रयुक्त है. चरण का अंतिम लघु अक्षर भी गुरु माना जाता है, अत: **यततगग** सूत्र के कुल 5 निम्नांकित चरण गीता में प्रयुक्त हैं.

गीता में आने वाले 3 यततगल-यततगग छंद

क्रम	गण	गण सूत्र	गीता चरण प्रतीक	श्लोक संदर्भ
1.	यततगल	ISS, SSI, SSI, SI	यदिच्छन्तो ब्रह्मचर्यं चरन्ति	8.11.3
2.	यततगग	ISS, SSI, SSI, SS	अजो नित्यः शाश्वतोऽयं पुराणो	2.20.3
3.	यततगग	ISS, SSI, SSI, SS	भ्रुवोर्मध्ये प्राणमावेश्य सम्यक्	8.10.3
4.	यततगग	ISS, SSI, SSI, SS	नमस्कृत्वा भूय एवाह कृष्णं	11.35.3
5.	यततगग	ISS, SSI, SSI, SS	स्वकं रूपं दर्शयामास भूयः ।	11.50.2
				Total 5

92. तभजगग

ऽऽ।, ऽ।।, ।ऽ।, ऽऽ

चित्रा छंद

गीता के 18 अध्यायों में तभजगग (ऽऽ।, ऽ।।, ।ऽ।, ऽऽ) छंद सूत्र के चित्रा नामक छंद का 1 चरण प्रयुक्त है.

गीता में आने वाला 1 तभजगग छंद

क्रम	गण	गण सूत्र	गीता चरण प्रतीक	श्लोक संदर्भ
1.	तभजगग	ऽऽ।, ऽ।।, ।ऽ।, ऽऽ	आपूर्यमाणमचलप्रतिष्ठं	2.70.1

93–94. तभतगल, तभतगग

ऽऽ।, ऽ।।, ऽऽ।, ऽ। और ऽऽ।, ऽ।।, ऽऽ।, ऽऽ

ईहामुखी छंद

गीता के 18 अध्यायों में **तभतगल** (ऽऽ।, ऽ।।, ऽऽ।, ऽ।) छंद सूत्र के 2 चरण और **तभतगग** (ऽऽ।, ऽ।।, ऽऽ।, ऽऽ) छंद सूत्र के 5 चरण प्रयुक्त है. चरण का अंतिम लघु अक्षर भी गुरु माना जाता है, अतः **तभतगग** सूत्र के ईहामुखी नामक छंद के कुल 7 निम्नांकित चरण गीता में प्रयुक्त हैं.

गीता में आने वाले 7 तभतगल–तभतगग छंद

क्रम	गण	गण सूत्र	छंद नाम	गीता चरण प्रतीक	श्लोक संदर्भ
1.	तभतगल	ऽऽ।, ऽ।।, ऽऽ।, ऽ।	ईगामृगी	विश्वेऽश्विनौ मरुतश्चोष्मपाश्च ।	11.22.2
2.	तभतगल	ऽऽ।, ऽ।।, ऽऽ।, ऽ।	ईगामृगी	वक्त्राणि ते त्वरमाणा विशन्ति	11.27.1
3.	तभतगग	ऽऽ।, ऽ।।, ऽऽ।, ऽऽ	ईगामृगी	तेऽवस्थिताः प्रमुखे धार्तराष्ट्राः ॥	2.6.4
4.	तभतगग	ऽऽ।, ऽ।।, ऽऽ।, ऽऽ	ईगामृगी	लेलिह्यसे ग्रसमानः समन्तात्	11.30.1
5.	तभतगग	ऽऽ।, ऽ।।, ऽऽ।, ऽऽ	ईगामृगी	कस्माच्च ते न नमेरन्महात्मन्	11.37.1
6.	तभतगग	ऽऽ।, ऽ।।, ऽऽ।, ऽऽ	ईगामृगी	त्वमक्षरं सदसत्तत्परं यत् ॥	11.37.4

7.	तभतगग	ऽऽ।, ऽ।।, ऽऽ।, ऽऽ	ईगामृगी	यस्मिन्गता न निवर्तन्ति भूयः ।	15.4.2
					Total 7

95–96. ततजगल, ततजगग

ऽऽ।, ऽऽ।, ।ऽ।, ऽ। और ऽऽ।, ऽऽ।, ।ऽ।, ऽऽ

इंद्रवज्रा छंद

इन्द्रवज्रा तौ ज्गौ ग् (पिंगल 6.15). 11 इंद्रिय-समूह अथवा भगवान इन्द्र के वज्र के नाम पर रखा गया यह 11 अक्षरों की 18 मात्रा वाला एक सम वर्णवृत्त का छंद है. गीता के 18 अध्यायों में **ततजगल** (ऽऽ।, ऽऽ।, ।ऽ।, ऽ।) छंद सूत्र के 20 चरण और **ततजगग** (ऽऽ।, ऽऽ।, ।ऽ।, ऽऽ) छंद सूत्र के 61 चरण प्रयुक्त है. चरण का अंतिम लघु अक्षर भी गुरु माना जाता है, अत: **ततजगग** सूत्र के 18 मात्रा वाले इंद्रवज्रा नामक छंद के कुल 81 निम्नांकित चरण गीता में प्रयुक्त हैं.

गीता में आने वाले 81 ततजगल-ततजगग छंद

क्रम	गण	गण सूत्र	छंद नाम	गीता चरण प्रतीक	श्लोक संदर्भ
1.	ततजगल	ऽऽ।, ऽऽ।, ।ऽ।, ऽ।	इंद्रवज्रा	हत्वार्थकामांस्तु गुरूनिहैव	2.5.3
2.	ततजगल	ऽऽ।, ऽऽ।, ।ऽ।, ऽ।	इंद्रवज्रा	वासांसि जीर्णानि यथा विहाय	2.22.1
3.	ततजगल	ऽऽ।, ऽऽ।, ।ऽ।, ऽ।	इंद्रवज्रा	प्रयाणकाले मनसाऽचलेन	8.10.1
4.	ततजगल	ऽऽ।, ऽऽ।, ।ऽ।, ऽ।	इंद्रवज्रा	वेदेषु यज्ञेषु तपःसु चैव	8.28.1
5.	ततजगल	ऽऽ।, ऽऽ।, ।ऽ।, ऽ।	इंद्रवज्रा	पश्यामि विश्वेश्वर विश्वरूप ।।	11.16.4
6.	ततजगल	ऽऽ।, ऽऽ।, ।ऽ।, ऽ।	इंद्रवज्रा	दंष्ट्राकरालानि च ते मुखानि	11.25.1
7.	ततजगल	ऽऽ।, ऽऽ।, ।ऽ।, ऽ।	इंद्रवज्रा	दृष्ट्वैव कालानलसन्निभानि ।	11.25.2
8.	ततजगल	ऽऽ।, ऽऽ।, ।ऽ।, ऽ।	इंद्रवज्रा	दंष्ट्राकरालानि भयानकानि ।	11.27.2
9.	ततजगल	ऽऽ।, ऽऽ।, ।ऽ।, ऽ।	इंद्रवज्रा	केचिद्विलग्ना दशनान्तरेषु	11.27.3
10.	ततजगल	ऽऽ।, ऽऽ।, ।ऽ।, ऽ।	इंद्रवज्रा	तस्मात्त्वमुत्तिष्ठ यशो लभस्व	11.33.1
11.	ततजगल	ऽऽ।, ऽऽ।, ।ऽ।, ऽ।	इंद्रवज्रा	द्रोणं च भीष्मं च जयद्रथं च	11.34.1
12.	ततजगल	ऽऽ।, ऽऽ।, ।ऽ।, ऽ।	इंद्रवज्रा	युद्ध्यस्व जेतासि रणे सपत्नान् ।।	11.34.4
13.	ततजगल	ऽऽ।, ऽऽ।, ।ऽ।, ऽ।	इंद्रवज्रा	रक्षांसि भीतानि दिशो द्रवन्ति	11.36.3

4. ग्यारह अक्षरों वाले गीता के 23 छंद

14.	ततजगल	ऽऽ।, ऽऽ।, ।ऽ।, ऽ।	इंद्रवज्रा	हे कृष्ण हे यादव हे सखेति ।	11.41.2
15.	ततजगल	ऽऽ।, ऽऽ।, ।ऽ।, ऽ।	इंद्रवज्रा	यच्चावहासार्थमसत्कृतोऽसि	11.42.1
16.	ततजगल	ऽऽ।, ऽऽ।, ।ऽ।, ऽ।	इंद्रवज्रा	लोकत्रयेऽप्यप्रतिमप्रभाव ॥	11.43.4
17.	ततजगल	ऽऽ।, ऽऽ।, ।ऽ।, ऽ।	इंद्रवज्रा	इच्छामि त्वां द्रष्टुमहं तथैव ।	11.46.2
18.	ततजगल	ऽऽ।, ऽऽ।, ।ऽ।, ऽ।	इंद्रवज्रा	तेनैव रूपेण चतुर्भुजेन	11.46.3
19.	ततजगल	ऽऽ।, ऽऽ।, ।ऽ।, ऽ।	इंद्रवज्रा	द्रष्टुं त्वदन्येन कुरुप्रवीर ॥	11.48.4
20.	ततजगल	ऽऽ।, ऽऽ।, ।ऽ।, ऽ।	इंद्रवज्रा	मत्तः स्मृतिर्ज्ञानमपोहनं च ।	15.15.2
21.	ततजगग	ऽऽ।, ऽऽ।, ।ऽ।, ऽऽ	इंद्रवज्रा	भुञ्जीय भोगान्रुधिरप्रदिग्धान् ॥	2.5.4
22.	ततजगग	ऽऽ।, ऽऽ।, ।ऽ।, ऽऽ	इंद्रवज्रा	यानेव हत्वा न जिजीविषामः	2.6.3
23.	ततजगग	ऽऽ।, ऽऽ।, ।ऽ।, ऽऽ	इंद्रवज्रा	कार्पण्यदोषोपहतस्वभावः	2.7.1
24.	ततजगग	ऽऽ।, ऽऽ।, ।ऽ।, ऽऽ	इंद्रवज्रा	यच्छोकमुच्छोषणमिन्द्रियाणाम् ।	2.8.2
25.	ततजगग	ऽऽ।, ऽऽ।, ।ऽ।, ऽऽ	इंद्रवज्रा	राज्यं सुराणामपि चाधिपत्यम् ॥	2.8.4
26.	ततजगग	ऽऽ।, ऽऽ।, ।ऽ।, ऽऽ	इंद्रवज्रा	अन्यानि संयाति नवानि देही ॥	2.22.4
27.	ततजगग	ऽऽ।, ऽऽ।, ।ऽ।, ऽऽ	इंद्रवज्रा	आश्चर्यवत्पश्यति कश्चिदेनम्	2.29.1
28.	ततजगग	ऽऽ।, ऽऽ।, ।ऽ।, ऽऽ	इंद्रवज्रा	सर्वस्य धातारमचिन्त्यरूपम्	8.9.3
29.	ततजगग	ऽऽ।, ऽऽ।, ।ऽ।, ऽऽ	इंद्रवज्रा	आदित्यवर्णं तमसः परस्तात् ॥	8.9.4
30.	ततजगग	ऽऽ।, ऽऽ।, ।ऽ।, ऽऽ	इंद्रवज्रा	दानेषु यत्पुण्यफलं प्रदिष्टम् ।	8.28.2
31.	ततजगग	ऽऽ।, ऽऽ।, ।ऽ।, ऽऽ	इंद्रवज्रा	अत्येति तत्सर्वमिदं विदित्वा	8.28.3
32.	ततजगग	ऽऽ।, ऽऽ।, ।ऽ।, ऽऽ	इंद्रवज्रा	योगी परं स्थानमुपैति चाद्यम् ॥	8.28.4
33.	ततजगग	ऽऽ।, ऽऽ।, ।ऽ।, ऽऽ	इंद्रवज्रा	ते पुण्यमासाद्य सुरेन्द्रलोकम्	9.20.3
34.	ततजगग	ऽऽ।, ऽऽ।, ।ऽ।, ऽऽ	इंद्रवज्रा	अश्नन्ति दिव्यान्दिवि देवभोगान् ॥	9.20.4
35.	ततजगग	ऽऽ।, ऽऽ।, ।ऽ।, ऽऽ	इंद्रवज्रा	एवं त्रयीधर्ममनुप्रपन्नाः	9.21.3
36.	ततजगग	ऽऽ।, ऽऽ।, ।ऽ।, ऽऽ	इंद्रवज्रा	पश्यामि देवांस्तव देव देहे	11.15.1
37.	ततजगग	ऽऽ।, ऽऽ।, ।ऽ।, ऽऽ	इंद्रवज्रा	सर्वांस्तथा भूतविशेषसङ्घान् ।	11.15.2
38.	ततजगग	ऽऽ।, ऽऽ।, ।ऽ।, ऽऽ	इंद्रवज्रा	ब्रह्माणमीशं कमलासनस्थम्	11.15.3
39.	ततजगग	ऽऽ।, ऽऽ।, ।ऽ।, ऽऽ	इंद्रवज्रा	नान्तं न मध्यं न पुनस्तवादिं	11.16.3
40.	ततजगग	ऽऽ।, ऽऽ।, ।ऽ।, ऽऽ	इंद्रवज्रा	दीप्तानलार्कद्युतिमप्रमेयम् ॥	11.17.4

41.	ततजगग	ऽऽ।, ऽऽ।, ।ऽ।, ऽऽ	इंद्रवज्रा	पश्यामि त्वां दीप्तहुताशवक्त्रं	11.19.3
42.	ततजगग	ऽऽ।, ऽऽ।, ।ऽ।, ऽऽ	इंद्रवज्रा	द्यावापृथिव्योरिदमन्तरं हि	11.20.1
43.	ततजगग	ऽऽ।, ऽऽ।, ।ऽ।, ऽऽ	इंद्रवज्रा	व्याप्तं त्वयैकेन दिशश्च सर्वाः ।	11.20.2
44.	ततजगग	ऽऽ।, ऽऽ।, ।ऽ।, ऽऽ	इंद्रवज्रा	लोकत्रयं प्रव्यथितं महात्मन् ।।	11.20.4
45.	ततजगग	ऽऽ।, ऽऽ।, ।ऽ।, ऽऽ	इंद्रवज्रा	गन्धर्वयक्षासुरसिद्धसङ्घा	11.22.3
46.	ततजगग	ऽऽ।, ऽऽ।, ।ऽ।, ऽऽ	इंद्रवज्रा	रूपं महत्ते बहुवक्त्रनेत्रं	11.23.1
47.	ततजगग	ऽऽ।, ऽऽ।, ।ऽ।, ऽऽ	इंद्रवज्रा	व्यात्ताननं दीप्तविशालनेत्रम् ।	11.24.2
48.	ततजगग	ऽऽ।, ऽऽ।, ।ऽ।, ऽऽ	इंद्रवज्रा	सर्वे सहैवावनिपालसङ्घैः ।	11.26.2
49.	ततजगग	ऽऽ।, ऽऽ।, ।ऽ।, ऽऽ	इंद्रवज्रा	लोकान्समग्रान्वदनैर्ज्वलद्भिः ।	11.30.2
50.	ततजगग	ऽऽ।, ऽऽ।, ।ऽ।, ऽऽ	इंद्रवज्रा	तेजोभिरापूर्य जगत्समग्रं	11.30.3
51.	ततजगग	ऽऽ।, ऽऽ।, ।ऽ।, ऽऽ	इंद्रवज्रा	भासस्तवोग्राः प्रतपन्ति विष्णो ।।	11.30.4
52.	ततजगग	ऽऽ।, ऽऽ।, ।ऽ।, ऽऽ	इंद्रवज्रा	विज्ञातुमिच्छामि भवन्तमाद्यं	11.31.3
53.	ततजगग	ऽऽ।, ऽऽ।, ।ऽ।, ऽऽ	इंद्रवज्रा	कालोऽस्मि लोकक्षयकृत्प्रवृद्धो	11.32.1
54.	ततजगग	ऽऽ।, ऽऽ।, ।ऽ।, ऽऽ	इंद्रवज्रा	लोकान्समाहर्तुमिह प्रवृत्तः ।	11.32.2
55.	ततजगग	ऽऽ।, ऽऽ।, ।ऽ।, ऽऽ	इंद्रवज्रा	कर्णं तथाऽन्यानपि योधवीरान् ।	11.34.2
56.	ततजगग	ऽऽ।, ऽऽ।, ।ऽ।, ऽऽ	इंद्रवज्रा	स्थाने हृषीकेश तव प्रकीर्त्या	11.36.1
57.	ततजगग	ऽऽ।, ऽऽ।, ।ऽ।, ऽऽ	इंद्रवज्रा	सर्वे नमस्यन्ति च सिद्धसङ्घाः ।।	11.36.4
58.	ततजगग	ऽऽ।, ऽऽ।, ।ऽ।, ऽऽ	इंद्रवज्रा	वेत्तासि वेद्यं च परं च धाम	11.38.3
59.	ततजगग	ऽऽ।, ऽऽ।, ।ऽ।, ऽऽ	इंद्रवज्रा	वायुर्यमोऽग्निर्वरुणः शशाङ्कः	11.39.1
60.	ततजगग	ऽऽ।, ऽऽ।, ।ऽ।, ऽऽ	इंद्रवज्रा	सर्वं समाप्नोषि ततोऽसि सर्वः ।।	11.40.4
61.	ततजगग	ऽऽ।, ऽऽ।, ।ऽ।, ऽऽ	इंद्रवज्रा	एकोऽथवाप्यच्युत तत्समक्षं	11.42.3
62.	ततजगग	ऽऽ।, ऽऽ।, ।ऽ।, ऽऽ	इंद्रवज्रा	तत्क्षामये त्वामहमप्रमेयम् ।।	11.42.4
63.	ततजगग	ऽऽ।, ऽऽ।, ।ऽ।, ऽऽ	इंद्रवज्रा	न त्वत्समोऽस्त्यभ्यधिकः कुतोऽन्यो	11.43.3
64.	ततजगग	ऽऽ।, ऽऽ।, ।ऽ।, ऽऽ	इंद्रवज्रा	तस्मात्प्रणम्य प्रणिधाय कायं	11.44.1
65.	ततजगग	ऽऽ।, ऽऽ।, ।ऽ।, ऽऽ	इंद्रवज्रा	रूपं परं दर्शितमात्मयोगात् ।	11.47.2
66.	ततजगग	ऽऽ।, ऽऽ।, ।ऽ।, ऽऽ	इंद्रवज्रा	तेजोमयं विश्वमनन्तमाद्यं	11.47.3
67.	ततजगग	ऽऽ।, ऽऽ।, ।ऽ।, ऽऽ	इंद्रवज्रा	यन्मे त्वदन्येन न दृष्टपूर्वम् ।।	11.47.4
68.	ततजगग	ऽऽ।, ऽऽ।, ।ऽ।, ऽऽ	इंद्रवज्रा	मा ते व्यथा मा च विमूढभावो	11.49.1

69.	ततजगग	ऽऽ।, ऽऽ।, ।ऽ।, ऽऽ	इंद्रवज्रा	व्यपेतभीः प्रीतमनाः पुनस्त्वं	11.49.3
70.	ततजगग	ऽऽ।, ऽऽ।, ।ऽ।, ऽऽ	इंद्रवज्रा	आश्वासयामास च भीतमेनं	11.50.3
71.	ततजगग	ऽऽ।, ऽऽ।, ।ऽ।, ऽऽ	इंद्रवज्रा	भूत्वा पुनः सौम्यवपुर्महात्मा ।।	11.50.4
72.	ततजगग	ऽऽ।, ऽऽ।, ।ऽ।, ऽऽ	इंद्रवज्रा	कर्मानुबन्धीनि मनुष्यलोके ।।	15.2.4
73.	ततजगग	ऽऽ।, ऽऽ।, ।ऽ।, ऽऽ	इंद्रवज्रा	नान्तो न चादिर्न च सम्प्रतिष्ठा ।	15.3.2
74.	ततजगग	ऽऽ।, ऽऽ।, ।ऽ।, ऽऽ	इंद्रवज्रा	अश्वत्थमेनं सुविरूढमूलम्	15.3.3
75.	ततजगग	ऽऽ।, ऽऽ।, ।ऽ।, ऽऽ	इंद्रवज्रा	निर्मानमोहा जितसङ्गदोषा	15.5.1
76.	ततजगग	ऽऽ।, ऽऽ।, ।ऽ।, ऽऽ	इंद्रवज्रा	अध्यात्मनित्या विनिवृत्तकामाः ।	15.5.2
77.	ततजगग	ऽऽ।, ऽऽ।, ।ऽ।, ऽऽ	इंद्रवज्रा	द्वन्द्वैर्विमुक्ताः सुखदुःखसंज्ञैः	15.5.3
78.	ततजगग	ऽऽ।, ऽऽ।, ।ऽ।, ऽऽ	इंद्रवज्रा	गच्छन्त्यमूढाः पदमव्ययं तत् ।।	15.5.4
79.	ततजगग	ऽऽ।, ऽऽ।, ।ऽ।, ऽऽ	इंद्रवज्रा	सर्वस्य चाहं हृदि सन्निविष्टो	15.15.1
80.	ततजगग	ऽऽ।, ऽऽ।, ।ऽ।, ऽऽ	इंद्रवज्रा	वेदैश्च सर्वैरहमेव वेद्यो	15.15.3
81.	ततजगग	ऽऽ।, ऽऽ।, ।ऽ।, ऽऽ	इंद्रवज्रा	वेदान्तकृद्वेदविदेव चाहम् ।।	15.15.4
					Total 81

97. तततगग

ऽऽ।, ऽऽ।, ऽऽ।, ऽऽ

विध्यंकमाला छंद

विध्यंकमाला भवेत्तौ तगौ गः (पिंगल 11.293). गीता के 18 अध्यायों में तीन त-गण से बने हुए वल्गा नामक छंद में दो गुरु अक्षर जोड़ कर **तततगग** (ऽऽ।, ऽऽ।, ऽऽ।, ऽऽ) सूत्र के विध्यंकमाला छंद के कुल 9 निम्नांकित चरण गीता में प्रयुक्त हैं. अन्यत्र इस छंद को प्राकारबंध तथा गीता छंद भी कहा गया है.

गीता में आने वाले 9 तततगग छंद

क्रम	गण	गण सूत्र	छंद नाम	गीता चरण प्रतीक	श्लोक संदर्भ
1.	तततगग	ऽऽ।, ऽऽ।, ऽऽ।, ऽऽ	विध्यंकमाला	पृच्छामि त्वां धर्मसम्मूढचेताः ।	2.7.2

2.	ततजगग	SSI, SSI, SSI, SS	विध्यंकमाला	आश्चर्यवच्चैनमन्यः शृणोति	2.29.3
3.	ततजगग	SSI, SSI, SSI, SS	विध्यंकमाला	तत्ते पदं सङ्ग्रहेण प्रवक्ष्ये ॥	8.11.4
4.	ततजगग	SSI, SSI, SSI, SS	विध्यंकमाला	पश्यामि त्वां सर्वतोऽनन्तरूपम् ।	11.16.2
5.	ततजगग	SSI, SSI, SSI, SS	विध्यंकमाला	पश्यामि त्वां दुर्निरीक्ष्यं समन्तात्	11.17.3
6.	ततजगग	SSI, SSI, SSI, SS	विध्यंकमाला	दृष्ट्वाऽद्भुतं रूपमुग्रं तवेदं	11.20.3
7.	ततजगग	SSI, SSI, SSI, SS	विध्यंकमाला	आख्याहि मे को भवानुग्ररूपो	11.31.1
8.	ततजगग	SSI, SSI, SSI, SS	विध्यंकमाला	येऽवस्थिताः प्रत्यनीकेषु योधाः ॥	11.32.4
9.	ततजगग	SSI, SSI, SSI, SS	विध्यंकमाला	इत्यर्जुनं वासुदेवस्तथोक्त्वा	11.50.1
					Total 9

98–99. मभतगल, मभतगग

SSS, SII, SSI, SI और SSS, SII, SSI, SS

वातोर्मी छंद

वातोर्मी म्भौ त्गौ ग् च (पिंगल 6.20). गीता के 18 अध्यायों में **मभतगल** (SSS, SII, SSI, SI) छंद सूत्र के 2 चरण और **मभतगग** (SSS, SII, SSI, SS) छंद सूत्र के 2 चरण प्रयुक्त है. चरण का अंतिम लघु अक्षर भी गुरु माना जाता है, अतः **मभतगग** सूत्र के वातोर्मी नामक छंद के कुल 4 निम्नांकित चरण गीता में प्रयुक्त हैं.

गीता में आने वाले 4 मभतगल–मभतगग छंद

क्रम	गण	गण सूत्र	छंद नाम	गीता चरण प्रतीक	श्लोक संदर्भ
1	मभतगल	SSS, SII, SSI, SI	ऊर्मीमाला	मयैवैते निहताः पूर्वमेव	11.33.3
2	मभतगल	SSS, SII, SSI, SI	ऊर्मीमाला	एतच्छ्रुत्वा वचनं केशवस्य	11.35.1
3	मभतगग	SSS, SII, SSI, SS	ऊर्मीमाला	नायं भूत्वा भविता वा न भूयः ।	2.20.2
4	मभतगग	SSS, SII, SSI, SS	वातोर्मी	रुद्रादित्या वसवो ये च साध्या	11.22.1
					Total 4

100–101. मतजगल, मतजगग

SSS, SSI, ISI, SI और SSS, SSI, ISI, SS

गुणाङ्गी छंद

म्तौ ज्गौ गः स्यादब्धिर्गैर्गुणाङ्गी (पिंगल 11.353). गीता के 18 अध्यायों में **मतजगल** (SSS, SSI, ISI, SI) छंद सूत्र के 2 चरण और **मतजगग** (SSS, SSI, ISI, SS) छंद सूत्र के 7 चरण प्रयुक्त है. चरण का अंतिम लघु अक्षर भी गुरु माना जाता है, अतः **मतजगग** सूत्र के गुणाङ्गी नामक छंद के कुल 9 निम्नांकित चरण गीता में प्रयुक्त हैं.

गीता में आने वाले 9 मतजगल–मतजगग छंद

क्रम	गण	गण सूत्र	छंद नाम	गीता चरण प्रतीक	श्लोक संदर्भ
1.	मतजगल	SSS, SSI, ISI, SI	गुणांगी	भक्त्या युक्तो योगबलेन चैव।	8.10.2
2.	मतजगल	SSS, SSI, ISI, SI	गुणांगी	केचिद्भीताः प्राञ्जलयो गृणन्ति।	11.21.2
3.	मतजगग	SSS, SSI, ISI, SS	गुणांगी	श्रेयो भोक्तुं भैक्ष्यमपीह लोके।	2.5.2
4.	मतजगग	SSS, SSI, ISI, SS	गुणांगी	श्रुत्वाप्येनं वेद न चैव कश्चित् ॥	2.29.4
5.	मतजगग	SSS, SSI, ISI, SS	गुणांगी	तद्वत्कामा यं प्रविशन्ति सर्वे	2.70.3
6.	मतजगग	SSS, SSI, ISI, SS	गुणांगी	स्वस्तीत्युक्त्वा महर्षिसिद्धसङ्घा	11.21.3
7.	मतजगग	SSS, SSI, ISI, SS	गुणांगी	दृष्ट्वा लोकाः प्रव्यथितास्तथाऽहम् ॥	11.23.4
8.	मतजगग	SSS, SSI, ISI, SS	गुणांगी	दृष्ट्वा हि त्वां प्रव्यथितान्तरात्मा	11.24.3
9.	मतजगग	SSS, SSI, ISI, SS	गुणांगी	एवंरूपः शक्य अहं नृलोके	11.48.3

102–103. मततगल, मततगग

SSS, SSI, SSI, SI और SSS, SSI, SSI, SS

शालिनी छंद

म्तौ त्गौ ग् शालिनी समुद्रऋषयः (पिंगल 6.19). गीता के 18 अध्यायों में **मततगल** (SSS, SSI, SSI, SI) छंद सूत्र का 1 चरण और **मततगग** (SSS, SSI, SSI, SS) छंद सूत्र के 11 चरण प्रयुक्त है. चरण

4. ग्यारह अक्षरों वाले गीता के 23 छंद

का अंतिम लघु अक्षर भी गुरु माना जाता है, अत: **मततगग** सूत्र के शालिनी नामक छंद के कुल 12 निम्नांकित चरण गीता में प्रयुक्त हैं.

गीता में आने वाले 12 मततगल–मततगग छंद

क्रम	गण	गण सूत्र	छंद नाम	गीता चरण प्रतीक	श्लोक संदर्भ
1.	मततगल	SSS, SSI, SSI, SI	शालिनी	क्षीणे पुण्ये मर्त्यलोकं विशन्ति।	9.21.2
2.	मततगग	SSS, SSI, SSI, SS	शालिनी	यच्छ्रेयः स्यान्निश्चितं ब्रूहि तन्मे	2.7.3
3.	मततगग	SSS, SSI, SSI, SS	शालिनी	शिष्यस्तेऽहं शाधि मां त्वां प्रपन्नम्।।	2.7.4
4.	मततगग	SSS, SSI, SSI, SS	शालिनी	त्रैविद्या मां सोमपाः पूतपापा	9.20.1
5.	मततगग	SSS, SSI, SSI, SS	शालिनी	यज्ञैरिष्ट्वा स्वर्गतिं प्रार्थयन्ते।	9.20.2
6.	मततगग	SSS, SSI, SSI, SS	शालिनी	ते तं भुक्त्वा स्वर्गलोकं विशालं	9.21.1
7.	मततगग	SSS, SSI, SSI, SS	शालिनी	तेजोराशिं सर्वतो दीप्तिमन्तम्।	11.17.2
8.	मततगग	SSS, SSI, SSI, SS	शालिनी	वीक्षन्ते त्वां विस्मिताश्चैव सर्वे।।	11.22.4
9.	मततगग	SSS, SSI, SSI, SS	शालिनी	भीष्मो द्रोणः सूतपुत्रस्तथासौ	11.26.3
10.	मततगग	SSS, SSI, SSI, SS	शालिनी	सन्दृश्यन्ते चूर्णितैरुत्तमाङ्गैः।।	11.27.4
11.	मततगग	SSS, SSI, SSI, SS	शालिनी	जित्वा शत्रून्भुङ्क्ष्व राज्यं समृद्धम्।	11.33.2
12.	मततगग	SSS, SSI, SSI, SS	शालिनी	दृष्ट्वा रूपं घोरमीदृङ्ममेदम्।	11.49.2
					Total 12

वर्ग ४
5. बारह अक्षरों वाले गीता के 6 छंद

104. जभसय

ISI, SII, IIS, ISS

स्मृति छंद

गीता के 18 अध्यायों में जभसय (ISI, SII, IIS, ISS) सूत्र के स्मृति नामक छंद का 1 निम्नांकित चरण प्रयुक्त हैं।

गीता में आने वाला 1 जभसय छंद

क्रम	गण	गण सूत्र	छंद नाम	गीता चरण प्रतीक	श्लोक संदर्भ
1	जभसय	ISI, SII, IIS, ISS	स्मृति	स तं परं पुरुषमुपैति दिव्यम् ॥	8.10.4

105. जतजत

ISI, SSI, ISI, SSI

गीता के 18 अध्यायों में जतजत (ISI, SSI, ISI, SSI) छंद सूत्र का एक निम्नांकित चरण प्रयुक्त हैं।

गीता में आने वाला 1 जतजत छंद

क्रम	गण	गण सूत्र	गीता चरण प्रतीक	श्लोक संदर्भ
1	जतजत	ISI, SSI, ISI, SSI	तथा शरीराणि विहाय जीर्णानि	2.22.3

106. जतजर

।ऽ।, ऽऽ।, ।ऽ।, ऽ।ऽ

वंशस्थ छंद

वंशस्था ज्तौ ज्रौ (पिंगल 6.28). गीता के 18 अध्यायों में जतजर (।ऽ।, ऽऽ।, ।ऽ।, ऽ।ऽ) सूत्र का वंशस्थ नामक छंद का 1 निम्नांकित चरण प्रयुक्त हैं.

गीता में आने वाला 1 जतजर छंद

क्रम	गण	गण सूत्र	छंद नाम	गीता चरण प्रतीक	श्लोक संदर्भ
1	जतजर	।ऽ।, ऽऽ।, ।ऽ।, ऽ।ऽ	वंशस्थ	न रूपमस्येह् तथोपलभ्यते	15.3.1

107. यतयत

।ऽऽ, ऽऽ।, ।।ऽ, ऽऽ।

गीता के 18 अध्यायों में सजस (।।ऽ, ।ऽ।, ।।ऽ) छंद सूत्र का छंद का निम्नांकित चरण प्रयुक्त है.

गीता में आने वाला 1 सजस छंद

10.	यतयत	।ऽऽ, ऽऽ।, ।ऽऽ, ऽऽ।	न चैतद्विद्मः कतरन्नो गरीयो	2.6.1

108. तभसय

ऽऽ।, ऽ।।, ।।ऽ, ।ऽऽ

श्रुति छंद

तभौ सयौ श्रुतिः. गीता के 18 अध्यायों में **तभसय** (ऽऽ।, ऽ।।, ।।ऽ, ।ऽऽ) सूत्र का यशोदा नामक छंद का 1 निम्नांकित चरण प्रयुक्त हैं.

गीता में आने वाला 1 तभसय छंद

क्रम	गण	गण सूत्र	छंद नाम	गीता चरण प्रतीक	श्लोक संदर्भ

5. बारह अक्षरों वाले गीता के 6 छंद

1	तभसय	ऽऽ।, ऽ।।, ।।ऽ, ।ऽऽ	श्रुति	आश्चर्यवद्वदति तथैव चान्यः ।	2.29.2

109. तभयय

ऽऽ।, ऽ।।, ।ऽऽ, ।ऽऽ

श्रुति छंद

गीता के 18 अध्यायों में **तभयय** (ऽऽ।, ऽ।।, ।ऽऽ, ।ऽऽ) सूत्र का 1 निम्नांकित चरण प्रयुक्त हैं.

गीता में आने वाला 1 तभसय छंद

क्रम	गण	गण सूत्र	गीता चरण प्रतीक	श्लोक संदर्भ
1	तभयय	ऽऽ।, ऽ।।, ।ऽऽ, ।ऽऽ	यद्वा जयेम यदि वा नो जयेयुः ।	2.6.2

6. गीता के 14 उपजाति छंद

उपेन्द्रवज्रा = जतजगग 67 चरण

इन्द्रवज्रा = ततजगग 81 चरण

उपेन्द्रवज्रा छन्द में ज त ज नामक तीन गण (। ऽ।, ऽ ऽ।, । ऽ।) और अंत में दो गुरु मात्रा आतीं हैं । उपेन्द्रवज्रा छंद की चारों चरणों की प्रथम मात्रा लघु होतीं हैं । **उपेन्द्रवज्रा** के चारों चरण की प्रथम मात्रा गुरु करके (ऽ ऽ।, ऽ ऽ।, । ऽ।, ऽ ऽ) त त ज ग ग गण सूत्र से **इन्द्रवज्रा छन्द** होता है । गीता में इन्द्रवज्रा छन्द के 67 चरण हैं. गीता में 3 पद्य ऐसे है (8.28, 15.5, 15.15) जिनमें चारों चरण **इन्द्रवज्रा छंद** के हैं और 3 पद्य ऐसे हैं जिनमें चारों चरण **उपेन्द्रवज्रा छन्द** के हैं (गीता 11.28, 11.29, 11.45).

उपेन्द्रवज्रा छन्द : इस छन्द के चरणों में ग्यारह वर्ण, 17 मात्रा होती हैं । इसमें ज त ज गण और दो गुरु वर्ण आते हैं । इसका लक्षण सूत्र । ऽ।, ऽ ऽ।, । ऽ।, ऽ ऽ इस प्रकार होता है । **इन्द्रवज्रा** छन्द का पहला वर्ण लघु करके **उपेन्द्रवज्रा छन्द** सिद्ध होता है ।

लक्षण गीत दोहा

मात्रा सत्रह का बना, आदि ज त ज, ग ग अंत ।
अक्षर ग्यारह से सजा, "उपेन्द्रवज्रा" छंद ।।

इन्द्रवज्रा छन्द : इस ग्यारह वर्ण, 18 मात्रा वाले छन्द के चरण में त त ज गण और अंत के दो वर्ण गुरु होते हैं । इसका लक्षण सूत्र ऽ ऽ।, ऽ ऽ।, । ऽ।, ऽ ऽ इस प्रकार होता है । इसके पदान्त में यति का विराम होता है । गीता में इस छन्द के 81 चरण हैं. गीता में 3 पद्य ऐसे हैं जिनमें चारों चरण इ**न्द्रवज्रा छन्द** के हैं (8.28, 15.5, 15.15).

लक्षण गीत दोहा

मत्त अठारह से सजा, ग्यारह अक्षर वृंद ।
नाम "इंद्रवज्रा" जिसे, वही त त ज ग ग छंद ।।

उपजाति छन्द

जिस छंद रचना के चार चरण **उपेन्द्रवज्रा छन्द** और **इन्द्रवज्रा छन्द** को मिला कर किए जाते हैं उस छंद को **उपजाति छन्द कहते** हैं. इन चार चरणों का पहला एक-एक अक्षर, लघु (।) हो या गुरु (ऽ) हो, बायनरी आक्टल के हिसाब से सजा कर जो चार अक्षरों वाला लघु-गुरु क्रम बनता है वह ऊपजाति छंद का सूत्र होता है. चार अक्षरों की लघु-गुरु संभावना से 2^4 = 2x2x2x2 =

16 तरह के क्रम बनते हैं. उसमें से प्रथम क्रम (।।।।) उपेंद्रवज्रा छंद होता है और 16वाँ (SSSS) क्रम इन्द्रवज्रा छंद होता है. अन्य 14 क्रम निम्नांकित 14 उपजाति छंद कहे जाते हैं.

(1) 0001 (लघु-लघु-लघु-गुरु) = उपेंद्रवज्रा, उपेंद्रवज्रा, उपेंद्रवज्रा, इंद्रवज्रा का **जाया** छंद;
(2) 0010 (लघु-लघु-गुरु-लघु) = उपेंद्रवज्रा, उपेंद्रवज्रा, इंद्रवज्रा, उपेंद्रवज्रा का **प्रेमा** छंद;
(3) 0011 (लघु-लघु-गुरु-गुरु) = उपेंद्रवज्रा, उपेंद्रवज्रा, इंद्रवज्रा, इंद्रवज्रा का **माला** छंद;
(4) 0100 (लघु-गुरु-लघु-लघु) = उपेंद्रवज्रा, इंद्रवज्रा, उपेंद्रवज्रा, उपेंद्रवज्रा का **ऋद्धि** छंद;
(5) 0101 (लघु-गुरु-लघु-गुरु) = उपेंद्रवज्रा, इंद्रवज्रा, उपेंद्रवज्रा, इंद्रवज्रा का **हंसी** छंद;
(6) 0110 (लघु-गुरु-गुरु-लघु) = उपेंद्रवज्रा, इंद्रवज्रा, इंद्रवज्रा, उपेंद्रवज्रा का **आर्द्रा** छंद;
(7) 0111 (लघु-गुरु-गुरु-गुरु) = उपेंद्रवज्रा, इंद्रवज्रा, इंद्रवज्रा, इंद्रवज्रा का **कीर्ति** छंद;

(8) 1000 (गुरु-लघु-लघु-लघु) = इंद्रवज्रा, उपेंद्रवज्रा, उपेंद्रवज्रा, उपेंद्रवज्रा का **सिद्धि** छंद;
(9) 1001 (गुरु-लघु-लघु-गुरु) = इंद्रवज्रा, उपेंद्रवज्रा, उपेंद्रवज्रा, इंद्रवज्रा का **माया** छंद;
(10) 1010 (गुरु-लघु-गुरु-लघु) = इंद्रवज्रा, उपेंद्रवज्रा, इंद्रवज्रा, उपेंद्रवज्रा का **भद्रा** छंद;
(11) 1011 (गुरु-लघु-गुरु-गुरु) = इंद्रवज्रा, उपेंद्रवज्रा, इंद्रवज्रा, इंद्रवज्रा का **वाणी** छंद;
(12) 1100 (गुरु-गुरु-लघु-लघु) = इंद्रवज्रा, इंद्रवज्रा, उपेंद्रवज्रा, उपेंद्रवज्रा का **रामा** छंद;
(13) 1101 (गुरु-गुरु-लघु-गुरु) = इंद्रवज्रा, इंद्रवज्रा, उपेंद्रवज्रा, इंद्रवज्रा का **शाला** छंद;
(14) 1110 (गुरु-गुरु-गुरु-लघु) = इंद्रवज्रा, इंद्रवज्रा, इंद्रवज्रा, उपेंद्रवज्रा का **बाला** छंद;

14 उपजाति छंदों के शास्त्रवाङ्मयीन उदाहरण

डेसीमल 0–15	बायनरी आक्टल	उपजाति प्रस्तार	उपजाति छंदनाम 14	चतुश्चरण प्रथम चार अक्षर	शास्त्रसाहित्यिक छंद उदाहरण	उदाहरण छंद सूत्र	शास्त्र संदर्भ
0	0000 उपेंद्रवज्रा	उपेंद्रवज्रा उपेंद्रवज्रा उपेंद्रवज्रा उपेंद्रवज्रा		। । । ।	त्वमेव माता च पिता त्वमेव त्वमेव बन्धुश्च सखा त्वमेव । त्वमेव विद्या द्रविणं त्वमेव त्वमेव सर्वं मम देव देव ।।	।S। SS। ।S। S। ।S। SS। ।S। S। ।S। SS। ।S। S। ।S। SS। ।S। S।	पाण्डवगीता 28
1	0001	उपेंद्रवज्रा उपेंद्रवज्रा उपेंद्रवज्रा इन्द्रवज्रा	जाया	। । । S	प्रसीद विश्राम्यतु वीर वज्रं शरैर्मदीयैः कतमः सुरारि । बिभेतु मोक्षीकृतबाहुवीर्यः स्त्रीभ्योऽपि कोपस्फुरिताधराभ्यः ।।	।S। SS। ।S। SS ।S। SS। ।S। S। ।S। SS। ।S। SS SS। SS। ।S। SS	पिंगलशास्त्र 6.17.6
2	0010	उपेंद्रवज्रा उपेंद्रवज्रा इन्द्रवज्रा उपेंद्रवज्रा	प्रेमा	। । S ।	विशोक आनन्दघनो विपश्चित् स्वयं कुतश्चिन्न बिभेति कश्चित् । नान्योऽस्ति पन्था भवबन्धमुक्तेः विना स्वतत्त्वावगमं मुमुक्षोः ।।	।S। SS। ।S। SS ।S। SS। ।S। SS SS। SS। ।S। SS ।S। SS। ।S। SS	विवेकचूडामणि 222

6. गीता के 14 उपजाति छंद

3	0011	उपेंद्रवज्रा	माला	। । ऽ ऽ	मनोवशेऽन्ये ह्यभवंस्म देवा	ऽ। ऽऽ। ।ऽ। ऽऽ	भिक्षुगीता
		उपेंद्रवज्रा			मनश्च नान्यस्य वशं समेति ।	।ऽ। ऽऽ। ।ऽ। ऽ।	48
		इन्द्रवज्रा			भीष्मो हि देव: सहस: सहीयान्	ऽऽ। ऽऽ। ।ऽ। ऽऽ	
		इन्द्रवज्रा			युञ्जाद्वशे तं स हि देवदेव: ।।	ऽऽ। ऽऽ। ।ऽ। ऽऽ	
4	0100	उपेंद्रवज्रा	ऋद्धि	। ऽ । ।	मनोचवोदृक्करणे हितस्य	।ऽ। ऽऽ। ।ऽ। ऽ।	ऋषभ्गीता
		इन्द्रवज्रा			साक्षात्कृतं मे परिबर्हणं हि ।	ऽऽ। ऽऽ। ।ऽ। ऽ।	27
		उपेंद्रवज्रा			विना पुमान्येन महाविमोहात्	।ऽ। ऽऽ। ।ऽ। ऽऽ	
		उपेंद्रवज्रा			कृतान्तपाशान्न विमोक्तुमीशेत् ।।	।ऽ। ऽऽ। ।ऽ। ऽऽ	
5	0101	उपेंद्रवज्रा	हंसी	। ऽ । ऽ	तथा वदन्तं शरणागतं स्वं	।ऽ। ऽऽ। ।ऽ। ऽऽ	विवेकचीडामणि
		इन्द्रवज्रा			संसारदावानलतापतप्यम् ।	ऽऽ। ऽऽ। ।ऽ। ऽऽ	41
		उपेंद्रवज्रा			निरीक्ष्य कारुण्यरसार्द्रदृष्ट्या	।ऽ। ऽऽ। ।ऽ। ऽऽ	
		इन्द्रवज्रा			दद्यादभीतिं सहसा महात्मा ।।	ऽऽ। ऽऽ। ।ऽ। ऽऽ	
6	0110	उपेंद्रवज्रा	आर्द्रा	। ऽ ऽ ।	य एषु मूढा विषयेषु बद्धा	।ऽ। ऽऽ। ।ऽ। ऽऽ	विवेकचीडामणि
		इन्द्रवज्रा			रागोरुपाशेन सुदुर्दमेन ।	ऽऽ। ऽऽ। ।ऽ। ऽ।	75
		इन्द्रवज्रा			आयान्ति निर्यान्त्यध ऊर्ध्वमुच्चै:	ऽऽ। ऽऽ। ।ऽ। ऽऽ	
		उपेंद्रवज्रा			स्वकर्मदूतेन जवेन नीता: ।।	।ऽ। ऽऽ। ।ऽ। ऽऽ	
7	0111	उपेंद्रवज्रा	कीर्ति	। ऽ ऽ ऽ	सुषुप्तिकाले मनसि प्रलीने	।ऽ। ऽऽ। ।ऽ। ऽऽ	विवेकचीडामणि
		इन्द्रवज्रा			नैवास्ति किञ्चत्सकलप्रसिद्धे: ।	ऽऽ। ऽऽ। ।ऽ। ऽऽ	171
		इन्द्रवज्रा			अतो मन:कल्पित एव पुंस:	ऽऽ। ऽऽ। ।ऽ। ऽऽ	
		इन्द्रवज्रा			संसार एतस्य न वस्तुतोऽस्ति ।।	ऽऽ। ऽऽ। ।ऽ। ऽ।	
8	1000	इन्द्रवज्रा	सिद्धि	ऽ । । ।	नूनं प्रमत्त: कुरुते विकर्म	ऽऽ। ऽऽ। ।ऽ। ऽ।	ऋषभ्गीता
		उपेंद्रवज्रा			यदिन्द्रियप्रीतय आपृणोति ।	।ऽ। ऽऽ। ।ऽ। ऽ।	4
		उपेंद्रवज्रा			न साधु मन्ये यत आत्मनोयम्	।ऽ। ऽऽ। ।ऽ। ऽऽ	
		उपेंद्रवज्रा			असन्नपि क्लेशद आस देह: ।।	।ऽ। ऽऽ। ।ऽ। ऽऽ	
9	1001	इन्द्रवज्रा	माया	ऽ । । ऽ	एषोऽन्तरात्मा पुरुष: पुराणो	ऽऽ। ऽऽ। ।ऽ। ऽऽ	विवेकचीडामणि
		उपेंद्रवज्रा			निरन्तराखण्डसुखानुभूति: ।	।ऽ। ऽऽ। ।ऽ। ऽऽ	131
		उपेंद्रवज्रा			सदैकरूप: प्रतिबोधमात्रो	।ऽ। ऽऽ। ।ऽ। ऽऽ	
		इन्द्रवज्रा			येनेषिता वागसवश्चरन्ति ।।	ऽऽ। ऽऽ। ।ऽ। ऽ।	
10	1010	इन्द्रवज्रा	भद्रा	ऽ । ऽ ।	सर्वाणि मद्धिष्ण्यतया भवद्भि:	ऽऽ। ऽऽ। ।ऽ। ऽऽ	ऋषभ्गीता
		उपेंद्रवज्रा			चराणि भूतानि सुता ध्रुवाणि ।	।ऽ। ऽऽ। ।ऽ। ऽ।	26
		इन्द्रवज्रा			संभावतव्यानि पदे पदे वो	ऽऽ। ऽऽ। ।ऽ। ऽऽ	
		उपेंद्रवज्रा			विविक्तदृग्भिस्तदुहार्हणं मे ।।	।ऽ। ऽऽ। ।ऽ। ऽऽ	
11	1011	इन्द्रवज्रा	वाणी	ऽ । ऽ ऽ	स्वप्नो भवत्यस्य विभक्त्यवस्था	ऽऽ। ऽऽ। ।ऽ। ऽऽ	विवेकचीडामणि
		उपेंद्रवज्रा			स्वमात्रशेषेण विभाति यत्र ।	।ऽ। ऽऽ। ।ऽ। ऽ।	98
		इन्द्रवज्रा			स्वप्ने तु बुद्धि: स्वयमेव जाग्रत्	ऽऽ। ऽऽ। ।ऽ। ऽऽ	
		इन्द्रवज्रा			कालीननानाविधवासनाभि: ।।	ऽऽ। ऽऽ। ।ऽ। ऽऽ	
12	1100	इन्द्रवज्रा	रामा	ऽ ऽ । ।	मृत्कार्यभूतोऽपि मृसे न भिन्न:	ऽऽ। ऽऽ। ।ऽ। ऽऽ	विवेकचीडामणि
		उपेंद्रवज्रा			कुम्भोऽस्ति सर्वत्र तु मृस्वरूपात् ।	।ऽ। ऽऽ। ।ऽ। ऽऽ	228
		इन्द्रवज्रा			न कुम्भरूपं पृथगस्ति कुम्भ:	ऽऽ। ऽऽ। ।ऽ। ऽऽ	
		इन्द्रवज्रा			कुतो मृषा कल्पितनाममात्र: ।।	ऽऽ। ऽऽ। ।ऽ। ऽऽ	
13	1101	इन्द्रवज्रा	शाला	ऽ ऽ । ऽ	सर्वप्रकारप्रमितिशान्ति:	ऽऽ। ऽऽ। ।ऽ। ऽऽ	विवेकचीडामणि
		इन्द्रवज्रा			बीजात्मनावस्थितिरेव बुद्धे: ।	।ऽ। ऽऽ। ।ऽ। ऽऽ	121

6. गीता के 14 उपजाति छंद

		उपेंद्रवज्रा इन्द्रवज्रा			सुषुप्तिरेतस्य किल प्रतितिः किञ्चिन्न वेद्मीति जगत्प्रसिद्धेः ।।	ऽऽ। ऽऽ। ।ऽ। ऽऽ ऽऽ। ऽऽ। ।ऽ। ऽऽ	
14	1110	इन्द्रवज्रा इन्द्रवज्रा इन्द्रवज्रा उपेंद्रवज्रा	बाला	ऽ ऽ ऽ ।	मोक्षैकसक्त्या विषयेषु रागं निर्मूल्य संन्यस्य च सर्वकर्म । सच्छ्रद्धया यः श्रवणादिनिष्ठो रजःस्वभावं स धुनोति बुद्धेः ।।	ऽऽ। ऽऽ। ।ऽ। ऽऽ ।ऽ। ऽऽ। ।ऽ। ऽ। ऽऽ। ऽऽ। ।ऽ। ऽऽ ऽऽ। ऽऽ। ।ऽ। ऽऽ	विवेकचीडामणि 182
15	1111 इन्द्रवज्रा	इन्द्रवज्रा इन्द्रवज्रा इन्द्रवज्रा इन्द्रवज्रा		ऽ ऽ ऽ ऽ	अहं तु नारायणदासदास- दासस्य दासस्य च दासदासः । अन्येभ्य ईशो जगतो नराणां तस्मादहं चान्यतरोऽस्मि लोके ।।	ऽऽ। ऽऽ। ।ऽ। ऽ। ऽऽ। ऽऽ। ।ऽ। ऽऽ ऽऽ। ऽऽ। ।ऽ। ऽऽ ऽऽ। ऽऽ। ।ऽ। ऽऽ	पाण्डवगीता 20
चरण की अन्तिम मात्रा लघु होने पर भी गुरु मानी जाती है							

11 उपजाति छंद के गीता के उदाहरण

डेसीमल 0–15	बायनरी आक्टल	उपजाति प्रस्तार	उपजाति छंदनाम 11	चतुश्चरण प्रथम चार अक्षर	शास्त्रसाहित्यिक छंद उदाहरण	उदाहरण छंद सूत्र	शास्त्र संदर्भ
0	0000	उपेंद्रवज्रा उपेंद्रवज्रा उपेंद्रवज्रा उपेंद्रवज्रा		। । । ।	यथा नदीनां बहवोऽम्बुवेगाः समुद्रमेवाभिमुखा द्रवन्ति। तथा तवामी नरलोकवीरा विशन्ति वक्त्राण्यभिविज्वलन्ति।। ॐ	ऽ। ऽऽ। ।ऽ। ऽऽ ।ऽ। ऽऽ। ।ऽ। ऽ। ।ऽ। ऽऽ। ।ऽ। ऽऽ ।ऽ। ऽऽ। ।ऽ। ऽ।	गीता 11.28
		उपेंद्रवज्रा उपेंद्रवज्रा उपेंद्रवज्रा उपेंद्रवज्रा			यथा प्रदीप्तं ज्वलनं पतङ्गा विशन्ति नाशाय समृद्धवेगाः। तथैव नाशाय विशन्ति लोकाः तवापि वक्त्राणि समृद्धवेगाः।। ॐ	।ऽ। ऽऽ। ।ऽ। ऽऽ ।ऽ। ऽऽ। ।ऽ। ऽऽ ।ऽ। ऽऽ। ।ऽ। ऽऽ ।ऽ। ऽऽ। ।ऽ। ऽऽ	गीता 11.29
		उपेंद्रवज्रा उपेंद्रवज्रा उपेंद्रवज्रा उपेंद्रवज्रा			अदृष्टपूर्वं हृषितोऽस्मि दृष्ट्वा भयेन च प्रव्यथितं मनो मे। तदेव मे दर्शय देव रूपं प्रसीद देवेश जगन्निवास।।	।ऽ। ऽऽ। ।ऽ। ऽऽ ।ऽ। ऽऽ। ।ऽ। ऽऽ ।ऽ। ऽऽ। ।ऽ। ऽऽ ।ऽ। ऽऽ। ।ऽ। ऽ।	गीता 11.45
1	0001	उपेंद्रवज्रा उपेंद्रवज्रा उपेंद्रवज्रा इन्द्रवज्रा	जाया	। । । ऽ	नमः पुरस्तादथ पृष्ठतस्ते नमोऽस्तु ते सर्वत एव सर्व। अनन्तवीर्यामितविक्रमस्त्वं सर्वं समाप्नोषि ततोऽसि सर्वः।।	।ऽ। ऽऽ। ।ऽ। ऽऽ ।ऽ। ऽऽ। ।ऽ। ऽ। ।ऽ। ऽऽ। ।ऽ। ऽऽ ऽऽ। ऽऽ। ।ऽ। ऽऽ	गीता 11.40
2	0010	उपेंद्रवज्रा उपेंद्रवज्रा इन्द्रवज्रा उपेंद्रवज्रा	प्रेमा	। । ऽ ।	अनादिमध्यान्तमनन्तवीर्यम् अनन्तबाहुं शशिसूर्यनेत्रम्। पश्यामि त्वां दीप्तहुताशवक्त्रं स्वतेजसा विश्वमिदं तपन्तम्।। ॐ	।ऽ। ऽऽ। ।ऽ। ऽऽ ।ऽ। ऽऽ। ।ऽ। ऽऽ ऽऽ। ऽऽ। ।ऽ। ऽऽ ।ऽ। ऽऽ। ।ऽ। ऽऽ	गीता 11.19
		उपेंद्रवज्रा			त्वमादिदेवः पुरुषः पुराणः	।ऽ। ऽऽ। ।ऽ। ऽऽ	गीता 11.38

6. गीता के 14 उपजाति छंद

		उपेंद्रवज्रा			त्वमस्य विश्वस्य परं निधानम् ।	।ऽ। ऽऽ। ।ऽ। ऽऽ	
		इन्द्रवज्रा			वेत्तासि वेद्यं च परं च धाम	ऽऽ। ऽऽ। ।ऽ। ऽ।	
		उपेंद्रवज्रा			त्वया ततं विश्वमनन्तरूप ।।	।ऽ। ऽऽ। ।ऽ। ऽ।	
3	0011	उपेंद्रवज्रा	माला	। । ऽ ऽ	पितासि लोकस्य चराचरस्य	ऽ। ऽऽ। ।ऽ। ऽ।	गीता 11.43
		उपेंद्रवज्रा			त्वमस्य पूज्यश्च गुरुर्गरीयान् ।	।ऽ। ऽऽ। ।ऽ। ऽऽ	
		इन्द्रवज्रा			न त्वत्समोऽस्त्यभ्यधिकः कुतोऽन्यो	ऽऽ। ऽऽ। ।ऽ। ऽऽ	
		इन्द्रवज्रा			लोकत्रयेऽप्यप्रतिमप्रभाव ।।	ऽऽ। ऽऽ। ।ऽ। ऽ।	
5	0101	उपेंद्रवज्रा	हंसी	। ऽ । ऽ	न हि प्रपश्यामि ममापनुद्यात्	।ऽ। ऽऽ। ।ऽ। ऽऽ	गीता 2.8
		इन्द्रवज्रा			यच्छोकमुच्छोषणमिन्द्रियाणाम् ।	ऽऽ। ऽऽ। ।ऽ। ऽऽ	
		उपेंद्रवज्रा			अवाप्य भूमावसपत्नमृद्धं	।ऽ। ऽऽ। ।ऽ। ऽऽ	
		इन्द्रवज्रा			राज्यं सुराणामपि चाधिपत्यम् ।।	ऽऽ। ऽऽ। ।ऽ। ऽऽ	
7	0111	उपेंद्रवज्रा	कीर्ति	। ऽ ऽ ऽ	मया प्रसन्नेन तवार्जुनेदं	।ऽ। ऽऽ। ।ऽ। ऽऽ	गीता 11.47
		इन्द्रवज्रा			रूपं परं दर्शितमात्मयोगात् ।	ऽऽ। ऽऽ। ।ऽ। ऽऽ	
		इन्द्रवज्रा			तेजोमयं विश्वमनन्तमाद्यं	ऽऽ। ऽऽ। ।ऽ। ऽऽ	
		इन्द्रवज्रा			यन्मे त्वदन्येन न दृष्टपूर्वम् ।।	ऽऽ। ऽऽ। ।ऽ। ऽऽ	
8	1000	इन्द्रवज्रा	सिद्धि	ऽ । । ।	वायुर्यमोऽग्निर्वरुणः शशाङ्कः	ऽऽ। ऽऽ। ।ऽ। ऽऽ	गीता 11.39
		उपेंद्रवज्रा			प्रजापतिस्त्वं प्रपितामहश्च ।	।ऽ। ऽऽ। ।ऽ। ऽऽ	
		उपेंद्रवज्रा			नमो नमस्तेऽस्तु सहस्रकृत्वः	।ऽ। ऽऽ। ।ऽ। ऽऽ	
		उपेंद्रवज्रा			पुनश्च भूयोऽपि नमो नमस्ते ।।	।ऽ। ऽऽ। ।ऽ। ऽऽ	
					ॐ		
		इन्द्रवज्रा			तस्मात्प्रणम्य प्रणिधाय कायं	ऽऽ। ऽऽ। ।ऽ। ऽ।	गीता 11.44
		उपेंद्रवज्रा			प्रसादये त्वामहमीशमीड्यम् ।	।ऽ। ऽऽ। ।ऽ। ऽऽ	
		उपेंद्रवज्रा			पितेव पुत्रस्य सखेव सख्युः	।ऽ। ऽऽ। ।ऽ। ऽऽ	
		उपेंद्रवज्रा			प्रियः प्रियायार्हसि देव सोढुम् ।।	।ऽ। ऽऽ। ।ऽ। ऽऽ	
9	1001	इन्द्रवज्रा	माया	ऽ । । ऽ	एषोऽन्तरात्मा पुरुषः पुराणो	ऽऽ। ऽऽ। ।ऽ। ऽऽ	
		उपेंद्रवज्रा			निरन्तराखण्डसुखानुभूतिः ।	।ऽ। ऽऽ। ।ऽ। ऽऽ	
		उपेंद्रवज्रा			सदैकरूपः प्रतिबोधमात्रो	।ऽ। ऽऽ। ।ऽ। ऽऽ	
		इन्द्रवज्रा			येनेषिता वागसवश्चरन्ति ।।	ऽऽ। ऽऽ। ।ऽ। ऽ।	
11	1011	इन्द्रवज्रा	वाणी	ऽ । ऽ ऽ	स्थाने हृषीकेश तव प्रकीर्त्या	ऽऽ। ऽऽ। ।ऽ। ऽऽ	गीता 11.36
		उपेंद्रवज्रा			जगत्प्रहृष्यत्यनुरज्यते च ।	।ऽ। ऽऽ। ।ऽ। ऽ।	
		इन्द्रवज्रा			रक्षांसि भीतानि दिशो द्रवन्ति	ऽऽ। ऽऽ। ।ऽ। ऽऽ	
		इन्द्रवज्रा			सर्वे नमस्यन्ति च सिद्धसङ्घाः ।।	ऽऽ। ऽऽ। ।ऽ। ऽऽ	
					ॐ		
		इन्द्रवज्रा			यच्चावहासार्थमसत्कृतोऽसि	ऽऽ। ऽऽ। ।ऽ। ऽ।	गीता 11.42
		उपेंद्रवज्रा			विहारशय्यासनभोजनेषु ।	।ऽ। ऽऽ। ।ऽ। ऽ।	
		इन्द्रवज्रा			एकोऽथवाप्यच्युत तत्समक्षं	ऽऽ। ऽऽ। ।ऽ। ऽऽ	
		इन्द्रवज्रा			तत्क्षामये त्वामहमप्रमेयम् ।।	ऽऽ। ऽऽ। ।ऽ। ऽऽ	
12	1100	इन्द्रवज्रा	रामा	ऽ ऽ । ।	दंष्ट्राकरालानि च ते मुखानि	ऽऽ। ऽऽ। ।ऽ। ऽ।	गीता 11.25
		उपेंद्रवज्रा			दृष्ट्वैव कालानलसन्निभानि ।	।ऽ। ऽऽ। ।ऽ। ऽ।	
		इन्द्रवज्रा			दिशो न जाने न लभे च शर्म	ऽऽ। ऽऽ। ।ऽ। ऽ।	
		इन्द्रवज्रा			प्रसीद देवेश जगन्निवास ।।	ऽऽ। ऽऽ। ।ऽ। ऽ।	
13	1101	इन्द्रवज्रा	शाला	ऽ ऽ । ऽ	द्रोणं च भीष्मं च जयद्रथं च	ऽऽ। ऽऽ। ।ऽ। ऽ।	गीता 11.34
		इन्द्रवज्रा			कर्णं तथाऽन्यानपि योधवीरान् ।	।ऽ। ऽऽ। ।ऽ। ऽऽ	

		उपेंद्रवज्रा			मया हतांस्त्वं जहि मा व्यथिष्ठा	SS। SS। ।S। SS	
		इन्द्रवज्रा			युद्ध्यस्व जेतासि रणे सपत्नान् ।।	SS। SS। ।S। SS	
14	1110	इन्द्रवज्रा	बाला	S S S ।	पश्यामि देवांस्तव देव देहे	SS। SS। ।S। SS	गीता 11.15
		इन्द्रवज्रा			सर्वांस्तथा भूतविशेषसङ्घान् ।	।S। SS। ।S। SS	
		इन्द्रवज्रा			ब्रह्माणमीशं कमलासनस्थम्	SS। SS। ।S। SS	
		उपेंद्रवज्रा			ऋषींश्च सर्वानुरगांश्च दिव्यान् ।।	SS। SS। ।S। SS	
15	1111 इन्द्रवज्रा	इन्द्रवज्रा		S S S S	वेदेषु यज्ञेषु तपःसु चैव	SS। SS। ।S। S।	गीता 8.28
		इन्द्रवज्रा			दानेषु यत्पुण्यफलं प्रदिष्टम् ।	SS। SS। ।S। SS	
		इन्द्रवज्रा			अत्येति तत्सर्वमिदं विदित्वा	SS। SS। ।S। SS	
		इन्द्रवज्रा			योगी परं स्थानमुपैति चाद्यम् ।।	SS। SS। ।S। SS	
					ॐ		
		इन्द्रवज्रा			निर्मानमोहा जितसङ्गदोषा	SS। SS। ।S। SS	गीता 15.5
		इन्द्रवज्रा			अध्यात्मनित्या विनिवृत्तकामाः ।	SS। SS। ।S। SS	
		इन्द्रवज्रा			द्वन्द्वैर्विमुक्ताः सुखदुःखसंज्ञैः	SS। SS। ।S। SS	
		इन्द्रवज्रा			गच्छन्त्यमूढाः पदमव्ययं तत् ।।	SS। SS। ।S। SS	
					ॐ		
		इन्द्रवज्रा			सर्वस्य चाहं हृदि सन्निविष्टो	SS। SS। ।S। SS	गीता 15.15
		इन्द्रवज्रा			मत्तः स्मृतिर्ज्ञानमपोहनं च ।	SS। SS। ।S। S।	
		इन्द्रवज्रा			वेदैश्च सर्वैरहमेव वेद्यो	SS। SS। ।S। SS	
		इन्द्रवज्रा			वेदान्तकृद्वेदविदेव चाहम् ।।	SS। SS। ।S। SS	
चरण की अन्तिम मात्रा लघु होने पर भी गुरु मानी जाती है							

7. गीता के संदर्भ में हमारी अन्य छंदों की मनोरम रचनाएँ

हमारे मत में, छंदो के विषय पर की हुई विस्तृत चर्चा वसंततिलका, पृथ्वी, शार्दूलविक्रीडित, भुजंगप्रयात, शिखरिणी, दोहा, चौपाई, फटका आदि मनोरम छंदों के साथ और राग-संगीत-अनुप्रास के समावेश के सहित किए बिना हमें पर्याप्त नहीं लगती है. अतः हमारे संगीत हिंदी-संस्कृत श्रीकृष्णरामायण की सिद्धि के लिए हमने भक्तिभाव से रचे हैं उनमें से कुछ गिने-चुने गेय उदागरण यहाँ देना अनिवार्य समझा है.

7.1 वसंततिलका छंद

वसंततिलका छन्द : उक्ता वसन्ततिलका तभजाः जगौ गः । इसके चरणों में चौदह वर्ण, 21 मात्रा होती हैं, यति 8 वे वर्ण पर विकल्प से आता है. इसमें त भ ज ज गण और दो गुरु वर्ण आते हैं. इसका लक्षण सूत्र ऽ ऽ।, ऽ।।, ।ऽ।, ।ऽ।, ऽ ऽ इस प्रकार होता है. प्रस्तुत पद्य सा-नि़- सारे-रे सारे ग-, मग़रे- ग़रेसा- इस प्रकार से गाया बजाया जा सकता है.

वसंततिलका छन्द लक्षण गीत दोहा

त भ ज ज ग ग गण की कला, देती मन आनंद ।
बारह कल पर यति जहाँ, "वसंततिलका" छंद ।।

वसंततिलका छन्द

ऽ ऽ।, ऽ।।, ।ऽ।, ।ऽ।, ऽ ऽ

♫ सा-नि़-सा रे- रेसा रेग़-, मग़ रे-ग़ रे-सा-

(अर्जुन का विषाद, गीता अध्याय 1)

कौन्तेय ने जब लखे, प्रिय बंधु आगे ।
खोये हवास उसके, अरु होश भागे ।।
बोला, विषाद-युत वो, "शर ना धरूँगा ।
चाहे, जनार्दन! यहाँ, रण में मरूँगा" ।।

(अर्जुन की वल्गना, गीता अध्याय 1)

ऽ ऽ।, ऽ।।, ।ऽ।, ।ऽ।, ऽ ऽ

♫ सा-नि़-सा रे-रेसा रेग- मगरे- गरे- सा- ।

श्रीकृष्ण को विनय से, रण पार्थ बोला ।
अज्ञान पंडित बना, जब पार्थ भोला ।। 1
वो क्षात्रधर्म तज के, भटई बना था ।
जो काम क्षात्र भट को, करना मना था ।। 2

(विषय त्याग, गीता अध्याय 2)

ऽ ऽ।, ऽ।।, ।ऽ।, ।ऽ।, ऽ ऽ

♫ सा-नि़- सारे- रेसारे ग-, मग रे-ग रे- सा-

लागी तजे विषय की, तन मात्र से जो ।
यादें करे विषय की, मन-गात्र से वो ।। 1
त्यागे विलास मन से, दिनरात्र जो ही ।
प्यारा कहा किशन का, नर पात्र सो ही ।। 2

7.2 पृथ्वी छंद

पृथ्वी छन्द : जसौ जसयला वसुग्रहयतिश्च पृथ्वी गुरुः । इस वृत्त के चरण में 17 वर्ण और 24 मात्रा होती हैं । इसमें ज स ज स य गण आते हैं, अन्त में लघु गुरु वर्ण । इसका लक्षण सूत्र ।ऽ।, ।।ऽ, ।ऽ।, ।।ऽ, ।ऽ ऽ, ।ऽ होता है । इसमें 8-9 वर्ण पर यति विकल्प से आता है । प्रस्तुत पद्य मप-धपमग- गम-पमगरे- सारे- मगरे सा- इस प्रकार गाया बजाया जा सकता है ।

पृथ्वी छन्द लक्षण गीत दोहा

मत्त चौबीस से सजा, ज स ज स य, ल ग से अंत ।
सत्रह वर्ण, सुवर्ण सा, सुंदर "पृथ्वी" छंद ।।

पृथ्वी छन्दः

।ऽ।, ।।ऽ, ।ऽ।, ।।ऽ, ।ऽ ऽ, ।ऽ

♫ मप- धपमग-, गम-पमगरे-, सारे- मगरे सा-

(व्यासवन्दनम्, गीताध्यानम्)

महाकविवरो रविर्मतिमयो मुने व्यास त्वम् ।
त्वया विरचितं गुरो सुललितं बृहद्वाङ्मयम् ।। 1
तथा च लिखितं सनातनकृतं महाभारतम् ।
करोमि नमनं प्रभुं परमव्यासद्वैपायनम् ।। 2

7.3 शिखरिणी छंद

शिखरिणी छन्द : रसैः रुद्रैश्छिन्ना यमनसभला गः शिखरिणी। इस छन्द के चरण में 17 वर्ण और 25 मात्राएँ होती हैं । इसमें य म न स भ गण और एक-एक लघु गुरु आते हैं । इसका लक्षण सूत्र । ऽ ऽ, ऽ ऽ ऽ, ।।।, ।। ऽ, ऽ।।, । ऽ इस प्रकार होता है । इसके 6-11 पर यति विकल्प से आता है । प्रस्तुत पद्य साग- नि-सा-रेगरे- सारेग पमगरे ग- रेगरे सा- इस प्रकार से गाया बजाया जा सकता है ।

शिखरिणी छन्द लक्षण गीत दोहा

मत्त पच्चीस में सजा, य म न स भ ग का वृंद ।
छठी मत्त पर यति जहाँ, चारु "शिखरिणी" छंद ।। 1024/7162

छन्द रचना में प्राय: एक ही सूत्र में सभी पंक्तियाँ लिखी जाती हैं इस लिए साधारणतया छंद की रचनाएँ लघु होती हैं । परंतु, दीर्घ रचनाएँ रुचिकर बनाने के लिए स्थायी में एक छन्द व अंतरे के लिए दूसरा छन्द प्रयोग किया गया है । याद रहे कि : राग में गाते समय मात्राएँ रागानुसार लघु या दीर्घ करके वह लय में गायी जाती हैं । स्थायी के लिए शिखरिणी छन्द और अंतरे के लिए पृथ्वी छंद, इस प्रकार की काव्य रचना महाराष्ट्र देश में श्री कृष्णशास्त्री चिपळुणकर जी (1850-1882) ने जानी मानी की थी ।

(प्रभु तेरी माया)

स्थायी

शिखरिणी छन्द

। ऽ ऽ, ऽ ऽ ऽ, ।।।, ।। ऽ, ऽ।।, । ऽ

♫ सारे-! सानि़सा- रेगरे-, रेरेरे गपमग रेग रेगरे सा-

(प्रभु की माया, गीता अध्याय 4)

प्रभो! तेरी माया, ग्रहण करने में गहन है ।
मगर सच्चे मन से, स्मरण करके वो सुगम है ।।

अंतरा-1

पृथ्वी छन्द + शिखरिणी छन्द

। ऽ।, ।। ऽ, । ऽ।, ।। ऽ, । ऽ ऽ, । ऽ

7.4 शार्दूलविक्रीडित छंद

। ऽ ।, ।। ऽ, । ऽ ।, ।। ऽ, । ऽ ऽ, । ऽ

। ऽ ऽ, ऽ ऽ ऽ, ।।।, ।। ऽ, ऽ ।।, । ऽ

। ऽ ऽ, ऽ ऽ ऽ, ।।।, ।। ऽ, ऽ ।।, । ऽ

♫ मप- धपम ग-, गम- पमग रे-, सारे- मगरेसा-

कोई नमन से, कोई भजन से, तुझे पूजता ।
कोई धन तथा, कोई सुख सदा, तुझे माँगता ।।
प्रभो! तेरी लीला, कथन करने में कठिन है ।
मगर पक्के मन से, मनन करना ही यजन है ।।

अंतरा-2

सदा चरण में, रहो शरण तो हरि साथ है ।
सभी जगत का, अनाथ जन का, वही नाथ है ।।
हरे! तेरी सेवा, सतत करना ही धरम है ।
सतत सच्चे मन से, करम करना उद्धरण है ।।

7.4 शार्दूलविक्रीडित छंद

शार्दूलविक्रीडित छन्द : सूर्याश्वैर्यदि मः सजौ सततगाः शार्दूलविक्रीडितम् ।सूर्य (12) और अश्व (7) पर यति. इस छन्द के चरणों में 19 वर्ण, 30 मात्रा होती हैं । इसमें म स ज स त त गण और एक गुरु वर्ण आता है । यति 12-19 वर्ण पर विकल्प से आता है । इसका लक्षण सूत्र ऽ ऽ ऽ, ।। ऽ, । ऽ ।, ।। ऽ, ऽ ऽ ।, ऽ ऽ ।, ऽ इस प्रकार होता है । प्रस्तुत पद्य सा-रे- ग-मगरे- गम- पमगरे- ग-प-म ग-म-गरे- इस प्रकार से गाया बजाया जा सकता है ।

शार्दूलविक्रीडित छन्द लक्षण गीत दोहा

म स ज स त त गण से सजा, मुझको जिससे प्रीत ।
अंतिम गुरु का छंद है, "शार्दूलविक्रीडीत" ।।

शार्दूलविक्रीडित-छन्दः

ऽ ऽ ऽ, ।। ऽ, । ऽ ।, ।। ऽ, ऽ ऽ ।, ऽ ऽ ।, ऽ

♫ सा-रे- ग-मगरे- गम- पमगरे- ग-प-मग-म-गरे-

(श्रीकृष्णवन्दना, भक्तियोग, गीता अध्याय 12)

वन्दे चक्रधरं हरिं गुरुवरं श्रीकृष्णदामोदरम् ।
योगेशो मम मार्गदर्शकवरो रक्षाकरो ज्ञानदः ।। 1
कृष्णान्नास्ति कृपाकरः प्रियतरः कृष्णैव मे पालकः ।
तस्माद्विघ्नहराय नम्रमनसा कृष्णाय तस्मै नमः ।। 2

7.5 भुजंगप्रयात छंद

भुजंगप्रयात छन्द : भुजङ्गप्रयातं चतुर्भिर्यकारैः। इस बारह वर्ण, 20 मात्रा वाले छन्द के चरण में चार य गण आते हैं । इसका लक्षण सूत्र । ऽ ऽ, । ऽ ऽ, । ऽ ऽ, । ऽ ऽ इस प्रकार होता है । इसके 5-7 अथवा पदान्त में विराम विकल्प से आता है । प्रस्तुत पद्य सारे- ग- मप- म- गरे- म-ग रेगरेसा इस प्रकार से गाया बजाया जा सकता है ।

भुजंगप्रयात छन्द लक्षण गीत दोहा

चतुर् य गण का छंद जो, पाँच और यति सात ।

सुंदर, बारह वर्ण का, कहो "भुजंगप्रयात" ।।

भुजंगप्रयात छन्द

। ऽ ऽ, । ऽ ऽ, । ऽ ऽ, । ऽ ऽ

♫ सारे-ग-म प- म-ग रे- म-ग रे-सा-

(धर्मक्षेत्र, गीता अध्याय 1)

कुरुक्षेत्र को धर्म का क्षेत्र जाना ।

सभी क्षेत्र में जो महाभाग माना ।। 1

यहाँ पे हुए हैं महायज्ञ नाना ।

यही कर्मठों का युगों से ठिकाना ।। 2

भुजंगप्रयात छन्द

। ऽ ऽ, । ऽ ऽ, । ऽ ऽ, । ऽ ऽ

♫ सा रे-ग- म प-म-ग रे-म- गरे- सा-

(आत्मा निरूपण, गीता अध्याय 2)

न जन्मा, न आरंभ, तेरा कहीं से ।

सदा साथ होते न, जाना किसी ने ।। 1

न आया कहीं से, न जाता कहीं है ।

निराधार आत्मा, जहाँ था वहीं है ।। 2

भुजंगप्रयात छन्द

। ऽ ऽ, । ऽ ऽ, । ऽ ऽ, । ऽ ऽ

♫ सारे- ग-, मप- म-, गरे- म-, गरे- सा-

(अमर आत्मा, गीता अध्याय 2)

कटे ना, जले ना, गले ना, झुरे ना ।

वही आतमा है निराकार जाना ।। 1

सभी के दिलों में बसा एक देही ।
अनेकों घटों का कहा एक गेही ।। 2

7.6 अनुप्रास अलंकार

अनुप्रास : रसाद्यनुगतत्वेंन प्रकर्षेण न्या सोनुप्रासः। वह शब्दालंकार जिसमें विशेष वर्ण की या वर्ण समूह की पुनरावृत्ति की जाती है । यह पुनरावृत्ति केवल चरण के अन्त में हो तो उसे यमक कहते हैं ।

श्लोक छंद अनुप्रास

(भगवद्गीता)

भणिता भगवद्गीता भद्रा भगवता भवे ।
भाविकी भास्वरा भूरि भारती भाग्यदायिनी ।।
भञ्जनाय भ्रमं भक्त भावेन भजनं भज ।
भेदभावो भयं भामो भ्रान्तिर्भूतेषु भिद्यते ।।

♬ गगग- ममम-प-म-, प-प- मगरेग- मप- ।
म-मम- प-पप- ध-प-, म-मम- प-मग-रेग- ।।
रे-रेरे-रे गम- ग-रे-, सा-सा-सा रेगम- गरे- ।
सा-सासा-सा- रेग- रे-सा-, रे-ग-म-प-म ग-रेसा- ।।

फटका छन्द अनुप्रास

8 + 8 + 8 + 6/5

(भगवद्गीत्ता)

भगवद्गीता भव भूतों के, भले के लिए भेजी है ।
भगवन् ने भी भक्तियोग से, भली भाँति जो भर दी है ।।
भजलो भगतों भरलो भैया, भण्डार भूति का भगति से ।
भद्र-भाव से भरा भजन ये, भरम भगाए भीतर से ।।

श्लोक छंद अनुप्रास

(आत्मसंयम, गीता अध्याय 6)

आरक्षेदात्मनाऽऽत्मानमात्मैवात्मानमात्मकः ।
आत्माऽऽत्मनाऽवसन्नोऽप्यपकृतात्माऽरिरात्मनः ।।

7.6 अनुप्रास अलंकार

(सत् गुण, गीता अध्याय 17)

सदाचारे च सद्भावे सत्त्वे साधौ च सज्जने ।

सत्कर्मणि च सद्धर्मे सदा सत्यं समावृतम् ।।

फटका छन्द, अनुप्रास

8 + 8 + 8 + 6/5

(आत्मसंयम, गीता अध्याय 6)

आपा अपने, आपे में हो, तो आप अपने, आप हो ।

न आप अपने, आपे में हो, तो आप अप ने, अप-आप हो ।।

फटका छन्द, अनुप्रास

8 + 8 + 8 + 6/5

(पाप, गीता अध्याय 2)

पापी जन का पाप पचाना, शास्त्र में जाना पाप है ।

पापी जन का पाप पचाता, पाप वो करता आप है ।। 1

शास्त्रों में जो पाप कहा है, वध करने में अवध्य का ।

वही पाप है मिलता उसको, जो न करे वध वध्य का ।। 2

वसंततिलका छन्द, अनुप्रास

ऽ ऽ।, ऽ।।, ।ऽ।, ।ऽ।, ऽ ऽ

♪ सा-नि॒-सा रे-रेसारे ग॒-, मग॒ रे-ग॒ रे-सा-

(दैवी संपदा, गीता अध्याय 16)

सद्धर्म से सजित जो, शुचि सत्य श्रद्धा ।

सद्भाव सुकृत सही, सहसाधना से ।।

स्वाध्याय के सहित जो, सब सर्वदा ही ।

दैवी कही सकल वो, सत्-संपदा है ।।

एक अकेला अपूर्व अद्भुत अनन्य अनूठा अनुप्रास[3]

राग : आसावरी, कहरवा ताल, 8 मात्रा

आसावरी राग : यह आसावरी ठाठ का राग है । इसका आरोह है : सा रे म प, ध॒ सां । अवरोह है : सां नि॒ ध॒ प म ग॒, रे सा ।

राग आसावरी लक्षण गीत दोहा

---

[3] **अनोखा अनुप्रास :** विशेष बात यह है कि इस संपूर्ण गीत के सभी संज्ञा, विशेषण तथा क्रियापदों में कम से कम एक ल-अक्षर नियोजित करके अनुप्रास सिद्ध किया गया है ।

7.6 अनुप्रास अलंकार

वर्जित ग नि आरोह में, वादी ग ध संवाद ।
मधु सुर कोमल ग ध नि से, "आसावरी" निनाद ।।

(आसावरी अनुप्रास गीत, मुरली वाला)

स्थायी

लाल गुलाली फूल की माला, डाल गले में मुरली वाला ।
गोकुल वाला बालक ग्वाला, झूलत झूले पर ब्रिजबाला ।।

♫ सारेम मप-प- पमप सां ध-प-, म-म मप- प- धधमप ग-रेसा ।
सारेमम प-प- पमपसां ध-प-, म-मम प-प- धध मपग-रेसा ।

अंतरा-1

तिल काजल का वनमाली के, लाल गुलाबी गाल पे काला ।

♫ मम प-धध निध सांसांसां-गंनि सां-, नि-नि निसां-सां- निसांरें सां ध-प- ।

अंतरा-2

संदल[4] तिलक है मंगल लगता, श्यामलहरि के भाल पे पीला ।

अंतरा-3

जूहीचमेली कोमल कलिका, बालों में डाले बाल गोपाला ।

अंतरा-4

जल केलि में ललिता ललना, नंद का लाला खेलत लीला ।

---

[4] **संदल** = चंदन ।

परिशिष्ट

ऊपरोक्त 200 पृष्ठों मे दी हुई सभी तालिकाओं मे आए हुए गीता के चरणों की **गीता-अध्यायानुसार 2804 चरणों की समस्त 110 छंदों की** पाठकों के सुलभ संदर्भ के लिए एक परिपूर्ण संयक्त तालिका.

चरण क्रमांक	गीता पद्य संदर्भ	गीता के 2804 पद्य	पद्य मात्रा सूत्र	110 छंदों के गण सूत्र
1	1.1.1	धर्मक्षेत्रे कुरुक्षेत्रे	ऽ।ऽ, ऽ।ऽ, ऽऽ	ररगग
2	1.1.2	समवेता युयुत्सवः ।	।।ऽ, ऽ।ऽ, ।ऽ	सरलग
3	1.1.3	मामकाः पाण्डवाश्चैव	ऽ।ऽ, ऽ।ऽ, ऽ।	ररगल
4	1.1.4	किमकुर्वत सञ्जय ।।	।।ऽ, ।।ऽ, ।।	ससलल
5	1.2.1	दृष्ट्वा तु पाण्डवानीकं	ऽऽ।, ऽ।ऽ, ऽऽ	तरगग
6	1.2.2	व्यूढं दुर्योधनस्तदा ।	ऽऽऽ, ऽ।ऽ, ।ऽ	मरलग
7	1.2.3	आचार्यमुपसङ्गम्य	ऽऽ।, ।।ऽ, ऽ।	तसगल
8	1.2.4	राजा वचनमब्रवीत् ।।	ऽऽ।, ।।ऽ, ।ऽ	तसलग
9	1.3.1	पश्यैतां पाण्डुपुत्राणाम्	ऽऽऽ, ऽ।ऽ, ऽऽ	मरगग
10	1.3.2	आचार्य महतीं चमूम् ।	ऽऽ।, ।।ऽ, ।ऽ	तसलग
11	1.3.3	व्यूढां दृपदपुत्रेण	ऽऽ।, ।।ऽ, ऽ।	तसगल
12	1.3.4	तव शिष्येण धीमता ।।	।।ऽ, ऽ।ऽ, ।ऽ	सरलग
13	1.4.1	अत्र शूरा महेष्वासा	ऽ।ऽ, ऽ।ऽ, ऽऽ	ररगग
14	1.4.2	भीमार्जुनसमा युधि ।	ऽऽ।, ।।ऽ, ।।	तसलल
15	1.4.3	युयुधानो विराटश्च	।।ऽ, ऽ।ऽ, ऽऽ	सरगग
16	1.4.4	द्रुपदश्च महारथः ।।	।।ऽ, ।।ऽ, ।ऽ	ससलग
17	1.5.1	धृष्टकेतुश्चेकितानः	ऽ।ऽ, ऽऽ।, ऽऽ	रतगग
18	1.5.2	काशिराजश्च वीर्यवान् ।	ऽ।ऽ, ऽ।ऽ, ।ऽ	ररलग
19	1.5.3	पुरुजित्कुन्तिभोजश्च	।।ऽ, ऽ।ऽ, ऽ।	सरगल
20	1.5.4	शैब्यश्च नरपुङ्गवः ।।	ऽऽ।, ।।ऽ, ।ऽ	तसलग
21	1.6.1	युधामन्युश्च विक्रान्त	।ऽऽ, ऽ।ऽ, ऽ।	यरगल
22	1.6.2	उत्तमौजाश्च वीर्यवान् ।	ऽ।ऽ, ऽ।ऽ, ।ऽ	ररलग

23	1.6.3	सौभद्रो द्रौपदेयाश्च	SSS, SIS, SI	मरगल
24	4.33.3	सर्वं कर्माखिलं पार्थ	SSS, SIS, SS	मरगग
25	1.7.1	अस्माकं तु विशिष्टा ये	SSS, IIS, SS	मसगग
26	1.7.2	तान्निबोध द्विजोत्तम ।	SIS, SIS, II	ररलल
27	1.7.3	नायका मम सैन्यस्य	SIS, IIS, SI	रसगल
28	18.9.4	स त्यागः सात्त्विको मतः ।।	ISS, SIS, IS	यरलग
29	1.8.1	भवान्भीष्मश्च कर्णश्च	ISS, SIS, SI	यरगल
30	1.8.2	कृपश्च समितिञ्जयः ।	ISI, IIS, IS	जसलग
31	1.8.3	अश्वत्थामा विकर्णश्च	SSS, SIS, SI	मरगल
32	1.8.4	सौमदत्तिस्तथैव च ।।	SIS, SIS, IS	ररलग
33	1.9.1	अन्ये च बहवः शूरा	SSI, IIS, SS	तसगग
34	1.9.2	मदर्थे त्यक्तजीविताः ।	ISS, SIS, IS	यरलग
35	1.9.3	नानाशस्त्रप्रहरणाः	SSS, SII, IS	मभलग
36	1.9.4	सर्वे युद्धविशारदाः ।।	SSS, IIS, IS	मसलग
37	1.10.1	अपर्याप्तं तदस्माकं	ISS, SIS, SS	यरगग
38	1.10.2	बलं भीष्माभिरक्षितम् ।	ISS, SIS, IS	यरलग
39	1.10.3	पर्याप्तं त्विदमेतेषां	SSS, IIS, SS	मसगग
40	1.10.4	बलं भीमाभिरक्षितम् ।।	ISS, SIS, IS	यरलग
41	1.11.1	अयनेषु च सर्वेषु	IIS, IIS, IS	ससलग
42	1.11.2	यथाभागमवस्थिताः ।	ISS, IIS, IS	यसलग
43	1.11.3	भीष्ममेवाभिरक्षन्तु	SIS, SIS, SI	ररगल
44	1.11.4	भवन्तः सर्व एव हि ।।	ISS, SIS, II	यरलल
45	1.12.1	तस्य सञ्जनयन्हर्षं	SIS, IIS, SS	रसगग
46	1.12.2	कुरुवृद्धः पितामहः ।	IIS, SIS, IS	सरलग
47	1.12.3	सिंहनादं विनद्योच्चैः	SIS, SIS, SS	ररगग
48	1.12.4	शङ्खं दध्मौ प्रतापवान् ।।	SSS, SIS, IS	मरलग
49	1.14.1	ततः श्वेतैर्हयैर्युक्ते	ISS, SIS, SS	यरगग
50	1.13.2	पणवानकगोमुखाः ।	IIS, IIS, IS	ससलग

51	1.13.3	सहसैवाभ्यहन्यन्त	।।ऽ, ऽ।ऽ, ऽ।	सरगल
52	1.19.1	स घोषो धार्तराष्ट्राणां	।ऽऽ, ऽ।ऽ, ऽऽ	यरगग
53	11.14.1	ततः स विस्मयाविष्टो	।ऽ।, ऽ।ऽ, ऽऽ	जरगग
54	1.14.2	महति स्यन्दने स्थितौ ।	।।ऽ, ऽ।ऽ, ।ऽ	सरलग
55	1.14.3	माधवः पाण्डवश्चैव	ऽ।ऽ, ऽ।ऽ, ऽ।	ररगल
56	1.14.4	दिव्यौ शङ्खौ प्रदध्मतुः ।।	ऽऽऽ, ऽ।ऽ, ।ऽ	मरलग
57	1.15.1	पाञ्चजन्यं हृषीकेशो	ऽऽऽ, ऽ।ऽ, ऽऽ	मरगग
58	1.15.2	देवदत्तं धनञ्जयः ।	ऽ।ऽ, ऽ।ऽ, ।ऽ	ररलग
59	1.15.3	पौण्ड्रं दध्मौ महाशङ्खं	।ऽ।, ।।ऽ, ऽऽ	जसगग
60	1.15.4	भीमकर्मा वृकोदरः ।।	ऽऽऽ, ऽ।ऽ, ।ऽ	मरलग
61	1.16.1	अनन्तविजयं राजा	।ऽ।, ।।ऽ, ऽऽ	जसगग
62	1.16.2	कुन्तीपुत्रो युधिष्ठिरः ।	ऽऽऽ, ऽ।ऽ, ।ऽ	मरलग
63	1.16.3	नकुलः सहदेवश्च	।।ऽ, ।।ऽ, ऽ।	ससगल
64	1.16.4	सुघोषमणिपुष्पकौ ।।	।ऽ।, ।।ऽ, ।ऽ	जसलग
65	1.17.1	काश्यश्च परमेष्वासः	ऽऽ।, ।।ऽ, ऽ।	तसगल
66	1.17.2	शिखण्डी च महारथः ।	।ऽऽ, ।।ऽ, ।ऽ	यसलग
67	1.17.3	धृष्टद्युम्नो विराटश्च	ऽऽऽ, ऽ।ऽ, ऽ।	मरगल
68	1.17.4	सात्यकिश्चापराजितः ।।	ऽ।ऽ, ऽ।ऽ, ।ऽ	ररलग
69	1.18.1	द्रुपदो द्रौपदेयाश्च	।।ऽ, ऽ।ऽ, ऽ।	सरगल
70	1.18.2	सर्वशः पृथिवीपते ।	ऽ।ऽ, ।।ऽ, ।ऽ	रसलग
71	1.18.3	सौभद्रश्च महाबाहुः	ऽऽऽ, ।।ऽ, ऽऽ	मसगग
72	1.18.4	शङ्खान्दध्मुः पृथक्पृथक् ।।	ऽऽऽ, ऽ।ऽ, ।ऽ	मरलग
73	5.2.1	संन्यासः कर्मयोगश्च	ऽऽऽ, ऽ।ऽ, ऽ।	मरगल
74	1.19.2	हृदयानि व्यदारयत् ।	।।ऽ, ऽ।ऽ, ।ऽ	सरलग
75	1.19.3	नभश्च पृथिवीं चैव	।ऽ।, ।।ऽ, ऽ।	जसगल
76	1.19.4	तुमुलो व्यनुनादयन् ।।	।।ऽ, ।।ऽ, ।ऽ	ससलग
77	1.20.1	अथ व्यवस्थितान्दृष्ट्वा	।ऽ।, ऽ।ऽ, ऽऽ	जरगग
78	1.20.2	धार्तराष्ट्रान्कपिध्वजः ।	ऽ।ऽ, ऽ।ऽ, ।ऽ	ररलग

परिशिष्ट

79	1.20.3	प्रवृत्ते शस्त्रसम्पाते	ISS, SIS, SS	यरगग
80	1.20.4	धनुरुद्यम्य पाण्डवः ॥	IIS, SIS, IS	सरलग
81	1.21.1	हृषीकेशं तदा वाक्यम्	ISS, SIS, SS	यरगग
82	1.21.2	इदमाह महीपते ।	IIS, IIS, IS	ससलग
83	1.21.3	सेनयोरुभयोर्मध्ये	SIS, IIS, SS	रसगग
84	1.21.4	रथं स्थापय मेऽच्युत ॥	ISS, IIS, II	यसलल
85	1.22.1	यावदेतान्निरीक्षेऽहं	SIS, SIS, SS	ररगग
86	1.22.2	योद्धुकामानवस्थितान् ।	SIS, SIS, IS	ररलग
87	1.22.3	कैर्मया सह योद्धव्यम्	SIS, IIS, SS	रसगग
88	1.22.4	अस्मिन्रणसमुद्यमे ॥	SSI, IIS, IS	तसलग
89	1.23.1	योत्स्यमानानवेक्षेऽहं	SIS, SIS, SS	ररगग
90	13.28.4	यः पश्यति स पश्यति ॥	SSI, IIS, II	तसलल
91	1.23.3	धार्तराष्ट्रस्य दुर्बुद्धेः	SIS, SIS, SS	ररगग
92	1.23.4	युद्धे प्रियचिकीर्षवः ॥	SSI, IIS, IS	तसलग
93	1.24.1	एवमुक्तो हृषीकेशो	SIS, SIS, SS	ररगग
94	1.24.2	गुडाकेशेन भारत ।	ISS, SIS, II	यरलल
95	1.24.3	सेनयोरुभयोर्मध्ये	SIS, IIS, SS	रसगग
96	1.24.4	स्थापयित्वा रथोत्तमम् ॥	SIS, SIS, IS	ररलग
97	1.25.1	भीष्मद्रोणप्रमुखतः	SSS, SII, IS	मभलग
98	1.25.2	सर्वेषां च महीक्षिताम् ।	SSS, IIS, IS	मसलग
99	1.25.3	उवाच पार्थ पश्यैतान्	ISI, SIS, SS	जरगग
100	1.25.4	समवेतान्कुरूनिति ॥	IIS, SIS, II	सरलल
101	1.26.1	तत्रापश्यत्स्थितान्पार्थः	SSS, SIS, SS	मरगग
102	1.26.2	पितॄनथ पितामहान् ।	ISI, IIS, IS	जसलग
103	1.26.3	आचार्यान्मातुलान्भ्रातॄन्	SSS, SIS, SS	मरगग
104	1.26.4	पुत्रान्पौत्रान्सखींस्तथा ॥	SSS, SIS, IS	मरलग
105	1.27.1	श्वशुरान्सुहृदश्चैव	IIS, IIS, SI	ससगल
106	1.27.2	सेनयोरुभयोरपि ।	SIS, IIS, II	रसलल

107	1.27.3	तान्समीक्ष्य स कौन्तेयः	ऽ।ऽ, ।।ऽ, ऽऽ	रसगग
108	1.27.4	सर्वान्बन्धूनवस्थितान् ।	ऽऽऽ, ऽ।ऽ, ।ऽ	मरलग
109	1.28.1	कृपया परयाविष्टो	।।ऽ, ।।ऽ, ऽऽ	ससगग
110	1.28.2	विषीदन्निदमब्रवीत् ।।	।ऽऽ, ।।ऽ, ।ऽ	यसलग
111	1.28.3	दृष्ट्वेमं स्वजनं कृष्ण	ऽऽऽ, ।।ऽ, ऽ।	मसगल
112	1.28.4	युयुत्सुं समुपस्थितम् ।	।ऽऽ, ।।ऽ, ।ऽ	यसलग
113	1.29.1	सीदन्ति मम गात्राणि	ऽऽ।, ।।ऽ, ऽ।	तसगल
114	1.29.2	मुखं च परिशुष्यति ।	।ऽ।, ।।ऽ, ।।	जसलल
115	1.29.3	वेपथुश्च शरीरे मे	ऽ।ऽ, ।।ऽ, ऽऽ	रसगग
116	1.29.4	रोमहर्षश्च जायते ।।	ऽ।ऽ, ऽ।ऽ, ।ऽ	ररलग
117	1.30.1	गाण्डीवं स्रंसते हस्तात्	ऽऽऽ, ऽ।ऽ, ऽऽ	मरगग
118	1.30.2	त्वक्चैव परिदह्यते ।	ऽऽ।, ।।ऽ, ।ऽ	तसलग
119	1.30.3	न च शक्नोम्यवस्थातुं	।।ऽ, ऽ।ऽ, ऽऽ	सरगग
120	1.30.4	भ्रमतीव च मे मनः ।।	।।ऽ, ।।ऽ, ।ऽ	ससलग
121	1.31.1	निमित्तानि च पश्यामि	।ऽऽ, ।।ऽ, ऽ।	यसगल
122	1.31.2	विपरीतानि केशव ।	।।ऽ, ऽ।ऽ, ।।	सरलल
123	1.31.3	न च श्रेयोऽनुपश्यामि	।ऽऽ, ऽ।ऽ, ऽ।	यरगल
124	1.31.4	हत्वा स्वजनमाहवे ।।	ऽऽ।, ।।ऽ, ।ऽ	तसलग
125	1.32.1	न काङ्क्षे विजयं कृष्ण	।ऽऽ, ।।ऽ, ऽ।	यसगल
126	1.32.2	न च राज्यं सुखानि च ।	।।ऽ, ऽ।ऽ, ।।	सरलल
127	1.32.3	किं नो राज्येन गोविन्द	ऽऽऽ, ऽ।ऽ, ऽ।	मरगल
128	1.32.4	किं भोगैर्जीवितेन वा ।।	ऽऽऽ, ऽ।ऽ, ।ऽ	मरलग
129	1.33.1	येषामर्थे काङ्क्षितं नो	ऽऽऽ, ऽऽ।, ऽऽ	मतगग
130	1.33.2	राज्यं भोगाः सुखानि च ।	ऽऽऽ, ऽ।ऽ, ।।	मरलल
131	7.20.3	तं तं नियममास्थाय	ऽऽ।, ।।ऽ, ऽऽ	तसगग
132	1.33.4	प्राणांस्त्यक्त्वा धनानि च ।।	ऽऽऽ, ऽ।ऽ, ।।	मरलल
133	1.34.1	आचार्याः पितरः पुत्राः	ऽऽऽ, ।।ऽ, ऽऽ	मसगग
134	1.34.2	तथैव च पितामहाः ।	।ऽ।, ।।ऽ, ।ऽ	जसलग

135	1.34.3	मातुलाः श्वशुराः पौत्राः	SIS, IIS, SS	रसगग
136	1.34.4	श्यालाः सम्बन्धिनस्तथा ॥	SSS, SIS, IS	मरलग
137	1.35.1	एतान्न हन्तुमिच्छामि	SSI, SIS, SS	तरगग
138	1.35.2	घ्नतोऽपि मधुसूदन ।	ISI, IIS, II	जसलल
139	1.35.3	अपि त्रैलोक्यराज्यस्य	ISS, SIS, SI	यरगल
140	1.35.4	हेतोः किं नु महीकृते ॥	SSS, IIS, IS	मसलग
141	1.36.1	निहत्य धार्तराष्ट्रान्नः	ISI, SIS, SS	जरगग
142	6.37.4	कां गतिं कृष्ण गच्छति ॥	SIS, SIS, II	ररलल
143	1.36.3	पापमेवाश्रयेदस्मान्	SIS, SIS, SS	ररगग
144	1.36.4	हत्वैतानाततायिनः ॥	SSS, SIS, IS	मरलग
145	1.37.1	तस्मान्नार्हा वयं हन्तुं	SSS, SIS, SS	मरगग
146	1.37.2	धार्तराष्ट्रान्स्वबान्धवान् ।	SIS, SIS, IS	ररलग
147	1.37.3	स्वजनं हि कथं हत्वा	IIS, IIS, SS	ससगग
148	1.37.4	सुखिनः स्याम माधव ॥	IIS, SIS, II	सरलल
149	1.38.1	यद्यप्येते न पश्यन्ति	SIS, SIS, SI	ररगल
150	1.38.2	लोभोपहतचेतसः ।	SSI, IIS, IS	तसलग
151	1.38.3	कुलक्षयकृतं दोषं	ISI, IIS, SS	जसगग
152	1.38.4	मित्रद्रोहे च पातकम् ॥	SIS, SIS, IS	ररलग
153	1.39.1	कथं न ज्ञेयमस्माभिः	ISS, SIS, SS	यरगग
154	1.39.2	पापादस्मान्निवर्तितुम् ।	SSS, SIS, IS	मरलग
155	1.39.3	कुलक्षयकृतं दोषं	ISI, IIS, SS	जसगग
156	1.39.4	प्रपश्यद्भिर्जनार्दन ॥	ISS, SIS, II	यरलल
157	1.40.1	कुलक्षये प्रणश्यन्ति	ISI, SIS, SI	जरगल
158	1.40.2	कुलधर्माः सनातनाः ।	IIS, SIS, IS	सरलग
159	1.40.3	धर्मे नष्टे कुलं कृत्स्नम्	SSS, SIS, SS	मरगग
160	1.40.4	अधर्मोऽभिभवत्युत ॥	ISS, IIS, II	यसलल
161	1.41.1	अधर्माभिभवात्कृष्ण	ISS, IIS, SS	यसगग
162	1.41.2	प्रदुष्यन्ति कुलस्त्रियः ।	ISS, IIS, IS	यसलग

163	1.41.3	स्त्रीषु दुष्टासु वार्ष्णेय	ऽ।ऽ, ऽ।ऽ, ऽ।	ररगल
164	1.41.4	जायते वर्णसङ्करः ॥	ऽ।ऽ, ऽ।ऽ, ।ऽ	ररलग
165	1.42.1	सङ्करो नरकायैव	ऽ।ऽ, ।।ऽ, ऽ।	रसगल
166	1.42.2	कुलघ्नानां कुलस्य च ।	।ऽऽ, ऽ।ऽ, ।।	यरलल
167	1.42.3	पतन्ति पितरो ह्येषां	।ऽ।, ।।ऽ, ऽऽ	जसगग
168	1.42.4	लुप्तपिण्डोदकक्रियाः ॥	ऽ।ऽ, ऽ।ऽ, ।ऽ	ररलग
169	1.43.1	दोषैरेतैः कुलघ्नानां	ऽऽऽ, ऽ।ऽ, ऽऽ	मरगग
170	1.43.2	वर्णसङ्करकारकैः ।	ऽ।ऽ, ।।ऽ, ।ऽ	रसलग
171	1.43.3	उत्साद्यन्ते जातिधर्माः	ऽऽऽ, ऽऽ।, ऽऽ	मतगग
172	1.43.4	कुलधर्माश्च शाश्वताः ॥	।।ऽ, ऽ।ऽ, ।ऽ	सरलग
173	1.44.1	उत्सन्नकुलधर्माणां	ऽऽ।, ।।ऽ, ऽऽ	तसगग
174	1.44.2	मनुष्याणां जनार्दन ।	।ऽऽ, ऽ।ऽ, ।।	यरलल
175	1.44.3	नरकेऽनियतं वासो	।।ऽ, ।।ऽ, ऽऽ	ससगग
176	1.44.4	भवतीत्यनुशुश्रुम ॥	।।ऽ, ।।ऽ, ।।	ससलल
177	1.45.1	अहो वत महत्पापं	।ऽ।, ।।ऽ, ऽऽ	जसगग
178	1.45.2	कर्तुं व्यवसिता वयम् ।	ऽऽ।, ।।ऽ, ।ऽ	तसलग
179	1.45.3	यद्राज्यसुखलोभेन	ऽऽ।, ।।ऽ, ऽ।	तसगल
180	1.45.4	हन्तुं स्वजनमुद्यताः ॥	ऽऽ।, ।।ऽ, ।ऽ	तसलग
181	1.46.1	यदि मामप्रतीकारम्	।।ऽ, ऽ।ऽ, ऽऽ	सरगग
182	1.46.2	अशस्त्रं शस्त्रपाणयः ।	।ऽऽ, ऽ।ऽ, ।ऽ	यरलग
183	1.46.3	धार्तराष्ट्रा रणे हन्युः	ऽ।ऽ, ऽ।ऽ, ऽऽ	ररगग
184	1.46.4	तन्मे क्षेमतरं भवेत् ॥	ऽऽऽ, ।।ऽ, ।ऽ	मसलग
185	1.47.1	एवमुक्त्वार्जुनः सङ्ख्ये	ऽ।ऽ, ऽ।ऽ, ऽऽ	ररगग
186	1.47.2	रथोपस्थ उपाविशत् ।	।ऽऽ, ।।ऽ, ।ऽ	यसलग
187	1.47.3	विसृज्य सशरं चापं	।ऽ।, ।।ऽ, ऽऽ	जसगग
188	1.47.4	शोकसंविग्नमानसः ॥	ऽ।ऽ, ऽ।ऽ, ।ऽ	ररलग
189	8.6.3	तं तमेवैति कौन्तेय	ऽ।ऽ, ऽ।ऽ, ऽ।	ररगल
190	2.1.2	अश्रुपूर्णाकुलेक्षणम् ।	ऽ।ऽ, ऽ।ऽ, ।ऽ	ररलग

191	2.1.3	विषीदन्तमिदं वाक्यम्	।ऽऽ, ।।ऽ, ऽऽ	यसगग
192	2.1.4	उवाच मधुसूदनः ।।	।ऽ।, ।।ऽ, ।ऽ	जसलग
193	2.2.1	कुतस्त्वा कश्मलमिदं	।ऽऽ, ऽ।।, ।ऽ	यभलग
194	2.2.2	विषमे समुपस्थितम् ।	।।ऽ, ।।ऽ, ।ऽ	ससलग
195	2.2.3	अनार्यजुष्टमस्वर्ग्यम्	।ऽ।, ऽ।ऽ, ऽऽ	जरगग
196	2.2.4	अकीर्तिकरमर्जुन ।।	।ऽ।, ।।ऽ, ।।	जसलल
197	2.3.1	क्लैब्यं मा स्म गमः पार्थ	ऽऽऽ, ।।ऽ, ऽ।	मसगल
198	2.3.2	नैतत्त्वय्युपपद्यते ।	ऽऽऽ, ।।ऽ, ।ऽ	मसलग
199	2.3.3	क्षुद्रं हृदयदौर्बल्यं	ऽऽ।, ।।ऽ, ऽऽ	तसगग
200	2.3.4	त्यक्त्वोत्तिष्ठ परन्तप ।।	ऽऽऽ, ।।ऽ, ।ऽ	मसलग
201	2.4.1	कथं भीष्ममहं सङ्ख्ये	।ऽऽ, ।।ऽ, ऽऽ	यसगग
202	2.4.2	द्रोणं च मधुसूदन ।	ऽऽ।, ।।ऽ, ।।	तसलल
203	2.4.3	इषुभिः प्रतियोत्स्यामि	।।ऽ, ।।ऽ, ऽ।	ससगल
204	2.4.4	पूजार्हावरिसूदन ।।	ऽऽऽ, ।।ऽ, ।।	मसलल
205	2.5.1	गुरूनहत्वा हि महानुभावान्	।ऽ।, ऽऽ।, ।ऽ।, ऽऽ	जतजगग
206	2.5.2	श्रेयो भोक्तुं भैक्ष्यमपीह लोके ।	ऽऽऽ, ऽऽ।, ।ऽ।, ऽऽ	मतजगग
207	2.5.3	हत्वार्थकामांस्तु गुरूनिहैव	ऽऽ।, ऽऽ।, ।ऽ।, ऽ।	ततजगल
208	2.5.4	भुञ्जीय भोगान्रुधिरप्रदिग्धान् ।।	ऽऽ।, ऽऽ।, ।ऽ।, ऽऽ	ततजगग
209	2.6.1	न चैतद्विद्मः कतरन्नो गरीयो	।ऽऽ, ऽऽ।, ।ऽऽ, ऽऽ।	यतयत
210	2.6.2	यद्वा जयेम यदि वा नो जयेयुः ।	ऽऽ।, ऽ।।, ।ऽऽ, ।ऽऽ	तभयय
211	2.6.3	यानेव हत्वा न जिजीविषामः	ऽऽ।, ऽऽ।, ।ऽ।, ऽऽ	ततजगग
212	2.6.4	तेऽवस्थिताः प्रमुखे धार्तराष्ट्राः ।।	ऽऽ।, ऽ।।, ऽऽ।, ऽऽ	तभतगग
213	2.7.1	कार्पण्यदोषोपहतस्वभावः	ऽऽ।, ऽऽ।, ।ऽ।, ऽऽ	ततजगग
214	2.7.2	पृच्छामि त्वां धर्मसम्मूढचेताः ।	ऽऽ।, ऽऽ।, ऽऽ।, ऽऽ	तततगग
215	2.7.3	यच्छ्रेयः स्यान्निश्चितं ब्रूहि तन्मे	ऽऽऽ, ऽऽ।, ऽऽ।, ऽऽ	मततगग
216	2.7.4	शिष्यस्तेऽहं शाधि मां त्वां प्रपन्नम् ।।	ऽऽऽ, ऽऽ।, ऽऽ।, ऽऽ	मततगग
217	2.8.1	न हि प्रपश्यामि ममापनुद्यात्	।ऽ।, ऽऽ।, ।ऽ।, ऽऽ	जतजगग
218	2.8.2	यच्छोकमुच्छोषणमिन्द्रियाणाम् ।	ऽऽ।, ऽऽ।, ।ऽ।, ऽऽ	ततजगग

परिशिष्ट

219	2.8.3	अवाप्य भूमावसपत्नमृद्धं	ISI, SSI, ISI, SS	जतजगग
220	2.8.4	राज्यं सुराणामपि चाधिपत्यम् ॥	SSI, SSI, ISI, SS	ततजगग
221	2.9.1	एवमुक्त्वा हृषीकेशं	SIS, SIS, SS	ररगग
222	2.9.2	गुडाकेशः परन्तप ।	ISS, SIS, II	यरलल
223	2.9.3	न योत्स्य इति गोविन्दम्	ISI, IIS, SS	जसगग
224	2.9.4	उक्त्वा तूष्णीं बभूव ह ॥	SSS, SIS, II	मरलल
225	2.10.1	तमुवाच हृषीकेशः	IIS, IIS, SS	ससगग
226	2.10.2	प्रहसन्निव भारत ।	IIS, IIS, II	ससलल
227	2.10.3	सेनयोरुभयोर्मध्ये	SIS, IIS, SS	रसगग
228	2.10.4	विषीदन्तमिदं वचः ॥	ISS, IIS, IS	यसलग
229	2.11.1	अशोच्यानन्वशोचस्त्वं	ISS, SIS, SS	यरगग
230	2.11.2	प्रज्ञावादांश्च भाषसे ।	SSS, SIS, IS	मरलग
231	2.11.3	गतासूनगतासूंश्च	ISS, IIS, SI	यसगल
232	2.11.4	नानुशोचन्ति पण्डिताः ॥	SIS, SIS, IS	ररलग
233	2.12.1	न त्वेवाहं जातु नासं	SSS, SSI, SS	मतगग
234	2.12.2	न त्वं नेमे जनाधिपाः ।	SSS, SIS, IS	मरलग
235	2.12.3	न चैव न भविष्यामः	ISI, IIS, SS	जसगग
236	2.12.4	सर्वे वयमतः परम् ॥	SSI, IIS, IS	तसलग
237	2.13.1	देहिनोऽस्मिन्यथा देहे	SIS, SIS, SS	ररगग
238	2.13.2	कौमारं यौवनं जरा ।	SSS, SIS, IS	मरलग
239	2.13.3	तथा देहान्तरप्राप्तिः	ISS, SIS, SS	यरगग
240	2.13.4	धीरस्तत्र न मुह्यति ॥	SSS, IIS, II	मसलल
241	2.14.1	मात्रास्पर्शास्तु कौन्तेय	SSS, SIS, SI	मरगल
242	2.14.2	शीतोष्णसुखदुःखदाः ।	SSI, IIS, IS	तसलग
243	2.14.3	आगमापायिनोऽनित्याः	SIS, SIS, SS	ररगग
244	2.14.4	तांस्तितिक्षस्व भारत ॥	SIS, SIS, II	ररलल
245	11.55.4	यः स मामेति पाण्डव ॥	SIS, SIS, II	ररलल
246	2.15.2	पुरुषं पुरुषर्षभ ।	IIS, IIS, II	ससलल

247	12.13.4	समदुःखसुखः क्षमी ॥	।।ऽ, ।।ऽ, ।ऽ	ससलग
248	2.15.4	सोऽमृतत्वाय कल्पते ॥	ऽ।ऽ, ऽ।ऽ, ।ऽ	ररलग
249	2.16.1	नासतो विद्यते भावो	ऽ।ऽ, ऽ।ऽ, ऽऽ	ररगग
250	2.16.2	नाभावो विद्यते सतः ।	ऽऽऽ, ऽ।ऽ, ।ऽ	मरलग
251	2.16.3	उभयोरपि दृष्टोऽन्तः	।।ऽ, ।।ऽ, ऽऽ	ससगग
252	2.16.4	त्वनयोस्तत्त्वदर्शिभिः ॥	।।ऽ, ऽ।ऽ, ।ऽ	सरलग
253	2.17.1	अविनाशि तु तद्विद्धि	।।ऽ, ।।ऽ, ऽ।	ससगल
254	2.17.2	येन सर्वमिदं ततम् ।	ऽ।ऽ, ।।ऽ, ।ऽ	रसलग
255	2.17.3	विनाशमव्ययस्यास्य	।ऽ।, ऽ।ऽ, ऽ।	जरगल
256	2.17.4	न कश्चित्कर्तुमर्हति ॥	।ऽऽ, ऽ।ऽ, ।।	यरलल
257	2.18.1	अन्तवन्त इमे देहा	ऽ।ऽ, ।।ऽ, ऽऽ	रसगग
258	2.18.2	नित्यस्योक्ताः शरीरिणः ।	ऽऽऽ, ऽ।ऽ, ।ऽ	मरलग
259	2.18.3	अनाशिनोऽप्रमेयस्य	ऽ।ऽ, ऽ।ऽ, ऽ।	ररगल
260	2.18.4	तस्माद्युद्ध्यस्व भारत ॥	ऽऽऽ, ऽ।ऽ, ।।	मरलल
261	8.13.3	यः प्रयाति त्यजन्देहं	ऽ।ऽ, ऽ।ऽ, ऽऽ	ररगग
262	2.19.2	यश्चैनं मन्यते हतम् ।	ऽऽऽ, ऽ।ऽ, ।ऽ	मरलग
263	2.19.3	उभौ तौ न विजानीतो	।ऽऽ, ।।ऽ, ऽऽ	यसगग
264	2.19.4	नायं हन्ति न हन्यते ॥	ऽऽऽ, ।।ऽ, ।ऽ	मसलग
265	2.20.1	न जायते म्रियते वा कदाचित्	।ऽ।, ऽ।।, ऽऽ।, ऽऽ	जभतगग
266	2.20.2	नायं भूत्वा भविता वा न भूयः ।	ऽऽऽ, ऽ।।, ऽऽ।, ऽऽ	मभतगग
267	2.20.3	अजो नित्यः शाश्वतोऽयं पुराणो	।ऽऽ, ऽऽ।, ऽऽ।, ऽऽ	यततगग
268	2.20.4	न हन्यते हन्यमाने शरीरे ॥	।ऽ।, ऽऽ।, ऽऽ।, ऽऽ	जततगग
269	2.21.1	वेदाविनाशिनं नित्यं	ऽऽ।, ऽ।ऽ, ऽऽ	तरगग
270	8.5.3	यः प्रयाति स मद्भावं	ऽ।ऽ, ।।ऽ, ऽऽ	रसगग
271	2.21.3	कथं स पुरुषः पार्थ	।ऽ।, ।।ऽ, ऽ।	जसगल
272	2.21.4	कं घातयति हन्ति कम् ।	ऽऽ।, ।।ऽ, ।ऽ	तसलग
273	2.22.1	वासांसि जीर्णानि यथा विहाय	ऽऽ।, ऽऽ।, ।ऽ।, ऽ।	ततजगल
274	2.22.2	नवानि गृह्णाति नरोऽपराणि ।	।ऽ।, ऽऽ।, ।ऽ।, ऽ।	जतजगल

परिशिष्ट

275	2.22.3	तथा शरीराणि विहाय जीर्णानि	ISI, SSI, ISI, SSI	जतजत
276	2.22.4	अन्यानि संयाति नवानि देही ॥	SSI, SSI, ISI, SS	ततजगग
277	2.23.1	नैनं छिन्दन्ति शस्त्राणि	SSS, SIS, SI	मरगल
278	2.23.2	नैनं दहति पावकः ।	SSI, IIS, IS	तसलग
279	2.23.3	न चैनं क्लेदयन्त्यापो	ISS, SIS, SS	यरगग
280	2.23.4	न शोषयति मारुतः ॥	ISI, IIS, IS	जसलग
281	2.24.1	अच्छेद्योऽयमदाह्योऽयम्	SSS, IIS, SS	मसगग
282	2.24.2	अक्लेद्योऽशोष्य एव च ।	SSS, SIS, II	मरलल
283	3.27.3	अहङ्कारविमूढात्मा	SSI, IIS, SS	तसगग
283	2.24.3	नित्यः सर्वगतः स्थाणुः	SSS, IIS, SS	मसगग
284	2.24.4	अचलोऽयं सनातनः ॥	IIS, SIS, IS	सरलग
285	2.25.1	अव्यक्तोऽयमचिन्त्योऽयम्	SSS, IIS, SS	मसगग
286	2.25.2	अविकार्योऽयमुच्यते ।	IIS, SIS, IS	सरलग
287	2.25.3	तस्मादेवं विदित्वैनं	SSS, SIS, SS	मरगग
288	2.25.4	नानुशोचितुमर्हसि ॥	SIS, IIS, II	रसलल
289	2.26.1	अथ चैनं नित्यजातं	ISS, SSI, SS	यतगग
290	2.26.2	नित्यं वा मन्यसे मृतम् ।	SSS, SIS, IS	मरलग
291	2.26.3	तथापि त्वं महाबाहो	ISI, SIS, SS	जरगग
292	18.8.4	नैव त्यागफलं लभेत् ॥	SIS, IIS, IS	रसलग
293	2.27.1	जातस्य हि ध्रुवो मृत्युः	SSI, SIS, SS	तरगग
294	2.27.2	ध्रुवं जन्म मृतस्य च ।	SSS, IIS, II	मसलल
295	2.27.3	तस्मादपरिहार्येऽर्थे	SSI, IIS, SS	तसगग
296	2.27.4	न त्वं शोचितुमर्हसि ॥	SSS, IIS, II	मसलल
297	2.28.1	अव्यक्तादीनि भूतानि	SSS, SIS, SS	मरगग
298	2.28.2	व्यक्तमध्यानि भारत ।	SIS, SIS, II	ररलल
299	2.28.3	अव्यक्तनिधनान्येव	SSI, IIS, SI	तसगल
300	2.28.4	तत्र का परिदेवना ॥	SIS, IIS, IS	रसलग
301	2.29.1	आश्चर्यवत्पश्यति कश्चिदेनम्	SSI, SSI, ISI, SS	ततजगग

302	2.29.2	आश्चर्यवद्वदति तथैव चान्यः ।	ऽऽ।, ऽ।।, ।।ऽ, ।ऽऽ	तभसय
303	2.29.3	आश्चर्यवच्चैनमन्यः शृणोति	ऽऽ।, ऽऽ।, ऽऽ।, ऽऽ	तततगग
304	2.29.4	श्रुत्वाप्येनं वेद न चैव कश्चित् ।।	ऽऽऽ, ऽऽ।, ।ऽ।, ऽऽ	मतजगग
305	2.30.1	देही नित्यमवध्योऽयं	ऽऽऽ, ।।ऽ, ऽऽ	मसगग
306	2.30.2	देहे सर्वस्य भारत ।	ऽऽऽ, ऽ।ऽ, ।।	मरलल
307	2.30.3	तस्मात्सर्वाणि भूतानि	ऽऽऽ, ऽ।ऽ, ऽ।	मरगल
308	2.30.4	न त्वं शोचितुमर्हसि ।।	ऽऽऽ, ।।ऽ, ।।	मसलल
309	2.31.1	स्वधर्ममपि चावेक्ष्य	।ऽ।, ।।ऽ, ऽ।	जसगल
310	2.31.2	न विकम्पितुमर्हसि ।	।।ऽ, ।।ऽ, ।।	ससलल
311	2.31.3	धर्म्याद्धि युद्धाच्छ्रेयोऽन्यत्	ऽऽ।, ऽऽऽ, ऽऽ	तमगग
312	2.31.4	क्षत्रियस्य न विद्यते ।।	ऽ।ऽ, ।।ऽ, ।ऽ	रसलग
313	2.32.1	यदृच्छया चोपपन्नं	।ऽ।, ऽऽ।, ऽऽ	जतगग
314	2.32.2	स्वर्गद्वारमपावृतम् ।	ऽऽऽ, ।।ऽ, ।ऽ	मसलग
315	2.32.3	सुखिनः क्षत्रियाः पार्थ	।।ऽ, ऽ।ऽ, ऽ।	सरगल
316	2.32.4	लभन्ते युद्धमीदृशम् ।।	।ऽऽ, ऽ।ऽ, ।ऽ	यरलग
317	2.33.1	अथ चेत्त्वमिमं धर्म्यं	।।ऽ, ।।ऽ, ऽऽ	ससगग
318	2.33.2	सङ्ग्रामं न करिष्यसि ।	ऽऽऽ, ।।ऽ, ।।	मसलल
319	13.31.3	तत एव च विस्तारं	।।ऽ, ।।ऽ, ऽऽ	ससगग
320	2.33.4	हित्वा पापमवाप्स्यसि ।।	ऽऽऽ, ।।ऽ, ।।	मसलल
321	2.34.1	अकीर्तिं चापि भूतानि	।ऽऽ, ऽ।ऽ, ऽ।	यरगल
322	2.34.2	कथयिष्यन्ति तेऽव्ययाम् ।	।।ऽ, ऽ।ऽ, ।ऽ	सरलग
323	2.34.3	सम्भावितस्य चाकीर्तिः	ऽऽ।, ऽ।ऽ, ऽऽ	तरगग
324	2.34.4	मरणादतिरिच्यते ।।	।।ऽ, ।।ऽ, ।ऽ	ससलग
325	2.35.1	भयाद्रणादुपरतं	।ऽ।, ऽ।।, ।ऽ	जभलग
326	2.35.2	मंस्यन्ते त्वां महारथाः ।	ऽऽऽ, ऽ।ऽ, ।ऽ	मरलग
327	2.35.3	येषां च त्वं बहुमतो	ऽऽऽ, ऽ।।, ।ऽ	मभलग
328	2.35.4	भूत्वा यास्यसि लाघवम् ।।	ऽऽऽ, ।।ऽ, ।ऽ	मसलग
329	2.36.1	अवाच्यवादांश्च बहून्	।ऽ।, ऽऽ।, ।ऽ	जतलग

330	2.36.2	वदिष्यन्ति तवाहिताः ।	।ऽऽ, ।।ऽ, ।ऽ	यसलग
331	2.36.3	निन्दन्तस्तव सामर्थ्यं	ऽऽऽ, ।।ऽ, ऽऽ	मसगग
332	2.36.4	ततो दुःखतरं नु किम् ।।	।ऽऽ, ।।ऽ, ।ऽ	यसलग
333	2.37.1	हतो वा प्राप्स्यसि स्वर्गं	।ऽऽ, ऽ।।, ऽऽ	यभगग
334	2.37.2	जित्वा वा भोक्ष्यसे महीम् ।	ऽऽऽ, ऽ।ऽ, ।ऽ	मरलग
335	2.37.3	तस्मादुत्तिष्ठ कौन्तेय	ऽऽऽ, ऽ।ऽ, ऽ।	मरगल
336	2.37.4	युद्धाय कृतनिश्चयः ।।	ऽऽ।, ।।ऽ, ।ऽ	तसलग
337	2.38.1	सुखदुःखे समे कृत्वा	।।ऽ, ऽ।ऽ, ऽऽ	सरगग
338	2.38.2	लाभालाभौ जयाजयौ ।	ऽऽऽ, ऽ।ऽ, ।ऽ	मरलग
339	2.38.3	ततो युद्धाय युज्यस्व	।ऽऽ, ऽ।ऽ, ऽ।	यरगल
340	3.18.1	नैव तस्य कृतेनार्थो	ऽ।ऽ, ।।ऽ, ऽऽ	रसगग
341	2.39.1	एषा तेऽभिहिता साङ्ख्ये	ऽऽऽ, ।।ऽ, ऽऽ	मसगग
342	2.39.2	बुद्धिर्योगे त्विमां शृणु ।	ऽऽऽ, ऽ।ऽ, ।।	मरलल
343	2.39.3	बुद्ध्या युक्तो यया पार्थ	ऽऽऽ, ऽ।ऽ, ऽ।	मरगल
344	2.39.4	कर्मबन्धं प्रहास्यसि ।।	ऽ।ऽ, ऽ।ऽ, ।।	ररलल
345	2.40.1	नेहाभिक्रमनाशोऽस्ति	ऽऽऽ, ।।ऽ, ऽ।	मसगल
346	2.40.2	प्रत्यवायो न विद्यते ।	ऽ।ऽ, ऽ।ऽ, ।ऽ	ररलग
347	2.40.3	स्वल्पमप्यस्य धर्मस्य	ऽ।ऽ, ऽ।ऽ, ऽऽ	ररगग
348	2.40.4	त्रायते महतो भयात् ।।	ऽ।ऽ, ।।ऽ, ।ऽ	रसलग
349	2.41.1	व्यवसायात्मिका बुद्धिः	।।ऽ, ऽ।ऽ, ऽऽ	सरगग
350	2.41.2	एकेह कुरुनन्दन ।	ऽऽ।, ।।ऽ, ।।	तसलल
351	2.41.3	बहुशाखा ह्यनन्ताश्च	।।ऽ, ऽ।ऽ, ऽ।	सरगल
352	2.41.4	बुद्धयोऽव्यवसायिनाम् ।।	ऽ।ऽ, ।।ऽ, ।ऽ	रसलग
353	2.42.1	यामिमां पुष्पितां वाचं	ऽ।ऽ, ऽ।ऽ, ऽऽ	ररगग
354	2.42.2	प्रवदन्त्यविपश्चितः ।	।।ऽ, ।।ऽ, ।ऽ	ससलग
355	2.42.3	वेदवादरताः पार्थ	ऽ।ऽ, ।।ऽ, ऽ।	रसगल
356	2.42.4	नान्यदस्तीति वादिनः ।।	ऽ।ऽ, ऽ।ऽ, ।ऽ	ररलग
357	2.43.1	कामात्मनः स्वर्गपरा	ऽऽ।, ऽऽ।, ।ऽ	ततलग

358	2.43.2	जन्मकर्मफलप्रदाम् ।	SIS, IIS, IS	रसलग
359	2.43.3	क्रियाविशेषबहुलां	ISI, SII, IS	जभलग
360	2.43.4	भोगैश्वर्यगतिं प्रति ।।	SSS, IIS, II	मसलल
361	2.44.1	भोगैश्वर्यप्रसक्तानां	SSS, SIS, SS	मरगग
362	2.44.2	तयाऽपहृतचेतसाम् ।	ISI, IIS, IS	जसलग
363	2.44.3	व्यवसायात्मिका बुद्धिः	IIS, SIS, SS	सरगग
364	2.44.4	समाधौ न विधीयते ।।	ISS, IIS, IS	यसलग
365	2.45.1	त्रैगुण्यविषया वेदा	SSI, IIS, SS	तसगग
366	2.45.2	निस्त्रैगुण्यो भवार्जुन ।	SSS, SIS, II	मरलल
367	2.45.3	निर्द्वन्द्वो नित्यसत्त्वस्थो	SSS, SIS, SS	मरगग
368	2.45.4	निर्योगक्षेम आत्मवान् ।।	SSI, SIS, IS	तरलग
369	2.46.1	यावानर्थ उदपाने	SSS, III, SS	मनगग
370	2.46.2	सर्वतः सम्प्लुतोदके ।	SIS, SIS, IS	ররलग
371	2.16.3	तावान्सर्वेषु वेदेषु	SSS, SIS, SS	मरगग
372	2.46.4	ब्राह्मणस्य विजानतः ।।	SIS, IIS, IS	रसलग
373	2.47.1	कर्मण्येवाधिकारस्ते	SSS, SIS, SS	मरगग
374	12.6.4	मां ध्यायन्त उपासते ।।	SSS, IIS, IS	मसलग
375	14.26.1	मां च योऽव्यभिचारेण	SIS, IIS, SI	रसगल
376	7.26.4	मां तु वेद न कश्चन ।।	SIS, IIS, II	रसलल
377	2.48.1	योगस्थः कुरु कर्माणि	SSS, IIS, SI	मसगल
378	2.48.2	सङ्गं त्यक्त्वा धनञ्जय ।	SSS, SIS, II	मरलल
379	2.48.3	सिद्ध्यसिद्ध्योः समो भूत्वा	SIS, SIS, SS	ররगग
380	2.48.4	समत्वं योग उच्यते ।।	ISS, SIS, IS	यरलग
381	2.49.1	दूरेण ह्यवरं कर्म	SSI, IIS, SI	तसगल
382	2.49.2	बुद्धियोगाद्धनञ्जय ।	SIS, SIS, II	ররलल
383	2.49.3	बुद्धौ शरणमन्विच्छ	SSI, IIS, SI	तसगल
384	2.49.4	कृपणाः फलहेतवः ।।	IIS, IIS, IS	ससलग

385	2.50.1	बुद्धियुक्तो जहातीह	ऽ।ऽ, ऽ।ऽ, ऽ।	ररगल
386	2.50.2	उभे सुकृतदुष्कृते ।	।ऽ।, ।।ऽ, ।ऽ	जसलग
387	2.50.3	तस्माद्योगाय युज्यस्व	ऽऽऽ, ऽ।ऽ, ऽ।	मरगल
388	7.1.2	योगं युञ्जन्मदाश्रयः ।	ऽऽऽ, ऽ।ऽ, ।ऽ	मरलग
389	2.51.1	कर्मजं बुद्धियुक्ता हि	ऽ।ऽ, ऽ।ऽ, ऽ।	ररगल
390	2.51.2	फलं त्यक्त्वा मनीषिणः ।	।ऽऽ, ऽ।ऽ, ।ऽ	यरलग
391	2.51.3	जन्मबन्धविनिर्मुक्ताः	ऽ।ऽ, ।।ऽ, ऽऽ	रसगग
392	2.51.4	पदं गच्छन्त्यनामयम् ।।	।ऽऽ, ऽ।ऽ, ।ऽ	यरलग
393	2.52.1	यदा ते मोहकलिलं	।ऽऽ, ऽ।।, ।ऽ	यभलग
394	2.52.2	बुद्धिर्व्यतितरिष्यति ।	ऽऽ।, ।।ऽ, ।।	तसलल
395	2.52.3	तदा गन्तासि निर्वेदं	।ऽऽ, ऽ।ऽ, ऽऽ	यरगग
396	2.52.4	श्रोतव्यस्य श्रुतस्य च ।।	ऽऽऽ, ऽ।ऽ, ।।	मरलल
397	2.53.1	श्रुतिविप्रतिपन्ना ते	।।ऽ, ।।ऽ, ऽऽ	ससगग
398	2.53.2	यदा स्थास्यति निश्चला ।	।ऽऽ, ।।ऽ, ।ऽ	यसलग
399	2.53.3	समाधावचला बुद्धिः	।ऽऽ, ।।ऽ, ऽऽ	यसगग
400	2.53.4	तदा योगमवाप्स्यसि ।।	।ऽऽ, ।।ऽ, ।।	यसलल
401	2.54.1	स्थितप्रज्ञस्य का भाषा	ऽऽऽ, ऽ।ऽ, ऽऽ	मरगग
402	2.54.2	समाधिस्थस्य केशव ।	।ऽऽ, ऽ।ऽ, ।।	यरलल
403	2.54.3	स्थितधीः किं प्रभाषेत	।।ऽ, ऽ।ऽ, ऽ।	सरगल
404	2.54.4	किमासीत व्रजेत किम् ।।	।ऽऽ, ।।ऽ, ।ऽ	यसलग
405	2.55.1	प्रजहाति यदा कामान्	।।ऽ, ।।ऽ, ऽऽ	ससगग
406	2.55.2	सर्वान्पार्थ मनोगतान् ।	ऽऽऽ, ।।ऽ, ।ऽ	मसलग
407	2.55.3	आत्मन्येवात्मना तुष्टः	ऽऽऽ, ऽ।ऽ, ऽऽ	मरगग
408	2.55.4	स्थितप्रज्ञस्तदोच्यते ।।	।ऽऽ, ऽ।ऽ, ।ऽ	यरलग
409	2.56.1	दुःखेष्वनुद्विग्नमनाः	ऽऽ।, ऽऽ।, ।ऽ	ततलग
410	2.56.2	सुखेषु विगतस्पृहः ।	।ऽ।, ।।ऽ, ।ऽ	जसलग
411	2.56.3	वीतरागभयक्रोधः	ऽ।ऽ, ।।ऽ, ऽऽ	रसगग
412	2.56.4	स्थितधीर्मुनिरुच्यते ।।	।।ऽ, ।।ऽ, ।ऽ	ससलग

413	13.24.1	य एवं वेत्ति पुरुषं	।ऽऽ, ऽ।।, ।ऽ	यभलग
414	2.57.2	तत्तत्प्राप्य शुभाशुभम् ।	ऽऽऽ, ।।ऽ, ।ऽ	मसलग
415	2.57.3	नाभिनन्दति न द्वेष्टि	ऽ।ऽ, ।।ऽ, ऽ।	रसगल
416	2.57.4	तस्य प्रज्ञा प्रतिष्ठिता ।।	ऽऽऽ, ऽ।ऽ, ।ऽ	मरलग
417	2.58.1	यदा संहरते चायं	।ऽऽ, ।।ऽ, ऽऽ	यसगग
418	2.58.2	कूर्मोऽङ्गानीव सर्वशः ।	ऽऽऽ, ऽ।ऽ, ।ऽ	मरलग
419	2.58.3	इन्द्रियाणीन्द्रियार्थेभ्यः	ऽ।ऽ, ऽ।ऽ, ऽऽ	ररगग
420	2.58.4	तस्य प्रज्ञा प्रतिष्ठिता ।।	ऽऽऽ, ऽ।ऽ, ।ऽ	मरलग
421	2.59.1	विषया विनिवर्तन्ते	।।ऽ, ।।ऽ, ऽऽ	ससगग
422	2.59.2	निराहारस्य देहिनः ।	।ऽऽ, ऽ।ऽ, ।ऽ	यरलग
423	2.59.3	रसवर्जं रसोऽप्यस्य	।।ऽ, ऽ।ऽ, ऽ।	सरगल
424	2.59.4	परं दृष्ट्वा निवर्तते ।।	।ऽऽ, ऽ।ऽ, ।ऽ	यरलग
425	2.60.1	यततो ह्यपि कौन्तेय	।।ऽ, ।।ऽ, ऽ।	ससगल
426	2.60.2	पुरुषस्य विपश्चितः ।	।।ऽ, ।।ऽ, ।ऽ	ससलग
427	2.60.3	इन्द्रियाणि प्रमाथीनि	ऽ।ऽ, ऽ।ऽ, ऽ।	ररगल
428	2.60.4	हरन्ति प्रसभं मनः ।।	।ऽऽ, ।।ऽ, ।ऽ	यसलग
429	2.61.1	तानि सर्वाणि संयम्य	ऽ।ऽ, ऽ।ऽ, ऽ।	ररगल
430	5.12.1	युक्तः कर्मफलं त्यक्त्वा	ऽ।ऽ, ।।ऽ, ऽऽ	रसगग
431	2.61.3	वशे हि यस्येन्द्रियाणि	।ऽ।, ऽऽ।, ऽ।	जतगल
432	2.61.4	तस्य प्रज्ञा प्रतिष्ठिता ।।	ऽऽऽ, ऽ।ऽ, ।ऽ	मरलग
433	2.62.1	ध्यायतो विषयान्पुंसः	ऽ।ऽ, ।।ऽ, ऽऽ	रसगग
434	2.62.2	सङ्गस्तेषूपजायते ।	ऽऽऽ, ऽ।ऽ, ।ऽ	मरलग
435	2.62.3	सङ्गात्सञ्जायते कामः	ऽऽऽ, ऽ।ऽ, ऽऽ	मरगग
436	2.62.4	कामात्क्रोधोऽभिजायते ।।	ऽऽऽ, ऽ।ऽ, ।ऽ	मरलग
437	2.63.1	क्रोधाद्भवति सम्मोहः	ऽऽ।, ।।ऽ, ऽऽ	तसगग
438	2.63.2	सम्मोहात्स्मृतिविभ्रमः ।	ऽऽऽ, ।।ऽ, ।ऽ	मसलग
439	2.63.3	स्मृतिभ्रंशाद्बुद्धिनाशो	।ऽऽ, ऽऽ।, ऽऽ	यतगग
440	2.63.4	बुद्धिनाशात्प्रणश्यति ।।	ऽ।ऽ, ऽ।ऽ, ।।	ररलल

441	2.64.1	रागद्वेषवियुक्तैस्तु	ऽऽऽ, ।।ऽ, ऽ।	मसगल
442	2.64.2	विषयानिन्द्रियैश्चरन् ।	।।ऽ, ऽ।ऽ, ।ऽ	सरलग
443	2.64.3	आत्मवश्यैर्विधेयात्मा	ऽ।ऽ, ऽ।ऽ, ऽऽ	ররगग
444	2.64.4	प्रसादमधिगच्छति ।।	।ऽ।, ।।ऽ, ।।	जसलल
445	2.65.1	प्रसादे सर्वदुःखानां	।ऽऽ, ऽ।ऽ, ऽऽ	यरगग
446	2.65.2	हानिरस्योपजायते ।	ऽ।ऽ, ऽ।ऽ, ।ऽ	ররলग
447	2.65.3	प्रसन्नचेतसो ह्याशु	ऽ।ऽ, ऽ।ऽ, ऽ।	ररगल
448	3.2.2	बुद्धिं मोहयसीव मे ।	ऽऽऽ, ।।ऽ, ।ऽ	मसलग
449	2.66.1	नास्ति बुद्धिरयुक्तस्य	ऽ।ऽ, ।।ऽ, ऽ।	रसगल
450	2.66.2	न चायुक्तस्य भावना ।	।ऽऽ, ऽ।ऽ, ।ऽ	यरलग
451	2.66.3	न चाभावयतः शान्तिः	।ऽऽ, ।।ऽ, ऽऽ	यसगग
452	2.66.4	अशान्तस्य कुतः सुखम् ।।	।ऽऽ, ।।ऽ, ।ऽ	यसलग
453	2.67.1	इन्द्रियाणां हि चरतां	ऽ।ऽ, ऽ।।, ।ऽ	रभलग
454	2.67.2	यन्मनोऽनुविधीयते ।	ऽ।ऽ, ।।ऽ, ।ऽ	रसलग
455	2.67.3	तदस्य हरति प्रज्ञां	।ऽ।, ।।ऽ, ऽऽ	जसगग
456	2.67.4	वायुर्नावमिवाम्भसि ।।	ऽऽऽ, ।।ऽ, ।।	मसलल
457	2.68.1	तस्माद्यस्य महाबाहो	ऽऽऽ, ।।ऽ, ऽऽ	मसगग
458	2.68.2	निगृहीतानि सर्वशः ।	।।ऽ, ऽ।ऽ, ।ऽ	सरलग
459	2.68.3	इन्द्रियाणीन्द्रियार्थेभ्यः	ऽ।ऽ, ऽ।ऽ, ऽऽ	ररगग
460	2.68.4	तस्य प्रज्ञा प्रतिष्ठिता ।।	ऽऽऽ, ऽ।ऽ, ।ऽ	मरलग
461	2.69.1	या निशा सर्वभूतानां	ऽ।ऽ, ऽ।ऽ, ऽऽ	ररगग
462	2.69.2	तस्यां जागर्ति संयमी ।	ऽऽऽ, ऽ।ऽ, ।ऽ	मरलग
463	2.69.3	यस्यां जाग्रति भूतानि	ऽऽऽ, ।।ऽ, ऽ।	मसगल
464	2.69.4	सा निशा पश्यतो मुनेः ।।	ऽ।ऽ, ऽ।ऽ, ।ऽ	ररलग
465	2.70.1	आपूर्यमाणमचलप्रतिष्ठं	ऽऽ।, ऽ।।, ।ऽ।, ऽऽ	तभजगग
466	2.70.2	समुद्रमापः प्रविशन्ति यद्वत् ।	।ऽ।, ऽऽ।, ।ऽ।, ऽऽ	जतजगग
467	2.70.3	तद्वत्कामा यं प्रविशन्ति सर्वे	ऽऽऽ, ऽऽ।, ।ऽ।, ऽऽ	मतजगग
468	13.4.3	स च यो यत्प्रभावश्च	।।ऽ, ऽ।ऽ, ऽ।	सरगल

परिशिष्ट

469	2.71.1	विहाय कामान्यः सर्वा न्	ISI, SSS, SS	जमगग
470	2.71.2	पुमांश्चरति निःस्पृहः।	ISI, IIS, IS	जसलग
471	2.71.3	निर्ममो निरहङ्कारः	SIS, IIS, SS	रसगग
472	6.30.4	स च मे न प्रणश्यति॥	IIS, SIS, II	सरलल
473	2.72.1	एषा ब्राह्मी स्थितिः पार्थ	SSS, SIS, SI	मरगल
474	2.72.2	नैनां प्राप्य विमुह्यति।	SSS, IIS, II	मसलल
475	2.72.3	स्थित्वास्यामन्तकालेऽपि	SSS, SIS, SS	मरगग
476	2.72.4	ब्रह्मनिर्वाणमृच्छति॥	SIS, SIS, II	ररलल
477	3.1.1	ज्यायसी चेत्कर्मणस्ते	SIS, SSI, SS	रतगग
478	3.1.2	मता बुद्धिर्जनार्दन।	ISS, SIS, II	यरलल
479	3.1.3	तत्किं कर्मणि घोरे मां	SSS, IIS, SS	मसगग
480	3.1.4	नियोजयसि केशव॥	ISI, IIS, II	जसलल
481	3.2.1	व्यामिश्रेणेव वाक्येन	SSS, SIS, SI	मरगल
482	2.65.4	बुद्धिः पर्यवतिष्ठते॥	SSS, IIS, IS	मसलग
483	3.2.3	तदेकं वद निश्चित्य	ISS, IIS, SI	यसगल
484	3.2.4	येन श्रेयोऽहमाप्नुयाम्॥	SSS, SIS, IS	मरलग
485	3.3.1	लोकेऽस्मिन्द्विविधा निष्ठा	SSS, IIS, SS	मसगग
486	3.3.2	पुरा प्रोक्ता मयानघ।	ISS, SIS, II	यरलल
487	3.3.3	ज्ञानयोगेन साङ्ख्यानां	SIS, SIS, SS	ररगग
488	3.3.4	कर्मयोगेन योगिनाम्॥	SIS, SIS, IS	ररलग
489	3.4.1	न कर्मणामनारम्भात्	ISI, SIS, SS	जरगग
490	3.4.2	नैष्कर्म्यं पुरुषोऽश्नुते।	SSS, IIS, IS	मसलग
491	3.4.3	न च संन्यसनादेव	IIS, IIS, SS	ससगग
492	3.4.4	सिद्धिं समधिगच्छति॥	SSI, IIS, II	तसलल
493	3.5.1	न हि कश्चित्क्षणमपि	IIS, SII, II	सभलल
494	3.5.2	जातु तिष्ठत्यकर्मकृत्।	SIS, SIS, IS	ररलग
495	3.5.3	कार्यते ह्यवशः कर्म	SIS, IIS, SI	रसगल
496	1.6.4	सर्व एव महारथाः॥	SIS, IIS, IS	रसलग

227

497	3.6.1	कर्मेन्द्रियाणि संयम्य	ऽऽ।, ऽ।ऽ, ऽ।	तरगल
498	13.30.3	यः पश्यति तथात्मानम्	ऽऽ।, ।।ऽ, ऽऽ	तसगग
499	3.6.3	इन्द्रियार्थान्विमूढात्मा	ऽ।ऽ, ऽ।ऽ, ऽऽ	ररगग
500	3.6.4	मिथ्याचारः स उच्यते ।।	ऽऽऽ, ऽ।ऽ, ।ऽ	मरलग
501	3.7.1	यस्त्विन्द्रियाणि मनसा	ऽऽ।, ऽ।।, ।ऽ	तभलग
502	3.7.2	नियम्यारभतेऽर्जुन ।	।ऽऽ, ।।ऽ, ।।	यसलल
503	3.7.3	कर्मेन्द्रियैः कर्मयोगम्	ऽऽ।, ऽऽ।, ऽऽ	ततगग
504	13.15.3	असक्तं सर्वभृच्चैव	।ऽऽ, ऽ।ऽ, ऽ।	यरगल
505	3.8.1	नियतं कुरु कर्म त्वं	।।ऽ, ।।ऽ, ऽऽ	ससगग
506	3.8.2	कर्म ज्यायो ह्यकर्मणः ।	ऽ।ऽ, ऽ।ऽ, ।ऽ	ररलग
507	3.8.3	शरीरयात्रापि च ते	।ऽ।, ऽऽ।, ।ऽ	जतलग
508	3.8.4	न प्रसिद्ध्येदकर्मणः ।।	ऽ।ऽ, ऽ।ऽ, ।ऽ	ररलग
509	3.9.1	यज्ञार्थात्कर्मणोऽन्यत्र	ऽऽऽ, ऽ।ऽ, ऽ।	मरगल
510	3.9.2	लोकोऽयं कर्मबन्धनः ।	ऽऽऽ, ऽ।ऽ, ।ऽ	मरलग
511	3.9.3	तदर्थं कर्म कौन्तेय	।ऽऽ, ऽ।ऽ, ऽ।	यरगल
512	3.9.4	मुक्तसङ्गः समाचर ।।	।ऽऽ, ऽ।ऽ, ।।	यरलल
513	3.10.1	सहयज्ञाः प्रजाः सृष्ट्वा	।।ऽ, ऽ।ऽ, ऽऽ	सरगग
514	3.10.2	पुरोवाच प्रजापतिः ।	।ऽऽ, ऽ।ऽ, ।ऽ	यरलग
515	3.10.3	अनेन प्रसविष्यध्वम्	।ऽऽ, ।।ऽ, ऽऽ	यसगग
516	3.10.4	एष वोऽस्त्विष्टकामधुक् ।।	।।ऽ, ऽ।ऽ, ।ऽ	सरलग
517	3.11.1	देवान्भावयतानेन	ऽऽऽ, ।।ऽ, ऽ।	मसगल
518	3.11.2	ते देवा भावयन्तु वः ।	ऽऽऽ, ऽ।ऽ, ।ऽ	मरलग
519	3.11.3	परस्परं भावयन्तः	।ऽ।, ऽऽ।, ऽऽ	जतगग
520	3.11.4	श्रेयः परमवाप्स्यथ ।।	ऽऽ।, ।।ऽ, ।।	तसलल
521	3.12.1	इष्टान्भोगान्हि वो देवा	ऽऽऽ, ऽ।ऽ, ऽऽ	मरगग
522	3.12.2	दास्यन्ते यज्ञभाविताः ।	ऽऽऽ, ऽ।ऽ, ।ऽ	मरलग
523	3.12.3	तैर्दत्तानप्रदायैभ्यो	ऽऽऽ, ऽ।ऽ, ऽ।	मरगल
524	3.12.4	यो भुङ्क्ते स्तेन एव सः ।।	ऽऽऽ, ऽ।ऽ, ।ऽ	मरलग

525	3.13.1	यज्ञशिष्टाशिनः सन्तो	ऽ।ऽ, ऽ।ऽ, ऽऽ	ररगग
526	3.13.2	मुच्यन्ते सर्वकिल्बिषैः ।	ऽऽऽ, ऽ।ऽ, ।ऽ	मरलग
527	3.13.3	भुञ्जते ते त्वघं पापा	ऽ।ऽ, ऽ।ऽ, ऽऽ	ररगग
528	3.13.4	ये पचन्त्यात्मकारणात् ।।	ऽ।ऽ, ऽ।ऽ, ।ऽ	ररलग
529	3.14.1	अन्नाद्भवन्ति भूतानि	ऽऽ।, ऽ।ऽ, ऽ।	तरगल
530	3.14.2	पर्जन्यादन्नसम्भवः ।	ऽऽऽ, ऽ।ऽ, ।ऽ	मरलग
531	3.14.3	यज्ञाद्भवति पर्जन्यो	ऽऽ।, ।।ऽ, ऽऽ	तसगग
532	3.14.4	यज्ञः कर्मसमुद्भवः ।।	ऽऽऽ, ।।ऽ, ।ऽ	मसलग
533	3.15.1	कर्म ब्रह्मोद्भवं विद्धि	ऽ।ऽ, ऽ।ऽ, ऽऽ	ररगग
534	3.15.2	ब्रह्माक्षरसमुद्भवम् ।	ऽऽ।, ।।ऽ, ।ऽ	तसलग
535	3.15.3	तस्मात्सर्वगतं ब्रह्म	ऽऽऽ, ।।ऽ, ऽ।	मसगल
536	3.15.4	नित्यं यज्ञे प्रतिष्ठितम् ।।	ऽऽऽ, ऽ।ऽ, ।ऽ	मरलग
537	3.16.1	एवं प्रवर्तितं चक्रं	ऽऽ।, ऽ।ऽ, ऽऽ	तरगग
538	3.16.2	नानुवर्तयतीह यः ।	ऽ।ऽ, ।।ऽ, ।ऽ	रसलग
539	3.16.3	अघायुरिन्द्रियारामो	।ऽ।, ऽ।ऽ, ऽऽ	जरगग
540	3.16.3	मोघं पार्थ स जीवति ।।	ऽऽऽ, ।।ऽ, ।।	मसलल
541	3.17.1	यस्त्वात्मरतिरेव स्यात्	ऽऽ।, ।।ऽ, ।ऽ	तसलग
542	3.17.2	आत्मतृप्तश्च मानवः ।	ऽ।ऽ, ऽ।ऽ, ।ऽ	ररलग
543	3.17.3	आत्मन्येव च सन्तुष्टः	ऽऽऽ, ।।ऽ, ऽऽ	मसगग
544	3.17.4	तस्य कार्यं न विद्यते ।।	ऽ।ऽ, ऽ।ऽ, ।ऽ	ररलग
545	5.8.1	नैव किञ्चित्करोमीति	ऽ।ऽ, ऽ।ऽ, ऽ।	ररगल
546	3.18.2	नाकृतेनेह कश्चन ।	ऽ।ऽ, ऽ।ऽ, ।।	ररलल
547	3.18.3	न चास्य सर्वभूतेषु	।ऽ।, ऽ।ऽ, ऽ।	जरगल
548	3.18.4	कश्चिदर्थव्यपाश्रयः ।।	ऽ।ऽ, ऽ।ऽ, ।ऽ	ररलग
549	3.19.1	तस्मादसक्तः सततं	ऽऽ।, ऽऽ।, ।ऽ	ततलग
550	3.19.2	कार्यं कर्म समाचर ।	ऽऽऽ, ।।ऽ, ।।	मसलल
551	3.19.3	असक्तो ह्याचरन्कर्म	।ऽऽ, ऽ।ऽ, ऽ।	यरगल
552	3.19.4	परमाप्नोति पूरुषः ।।	।।ऽ, ऽ।ऽ, ।ऽ	सरलग

परिशिष्ट

553	3.20.1	कर्मणैव हि संसिद्धिम्	ऽIऽ, IIऽ, ऽऽ	रसगग
554	3.20.2	आस्थिता जनकादयः ।	ऽIऽ, IIऽ, Iऽ	रसलग
555	3.20.3	लोकसङ्ग्रहमेवापि	ऽIऽ, IIऽ, ऽI	रसगल
556	3.20.4	सम्पश्यन्कर्तुमर्हसि ॥	ऽऽऽ, ऽIऽ, II	मरलल
557	3.21.1	यद्यदाचरति श्रेष्ठः	ऽIऽ, IIऽ, ऽऽ	रसगग
558	3.21.2	तत्तदेवेतरो जनः ।	ऽIऽ, ऽIऽ, Iऽ	ररलग
559	18.45.2	संसिद्धिं लभते नरः ।	ऽऽऽ, IIऽ, Iऽ	मसलग
560	3.21.4	लोकस्तदनुवर्तते ॥	ऽऽI, IIऽ, Iऽ	तसलग
561	3.22.1	न मे पार्थास्ति कर्तव्यं	Iऽऽ, ऽIऽ, ऽऽ	यरगग
562	3.22.2	त्रिषु लोकेषु किञ्चन ।	IIऽ, ऽIऽ, II	सरलल
563	3.22.3	नानवाप्तमवाप्तव्यं	ऽIऽ, IIऽ, ऽऽ	रसगग
564	3.22.4	वर्त एव च कर्मणि ॥	ऽIऽ, IIऽ, II	रसलल
565	3.23.1	यदि ह्यहं न वर्तेयं	IऽI, ऽIऽ, ऽऽ	जरगग
566	3.23.2	जातु कर्मण्यतन्द्रितः ।	ऽIऽ, ऽIऽ, Iऽ	ररलग
567	3.23.3	मम वर्त्मानुवर्तन्ते	IIऽ, ऽIऽ, ऽऽ	सरगग
568	3.23.4	मनुष्याः पार्थ सर्वशः ॥	Iऽऽ, ऽIऽ, Iऽ	यरलग
569	3.24.1	उत्सीदेयुरिमे लोका	ऽऽऽ, IIऽ, ऽऽ	मसगग
570	3.24.2	न कुर्यां कर्म चेदहम् ।	Iऽऽ, ऽIऽ, Iऽ	यरलग
571	3.24.3	सङ्करस्य च कर्ता स्याम्	ऽIऽ, IIऽ, ऽऽ	रसगग
572	3.24.4	उपहन्यामिमाः प्रजाः ॥	IIऽ, ऽIऽ, Iऽ	सरलग
573	3.25.1	सक्ताः कर्मण्यविद्वांसो	ऽऽऽ, ऽIऽ, ऽऽ	मरगग
574	3.25.2	यथा कुर्वन्ति भारत ।	Iऽऽ, ऽIऽ, II	यरलल
575	3.25.3	कुर्याद्विद्वांस्तथाऽसक्तः	ऽऽऽ, ऽIऽ, ऽऽ	मरगग
576	3.25.4	चिकीर्षुर्लोकसङ्ग्रहम् ॥	Iऽऽ, ऽIऽ, Iऽ	यरलग
577	3.26.1	न बुद्धिभेदं जनयेत्	IऽI, ऽऽI, Iऽ	जतलग
578	3.26.2	अज्ञानां कर्मसङ्गिनाम् ।	ऽऽऽ, ऽIऽ, Iऽ	मरलग
579	3.26.3	जोषयेत्सर्वकर्माणि	ऽIऽ, ऽIऽ, ऽI	ररगल
580	3.26.4	विद्वान्युक्तः समाचरन् ॥	ऽऽऽ, ऽIऽ, Iऽ	मरगल

परिशिष्ट

581	3.27.1	प्रकृतेः क्रियमाणानि	IIS, IIS, SI	ससगल
582	3.27.2	गुणैः कर्माणि सर्वशः ।	ISS, SIS, IS	यरलग
584	3.27.4	कर्ताऽहमिति मन्यते ॥	SSI, IIS, IS	तसलग
585	3.28.1	तत्त्ववित्तु महाबाहो	SIS, IIS, SS	रसगग
586	3.28.2	गुणकर्मविभागयोः ।	IIS, IIS, IS	ससलग
587	14.5.2	गुणाः प्रकृतिसम्भवाः ।	ISI, IIS, IS	जसलग
588	3.28.4	इति मत्वा न सज्जते ॥	IIS, SIS, IS	सरलग
589	3.29.1	प्रकृतेर्गुणसम्मूढाः	IIS, IIS, SS	ससगग
590	3.29.2	सज्जन्ते गुणकर्मसु ।	SSS, IIS, II	मसलल
591	3.29.3	तानकृत्स्नविदो मन्दान्	SIS, IIS, SS	रसगग
592	3.29.4	कृत्स्नविन्न विचालयेत् ॥	SIS, IIS, IS	रसलग
593	3.30.1	मयि सर्वाणि कर्माणि	IIS, SIS, SI	सरगल
594	18.11.4	स त्यागीत्यभिधीयते ॥	SSS, IIS, IS	मसलग
595	3.30.3	निराशीर्निर्ममो भूत्वा	ISS, SIS, SS	यरगग
596	3.30.4	युद्ध्यस्व विगतज्वरः ॥	SSI, IIS, IS	तसलग
597	3.31.1	ये मे मतमिदं नित्यम्	SSI, IIS, SS	तसगग
598	3.31.2	अनुतिष्ठन्ति मानवाः ।	IIS, SIS, IS	सरलग
599	3.31.3	श्रद्धावन्तोऽनसूयन्तो	SSS, SIS, SS	मरगग
600	3.31.4	मुच्यन्ते तेऽपि कर्मभिः ॥	SSS, SIS, IS	मरलग
601	3.32.1	ये त्वेतदभ्यसूयन्तो	SSI, SIS, SS	तरगग
602	3.32.2	नानुतिष्ठन्ति मे मतम् ।	SIS, SIS, IS	ररलग
603	3.32.3	सर्वज्ञानविमूढांस्तान्	SIS, IIS, SS	रसगग
604	3.32.4	विद्धि नष्टानचेतसः ॥	SIS, SIS, IS	ररलग
605	3.33.1	सदृशं चेष्टते स्वस्याः	IIS, SIS, SS	सरगग
606	3.33.2	प्रकृतेर्ज्ञानवानपि ।	IIS, SIS, II	सरलल
607	3.33.3	प्रकृतिं यान्ति भूतानि	IIS, SIS, SI	सरगल
608	3.33.4	निग्रहः किं करिष्यति ॥	SIS, SIS, II	ररलल
609	3.34.1	इन्द्रियस्येन्द्रियस्यार्थे	SIS, SIS, SS	ररगग

610	3.34.2	रागद्वेषौ व्यवस्थितौ ।	ऽ।ऽ, ऽ।ऽ, ।ऽ	ररलग
611	3.34.3	तयोर्न वशमागच्छेत्	।ऽ।, ।।ऽ, ऽऽ	जसगग
612	3.34.4	तौ ह्यस्य परिपन्थिनौ ।।	ऽऽ।, ।।ऽ, ।ऽ	तसलग
613	3.35.1	श्रेयान्स्वधर्मो विगुणः	ऽऽ।, ऽऽ।, ।ऽ	ततलग
614	3.35.2	परधर्मात्स्वनुष्ठितात् ।	।।ऽ, ऽ।ऽ, ।ऽ	सरलग
615	3.35.3	स्वधर्मे निधनं श्रेयः	।ऽऽ, ।।ऽ, ऽऽ	यसगग
616	3.35.4	परधर्मो भयावहः ।।	।।ऽ, ऽ।ऽ, ।ऽ	सरलग
617	3.36.1	अथ केन प्रयुक्तोऽयं	।।ऽ, ऽ।ऽ, ऽऽ	सरगग
618	3.36.2	पापं चरति पूरुषः ।	ऽऽ।, ।।ऽ, ।ऽ	तसलग
619	3.36.3	अनिच्छन्नपि वार्ष्णेय	।ऽऽ, ।।ऽ, ऽ।	यसगल
620	3.36.4	बलादिव नियोजितः ।।	।ऽ।, ।।ऽ, ।ऽ	जसलग
621	16.18.2	कामं क्रोधं च संश्रिताः ।	ऽऽऽ, ऽ।ऽ, ।ऽ	मरलग
622	3.37.2	रजोगुणसमुद्भवः ।	।ऽ।, ।।ऽ, ।ऽ	जसलग
623	3.37.3	महाशनो महापाप्मा	ऽ।ऽ, ऽ।ऽ, ऽऽ	ररगग
624	3.37.4	विद्ध्येनमिह वैरिणम् ।।	ऽऽ।, ।।ऽ, ।ऽ	तसलग
625	3.38.1	धूमेनाव्रियते वह्निः	ऽऽऽ, ।।ऽ, ऽऽ	मसगग
626	3.38.2	यथादर्शो मलेन च ।	।ऽऽ, ऽ।ऽ, ।।	यरलल
627	3.38.3	यथोल्बेनावृतो गर्भः	।ऽऽ, ऽ।ऽ, ऽऽ	यरगग
628	3.38.4	तथा तेनेदमावृतम् ।।	।ऽऽ, ऽ।ऽ, ।ऽ	यरलग
629	3.39.1	आवृतं ज्ञानमेतेन	ऽ।ऽ, ऽ।ऽ, ऽऽ	ररगग
630	3.39.2	ज्ञानिनो नित्यवैरिणा ।	ऽ।ऽ, ऽ।ऽ, ।ऽ	ररलग
631	3.39.3	कामरूपेण कौन्तेय	ऽ।ऽ, ऽ।ऽ, ऽ।	ररगल
632	3.39.4	दुष्पूरेणानलेन च ।।	ऽऽऽ, ऽ।ऽ, ।।	मरलल
633	3.40.1	इन्द्रियाणि मनो बुद्धिः	ऽ।ऽ, ।।ऽ, ऽऽ	रसगग
634	3.40.2	अस्याधिष्ठानमुच्यते ।	ऽऽऽ, ऽ।ऽ, ।ऽ	मरलग
635	3.40.3	एतैर्विमोहयत्येष	ऽऽ।, ऽ।ऽ, ऽऽ	तरगग
636	3.40.4	ज्ञानमावृत्य देहिनम् ।।	ऽ।ऽ, ऽ।ऽ, ।ऽ	ररलग
637	3.41.1	तस्मात्त्वमिन्द्रियाण्यादौ	ऽऽ।, ऽ।ऽ, ऽऽ	तरगग

638	3.41.2	नियम्य भरतर्षभ।	।ऽ।, ।।ऽ, ।।	जसलल
639	3.41.3	पाप्मानं प्रजहि ह्येनं	ऽऽऽ, ।।ऽ, ऽऽ	मसगग
640	3.41.4	ज्ञानविज्ञाननाशनम् ।।	ऽ।ऽ, ऽ।ऽ, ।ऽ	ररलग
641	3.42.1	इन्द्रियाणि पराण्याहुः	ऽ।ऽ, ।।ऽ, ऽऽ	रसगग
642	3.42.2	इन्द्रियेभ्यः परं मनः।	ऽ।ऽ, ।।ऽ, ।ऽ	रसलग
643	3.42.3	मनसस्तु परा बुद्धि	।।ऽ, ।।ऽ, ऽऽ	ससगग
644	3.42.4	र्यो बुद्धेः परतस्तु सः ।।	ऽऽऽ, ।।ऽ, ।ऽ	मसलग
645	3.43.1	एवं बुद्धेः परं बुद्ध्वा	ऽऽऽ, ऽ।ऽ, ऽऽ	मरगग
646	15.19.3	स सर्वविद्भजति मां	।ऽ।, ऽ।।, ।ऽ	जभलग
647	3.43.3	जहि शत्रुं महाबाहो	।।ऽ, ऽ।ऽ, ऽऽ	सरगग
648	3.43.4	कामरूपं दुरासदम् ।।	ऽ।ऽ, ऽ।ऽ, ।ऽ	ररलग
649	4.1.1	इमं विवस्वते योगं	।ऽ।, ऽ।ऽ, ऽऽ	जरगग
650	4.1.2	प्रोक्तवानहमव्ययम्।	ऽ।ऽ, ।।ऽ, ।ऽ	रसलग
651	4.1.3	विवस्वान्मनवे प्राह	।ऽऽ, ।।ऽ, ऽ।	यसगल
652	4.1.4	मनुरिक्ष्वाकवेऽब्रवीत् ।।	।।ऽ, ऽ।ऽ, ऽ।	सरगल
653	4.2.1	एवं परम्पराप्राप्त म्	ऽऽ।, ऽ।ऽ, ऽऽ	तरगग
654	4.2.2	इमं राजर्षयो विदुः।	।ऽऽ, ऽ।ऽ, ।ऽ	यरलग
655	3.30.2	संन्यस्याध्यात्मचेतसा।	ऽऽऽ, ऽ।ऽ, ।ऽ	मरलग
656	4.2.4	योगो नष्टः परन्तप ।।	ऽऽऽ, ऽ।ऽ, ।।	मरलल
657	1.7.4	संज्ञार्थं तान्ब्रवीमि ते ।।	ऽऽऽ, ऽ।ऽ, ।ऽ	मरलग
658	18.75.3	योगं योगेश्वरात्कृष्णात्	ऽऽऽ, ऽ।ऽ, ऽऽ	मरगग
659	4.3.3	भक्तोऽसि मे सखा चेति	ऽऽ।, ऽ।ऽ, ऽ।	तरगल
660	4.3.4	रहस्यं ह्येतदुत्तमम् ।।	।ऽऽ, ऽ।ऽ, ।ऽ	यरलग
661	4.4.1	अपरं भवतो जन्म	।।ऽ, ।।ऽ, ऽ।	ससगल
662	4.4.2	परं जन्म विवस्वतः।	।ऽऽ, ।।ऽ, ।ऽ	यसलग
663	4.4.3	कथमेतद्विजानीयां	।।ऽ, ऽ।ऽ, ऽऽ	सरगग
664	4.4.4	त्वमादौ प्रोक्तवानिति ।।	ऽऽ।, ऽ।ऽ, ।।	तरलल
665	4.5.1	बहूनि मे व्यतीतानि	।ऽ।, ऽ।ऽ, ऽ।	जरगल

666	4.5.2	जन्मानि तव चार्जुन ।	ऽऽ।, ।।ऽ, ।।	तराललल
667	4.5.3	तान्यहं वेद सर्वाणि	ऽ।ऽ, ।।ऽ, ऽ।	रसगल
668	4.5.4	न त्वं वेत्थ परन्तप ।।	ऽऽऽ, ।।ऽ, ।।	मसलल
669	4.6.1	अजोऽपि सन्नव्ययात्मा	।ऽ।, ऽऽ।, ऽऽ	जतगग
670	4.6.2	भूतानामीश्वरोऽपि सन् ।	ऽऽऽ, ऽ।ऽ, ।ऽ	मरलग
671	4.6.3	प्रकृतिं स्वामधिष्ठाय	।।ऽ, ऽ।ऽ, ऽ।	सरगल
672	4.6.4	सम्भवाम्यात्ममायया ।।	ऽ।ऽ, ऽ।ऽ, ।ऽ	ररलग
673	4.7.1	यदा यदा हि धर्मस्य	ऽ।ऽ, ऽ।ऽ, ऽऽ	ररगग
674	4.7.2	ग्लानिर्भवति भारत ।	ऽऽ।, ।।ऽ, ।।	तसलल
675	4.7.3	अभ्युत्थानमधर्मस्य	ऽऽऽ, ।।ऽ, ऽ।	मसगल
676	4.7.4	तदात्मानं सृजाम्यहम् ।।	।ऽऽ, ऽ।ऽ, ।ऽ	यरलग
677	4.8.1	परित्राणाय साधूनां	।ऽऽ, ऽ।ऽ, ऽऽ	यरगग
678	4.8.2	विनाशाय च दुष्कृताम् ।	।ऽऽ, ।।ऽ, ।ऽ	यसलग
679	4.8.3	धर्मसंस्थापनार्थाय	ऽ।ऽ, ऽ।ऽ, ऽ।	ररगल
680	4.8.4	सम्भवामि युगे युगे ।।	ऽ।ऽ, ।।ऽ, ।ऽ	रसलग
681	4.9.1	जन्म कर्म च मे दिव्यम्	ऽ।ऽ, ।।ऽ, ऽऽ	रसगग
682	4.9.2	एवं यो वेत्ति तत्त्वतः ।	ऽऽऽ, ऽ।ऽ, ।ऽ	मरलग
683	4.9.3	त्यक्त्वा देहं पुनर्जन्म	ऽऽऽ, ऽ।ऽ, ऽ।	मरगल
684	4.9.4	नैति मामेति सोऽर्जुन ।।	ऽ।ऽ, ऽ।ऽ, ।।	ररलल
685	4.10.1	वीतरागभयक्रोधा	ऽ।ऽ, ।।ऽ, ऽऽ	रसगग
686	4.10.2	मन्मया मामुपाश्रिताः ।	ऽ।ऽ, ऽ।ऽ, ।ऽ	ररलग
687	4.10.3	बहवो ज्ञानतपसा	।।ऽ, ऽ।।, ।ऽ	सभलग
688	4.13.2	गुणकर्मविभागशः ।	।।ऽ, ।।ऽ, ।ऽ	ससलग
688	4.10.4	पूता मद्भावमागताः ।।	ऽऽऽ, ऽ।ऽ, ।ऽ	मरलग
689	4.11.1	ये यथा मां प्रपद्यन्ते	ऽ।ऽ, ऽ।ऽ, ऽऽ	ररगग
690	4.11.2	तांस्तथैव भजाम्यहम् ।	ऽ।ऽ, ।।ऽ, ।ऽ	रसलग
691	4.11.3	मम वर्त्मानुवर्तन्ते	।।ऽ, ऽ।ऽ, ऽऽ	सरगग
692	4.11.4	मनुष्याः पार्थ सर्वशः ।।	।ऽऽ, ऽ।ऽ, ।ऽ	यरलग

परिशिष्ट

693	4.12.1	काङ्क्षन्तः कर्मणां सिद्धिं	SSS, SIS, SS	मरगग
694	4.12.2	यजन्त इह देवताः ।	ISI, IIS, IS	जसलग
695	4.12.3	क्षिप्रं हि मानुषे लोके	SSI, SIS, SS	तरगग
696	4.12.4	सिद्धिर्भवति कर्मजा ।।	SSI, IIS, IS	तसलग
697	4.13.1	चातुर्वर्ण्यं मया सृष्टं	SSS, SIS, SS	मरगग
699	4.13.3	तस्य कर्तारमपि मां	SIS, SII, IS	रभलग
700	4.13.4	विद्ध्यकर्तारमव्ययम् ।।	SIS, SIS, IS	ररलग
701	4.14.1	न मां कर्माणि लिम्पन्ति	ISS, SIS, SI	यरगल
702	4.14.2	न मे कर्मफले स्पृहा ।	ISS, IIS, IS	यसलग
703	4.14.3	इति मां योऽभिजानाति	IIS, SIS, SI	सरगल
704	4.14.4	कर्मभिर्न स बध्यते ।।	SIS, IIS, IS	रसलग
705	4.15.1	एवं ज्ञात्वा कृतं कर्म	SSS, SIS, SI	मरगल
706	4.15.2	पूर्वैरपि मुमुक्षुभिः ।	SSI, IIS, IS	तसलग
707	4.15.3	कुरु कर्मैव तस्मात्त्वं	IIS, SIS, SS	सरगग
708	4.15.4	पूर्वैः पूर्वतरं कृतम् ।।	SSS, IIS, IS	मसलग
709	4.16.1	किं कर्म किमकर्मेति	SSI, IIS, SI	तसगल
710	4.16.2	कवयोऽप्यत्र मोहिताः ।	IIS, SIS, IS	सरलग
711	4.16.3	तत्ते कर्म प्रवक्ष्यामि	SSS, SIS, SI	मरगल
712	4.16.4	यज्ज्ञात्वा मोक्ष्यसेऽशुभात् ।।	SSS, SIS, IS	मरलग
713	4.17.1	कर्मणो ह्यपि बोद्धव्यं	SIS, IIS, SS	रसगग
714	4.17.2	बोद्धव्यं च विकर्मणः ।	SSS, IIS, IS	मसलग
715	4.17.3	अकर्मणश्च बोद्धव्यं	SIS, SIS, SS	ररगग
716	4.17.4	गहना कर्मणो गतिः ।।	IIS, SIS, IS	सरलग
717	4.18.1	कर्मण्यकर्म यः पश्येत्	SSI, SIS, SS	तरगग
718	4.18.2	अकर्मणि च कर्म यः ।	ISI, IIS, IS	जसलग
719	18.74.3	संवादमिममश्रौषम्	SSI, IIS, SS	तसगग
720	3.43.2	संस्तभ्यात्मानमात्मना ।	SSS, SIS, IS	मरलग
721	4.19.1	यस्य सर्वे समारम्भाः	SIS, SIS, SS	ररगग

परिशिष्ट

722	4.19.2	कामसङ्कल्पवर्जिताः ।	SIS, SIS, IS	ररलग
723	4.19.3	ज्ञानाग्निदग्धकर्माणं	SSI, SIS, SS	तरगग
724	4.19.4	तमाहुः पण्डितं बुधाः ॥	ISS, SIS, IS	यरलग
725	4.20.1	त्यक्त्वा कर्मफलासङ्गं	SSS, IIS, SS	मसगग
726	4.20.2	नित्यतृप्तो निराश्रयः ।	SIS, SIS, IS	ररलग
727	4.20.3	कर्मण्यभिप्रवृत्तोऽपि	SSI, SIS, SI	तरगल
728	2.38.4	नैवं पापमवाप्स्यसि ॥	SSS, IIS, II	मसलल
729	4.21.1	निराशीर्यतचित्तात्मा	ISS, IIS, SS	यसगग
730	4.21.2	त्यक्तसर्वपरिग्रहः ।	SIS, IIS, IS	रसलग
731	4.21.3	शारीरं केवलं कर्म	SSS, SIS, SI	मरगल
732	4.21.4	कुर्वन्नाप्नोति किल्बिषम् ॥	SSS, SIS, IS	मरलग
733	4.22.1	यदृच्छालाभसन्तुष्टो	ISS, SIS, SS	यरगग
734	4.22.2	द्वन्द्वातीतो विमत्सरः ।	SSS, SIS, IS	मरलग
735	4.22.3	समः सिद्धावसिद्धौ च	ISS, SIS, SI	यरगल
736	4.22.4	कृत्वापि न निबद्ध्यते ॥	SSI, IIS, IS	तसलग
737	4.23.1	गतसङ्गस्य मुक्तस्य	IIS, SIS, SS	सरगग
738	4.23.2	ज्ञानावस्थितचेतसः ।	SSS, IIS, IS	मसलग
739	4.23.3	यज्ञायाचरतः कर्म	SSS, IIS, SI	मसगल
740	4.23.4	समग्रं प्रविलीयते ॥	ISS, IIS, IS	यसलग
741	4.24.1	ब्रह्मार्पणं ब्रह्म हविः	SSI, SSI, IS	ततलग
742	4.24.2	ब्रह्माग्नौ ब्रह्मणा हुतम् ।	SSS, SIS, IS	मरलग
743	4.24.3	ब्रह्मैव तेन गन्तव्यं	SSI, SIS, SS	तरगग
744	4.14.4	ब्रह्मकर्मसमाधिना ॥	SIS, IIS, IS	रसलग
746	6.27.2	योगिनं सुखमुत्तमम् ।	SIS, IIS, IS	रसलग
747	4.25.3	ब्रह्माग्नावपरे यज्ञं	SSS, IIS, SS	मसगग
748	4.25.4	यज्ञेनैवोपजुह्वति ॥	SSS, SIS, II	मरलल
749	4.26.1	श्रोत्रादीनीन्द्रियाण्यन्ये	SSS, SIS, SS	मरगग
750	5.23.4	स युक्तः स सुखी नरः ॥	ISS, IIS, IS	यसलग

751	4.26.3	शब्दादीन्विषयानन्य	SSS, IIS, SI	मसगल
752	4.26.4	इन्द्रियाग्निषु जुह्वति ।।	SIS, IIS, II	रसलल
753	4.27.1	सर्वाणीन्द्रियकर्माणि	SSS, IIS, SS	मसगग
754	4.25.1	दैवमेवापरे यज्ञं	SIS, SIS, SS	ररगग
754	4.27.2	प्राणकर्माणि चापरे ।	SIS, SIS, IS	ररलग
755	4.27.3	आत्मसंयमयोगाग्नौ	SIS, IIS, SS	रसगग
756	4.27.4	जुह्वति ज्ञानदीपिते ।।	SIS, SIS, IS	ररलग
757	4.28.1	द्रव्ययज्ञास्तपोयज्ञा	SIS, SIS, SS	ररगग
758	4.28.2	योगयज्ञास्तथापरे ।	SIS, SIS, IS	ररलग
759	4.28.3	स्वाध्यायज्ञानयज्ञाश्च	SSI, SIS, SI	तरगल
760	4.28.4	यतयः संशितव्रताः ।।	IIS, SIS, IS	सरलग
761	4.29.1	अपाने जुह्वति प्राणं	ISS, SII, SS	यभगग
762	4.29.2	प्राणेऽपानं तथापरे ।	SSS, SIS, IS	मरलग
763	4.29.3	प्राणापानगती रुद्ध्वा	SSS, IIS, SS	मसगग
764	4.29.4	प्राणायामपरायणाः ।।	SSS, IIS, IS	मसलग
765	4.30.1	अपरे नियताहाराः	IIS, IIS, SS	ससगग
766	4.30.2	प्राणान्प्राणेषु जुह्वति ।	SSS, SIS, II	मरलल
767	4.30.3	सर्वेऽप्येते यज्ञविदो	SSS, SSI, IS	मतलग
768	4.30.4	यज्ञक्षपितकल्मषाः ।।	SSI, IIS, IS	तसलग
769	4.31.1	यज्ञशिष्टामृतभुजो	ISI, SII, IS	जभलग
770	4.31.2	यान्ति ब्रह्म सनातनम् ।	SSS, IIS, IS	मसलग
771	4.31.3	नायं लोकोऽस्त्ययज्ञस्य	SSS, SIS, SS	मरगग
772	4.31.4	कुतोऽन्यः कुरुसत्तम ।।	ISS, IIS, II	यसलल
773	4.32.1	एवं बहुविधा यज्ञा	SSI, IIS, SS	तसगग
774	4.32.2	वितता ब्रह्मणो मुखे ।	IIS, SIS, IS	सरलग
775	4.32.3	कर्मजान्विद्धि तान्सर्वान्	SIS, SIS, SS	ररगग
776	4.32.4	एवं ज्ञात्वा विमोक्ष्यसे ।।	SSS, SIS, IS	मरलग

परिशिष्ट

777	4.33.1	श्रेयान्द्रव्यमयाद्यज्ञात्	SSS, IIS, SS	गसगग
778	4.33.2	ज्ञानयज्ञः परन्तप।	SIS, SIS, II	ररलल
779	6.30.2	सर्वं च मयि पश्यति।	SSI, IIS, II	तसलल
780	4.33.4	ज्ञाने परिसमाप्यते॥	SSI, IIS, IS	तसलग
781	4.34.1	तद्विद्धि प्रणिपातेन	SSS, IIS, SI	मसगल
782	4.34.2	परिप्रश्नेन सेवया।	ISS, SIS, IS	यरलग
783	4.34.3	उपदेक्ष्यन्ति ते ज्ञानं	IIS, SIS, SS	सरगग
784	4.34.4	ज्ञानिनस्तत्त्वदर्शिनः॥	SIS, SIS, IS	ररलग
785	4.35.1	यज्ज्ञात्वा न पुनर्मोहम्	SSS, IIS, SS	मसगग
786	4.35.2	एवं यास्यसि पाण्डव।	SSS, IIS, II	मसलल
787	4.35.3	येन भूतान्यशेषेण	SIS, SIS, SS	ररगग
788	4.35.4	द्रक्ष्यस्यात्मन्यथो मयि॥	SSS, SIS, II	मरलल
789	4.36.1	अपि चेदसि पापेभ्यः	IIS, IIS, SS	ससगग
790	4.36.2	सर्वेभ्यः पापकृत्तमः।	SSS, SIS, IS	मरलग
791	3.5.4	सर्वः प्रकृतिजैर्गुणैः॥	SSI, IIS, IS	तसलग
792	4.36.4	वृजिनं सन्तरिष्यसि।	IIS, SIS, II	सरलल
793	4.37.1	यथैधांसि समिद्धोऽग्निः	ISS, IIS, SS	यसगग
794	4.37.2	भस्मसात्कुरुतेऽर्जुन।	SIS, IIS, II	रसलल
795	4.37.3	ज्ञानाग्निः सर्वकर्माणि	SSS, SIS, SI	मरगल
796	4.37.4	भस्मसात्कुरुते तथा॥	SIS, IIS, IS	रसलग
797	4.38.1	न हि ज्ञानेन सदृशं	IIS, SII, IS	सभलग
798	4.38.2	पवित्रमिह विद्यते।	ISI, IIS, IS	जसलग
799	4.38.3	तत्स्वयं योगसंसिद्धः	SIS, SIS, SS	ररगग
800	4.38.4	कालेनात्मनि विन्दति॥	SSS, IIS, II	मसलल
801	4.39.1	श्रद्धावाँल्लभते ज्ञानं	SSS, IIS, SS	मसगग
802	4.39.2	तत्परः संयतेन्द्रियः।	SIS, SIS, IS	ररलग
803	4.39.3	ज्ञानं लब्ध्वा परां शान्तिम्	SSS, SIS, SS	मरगग
804	4.39.4	अचिरेणाधिगच्छति॥	IIS, SIS, II	सरलल

805	4.40.1	अज्ञश्चाश्रद्दधानश्च	SIS, SIS, SI	ररगल
806	6.31.4	स योगी मयि वर्तते ।।	ISS, IIS, IS	यसलग
807	4.40.3	नायं लोकोऽस्ति न परो	SSS, SII, IS	मभलग
808	4.40.4	न सुखं संशयात्मनः ।।	IIS, SIS, IS	सरलग
809	4.41.1	योगसंन्यस्तकर्माणं	SIS, SIS, SS	ररगग
810	4.41.2	ज्ञानसञ्छिन्नसंशयम् ।	SIS, SIS, IS	ररलग
811	4.41.3	आत्मवन्तं न कर्माणि	SIS, SIS, SI	ररगल
812	4.41.4	निबध्नन्ति धनञ्जय ।।	ISS, IIS, II	यसलल
813	4.42.1	तस्मादज्ञानसम्भूतं	SSS, SIS, SS	मरगग
814	4.42.2	हृत्स्थं ज्ञानासिनात्मनः ।	SSS, SIS, IS	मरलग
815	4.42.3	छित्त्वैनं संशयं योगम्	SSS, SIS, SS	मरगग
816	4.42.4	आतिष्ठोत्तिष्ठ भारत ।।	SSS, SIS, IS	मरलग
817	4.18.3	स बुद्धिमान्मनुष्येषु	ISI, SIS, SI	जरगल
818	5.1.2	पुनर्योगं च शंससि ।	ISS, SIS, II	यरलल
819	5.1.3	यच्छ्रेय एतयोरेकं	SSS, SIS, SS	मरगग
820	5.1.4	तन्मे ब्रूहि सुनिश्चितम् ।।	SSS, IIS, IS	मसलग
821	7.19.4	स महात्मा सुदुर्लभः ।।	IIS, SIS, IS	सरलग
822	5.2.2	निःश्रेयसकरावुभौ ।	SSI, IIS, IS	तसलग
823	5.2.3	तयोस्तु कर्मसंन्यासात्	ISI, SIS, SS	जरगग
824	5.2.4	कर्मयोगो विशिष्यते ।।	SIS, SIS, IS	ररलग
825	5.3.1	ज्ञेयः स नित्यसंन्यासी	SSI, SIS, SS	तरगग
826	5.3.2	यो न द्वेष्टि न काङ्क्षति ।	SIS, IIS, II	रसलल
827	5.3.3	निर्द्वन्द्वो हि महाबाहो	SSS, IIS, SS	मसगग
828	5.3.4	सुखं बन्धात्प्रमुच्यते ।।	ISS, SIS, IS	यरलग
829	5.4.1	साङ्ख्ययोगौ पृथग्बालाः	SIS, SIS, SS	ररगग
830	5.4.2	प्रवदन्ति न पण्डिताः ।	IIS, IIS, IS	ससलग
831	5.4.3	एकमप्यास्थितः सम्यक्	SIS, SIS, SS	ररगग
832	5.4.4	उभयोर्विन्दते फलम् ।।	IIS, SIS, IS	सरलग

833	5.5.1	यत्साङ्ख्यैः प्राप्यते स्थानं	SSS, SIS, SS	मरगग
834	5.5.2	तद्योगैरपि गम्यते ।	SSS, IIS, IS	मसलग
835	5.5.3	एकं साङ्ख्यं च योगं च	SSS, SIS, SI	मरगल
836	5.28.4	यः सदा मुक्त एव सः ।।	SIS, SIS, IS	ररलग
837	3.21.3	स यत्प्रमाणं कुरुते	ISI, SSI, IS	जतलग
838	5.6.2	दुःखमाप्तुमयोगतः ।	SIS, IIS, IS	रसलग
839	5.6.3	योगयुक्तो मुनिर्ब्रह्म	SIS, SIS, SI	ररगल
840	5.6.4	नचिरेणाधिगच्छति ।।	IIS, SIS, II	सरलल
841	5.7.1	योगयुक्तो विशुद्धात्मा	SIS, SIS, SS	ररगग
842	5.7.2	विजितात्मा जितेन्द्रियः ।	IIS, SIS, IS	सरलग
843	5.7.3	सर्वभूतात्मभूतात्मा	SIS, SIS, SS	ररगग
844	5.7.4	कुर्वन्नपि न लिप्यते ।।	SSI, IIS, IS	तसलग
845	2.26.4	नैवं शोचितुमर्हसि ।।	SSS, IIS, II	मसलल
846	5.8.2	युक्तो मन्येत तत्त्ववित् ।	SSS, SIS, IS	मरलग
847	5.8.3	पश्यञ्शृण्वन्स्पृशञ्जिघ्रन्	SSS, SIS, SS	मरगग
848	5.8.4	अश्नन्गच्छन्स्वपञ्श्वसन् ।।	SSS, SIS, IS	मरलग
849	5.9.1	प्रलपन्विसृजन्गृह्णन्	IIS, IIS, SS	ससगग
850	5.9.2	उन्मिषन्निमिषन्नपि ।	SIS, IIS, II	रसलल
851	5.9.3	इन्द्रियाणीन्द्रियार्थेषु	SIS, SIS, SI	ररगल
852	5.9.4	वर्तन्त इति धारयन् ।।	SSI, IIS, IS	तसलग
853	5.10.1	ब्रह्मण्याधाय कर्माणि	SSS, SIS, SI	मरगल
854	5.10.2	सङ्गं त्यक्त्वा करोति यः ।	SSS, SIS, IS	मरलग
855	5.10.3	लिप्यते न स पापेन	SIS, IIS, SI	रसगल
856	5.10.4	पद्मपत्रमिवाम्भसा ।।	SIS, IIS, IS	रसलग
857	5.11.1	कायेन मनसा बुद्ध्या	SSI, IIS, SS	तसगग
858	5.11.2	केवलैरिन्द्रियैरपि ।	SIS, SIS, II	ररलल
859	4.25.2	योगिनः पर्युपासते ।	SIS, SIS, IS	ररलग
860	5.11.4	सङ्गं त्यक्त्वात्मशुद्धये ।।	SSS, SIS, IS	मरलग

861	6.8.3	युक्त इत्युच्यते योगी	ऽ।ऽ, ऽ।ऽ, ऽऽ	ररगग
862	5.12.2	शान्तिमाप्नोति नैष्ठिकीम् ।	ऽ।ऽ, ऽ।ऽ, ।ऽ	ररलग
863	5.12.3	अयुक्तः कामकारेण	।ऽऽ, ऽ।ऽ, ऽ।	यरगल
864	5.12.4	फले सक्तो निबद्ध्यते ।।	।ऽऽ, ऽ।ऽ, ।ऽ	यरलग
865	5.13.1	सर्वकर्माणि मनसा	ऽ।ऽ, ऽ।।, ।ऽ	रभलग
866	6.23.3	स निश्चयेन योक्तव्यो	।ऽ।, ऽ।ऽ, ऽऽ	जरगग
867	5.13.3	नवद्वारे पुरे देही	।।ऽ, ऽ।ऽ, ऽऽ	सरगग
868	4.20.4	नैव किञ्चित्करोति सः ।।	ऽ।ऽ, ऽ।ऽ, ।ऽ	ररलग
869	5.14.1	न कर्तृत्वं न कर्माणि	।ऽऽ, ऽ।ऽ, ऽ।	यरगल
870	5.14.2	लोकस्य सृजति प्रभुः ।	ऽऽ।, ।।ऽ, ।ऽ	तसलग
871	5.14.3	न कर्मफलसंयोगं	।ऽ।, ।।ऽ, ऽऽ	जसगग
872	5.14.4	स्वभावस्तु प्रवर्तते ।।	।ऽऽ, ऽ।ऽ, ।ऽ	यरलग
873	5.15.1	नादत्ते कस्यचित्पापं	ऽऽऽ, ऽ।ऽ, ऽऽ	मरगग
874	5.15.2	न चैव सुकृतं विभुः ।	।ऽ।, ।।ऽ, ।ऽ	जसलग
875	5.15.3	अज्ञानेनावृतं ज्ञानं	ऽऽऽ, ऽ।ऽ, ऽऽ	मरगग
876	5.15.4	तेन मुह्यन्ति जन्तवः ।।	ऽ।ऽ, ऽ।ऽ, ।ऽ	ररलग
877	5.16.1	ज्ञानेन तु तदज्ञानं	ऽऽ।, ।।ऽ, ऽऽ	तसगग
878	5.16.2	येषां नाशितमात्मनः ।	ऽऽऽ, ।।ऽ, ।ऽ	मसलग
879	5.16.3	तेषामादित्यवज्ज्ञानं	ऽऽऽ, ऽ।ऽ, ऽऽ	मरगग
880	5.16.4	प्रकाशयति तत्परम् ।।	ऽ।ऽ, ।।ऽ, ।ऽ	रसलग
881	5.17.1	तद्बुद्धयस्तदात्मानः	ऽऽ।, ऽ।ऽ, ऽऽ	तरगग
882	5.17.2	तन्निष्ठास्तत्परायणाः ।	ऽऽऽ, ऽ।ऽ, ।ऽ	मरलग
883	5.17.3	गच्छन्त्यपुनरावृत्तिं	ऽऽ।, ।।ऽ, ऽऽ	तसगग
884	5.17.4	ज्ञाननिर्धूतकल्मषाः ।।	ऽ।ऽ, ऽ।ऽ, ।ऽ	ररलग
885	5.18.1	विद्याविनयसम्पन्ने	ऽऽ।, ।।ऽ, ऽऽ	तसगग
886	5.18.2	ब्राह्मणे गवि हस्तिनि ।	ऽ।ऽ, ।।ऽ, ।।	रसलल
887	5.18.3	शुनि चैव श्वपाके च	।।ऽ, ऽ।ऽ, ऽ।	सरगल
888	5.18.4	पण्डिताः समदर्शिनः ।।	ऽ।ऽ, ।।ऽ, ।ऽ	रसलग

889	5.19.1	इहैव तैर्जितः सर्गो	।ऽ।, ऽ।ऽ, ऽऽ	जरगग
890	5.19.2	येषां साम्ये स्थितं मनः ।	।ऽऽ, ऽ।ऽ, ।ऽ	यरलग
891	5.19.3	निर्दोषं हि समं ब्रह्म	ऽऽऽ, ।।ऽ, ऽ।	मसगल
892	5.19.4	तस्माद्ब्रह्मणि ते स्थिताः ।।	ऽऽऽ, ।।ऽ, ।ऽ	मसलग
894	5.20.2	नोद्विजेत्प्राप्य चाप्रियम् ।	ऽ।ऽ, ऽ।ऽ, ।ऽ	ररलग
895	5.20.3	स्थिरबुद्धिरसम्मूढो	।।ऽ, ।।ऽ, ऽऽ	ससगग
896	5.20.4	ब्रह्मविद्ब्रह्मणि स्थितः ।।	ऽ।ऽ, ऽ।ऽ, ।ऽ	ररलग
897	5.21.1	बाह्यस्पर्शेष्वसक्तात्मा	ऽऽऽ, ऽ।ऽ, ऽऽ	मरगग
898	5.21.2	विन्दत्यात्मनि यत्सुखम् ।	ऽऽऽ, ।।ऽ, ।।	मसलल
899	4.40.2	संशयात्मा विनश्यति ।	ऽ।ऽ, ऽ।ऽ, ।।	ररलल
900	5.21.4	सुखमक्षयमश्नुते ।।	।।ऽ, ।।ऽ, ।ऽ	ससलग
901	5.22.1	ये हि संस्पर्शजा भोगा	ऽ।ऽ, ऽ।ऽ, ऽऽ	ररगग
902	5.22.2	दुःखयोनय एव ते ।	ऽ।ऽ, ।।ऽ, ।ऽ	रसलग
903	5.22.3	आद्यन्तवन्तः कौन्तेय	ऽऽ।, ऽऽऽ, ऽ।	तमगल
904	5.22.4	न तेषु रमते बुधः ।।	।ऽ।, ।।ऽ, ।ऽ	जसलग
905	5.23.1	शक्नोतीहैव यः सोढुं	ऽऽऽ, ऽ।ऽ, ऽऽ	मरगग
906	5.23.2	प्राक्शरीरविमोक्षणात् ।	ऽ।ऽ, ।।ऽ, ।ऽ	रसलग
907	5.23.3	कामक्रोधोद्भवं वेगं	ऽऽऽ, ऽ।ऽ, ऽऽ	मरगग
908	4.3.1	स एवायं मया तेऽद्य	।ऽऽ, ऽ।ऽ, ऽऽ	यरगग
909	5.24.1	योऽन्तःसुखोऽन्तरारामः	ऽऽ।, ऽ।ऽ, ऽऽ	तरगग
910	5.24.2	तथान्तर्ज्योतिरेव यः ।	।ऽऽ, ऽ।ऽ, ।ऽ	यरलग
911	18.8.3	स कृत्वा राजसं त्यागं	।ऽऽ, ऽ।ऽ, ऽऽ	यरगग
912	5.24.4	ब्रह्मभूतोऽधिगच्छति ।।	ऽ।ऽ, ऽ।ऽ, ।ऽ	ररलग
913	5.25.1	लभन्ते ब्रह्मनिर्वाणम्	।ऽऽ, ऽ।ऽ, ऽऽ	यरगग
914	5.25.2	ऋषयः क्षीणकल्मषाः ।	।।ऽ, ऽ।ऽ, ।ऽ	सरलग
915	5.25.3	छिन्नद्वैधा यतात्मानः	ऽऽऽ, ऽ।ऽ, ऽऽ	मरगग
916	5.25.4	सर्वभूतहिते रताः ।।	ऽ।ऽ, ।।ऽ, ।ऽ	रसलग

परिशिष्ट

917	5.26.1	कामक्रोधवियुक्तानां	SSS, IIS, SS	मसगग
918	5.26.2	यतीनां यतचेतसाम् ।	ISS, IIS, IS	यसलग
919	5.26.3	अभितो ब्रह्मनिर्वाणं	IIS, SIS, SS	सरगग
920	5.26.4	वर्तते विदितात्मनाम् ॥	SIS, IIS, IS	रसलग
921	5.27.1	स्पर्शान्कृत्वा बहिर्बाह्यान्	SSS, SIS, SS	मरगग
922	5.27.2	चक्षुश्चैवान्तरे भ्रुवोः ।	SSS, SIS, IS	मरलग
922	5.27.3	प्राणापानौ समौ कृत्वा	SSS, SIS, SS	मरगग
924	5.27.4	नासाभ्यन्तरचारिणौ ॥	SSS, IIS, IS	मसलग
925	5.28.1	यतेन्द्रियमनोबुद्धिः	ISI, IIS, SS	जसगग
926	5.28.2	मुनिर्मोक्षपरायणः ।	ISS, IIS, IS	यसलग
927	5.28.3	विगतेच्छाभयक्रोधो	IIS, SIS, SS	सरगग
928	2.21.2	य एनमजमव्ययम् ।	ISI, IIS, IS	जसलग
929	5.29.1	भोक्तारं यज्ञतपसां	SSS, SII, IS	मभलग
930	5.29.2	सर्वलोकमहेश्वरम् ।	SIS, IIS, IS	रसलग
931	5.29.3	सुहृदं सर्वभूतानां	IIS, SIS, SS	सरगग
932	5.29.4	ज्ञात्वा मां शान्तिमृच्छति ॥	SSS, SIS, IS	मरलग
933	6.1.1	अनाश्रितः कर्मफलं	ISI, SSI, IS	जतलग
934	6.1.2	कार्यं कर्म करोति यः ।	SSS, IIS, IS	मसलग
935	8.10.4	स तं परं पुरुषमुपैति दिव्यम् ॥	ISI, SII, IIS, ISS	जभसय
936	6.1.4	न निरग्निर्न चाक्रियः ॥	IIS, SIS, IS	सरलग
937	6.2.1	यं संन्यासमिति प्राहुः	SSS, IIS, SS	मसगग
938	2.50.4	योगः कर्मसु कौशलम् ॥	SSS, IIS, IS	मसलग
939	6.2.3	न ह्यसंन्यस्तसङ्कल्पो	SIS, SIS, SS	ररगग
940	6.2.4	योगी भवति कश्चन ॥	SSI, IIS, II	तसलल
941	6.3.1	आरुरुक्षोर्मुनेर्योगं	SIS, SIS, SS	ररगग
942	6.3.2	कर्म कारणमुच्यते ।	SIS, IIS, IS	रसलग
943	6.3.3	योगारूढस्य तस्यैव	SSS, SIS, SI	मरगल
944	6.3.4	शमः कारणमुच्यते ॥	ISS, IIS, IS	यसलग

परिशिष्ट

945	6.4.1	यदा हि नेन्द्रियार्थेषु	SIS, SIS, SI	ररगल
946	6.4.2	न कर्मस्वनुषज्जते ।	ISS, IIS, IS	यसलग
947	6.4.3	सर्वसङ्कल्पसंन्यासी	SIS, SIS, SS	ररगग
948	6.4.4	योगारूढस्तदोच्यते ॥	SSS, SIS, IS	मरलग
949	6.5.1	उद्धरेदात्मनात्मानं	SIS, SIS, SS	ररगग
950	6.5.2	नात्मानमवसादयेत् ।	SSI, IIS, IS	तसलग
951	6.5.3	आत्मैव ह्यात्मनो बन्धुः	SSS, SIS, SS	मरगग
952	6.5.4	आत्मैव रिपुरात्मनः ॥	SSI, IIS, IS	तसलग
953	6.6.1	बन्धुरात्मात्मनस्तस्य	SIS, SIS, SI	ररगल
954	6.6.2	येनात्मैवात्मना जितः ।	SSS, SIS, IS	मरलग
955	6.6.3	अनात्मनस्तु शत्रुत्वे	ISI, SIS, SS	जरगग
956	6.6.4	वर्तेतात्मैव शत्रुवत् ॥	SSS, SIS, IS	मरलग
957	6.7.1	जितात्मनः प्रशान्तस्य	ISI, SIS, SI	जरगल
958	6.7.2	परमात्मा समाहितः ।	IIS, SIS, IS	सरलग
959	6.7.3	शीतोष्णसुखदुःखेषु	SSI, IIS, SI	तसगल
960	6.7.4	तथा मानापमानयोः ॥	ISS, SIS, IS	यरलग
961	6.8.1	ज्ञानविज्ञानतृप्तात्मा	SIS, SIS, SS	ररगग
962	6.8.2	कूटस्थो विजितेन्द्रियः ।	SSS, IIS, IS	मसलग
963	6.18.4	युक्त इत्युच्यते तदा ॥	SIS, SIS, IS	ररलग
964	6.8.4	समलोष्टाश्मकाञ्चनः ॥	IIS, SIS, IS	सरलग
965	6.9.1	सुहृन्मित्रार्युदासीन	ISS, SIS, SI	यरगल
966	6.9.2	मध्यस्थद्वेष्यबन्धुषु ।	SSS, SIS, II	मरलल
967	6.9.3	साधुष्वपि च पापेषु	SSI, IIS, SI	तसगल
968	6.9.4	समबुद्धिर्विशिष्यते ॥	IIS, SIS, IS	सरलग
969	6.10.1	योगी युञ्जीत सततम्	SSS, SII, IS	मभलग
970	6.10.2	आत्मानं रहसि स्थितः ।	SSS, IIS, IS	मसलग
971	6.10.3	एकाकी यतचित्तात्मा	SSS, IIS, SS	मसगग
972	6.10.4	निराशीरपरिग्रहः ॥	ISS, IIS, IS	यसलग

973	6.11.1	शुचौ देशे प्रतिष्ठाप्य	।ऽऽ, ऽ।ऽ, ऽऽ	यरगग
974	6.11.2	स्थिरमासनमात्मनः।	।।ऽ, ।।ऽ, ।ऽ	ससलग
975	6.11.3	नात्युच्छ्रितं नातिनीचं	ऽऽ।, ऽऽ।, ऽऽ	ततगग
976	6.11.4	चैलाजिनकुशोत्तरम् ।।	ऽऽ।, ।।ऽ, ।ऽ	तसलग
977	6.12.1	तत्रैकाग्रं मनः कृत्वा	ऽऽऽ, ऽ।ऽ, ऽऽ	मरगग
978	6.12.2	यतचित्तेन्द्रियक्रियः।	।।ऽ, ऽ।ऽ, ।ऽ	सरलग
979	6.12.3	उपविश्यासने युञ्ज्यात्	।।ऽ, ऽ।ऽ, ऽऽ	सरगग
980	6.12.4	योगमात्मविशुद्धये ।।	ऽ।ऽ, ।।ऽ, ।ऽ	रसलग
981	6.13.1	समं कायशिरोग्रीवं	।ऽऽ, ।।ऽ, ऽऽ	यसगग
982	6.13.2	धारयन्नचलं स्थिरः।	ऽ।ऽ, ।।ऽ, ।ऽ	रसलग
983	5.20.1	न प्रहृष्येत्प्रियं प्राप्य	ऽ।ऽ, ऽ।ऽ, ऽ।	ररगल
983	6.13.3	सम्प्रेक्ष्य नासिकाग्रं स्वं	ऽऽ।, ऽ।ऽ, ऽऽ	तरगग
984	6.13.4	दिशश्चानवलोकयन् ।।	।ऽऽ, ।।ऽ, ।ऽ	यसलग
985	6.14.1	प्रशान्तात्मा विगतभीः	।ऽऽ, ऽ।।, ।ऽ	यभलग
986	6.14.2	ब्रह्मचारिव्रते स्थितः।	ऽ।ऽ, ऽ।ऽ, ।ऽ	ररलग
987	6.14.3	मनः संयम्य मच्चित्तो	।ऽऽ, ऽ।ऽ, ऽऽ	यरगग
988	2.61.2	युक्त आसीत मत्परः।	ऽ।ऽ, ऽ।ऽ, ।ऽ	ररलग
989	6.15.1	युञ्जन्नेवं सदात्मानं	ऽऽऽ, ऽ।ऽ, ऽऽ	मरगग
990	6.15.2	योगी नियतमानसः।	ऽऽ।, ।।ऽ, ।ऽ	तसलग
991	6.15.3	शान्तिं निर्वाणपरमां	ऽऽऽ, ऽ।।, ।ऽ	मभलग
992	6.15.4	मत्संस्थामधिगच्छति ।।	ऽऽऽ, ।।ऽ, ।।	मसलल
993	6.16.1	नात्यश्नतस्तु योगोऽस्ति	ऽऽ।, ऽ।ऽ, ऽ।	तरगल
994	6.16.2	न चैकान्तमनश्नतः।	।ऽऽ, ।।ऽ, ।ऽ	यसलग
995	6.16.3	न चाति स्वप्नशीलस्य	।ऽऽ, ऽ।ऽ, ऽ।	यरगल
996	6.16.4	जाग्रतो नैव चार्जुन ।।	ऽ।ऽ, ऽ।ऽ, ।।	ररलल
997	6.17.1	युक्ताहारविहारस्य	ऽऽऽ, ।।ऽ, ऽ।	मसगल
998	6.17.2	युक्तचेष्टस्य कर्मसु।	ऽ।ऽ, ऽ।ऽ, ।।	ररलल
999	6.17.3	युक्तस्वप्नावबोधस्य	ऽऽऽ, ऽ।ऽ, ऽ।	मरगल

1000	6.17.4	योगो भवति दुःखहा ।।	ऽऽ।, ।।ऽ, ।ऽ	तसलग
1001	6.18.1	यदा विनियतं चित्तम्	।ऽ।, ।।ऽ, ऽऽ	जसगग
1002	6.18.2	आत्मन्येवावतिष्ठते ।	ऽऽऽ, ऽ।ऽ, ।ऽ	मरलग
1003	6.18.3	निःस्पृहः सर्वकामेभ्यो	ऽ।ऽ, ऽ।ऽ, ऽऽ	ररगग
1004	6.14.4	युक्त आसीत मत्परः ।।	ऽ।ऽ, ऽ।ऽ, ।ऽ	ररलग
1005	6.19.1	यथा दीपो निवातस्थो	।ऽऽ, ऽ।ऽ, ऽऽ	यरगग
1006	6.19.2	नेङ्गते सोपमा स्मृता ।	ऽ।ऽ, ऽ।ऽ, ।ऽ	ररलग
1007	6.19.3	योगिनो यतचित्तस्य	ऽ।ऽ, ।।ऽ, ऽ।	रसगल
1008	6.19.4	युञ्जतो योगमात्मनः ।।	ऽ।ऽ, ऽ।ऽ, ।ऽ	ररलग
1009	6.20.1	यत्रोपरमते चित्तं	ऽऽ।, ।।ऽ, ऽऽ	तसगग
1010	6.20.2	निरुद्धं योगसेवया ।	।ऽऽ, ऽ।ऽ, ।ऽ	यरलग
1011	6.20.3	यत्र चैवात्मनात्मानं	ऽ।ऽ, ऽ।ऽ, ऽऽ	ररगग
1012	6.20.4	पश्यन्नात्मनि तुष्यति ।।	ऽऽऽ, ।।ऽ, ।।	मसलल
1013	6.21.1	सुखमात्यन्तिकं यत्तद्	।।ऽ, ऽ।ऽ, ऽऽ	सरगग
1014	6.21.2	बुद्धिग्राह्यमतीन्द्रियम् ।	ऽऽऽ, ।।ऽ, ।ऽ	मसलग
1015	6.21.3	वेत्ति यत्र न चैवायं	ऽ।ऽ, ।।ऽ, ऽऽ	रसगग
1016	6.21.4	स्थितश्चलति तत्त्वतः ।।	।ऽ।, ।।ऽ, ।ऽ	जसलग
1017	16.23.1	यः शास्त्रविधिमुत्सृज्य	ऽऽ।, ।।ऽ, ऽ।	तसगल
1018	6.22.2	मन्यते नाधिकं ततः ।	ऽ।ऽ, ऽ।ऽ, ।ऽ	ररलग
1019	6.22.3	यस्मिन्स्थितो न दुःखेन	ऽऽ।, ऽ।ऽ, ऽ।	तरगल
1020	6.22.4	गुरुणापि विचाल्यते ।।	।।ऽ, ।।ऽ, ।ऽ	ससलग
1021	1.33.3	त इमेऽवस्थिता युद्धे	।।ऽ, ऽ।ऽ, ऽऽ	सरगग
1022	6.23.2	वियोगं योगसंज्ञितम् ।	।ऽ।, ऽ।ऽ, ।ऽ	जरलग
1023	18.76.2	संवादमिममद्भुतम् ।	ऽऽ।, ।।ऽ, ।ऽ	तसलग
1024	6.23.4	योगोऽनिर्विण्णचेतसा ।।	ऽऽऽ, ऽ।ऽ, ।ऽ	मरलग
1025	6.24.1	सङ्कल्पप्रभवान्कामान्	ऽऽ।, ।।ऽ, ऽऽ	तसगग
1026	6.24.2	त्यक्त्वा सर्वानशेषतः ।	ऽऽऽ, ऽ।ऽ, ।ऽ	मरलग
1027	6.24.3	मनसैवेन्द्रियग्रामं	।।ऽ, ऽ।ऽ, ऽऽ	सरगग

परिशिष्ट

1028	6.24.4	विनियम्य समन्ततः ॥	IIS, IIS, IS	ससलग
1029	6.25.1	शनैः शनैरुपरमेत्	ISI, SII, IS	जभलग
1030	6.25.2	बुद्ध्या धृतिगृहीतया ।	SSI, IIS, IS	तसलग
1031	6.25.3	आत्मसंस्थं मनः कृत्वा	SIS, SIS, SS	ररगग
1032	6.25.4	न किञ्चिदपि चिन्तयेत् ॥	ISI, IIS, IS	जसलग
1033	6.26.1	यतो यतो निश्चरति	ISI, SSI, II	जतलल
1034	6.26.2	मनश्चञ्चलमस्थिरम् ।	ISS, IIS, IS	यसलग
1035	6.26.3	ततस्ततो नियम्यैतत्	ISI, SIS, SS	जरगग
1036	6.26.4	आत्मन्येव वशं नयेत् ॥	SSS, IIS, IS	मसलग
1037	6.27.1	प्रशान्तमनसं ह्येनं	ISI, IIS, SS	जसगग
1038	5.11.4	योगिनः कर्म कुर्वन्ति	SIS, SIS, SI	ररगल
1039	6.27.3	उपैति शान्तरजसं	ISI, SII, IS	जभलग
1040	6.27.4	ब्रह्मभूतमकल्मषम् ॥	SIS, IIS, IS	रसलग
1041	6.28.1	युञ्जन्नेवं सदात्मानं	SSS, SIS, SS	मरगग
1042	6.28.2	योगी विगतकल्मषः ।	SSI, IIS, IS	तसलग
1043	6.28.3	सुखेन ब्रह्मसंस्पर्शम्	ISI, SIS, SS	जरगग
1044	6.28.4	अत्यन्तं सुखमश्नुते ॥	SSS, IIS, IS	मसलग
1045	6.29.1	सर्वभूतस्थमात्मानं	SIS, SIS, SS	ररगग
1046	6.29.2	सर्वभूतानि चात्मनि ।	SIS, SIS, II	ररलल
1047	6.29.3	ईक्षते योगयुक्तात्मा	SIS, SIS, SS	ररगग
1048	6.29.4	सर्वत्र समदर्शनः ॥	SSI, IIS, IS	तसलग
1049	6.30.1	यो मां पश्यति सर्वत्र	SSS, IIS, SI	मसगल
1050	4.36.3	सर्वं ज्ञानप्लवेनैव	SSS, SIS, SI	मरगल
1051	6.30.3	तस्याहं न प्रणश्यामि	SSS, IIS, SI	मसगल
1052	18.2.2	संन्यासं कवयो विदुः ।	SSS, IIS, IS	मसलग
1053	6.31.1	सर्वभूतस्थितं यो मां	SIS, SIS, SS	ररगग
1054	6.31.2	भजत्येकत्वमास्थितः ।	ISS, SIS, IS	यरलग
1055	13.24.3	सर्वथा वर्तमानोऽपि	SIS, SIS, SI	ररगल

1056	14.26.3	स गुणान्समतीत्यैतान्	।।ऽ, ।।ऽ, ऽऽ	ससगग
1057	6.32.1	आत्मौपम्येन सर्वत्र	ऽऽऽ, ऽ।ऽ, ऽ।	मरगल
1058	6.32.2	समं पश्यति योऽर्जुन ।	।ऽऽ, ।।ऽ, ।।	यसलल
1059	6.32.3	सुखं वा यदि वा दुःखं	।ऽऽ, ।।ऽ, ऽऽ	यसगग
1060	4.2.3	स कालेनेह महता	।ऽऽ, ऽ।।, ।ऽ	यभलग
1061	6.33.1	योऽयं योगस्त्वया प्रोक्तः	ऽऽऽ, ऽ।ऽ, ऽऽ	मरगग
1062	6.33.2	साम्येन मधुसूदन ।	ऽऽ।, ।।ऽ, ।।	तसलल
1063	6.33.3	एतस्याहं न पश्यामि	ऽऽऽ, ऽ।ऽ, ऽ।	मरगल
1064	6.33.4	चञ्चलत्वात्स्थितिं स्थिराम् ।।	ऽ।ऽ, ऽ।ऽ, ।ऽ	ररलग
1065	6.34.1	चञ्चलं हि मनः कृष्ण	ऽ।ऽ, ।।ऽ, ऽऽ	रसगग
1066	6.34.2	प्रमाथि बलवद्दृढम् ।	।ऽ।, ।।ऽ, ।ऽ	जसलग
1067	6.34.3	तस्याहं निग्रहं मन्ये	ऽऽऽ, ऽ।ऽ, ऽऽ	मरगग
1068	6.34.4	वायोरिव सुदुष्करम् ।।	ऽऽ।, ।।ऽ, ।ऽ	तसलग
1069	6.35.1	असंशयं महाबाहो	।ऽ।, ऽ।ऽ, ऽऽ	जरगग
1070	6.35.2	मनो दुर्निग्रहं चलम् ।	।ऽऽ, ऽ।ऽ, ।ऽ	यरलग
1071	6.35.3	अभ्यासेन तु कौन्तेय	ऽऽऽ, ।।ऽ, ऽ।	मसगल
1072	6.35.4	वैराग्येण च गृह्यते ।।	ऽऽऽ, ।।ऽ, ।ऽ	मसलग
1073	6.36.1	असंयतात्मना योगो	।ऽ।, ऽ।ऽ, ऽऽ	जरगग
1074	6.36.2	दुष्प्राप इति मे मतिः ।	ऽऽ।, ।।ऽ, ।ऽ	तसलग
1075	6.36.3	वश्यात्मना तु यतता	ऽऽ।, ऽ।।, ।ऽ	तभलग
1076	6.36.4	शक्योऽवाप्तुमुपायतः ।।	ऽऽऽ, ।।ऽ, ।ऽ	मसलग
1077	6.37.1	अयतिः श्रद्धयोपेतो	।।ऽ, ऽ।ऽ, ऽऽ	सरगग
1078	6.37.2	योगाच्चलितमानसः ।	ऽऽ।, ।।ऽ, ।ऽ	तसलग
1079	6.37.3	अप्राप्य योगसंसिद्धिं	ऽऽ।, ऽ।ऽ, ऽऽ	तरगग
1080	1.36.2	का प्रीतिः स्याज्जनार्दन ।	ऽऽऽ, ऽ।ऽ, ।।	मरलल
1081	6.38.1	कच्चिन्नोभयविभ्रष्टः	ऽऽऽ, ।।ऽ, ऽऽ	मसगग
1082	6.38.2	छिन्नाभ्रमिव नश्यति ।	ऽऽ।, ।।ऽ, ।।	तसलल
1083	6.38.3	अप्रतिष्ठो महाबाहो	ऽ।ऽ, ऽ।ऽ, ऽऽ	ररगग

परिशिष्ट

1084	6.38.4	विमूढो ब्रह्मणः पथि ॥	ISS, SIS, IS	यरलग
1085	6.39.1	एतन्मे संशयं कृष्ण	SSS, SIS, SI	मरगल
1086	6.39.2	छेत्तुमर्हस्यशेषतः ।	SIS, SIS, IS	ररलग
1087	6.39.3	त्वदन्यः संशयस्यास्य	ISS, SIS, SI	यरगल
1088	6.39.4	छेत्ता न ह्युपपद्यते ॥	SSS, IIS, IS	मसलग
1089	6.40.1	पार्थ नैवेह नामुत्र	SIS, SIS, SI	ररगल
1090	6.40.2	विनाशस्तस्य विद्यते ।	SSI, SIS, IS	तरलग
1091	6.40.3	न हि कल्याणकृत्कश्चित्	IIS, SIS, SS	सरगग
1092	6.40.4	दुर्गतिं तात गच्छति ॥	SIS, SIS, II	ररलल
1093	6.41.1	प्राप्य पुण्यकृतां लोकान्	SIS, IIS, SS	रसगग
1094	6.41.2	उषित्वा शाश्वतीः समाः ।	ISS, SIS, IS	यरलग
1095	6.41.3	शुचीनां श्रीमतां गेहे	ISS, SIS, SS	यरगग
1096	6.41.4	योगभ्रष्टोऽभिजायते ॥	SSS, SIS, IS	मरलग
1097	6.42.1	अथवा योगिनामेव	IIS, SIS, SI	सरगल
1098	6.42.2	कुले भवति धीमताम् ।	ISI, IIS, IS	जसलग
1099	6.42.3	एतद्धि दुर्लभतरं	SSI, SII, IS	तभलग
1100	6.42.4	लोके जन्म यदीदृशम् ॥	SSS, IIS, IS	मसलग
1101	6.43.1	तत्र तं बुद्धिसंयोगं	SIS, SIS, SS	ररगग
1102	6.43.2	लभते पौर्वदेहिकम् ।	IIS, SIS, IS	सरलग
1103	6.43.3	यतते च ततो भूयः	IIS, IIS, SS	ससगग
1104	6.1.3	स संन्यासी च योगी च	ISS, SIS, SI	यरगल
1105	6.44.1	पूर्वाभ्यासेन तेनैव	SSS, SIS, SS	मरगग
1106	6.44.2	ह्रियते ह्यवशोऽपि सः ।	IIS, IIS, IS	ससलग
1107	6.44.3	जिज्ञासुरपि योगस्य	SSI, IIS, SI	तसगल
1108	6.44.4	शब्दब्रह्मातिवर्तते ॥	SIS, SIS, IS	ररलग
1109	6.45.1	प्रयत्नाद्यतमानस्तु	SSS, IIS, SI	मसगल
1110	6.45.2	योगी संशुद्धकिल्बिषः ।	SSS, SIS, IS	मरलग

1111	6.45.3	अनेकजन्मसंसिद्धः	।ऽ।, ऽ।ऽ, ऽ।	जरगल
1112	6.45.4	ततो याति परां गतिम् ॥	।ऽऽ, ।।ऽ, ।ऽ	यसलग
1113	6.46.1	तपस्विभ्योऽधिको योगी	।ऽऽ, ऽ।ऽ, ऽऽ	यरगग
1114	6.46.2	ज्ञानिभ्योऽपि मतोऽधिकः ।	ऽऽऽ, ।।ऽ, ।ऽ	मसलग
1115	6.46.3	कर्मिभ्यश्चाधिको योगी	ऽऽऽ, ऽ।ऽ, ऽऽ	मरगग
1116	6.46.4	तस्माद्योगी भवार्जुन ॥	ऽऽऽ, ऽ।ऽ, ।।	मरलल
1117	6.47.1	योगिनामपि सर्वेषां	ऽ।ऽ, ।।ऽ, ऽऽ	रसगग
1118	6.47.2	मद्गतेनान्तरात्मना ।	ऽ।ऽ, ऽ।ऽ, ।ऽ	ररलग
1119	6.47.3	श्रद्धावान्भजते यो मां	ऽऽऽ, ।।ऽ, ऽऽ	मसगग
1120	8.15.4	संसिद्धिं परमां गताः ॥	ऽऽऽ, ।।ऽ, ।ऽ	मसलग
1121	7.1.1	मय्यासक्तमनाः पार्थ	ऽऽऽ, ।।ऽ, ऽ।	मसगल
1122	6.2.2	योगं तं विद्धि पाण्डव ।	ऽऽऽ, ऽ।ऽ, ।।	मरलल
1123	7.1.3	असंशयं समग्रं मां	।ऽ।, ऽ।ऽ, ऽऽ	जरगग
1124	7.1.4	यथा ज्ञास्यसि तच्छृणु ॥	।ऽऽ, ।।ऽ, ।।	यसलल
1125	7.2.1	ज्ञानं तेऽहं सविज्ञानम्	ऽऽऽ, ऽ।ऽ, ऽऽ	मरगग
1126	7.2.2	इदं वक्ष्याम्यशेषतः ।	।ऽऽ, ऽ।ऽ, ।ऽ	यरलग
1127	7.2.3	यज्ज्ञात्वा नेह भूयोऽन्यत्	ऽऽऽ, ऽ।ऽ, ऽऽ	मरगग
1128	7.2.4	ज्ञातव्यमवशिष्यते ॥	ऽऽ।, ।।ऽ, ।ऽ	तसलग
1129	7.3.1	मनुष्याणां सहस्रेषु	।ऽऽ, ऽ।ऽ, ऽ।	यरगल
1130	7.3.2	कश्चिद्यतति सिद्धये ।	ऽऽ।, ।।ऽ, ।ऽ	तसलग
1131	7.3.3	यततामपि सिद्धानां	।।ऽ, ।।ऽ, ऽऽ	ससगग
1132	7.3.4	कश्चिन्मां वेत्ति तत्त्वतः ॥	ऽऽऽ, ऽ।ऽ, ।ऽ	मरलग
1133	7.4.1	भूमिरापोऽनलो वायुः	ऽ।ऽ, ऽ।ऽ, ऽऽ	ररगग
1134	7.4.2	खं मनो बुद्धिरेव च ।	ऽ।ऽ, ऽ।ऽ, ।।	ररलल
1135	16.18.1	अहङ्कारं बलं दर्पं	।ऽऽ, ऽ।ऽ, ऽऽ	यरगग
1136	7.4.4	भिन्ना प्रकृतिरष्टधा ॥	ऽऽ।, ।।ऽ, ।ऽ	तसलग
1137	7.5.1	अपरेयमितस्त्वन्यां	।।ऽ, ।।ऽ, ऽऽ	ससगग
1138	7.5.2	प्रकृतिं विद्धि मे पराम् ।	।।ऽ, ऽ।ऽ, ।ऽ	सरलग

1139	7.5.3	जीवभूतां महाबाहो	SIS, SIS, SS	ररगग
1140	7.5.4	ययेदं धार्यते जगत् ॥	ISS, SIS, IS	यरलग
1141	7.6.1	एतद्योनीनि भूतानि	SSS, SIS, SI	मरगल
1142	7.6.2	सर्वाणीत्युपधारय ।	SSS, IIS, II	मसलल
1143	7.6.3	अहं कृत्स्नस्य जगतः	ISS, SII, IS	यभलग
1144	7.6.4	प्रभवः प्रलयस्तथा ॥	IIS, IIS, IS	ससलग
1145	15.15.2	मत्तः स्मृतिर्ज्ञानमपोहनं च ।	SSI, SSI, ISI, SI	ततजगल
1146	7.7.2	किञ्चिदस्ति धनञ्जय ।	SIS, IIS, II	रसलल
1147	7.7.3	मयि सर्वमिदं प्रोतं	IIS, IIS, SS	ससगग
1148	7.7.4	सूत्रे मणिगणा इव ॥	SSI, IIS, II	तसलल
1149	7.8.1	रसोऽहमप्सु कौन्तेय	ISI, SIS, SS	जरगग
1150	7.8.2	प्रभास्मि शशिसूर्ययोः ।	ISI, IIS, IS	जसलग
1151	7.8.3	प्रणवः सर्ववेदेषु	IIS, SIS, SI	सरगल
1152	7.8.4	शब्दः खे पौरुषं नृषु ॥	SSS, SIS, II	मरलल
1153	7.9.1	पुण्यो गन्धः पृथिव्यां च	SSS, SIS, SI	मरगल
1154	7.9.2	तेजश्चास्मि विभावसौ ।	SSS, IIS, IS	मसलग
1155	7.9.3	जीवनं सर्वभूतेषु	SIS, SIS, SI	ररगल
1156	7.9.4	तपश्चास्मि तपस्विषु ॥	ISS, IIS, II	यसलल
1157	7.10.1	बीजं मां सर्वभूतानां	SSS, SIS, SS	मरगग
1158	7.10.2	विद्धि पार्थ सनातनम् ।	SIS, IIS, IS	रसलग
1159	7.10.3	बुद्धिर्बुद्धिमतामस्मि	SSS, IIS, SI	मसगल
1160	7.10.4	तेजस्तेजस्विनामहम् ॥	SSS, SIS, IS	मरलग
1161	7.11.1	बलं बलवतामस्मि	ISI, IIS, SI	जसगल
1162	7.11.2	कामरागविवर्जितम् ।	SIS, IIS, IS	रसलग
1163	7.11.3	धर्माविरुद्धो भूतेषु	SSI, SSS, SI	तमगल
1164	7.11.4	कामोऽस्मि भरतर्षभ ॥	SSI, IIS, II	तसलल
1165	7.12.1	ये चैव सात्त्विका भावा	SSI, SIS, SS	तरगग
1166	7.12.2	राजसास्तामसाश्च ये ।	SIS, SIS, IS	ररलग

1167	10.8.2	मत्तः सर्वं प्रवर्तते ।	SSS, SIS, IS	मरलग
1168	7.12.4	न त्वहं तेषु ते मयि ॥	SIS, SIS, II	ररलल
1169	7.13.1	त्रिभिर्गुणमयैर्भावैः	ISI, IIS, SS	जसगग
1170	7.13.2	एभिः सर्वमिदं जगत् ।	SSS, IIS, IS	मसलग
1171	7.13.3	मोहितं नाभिजानाति	SIS, SIS, SI	ररगल
1172	7.13.4	मामेभ्यः परमव्ययम् ॥	SSS, IIS, IS	मसलग
1173	16.5.1	दैवी सम्पद्विमोक्षाय	ISS, SIS, SI	यरगल
1174	7.14.2	मम माया दुरत्यया ।	IIS, SIS, IS	सरलग
1175	7.14.3	मामेव ये प्रपद्यन्ते	SSI, SIS, SS	तरगग
1176	7.14.4	मायामेतां तरन्ति ते ॥	SSS, SIS, IS	मरलग
1177	7.15.1	न मां दुष्कृतिनो मूढाः	ISS, IIS, SS	यसगग
1178	7.15.2	प्रपद्यन्ते नराधमाः ।	ISS, SIS, IS	यरलग
1179	7.15.3	माययाऽपहृतज्ञाना	SIS, IIS, SS	रसगग
1180	7.15.4	आसुरं भावमाश्रिताः ॥	SIS, SIS, IS	ररलग
1181	7.16.1	चतुर्विधा भजन्ते मां	ISI, SIS, SS	जरगग
1182	16.7.2	जना न विदुरासुराः ।	ISI, IIS, IS	जसलग
1183	7.16.3	आर्तो जिज्ञासुरर्थार्थी	SSS, SIS, SS	मरगग
1184	7.16.4	ज्ञानी च भरतर्षभ ॥	SSI, IIS, II	तसलल
1185	7.17.1	तेषां ज्ञानी नित्ययुक्त	SSS, SSI, SI	मतगल
1186	7.17.2	एकभक्तिर्विशिष्यते	SIS, SIS, IS	ररलग
1187	7.17.3	प्रियो हि ज्ञानिनोऽत्यर्थम्	ISI, SIS, SS	जरगग
1188	7.17.4	अहं स च मम प्रियः ॥	ISI, IIS, IS	जसलग
1189	7.18.1	उदाराः सर्व एवैते	ISS, SIS, SS	यरगग
1190	7.18.2	ज्ञानी त्वात्मैव मे मतम् ।	SSS, SIS, IS	मरलग
1191	7.18.3	आस्थितः स हि युक्तात्मा	SIS, IIS, SS	रसगग
1192	7.18.4	मामेवानुत्तमां गतिम् ॥	SSS, SIS, IS	मरलग
1193	7.19.1	बहूनां जन्मनामन्ते	ISS, SIS, SS	यरगग
1194	7.19.2	ज्ञानवान्मां प्रपद्यते ।	SIS, SIS, IS	ररलग

1195	7.19.3	वासुदेवः सर्वमिति	ऽ।ऽ, ऽऽ।, ।।	रतलल
1196	16.19.2	संसारेषु नराधमान् ।	ऽऽऽ, ।।ऽ, ।ऽ	मसलग
1197	7.20.1	कामैस्तैस्तैर्हृतज्ञानाः	ऽऽऽ, ऽ।ऽ, ऽऽ	मरगग
1198	7.20.2	प्रपद्यन्तेऽन्यदेवताः ।	।ऽऽ, ऽ।ऽ, ।ऽ	यरलग
1199	2.1.1	तं तथा कृपयाविष्टम्	ऽ।ऽ, ।।ऽ, ऽऽ	रसगग
1200	7.20.4	प्रकृत्या नियताः स्वया ॥	।ऽऽ, ।।ऽ, ।ऽ	यसलग
1201	7.21.1	यो यो यां यां तनुं भक्तः	ऽऽऽ, ऽ।ऽ, ऽऽ	मरगग
1202	7.21.2	श्रद्धयार्चितुमिच्छति ।	ऽ।ऽ, ।।ऽ, ।।	रसलल
1203	7.21.3	तस्य तस्याचलां श्रद्धां	ऽ।ऽ, ऽ।ऽ, ऽऽ	ररगग
1204	7.21.4	तामेव विदधाम्यहम् ॥	ऽऽ।, ।।ऽ, ।ऽ	तसलग
1205	18.1.1	संन्यासस्य महाबाहो	ऽऽऽ, ।।ऽ, ऽऽ	मसगग
1206	7.22.2	तस्याराधनमीहते ।	ऽऽऽ, ।।ऽ, ।ऽ	मसलग
1207	7.22.3	लभते च ततः कामान्	।।ऽ, ।।ऽ, ऽऽ	ससगग
1208	7.22.4	मयैव विहितान्हि तान् ॥	।ऽ।, ।।ऽ, ।ऽ	जसलग
1209	7.23.1	अन्तवत्तु फलं तेषां	ऽ।ऽ, ।।ऽ, ऽऽ	रसगग
1210	7.23.2	तद्भवत्यल्पमेधसाम् ।	ऽ।ऽ, ऽ।ऽ, ।ऽ	ररलग
1211	7.23.3	देवान्देवयजो यान्ति	ऽऽऽ, ।।ऽ, ऽ।	मसगल
1212	7.23.4	मद्भक्ता यान्ति मामपि ॥	ऽऽऽ, ऽ।ऽ, ।।	मरलल
1213	7.24.1	अव्यक्तं व्यक्तिमापन्नं	ऽऽऽ, ऽ।ऽ, ऽऽ	मरगग
1214	7.24.2	मन्यन्ते मामबुद्धयः ।	ऽऽऽ, ऽ।ऽ, ।ऽ	मरलग
1215	7.24.3	परं भावमजानन्तो	।ऽऽ, ।।ऽ, ऽऽ	यसगग
1216	7.24.4	ममाव्ययमनुत्तमम् ॥	।ऽ।, ।।ऽ, ।ऽ	जसलग
1217	7.25.1	नाहं प्रकाशः सर्वस्य	ऽऽ।, ऽऽऽ, ऽ।	तमगल
1218	7.25.2	योगमायासमावृतः ।	ऽ।ऽ, ऽ।ऽ, ।ऽ	ररलग
1219	7.25.3	मूढोऽयं नाभिजानाति	ऽऽऽ, ऽ।ऽ, ऽ।	मरगल
1220	7.25.4	लोको मामजमव्ययम् ॥	ऽऽऽ, ।।ऽ, ।ऽ	मसलग
1221	7.26.1	वेदाहं समतीतानि	ऽऽऽ, ।।ऽ, ऽ।	मसगल
1222	7.26.2	वर्तमानानि चार्जुन ।	ऽ।ऽ, ऽ।ऽ, ।।	ररलल

1223	7.26.3	भविष्याणि च भूतानि	।ऽऽ, ।।ऽ, ऽ।	यसगल
1224	2.47.4	मा ते सङ्गोऽस्त्वकर्मणि ।।	ऽऽऽ, ऽ।ऽ, ।।	मरलल
1225	7.27.1	इच्छाद्वेषसमुत्थेन	ऽऽऽ, ।।ऽ, ऽऽ	मसगग
1226	7.27.2	द्वन्द्वमोहेन भारत ।	ऽ।ऽ, ऽ।ऽ, ।।	ररलल
1227	7.27.3	सर्वभूतानि सम्मोहं	ऽ।ऽ, ऽ।ऽ, ऽऽ	ररगग
1228	7.27.4	सर्गे यान्ति परन्तप ।।	ऽऽऽ, ।।ऽ, ।।	मसलल
1229	7.28.1	येषां त्वन्तगतं पापं	ऽऽऽ, ।।ऽ, ऽऽ	मसगग
1230	7.28.2	जनानां पुण्यकर्मणाम् ।	।ऽऽ, ऽ।ऽ, ।ऽ	यरलग
1231	7.28.3	ते द्वन्द्वमोहनिर्मुक्ता	ऽऽ।, ऽ।ऽ, ऽऽ	तरगग
1232	7.28.4	भजन्ते मां दृढव्रताः ।।	।ऽऽ, ऽ।ऽ, ।ऽ	यरलग
1233	7.29.1	जरामरणमोक्षाय	।ऽ।, ।।ऽ, ऽ।	जसगल
1234	7.29.2	मामाश्रित्य यतन्ति ये ।	ऽऽऽ, ।।ऽ, ।ऽ	मसलग
1235	7.29.3	ते ब्रह्म तद्विदुः कृत्स्नम्	ऽऽ।, ऽ।ऽ, ऽऽ	तरगग
1236	7.29.4	अध्यात्मं कर्म चाखिलम् ।।	ऽऽऽ, ऽ।ऽ, ।ऽ	मरलग
1237	7.30.1	साधिभूताधिदैवं मां	ऽ।ऽ, ऽ।ऽ, ऽऽ	ररगग
1238	7.30.2	साधियज्ञं च ये विदुः ।	ऽ।ऽ, ऽ।ऽ, ।ऽ	ररलग
1239	7.30.3	प्रयाणकालेऽपि च मां	।ऽ।, ऽऽ।, ।ऽ	जतलग
1240	7.30.4	ते विदुर्युक्तचेतसः ।।	ऽ।ऽ, ऽ।ऽ, ।ऽ	ररलग
1241	8.1.1	किं तद्ब्रह्म किमध्यात्मं	ऽऽऽ, ।।ऽ, ऽऽ	मसगग
1242	8.1.2	किं कर्म पुरुषोत्तम ।	ऽऽ।, ।।ऽ, ।।	तसलल
1243	8.1.3	अधिभूतं च किं प्रोक्तम्	।।ऽ, ऽ।ऽ, ऽऽ	सरगग
1244	8.1.4	अधिदैवं किमुच्यते ।।	।।ऽ, ऽ।ऽ, ।ऽ	सरलग
1245	8.2.1	अधियज्ञः कथं कोऽत्र	ऽ।ऽ, ऽ।ऽ, ऽ।	ररगल
1246	8.2.2	देहेऽस्मिन्मधुसूदन ।	ऽऽऽ, ।।ऽ, ।।	मसलल
1247	8.2.3	प्रयाणकाले च कथं	।ऽ।, ऽऽ।, ।ऽ	जतलग
1248	8.2.4	ज्ञेयोऽसि नियतात्मभिः ।।	ऽऽ।, ।।ऽ, ।ऽ	तसलग
1249	8.3.1	अक्षरं ब्रह्म परमं	ऽ।ऽ, ऽ।।, ।ऽ	रभलग
1250	8.3.2	स्वभावोऽध्यात्ममुच्यते ।	।ऽऽ, ऽ।ऽ, ।ऽ	यरलग

परिशिष्ट

1251	8.3.3	भूतभावोद्भवकरो	SIS, SII, IS	रभलग
1252	8.3.4	विसर्गः कर्मसंज्ञितः ॥	ISS, SIS, IS	यरलग
1253	8.4.1	अधिभूतं क्षरो भावः	IIS, SIS, SS	सरगग
1254	8.4.2	पुरुषश्चाधिदैवतम् ।	IIS, SIS, IS	सरलग
1255	8.4.3	अधियज्ञोऽहमेवात्र	IIS, SIS, SI	सरगल
1256	8.4.4	देहे देहभृतां वर ॥	SSS, IIS, II	मसलल
1257	8.5.1	अन्तकाले च मामेव	SIS, SIS, SS	ररगग
1258	8.5.2	स्मरन्मुक्त्वा कलेवरम् ।	ISS, SIS, IS	यरलग
1259	3.6.2	य आस्ते मनसा स्मरन् ।	ISS, IIS, IS	यसलग
1260	8.5.4	याति नास्त्यत्र संशयः ॥	SIS, SIS, IS	ररलग
1261	6.22.1	यं लब्ध्वा चापरं लाभं	SSS, SIS, SS	मरगग
1262	8.6.2	त्यजत्यन्ते कलेवरम् ।	ISS, SIS, IS	यरलग
1263	17.12.4	तं यज्ञं विद्धि राजसम् ॥	SSS, SIS, IS	मरलग
1264	8.6.4	सदा तद्भावभावितः ॥	ISS, SIS, IS	यरलग
1265	8.7.1	तस्मात्सर्वेषु कालेषु	SSS, SIS, SI	मरगल
1266	8.7.2	मामनुस्मर युध्य च ।	SIS, IIS, II	रसलल
1267	12.14.3	मय्यर्पितमनोबुद्धि	SSI, IIS, SS	तसगग
1268	8.7.4	मामेवैष्यस्यसंशयम् ॥	SSS, SIS, IS	मरलग
1269	8.8.1	अभ्यासयोगयुक्तेन	SSI, SIS, SI	तरगल
1270	8.8.2	चेतसा नान्यगामिना ।	IIS, SIS, IS	सरलग
1271	8.8.3	परमं पुरुषं दिव्यं	IIS, IIS, SS	ससगग
1272	8.8.4	याति पार्थानुचिन्तयन् ॥	SIS, SIS, IS	ररलग
1273	8.9.1	कविं पुराणमनुशासितारम्	ISI, SII, ISI, SS	जभजगग
1274	8.9.2	अणोरणीयांसमनुस्मरेद्यः ।	ISI, SSI, ISI, SS	जतजगग
1275	8.9.3	सर्वस्य धातारमचिन्त्यरूपम्	SSI, SSI, ISI, SS	ततजगग
1276	8.9.4	आदित्यवर्णं तमसः परस्तात् ॥	SSI, SSI, ISI, SS	ततजगग
1277	8.10.1	प्रयाणकाले मनसाऽचलेन	SSI, SSI, ISI, SI	ततजगल
1278	8.10.2	भक्त्या युक्तो योगबलेन चैव ।	SSS, SSI, ISI, SI	मतजगल

परिशिष्ट

1279	8.10.3	भ्रुवोर्मध्ये प्राणमावेश्य सम्यक्	ISS, SSI, SSI, SS	यततगग
1280	5.6.1	संन्यासस्तु महाबाहो	SSS, IIS, SS	मसगग
1281	8.11.1	यदक्षरं वेदविदो वदन्ति	ISI, SSI, SSI, SI	जततगल
1282	8.11.2	विशन्ति यद्यतयो वीतरागाः ।	ISI, SII, SSI, SS	जभतगग
1283	8.11.3	यदिच्छन्तो ब्रह्मचर्यं चरन्ति	ISS, SSI, SSI, SI	यततगल
1284	8.11.4	तत्ते पदं सङ्ग्रहेण प्रवक्ष्ये ॥	SSI, SSI, SSI, SS	तततगग
1285	8.12.1	सर्वद्वाराणि संयम्य	SIS, SIS, SI	ररगल
1286	8.12.2	मनो हृदि निरुध्य च ।	ISI, IIS, II	जसलल
1287	8.12.3	मूर्ध्न्याधायात्मनः प्राणम्	SSS, SIS, SS	मरगग
1288	8.12.4	आस्थितो योगधारणाम् ॥	SIS, SIS, IS	ररलग
1289	8.13.1	ओमित्येकाक्षरं ब्रह्म	SSS, SIS, SS	मरगग
1290	8.13.2	व्याहरन्मामनुस्मरन् ।	SIS, SIS, IS	ररलग
1291	2.15.1	यं हि न व्यथयन्त्येते	SIS, IIS, SS	रसगग
1292	6.43.4	संसिद्धौ कुरुनन्दन ॥	SSS, IIS, II	मसलल
1293	8.14.1	अनन्यचेताः सततं	ISI, SSI, IS	जतलग
1294	8.14.2	यो मां स्मरति नित्यशः ।	SSI, IIS, IS	तसलग
1295	8.14.3	तस्याहं सुलभः पार्थ	SSS, IIS, SI	मसगल
1296	8.14.4	नित्ययुक्तस्य योगिनः ॥	SIS, SIS, IS	ररलग
1297	8.15.1	मामुपेत्य पुनर्जन्म	SIS, IIS, SI	रसगल
1298	8.15.2	दुःखालयमशाश्वतम् ।	SSI, IIS, IS	तसलग
1299	8.15.3	नाप्नुवन्ति महात्मानः	SIS, IIS, SI	रसगल
1300	2.71.4	स शान्तिमधिगच्छति ॥	ISI, IIS, II	जसलल
1301	8.16.1	आब्रह्मभुवनाल्लोकाः	SSI, IIS, SS	तसगग
1302	8.16.2	पुनरावर्तिनोऽर्जुन ।	IIS, SIS, II	सरलल
1303	8.16.3	मामुपेत्य तु कौन्तेय	SIS, IIS, SI	रसगल
1304	8.16.4	पुनर्जन्म न विद्यते ॥	ISS, IIS, IS	यसलग
1305	8.17.1	सहस्रयुगपर्यन्तम्	ISI, IIS, SS	जसगग
1306	8.17.2	अहर्यद्ब्रह्मणो विदुः ।	ISS, SIS, IS	यरलग

1307	8.17.3	रात्रिं युगसहस्रान्तां	ऽऽ।, ।।ऽ, ऽऽ	तसगग
1308	8.17.4	तेऽहोरात्रविदो जनाः ।।	ऽऽऽ, ।।ऽ, ।ऽ	मसलग
1309	8.18.1	अव्यक्ताद्व्यक्तयः सर्वाः	ऽऽऽ, ऽ।ऽ, ऽऽ	मरगग
1310	8.18.2	प्रभवन्त्यहरागमे ।	।।ऽ, ।।ऽ, ।ऽ	ससलग
1311	8.18.3	रात्र्यागमे प्रलीयन्ते	ऽऽ।, ऽ।ऽ, ऽऽ	तरगग
1312	8.18.4	तत्रैवाव्यक्तसंज्ञके ।।	ऽऽऽ, ऽ।ऽ, ।ऽ	मरलग
1313	8.19.1	भूतग्रामः स एवायं	ऽऽ।, ऽ।ऽ, ऽऽ	तरगग
1314	8.19.2	भूत्वा भूत्वा प्रलीयते ।	ऽऽऽ, ऽ।ऽ, ।ऽ	मरलग
1315	8.19.3	रात्र्यागमेऽवशः पार्थ	ऽऽ।, ऽ।ऽ, ऽऽ	तरगग
1316	8.19.4	प्रभवत्यहरागमे ।।	।।ऽ, ।।ऽ, ।ऽ	ससलग
1317	8.20.1	परस्तस्मात्तु भावोऽन्योऽ	।ऽऽ, ऽ।ऽ, ऽऽ	यरगग
1318	8.20.2	व्यक्तोऽव्यक्तात्सनातनः ।	ऽऽऽ, ऽ।ऽ, ।ऽ	मरलग
1319	2.19.1	य एनं वेत्ति हन्तारं	।ऽऽ, ऽ।ऽ, ऽऽ	यरगग
1320	8.20.4	नश्यत्सु न विनश्यति ।।	ऽऽ।, ।।ऽ, ।।	तसलल
1321	8.21.1	अव्यक्तोऽक्षर इत्युक्तः	ऽऽऽ, ।।ऽ, ऽऽ	मसगग
1322	8.21.2	तमाहुः परमां गतिम् ।	।ऽऽ, ।।ऽ, ।ऽ	यसलग
1323	8.6.1	यं यं वाऽपि स्मरन्भावं	ऽऽऽ, ।।ऽ, ऽऽ	मसगग
1324	8.21.4	तद्धाम परमं मम ।।	ऽऽ।, ।।ऽ, ।।	तसलल
1325	8.22.1	पुरुषः स परः पार्थ	।।ऽ, ।।ऽ, ऽ।	ससगल
1326	8.22.2	भक्त्या लभ्यस्त्वनन्यया ।	ऽऽऽ, ऽ।ऽ, ।ऽ	मरलग
1327	8.22.3	यस्यान्तःस्थानि भूतानि	ऽऽऽ, ऽ।ऽ, ऽ।	मरगल
1328	8.22.4	येन सर्वमिदं ततम् ।।	ऽ।ऽ, ऽ।ऽ, ।ऽ	ररलग
1329	8.23.1	यत्र काले त्वनावृत्तिम्	ऽ।ऽ, ऽ।ऽ, ऽऽ	ररगग
1330	8.23.2	आवृत्तिं चैव योगिनः ।	ऽऽऽ, ऽ।ऽ, ।ऽ	मरलग
1331	8.23.3	प्रयाता यान्ति तं कालं	।ऽऽ, ऽ।ऽ, ऽऽ	यरगग
1332	8.23.4	वक्ष्यामि भरतर्षभ ।।	ऽऽ।, ।।ऽ, ।।	तसलल
1333	8.24.1	अग्निर्ज्योतिरहः शुक्लः	ऽऽऽ, ।।ऽ, ऽऽ	मसगग
1334	8.24.2	षण्मासा उत्तरायणम् ।	ऽऽऽ, ऽ।ऽ, ।ऽ	मरलग

1335	8.24.3	तत्र प्रयाता गच्छन्ति	ऽऽ।, ऽऽऽ, ऽऽ	तमगग
1336	8.24.4	ब्रह्म ब्रह्मविदो जनाः ।।	ऽऽऽ, ।।ऽ, ।ऽ	मसलग
1337	8.25.1	धूमो रात्रिस्तथा कृष्णः	ऽऽऽ, ऽ।ऽ, ऽऽ	मरगग
1338	8.25.2	षण्मासा दक्षिणायनम् ।	ऽऽऽ, ऽ।ऽ, ।ऽ	मरलग
1339	8.25.3	तत्र चान्द्रमसं ज्योतिः	ऽ।ऽ, ।।ऽ, ऽऽ	रसगग
1340	8.25.4	योगी प्राप्य निवर्तते ।।	ऽऽऽ, ।।ऽ, ।ऽ	मसलग
1341	8.26.1	शुक्लकृष्णे गती ह्येते	ऽ।ऽ, ऽ।ऽ, ऽऽ	ररगग
1342	8.26.2	जगतः शाश्वते मते ।	।।ऽ, ऽ।ऽ, ।ऽ	सरलग
1343	8.26.3	एकया यात्यनावृत्तिम्	ऽ।ऽ, ऽ।ऽ, ऽऽ	ररगग
1344	8.26.4	अन्ययावर्तते पुनः ।।	ऽ।ऽ, ऽ।ऽ, ।ऽ	ररलग
1345	8.27.1	नैते सृती पार्थ जानन्	ऽऽ।, ऽऽ।, ऽऽ	ततगग
1346	8.27.2	योगी मुह्यति कश्चन ।	ऽऽऽ, ।।ऽ, ।।	मसलल
1347	8.27.3	तस्मात्सर्वेषु कालेषु	ऽऽऽ, ऽ।ऽ, ऽ।	मरगल
1348	8.27.4	योगयुक्तो भवार्जुन ।।	ऽ।ऽ, ऽ।ऽ, ।।	ररलल
1349	8.28.1	वेदेषु यज्ञेषु तपःसु चैव	ऽऽ।, ऽऽ।, ।ऽ।, ऽ।	ततजगल
1350	8.28.2	दानेषु यत्पुण्यफलं प्रदिष्टम् ।	ऽऽ।, ऽऽ।, ।ऽ।, ऽऽ	ततजगग
1351	8.28.3	अत्येति तत्सर्वमिदं विदित्वा	ऽऽ।, ऽऽ।, ।ऽ।, ऽऽ	ततजगग
1352	8.28.4	योगी परं स्थानमुपैति चाद्यम् ।।	ऽऽ।, ऽऽ।, ।ऽ।, ऽऽ	ततजगग
1353	9.1.1	इदं तु ते गुह्यतमं	।ऽ।, ऽऽ।, ।ऽ	जतलग
1354	9.1.2	प्रवक्ष्याम्यनसूयवे ।	।ऽऽ, ।।ऽ, ।ऽ	यसलग
1355	9.1.3	ज्ञानं विज्ञानसहितं	ऽऽऽ, ऽ।।, ।ऽ	मभलग
1356	9.1.4	यज्ज्ञात्वा मोक्ष्यसेऽशुभात् ।।	ऽऽऽ, ऽ।ऽ, ।ऽ	मरलग
1357	9.2.1	राजविद्या राजगुह्यं	ऽ।ऽ, ऽऽ।, ऽऽ	रतगग
1358	9.2.2	पवित्रमिदमुत्तमम् ।	।ऽ।, ।।ऽ, ।ऽ	जसलग
1359	9.2.3	प्रत्यक्षावगमं धर्म्यं	ऽऽऽ, ।।ऽ, ऽऽ	मसगग
1360	9.2.4	सुसुखं कर्तुमव्ययम् ।।	।।ऽ, ऽ।ऽ, ।ऽ	सरलग
1361	9.3.1	अश्रद्दधानाः पुरुषा	ऽऽ।, ऽऽ।, ।ऽ	ततलग
1362	9.3.2	धर्मस्यास्य परन्तप ।	ऽऽऽ, ।।ऽ, ।।	मसलल

परिशिष्ट

1363	9.3.3	अप्राप्य मां निवर्तन्ते	SSI, SIS, SS	तरगग
1364	9.3.4	मृत्युसंसारवर्त्मनि ॥	SIS, SIS, II	ररलल
1365	9.4.1	मया ततमिदं सर्वं	ISI, IIS, SS	जसगग
1366	9.4.2	जगदव्यक्तमूर्तिना ।	IIS, SIS, IS	सरलग
1367	9.4.3	मत्स्थानि सर्वभूतानि	SSI, SIS, SI	तरगल
1368	9.4.4	न चाहं तेष्ववस्थितः ॥	ISS, SIS, IS	यरलग
1369	9.5.1	न च मत्स्थानि भूतानि	IIS, SIS, SI	सरगल
1370	9.5.2	पश्य मे योगमैश्वरम् ।	SIS, SIS, IS	ररलग
1371	9.5.3	भूतभृन्न च भूतस्थो	SIS, IIS, SS	रसगग
1372	9.5.4	ममात्मा भूतभावनः ॥	ISS, SIS, IS	यरलग
1373	9.6.1	यथाकाशस्थितो नित्यं	ISS, SIS, SS	यरगग
1374	9.6.2	वायुः सर्वत्रगो महान् ।	SSS, SIS, IS	मरलग
1375	9.6.3	तथा सर्वाणि भूतानि	ISS, SIS, SI	यरगल
1376	9.6.4	मत्स्थानीत्युपधारय ॥	SSS, IIS, II	मसलल
1377	9.7.1	सर्वभूतानि कौन्तेय	SIS, SIS, SS	ररगग
1378	9.7.2	प्रकृतिं यान्ति मामिकाम् ।	IIS, SIS, IS	सरलग
1379	9.7.3	कल्पक्षये पुनस्तानि	SSI, SIS, SI	तरगल
1380	9.7.4	कल्पादौ विसृजाम्यहम् ॥	SSS, IIS, IS	मसलग
1381	9.8.1	प्रकृतिं स्वामवष्टभ्य	IIS, SIS, SI	सरगल
1382	9.8.2	विसृजामि पुनः पुनः ।	SIS, IIS, IS	रसलग
1383	9.8.3	भूतग्राममिमं कृत्स्नम्	SIS, IIS, SS	रसगग
1384	9.8.4	अवशं प्रकृतेर्वशात् ॥	IIS, IIS, IS	ससलग
1385	9.9.1	न च मां तानि कर्माणि	IIS, SIS, SI	सरगल
1386	9.9.2	निबध्नन्ति धनञ्जय ।	ISS, IIS, II	यसलल
1387	9.9.3	उदासीनवदासीनम्	ISS, IIS, SS	यसगग
1388	9.9.4	असक्तं तेषु कर्मसु ॥	ISS, SIS, II	यरलल
1389	9.10.1	मयाध्यक्षेण प्रकृतिः	ISS, SSI, IS	यतलग
1390	9.10.2	सूयते सचराचरम् ।	SIS, IIS, IS	रसलग

1391	9.10.3	हेतुनानेन कौन्तेय	ऽ।ऽ, ऽ।ऽ, ऽ।	ररगल
1392	9.10.4	जगद्विपरिवर्तते ।।	।ऽ।, ।।ऽ, ।ऽ	जसलग
1393	9.11.1	अवजानन्ति मां मूढा	।।ऽ, ऽ।ऽ, ऽऽ	सरगग
1394	9.11.2	मानुषीं तनुमाश्रितम् ।	ऽ।ऽ, ।।ऽ, ।ऽ	रसलग
1395	9.11.3	परं भावमजानन्तो	।ऽऽ, ।।ऽ, ऽऽ	यसगग
1396	9.11.4	मम भूतमहेश्वरम् ।।	।।ऽ, ।।ऽ, ।ऽ	ससलग
1397	9.12.1	मोघाशा मोघकर्माणो	ऽऽऽ, ऽ।ऽ, ऽऽ	मरगग
1398	9.12.2	मोघज्ञाना विचेतसः ।	ऽ।ऽ, ऽ।ऽ, ।ऽ	ररलग
1399	9.12.3	राक्षसीमासुरीं चैव	ऽ।ऽ, ऽ।ऽ, ऽऽ	ररगग
1400	9.12.4	प्रकृतिं मोहिनीं श्रिताः ।।	।।ऽ, ऽ।ऽ, ।ऽ	सरलग
1401	9.13.1	महात्मानस्तु मां पार्थ	।ऽऽ, ऽ।ऽ, ऽ।	यरगल
1402	7.14.1	दैवी ह्येषा गुणमयी	ऽऽऽ, ऽ।।, ।ऽ	मभलग
1403	9.13.3	भजन्त्यनन्यमनसो	।ऽ।, ऽ।।, ।ऽ	जभलग
1404	9.13.4	ज्ञात्वा भूतादिमव्ययम् ।।	।।ऽ, ऽ।ऽ, ।ऽ	सरलग
1405	9.14.1	सततं कीर्तयन्तो मां	।।ऽ, ऽ।ऽ, ऽऽ	सरगग
1406	9.14.2	यतन्तश्च दृढव्रताः ।	।ऽऽ, ।।ऽ, ।ऽ	यसलग
1407	9.14.3	नमस्यन्तश्च मां भक्त्या	।ऽऽ, ऽ।ऽ, ऽऽ	यरगग
1408	9.14.4	नित्ययुक्ता उपासते ।।	ऽ।ऽ, ऽ।ऽ, ।ऽ	ररलग
1409	9.15.1	ज्ञानयज्ञेन चाप्यन्ये	ऽ।ऽ, ऽ।ऽ, ऽऽ	ररगग
1410	9.15.2	यजन्तो मामुपासते ।	।ऽऽ, ऽ।ऽ, ।ऽ	यरलग
1411	9.15.3	एकत्वेन पृथक्त्वेन	ऽऽऽ, ।।ऽ, ऽ।	मसगल
1412	9.15.4	बहुधा विश्वतोमुखम् ।।	।।ऽ, ऽ।ऽ, ।ऽ	सरलग
1413	9.16.1	अहं क्रतुरहं यज्ञः	।ऽ।, ।।ऽ, ऽऽ	जसगग
1414	9.16.2	स्वधाहमहमौषधम् ।	।ऽ।, ।।ऽ, ।ऽ	जसलग
1415	9.16.3	मन्त्रोऽहमहमेवाज्यम्	ऽऽ।, ।।ऽ, ऽऽ	तसगग
1416	9.16.4	अहमग्निरहं हुतम् ।।	।।ऽ, ।।ऽ, ।ऽ	ससलग
1417	9.17.1	पिताहमस्य जगतो	।ऽ।, ऽ।।, ।ऽ	जभलग
1418	9.17.2	माता धाता पितामहः ।	ऽऽऽ, ऽ।ऽ, ।ऽ	मरलग

1419	9.17.3	वेद्यं पवित्रमोङ्कार	ऽऽ।, ऽ।ऽ, ऽ।	तरगल
1420	9.17.4	ऋक्साम यजुरेव च ॥	ऽऽ।, ।।ऽ, ।।	तसलल
1421	9.18.1	गतिर्भर्ता प्रभुः साक्षी	।ऽऽ, ऽ।ऽ, ऽऽ	यरगग
1422	9.18.2	निवासः शरणं सुहृत् ।	।ऽऽ, ।।ऽ, ।ऽ	यसलग
1423	9.18.3	प्रभवः प्रलयः स्थानं	।।ऽ, ।।ऽ, ऽऽ	ससगग
1424	9.18.4	निधानं बीजमव्ययम् ॥	।ऽऽ, ऽ।ऽ, ।ऽ	यरलग
1425	9.19.1	तपाम्यहमहं वर्षं	।ऽ।, ।।ऽ, ऽऽ	जसगग
1426	9.19.2	निगृह्णाम्युत्सृजामि च ।	।ऽऽ, ऽ।ऽ, ।।	यरलल
1427	9.19.3	अमृतं चैव मृत्युश्च	।।ऽ, ऽ।ऽ, ऽ।	सरगल
1428	9.19.4	सदसच्चाहमर्जुन ॥	।।ऽ, ऽ।ऽ, ।।	सरलल
1429	9.20.1	त्रैविद्या मां सोमपाः पूतपापा	ऽऽऽ, ऽऽ।, ऽऽ।, ऽऽ	मततगग
1430	9.20.2	यज्ञैरिष्ट्वा स्वर्गतिं प्रार्थयन्ते ।	ऽऽऽ, ऽऽ।, ऽऽ।, ऽऽ	मततगग
1431	9.20.3	ते पुण्यमासाद्य सुरेन्द्रलोकम्	ऽऽ।, ऽऽ।, ।ऽ।, ऽऽ	ततजगग
1432	9.20.4	अश्नन्ति दिव्यान्दिवि देवभोगान् ॥	ऽऽ।, ऽऽ।, ।ऽ।, ऽऽ	ततजगग
1433	9.21.1	ते तं भुक्त्वा स्वर्गलोकं विशालं	ऽऽऽ, ऽऽ।, ऽऽ।, ऽऽ	मततगग
1434	9.21.2	क्षीणे पुण्ये मर्त्यलोकं विशन्ति ।	ऽऽऽ, ऽऽ।, ऽऽ।, ऽ।	मततगल
1435	9.21.3	एवं त्रयीधर्ममनुप्रपन्नाः	ऽऽ।, ऽऽ।, ।ऽ।, ऽऽ	ततजगग
1436	9.21.4	गतागतं कामकामा लभन्ते ॥	।ऽ।, ऽऽ।, ऽऽ।, ऽऽ	जततगग
1437	9.22.1	अनन्याश्चिन्तयन्तो मां	।ऽऽ, ऽ।ऽ, ऽऽ	यरगग
1438	9.22.2	ये जनाः पर्युपासते ।	ऽ।ऽ, ऽ।ऽ, ।ऽ	ररलग
1439	9.22.	तेषां नित्याभियुक्तानां	ऽऽऽ, ऽ।ऽ, ऽऽ	मरगग
1440	9.22.	योगक्षेमं वहाम्यहम् ॥	ऽ।ऽ, ऽ।ऽ, ।ऽ	ररलग
1441	9.23.1	येऽप्यन्यदेवताभक्ता	ऽऽ।, ऽ।ऽ, ऽऽ	तरगग
1442	9.23.2	यजन्ते श्रद्धयान्विताः ।	।ऽऽ, ऽ।ऽ, ।ऽ	यरलग
1443	9.23.	तेऽपि मामेव कौन्तेय	ऽ।ऽ, ऽ।ऽ, ऽ।	ररगल
1444	9.23.	यजन्त्यविधिपूर्वकम् ॥	।ऽ।, ।।ऽ, ।ऽ	जसलग
1445	9.24.1	अहं हि सर्वयज्ञानां	।ऽ।, ऽ।ऽ, ऽऽ	जरगग
1446	9.24.2	भोक्ता च प्रभुरेव च ।	ऽऽ।, ।।ऽ, ।।	तसलल

1447	9.24.	न तु मामभिजानन्ति	।।ऽ, ।।ऽ, ऽ।	ससगल
1448	9.24.	तत्त्वेनातश्च्यवन्ति ते ।।	ऽऽऽ, ऽ।ऽ, ।ऽ	मरलग
1449	9.25.1	यान्ति देवव्रता देवान्	ऽ।ऽ, ऽ।ऽ, ऽऽ	ररगग
1450	9.25.2	पितॄन्यान्ति पितृव्रताः ।	।ऽऽ, ।।ऽ, ।ऽ	यसलग
1451	9.25.3	भूतानि यान्ति भूतेज्या	ऽऽ।, ऽ।ऽ, ऽऽ	तरगग
1452	9.25.4	यान्ति मद्याजिनोऽपि माम् ।।	ऽ।ऽ, ऽ।ऽ, ।ऽ	ररलग
1453	9.26.1	पत्रं पुष्पं फलं तोयं	ऽऽऽ, ऽ।ऽ, ऽऽ	मरगग
1454	9.26.2	यो मे भक्त्या प्रयच्छति ।	ऽऽऽ, ऽ।ऽ, ।।	मरलल
1455	9.26.3	तदहं भक्त्युपहृतम्	।।ऽ, ऽ।।, ।ऽ	सभलग
1456	9.26.4	अश्नामि प्रयतात्मनः ।।	ऽऽऽ, ।।ऽ, ।ऽ	मसलग
1457	9.27.1	यत्करोषि यदश्नासि	ऽ।ऽ, ।।ऽ, ऽ।	रसगल
1458	9.27.2	यज्जुहोषि ददासि यत् ।	ऽ।ऽ, ।।ऽ, ।ऽ	रसलग
1459	9.27.3	यत्तपस्यसि कौन्तेय	ऽ।ऽ, ।।ऽ, ऽ।	रसगल
1460	9.27.4	तत्कुरुष्व मदर्पणम् ।।	ऽ।ऽ, ।।ऽ, ।ऽ	रसलग
1461	9.28.1	शुभाशुभफलैरेवं	ऽ।ऽ, ।।ऽ, ऽऽ	रसगग
1462	9.28.2	मोक्ष्यसे कर्मबन्धनैः ।	ऽ।ऽ, ऽ।ऽ, ।ऽ	ररलग
1463	6.47.4	स मे युक्ततमो मतः ।।	।ऽऽ, ।।ऽ, ।ऽ	यसलग
1464	9.28.4	विमुक्तो मामुपैष्यसि ।।	।ऽऽ, ऽ।ऽ, ।।	यरलल
1465	9.29.1	समोऽहं सर्वभूतेषु	।ऽऽ, ऽ।ऽ, ऽ।	यरगल
1466	9.29.2	न मे द्वेष्योऽस्ति न प्रियः ।	।ऽऽ, ऽ।ऽ, ।ऽ	यरलग
1467	9.29.3	ये भजन्ति तु मां भक्त्या	ऽ।ऽ, ।।ऽ, ऽऽ	रसगग
1468	9.29.4	मयि ते तेषु चाप्यहम् ।।	।।ऽ, ऽ।ऽ, ।ऽ	सरलग
1469	9.30.1	अपि चेत्सुदुराचारो	।।ऽ, ।।ऽ, ऽऽ	ससगग
1470	9.30.2	भजते मामनन्यभाक् ।	।।ऽ, ऽ।ऽ, ।ऽ	सरलग
1471	9.30.3	साधुरेव स मन्तव्यः	ऽ।ऽ, ।।ऽ, ऽऽ	रसगग
1472	9.30.4	सम्यग्व्यवसितो हि सः ।।	ऽऽ।, ।।ऽ, ।ऽ	तसलग
1473	9.31.1	क्षिप्रं भवति धर्मात्मा	ऽऽ।, ।।ऽ, ऽऽ	तसगग
1474	9.31.2	शश्वच्छान्तिं निगच्छति ।	ऽऽऽ, ऽ।ऽ, ।।	मरलल

परिशिष्ट

1475	9.31.3	कौन्तेय प्रतिजानीहि	SSS, IIS, SI	मसगल
1476	9.31.4	न मे भक्तः प्रणश्यति ॥	ISS, SIS, II	यरलल
1477	16.5.3	मा शुचः सम्पदं दैवीम्	SIS, SIS, SS	ररगग
1478	9.32.2	येऽपि स्युः पापयोनयः ।	SSS, SIS, IS	मरलग
1479	9.32.3	स्त्रियो वैश्यास्तथा शूद्राः	ISS, SIS, SS	यरगग
1480	9.32.4	तेऽपि यान्ति परां गतिम् ॥	SIS, IIS, IS	रसलग
1481	9.33.1	किं पुनर्ब्राह्मणाः पुण्या	SIS, SIS, SS	ररगग
1482	9.33.2	भक्ता राजर्षयस्तथा ।	SSS, SIS, IS	मरलग
1483	9.33.3	अनित्यमसुखं लोकम्	ISI, IIS, SS	जसगग
1484	9.33.4	इमं प्राप्य भजस्व माम् ॥	ISS, IIS, IS	यसलग
1485	9.34.1	मन्मना भव मद्भक्तो	ISI, IIS, SS	जसगग
1486	9.34.2	मद्याजी मां नमस्कुरु ।	SSS, SIS, II	मरलल
1487	9.34.3	मामेवैष्यसि युक्त्वैवम्	SSS, IIS, SS	मसगग
1488	9.34.4	आत्मानं मत्परायणः ॥	SSS, SIS, IS	मरलग
1489	10.18.3	भूयः कथय तृप्तिर्हि	SSI, IIS, SI	तसगल
1490	10.1.2	शृणु मे परमं वचः ।	IIS, IIS, IS	ससलग
1491	10.1.3	यत्तेऽहं प्रीयमाणाय	SSS, SIS, SI	मरगल
1492	10.1.4	वक्ष्यामि हितकाम्यया ॥	SSI, IIS, IS	तसलग
1493	10.2.1	न मे विदुः सुरगणाः	ISI, SII, IS	जभलग
1494	10.2.2	प्रभवं न महर्षयः ।	IIS, IIS, IS	ससलग
1495	10.2.3	अहमादिर्हि देवानां	IIS, SIS, SS	सरगग
1496	10.2.4	महर्षीणां च सर्वशः ॥	ISS, SIS, IS	यरलग
1497	10.3.1	यो मामजमनादिं च	SSI, IIS, SI	तसगल
1498	10.3.2	वेत्ति लोकमहेश्वरम् ।	SIS, IIS, IS	रसलग
1499	10.3.3	असम्मूढः स मर्त्येषु	ISS, SIS, SI	यरगल
1500	10.3.4	सर्वपापैः प्रमुच्यते ॥	SIS, SIS, IS	ररलग
1501	10.4.1	बुद्धिर्ज्ञानमसम्मोहः	SSS, SIS, SS	मरगग
1502	10.4.2	क्षमा सत्यं दमः शमः ।	ISS, SIS, IS	यरलग

परिशिष्ट

1503	10.4.3	सुखं दुःखं भवोऽभावो	ISS, SIS, SS	यरगग
1504	10.4.4	भयं चाभयमेव च ॥	ISS, IIS, II	यसलल
1505	10.5.1	अहिंसा समता तुष्टि:	ISS, IIS, SS	यसगग
1506	10.5.2	तपो दानं यशोऽयशः ।	ISS, SIS, IS	यरलग
1507	10.5.3	भवन्ति भावा भूतानां	ISI, SSS, SS	जमगग
1508	7.7.1	मत्तः परतरं नान्यत्	SSI, IIS, SS	तसगग
1509	10.6.1	महर्षयः सप्त पूर्वे	ISI, SSI, SS	जतगग
1510	10.6.2	चत्वारो मनवस्तथा ।	SSS, IIS, IS	मसलग
1511	10.6.3	मद्भावा मानसा जाता	SSS, SIS, SS	मरगग
1512	10.6.4	येषां लोक इमाः प्रजाः ॥	SSS, IIS, IS	मसलग
1513	10.7.1	एतां विभूतिं योगं च	SSI, SSS, SI	तमगल
1514	10.7.2	मम यो वेत्ति तत्त्वतः ।	IIS, SIS, IS	सरलग
1515	10.7.3	सोऽविकम्पेन योगेन	SIS, SIS, SI	ररगल
1516	10.7.4	युज्यते नात्र संशयः ॥	SIS, SIS, IS	ररलग
1517	10.8.1	अहं सर्वस्य प्रभवो	ISS, SII, IS	यभलग
1518	10.5.4	मत्त एव पृथग्विधाः ॥	SIS, IIS, IS	रसलग
1519	10.8.3	इति मत्वा भजन्ते मां	IIS, SIS, SS	सरगग
1520	10.8.4	बुधा भावसमन्विताः ॥	SSS, IIS, IS	मसलग
1521	10.9.1	मच्चित्ता मद्गतप्राणा	SSS, SIS, SS	मरगग
1522	10.9.2	बोधयन्तः परस्परम् ।	SIS, SIS, IS	ररलग
1523	10.9.3	कथयन्तश्च मां नित्यं	IIS, SIS, SS	सरगग
1524	10.9.4	तुष्यन्ति च रमन्ति च ॥	SSI, IIS, II	तसलल
1525	10.10.1	तेषां सततयुक्तानां	SSI, IIS, SS	तसगग
1526	10.10.2	भजतां प्रीतिपूर्वकम् ।	IIS, SIS, IS	सरलग
1527	10.10.3	ददामि बुद्धियोगं तं	ISI, SIS, SS	जरगग
1528	10.10.4	येन मामुपयान्ति ते ॥	SIS, IIS, IS	रसलग
1529	10.11.1	तेषामेवानुकम्पार्थम्	SSS, SIS, SS	मरगग
1530	10.112	अहमज्ञानजं तमः ।	IIS, SIS, IS	सरलग

1531	10.11.3	नाशयाम्यात्मभावस्थो	ऽ।ऽ, ऽ।ऽ, ऽऽ	ररगग
1532	10.11.4	ज्ञानदीपेन भास्वता ।।	ऽ।ऽ, ऽ।ऽ, ।ऽ	ररलग
1533	10.12.1	परं ब्रह्म परं धाम	।ऽऽ, ।।ऽ, ऽ।	यसगल
1534	10.12.2	पवित्रं परमं भवान् ।	।ऽऽ, ।।ऽ, ।ऽ	यसलग
1535	13.22.1	पुरुषः प्रकृतिस्थो हि	।।ऽ, ।।ऽ, ऽऽ	ससगग
1536	10.12.4	आदिदेवमजं विभुम् ।।	ऽ।ऽ, ।।ऽ, ।ऽ	रसलग
1537	10.13.1	आहुस्त्वामृषयः सर्वे	ऽऽऽ, ।।ऽ, ऽऽ	मसगग
1538	10.13.2	देवर्षिर्नारदस्तथा ।	ऽऽऽ, ऽ।ऽ, ।ऽ	मरलग
1539	10.13.3	असितो देवलो व्यासः	।।ऽ, ऽ।ऽ, ऽऽ	सरगग
1540	10.13.4	स्वयं चैव ब्रवीषि मे ।।	।ऽऽ, ।।ऽ, ।ऽ	यसलग
1541	10.14.1	सर्वमेतदृतं मन्ये	ऽ।ऽ, ।।ऽ, ऽऽ	रसगग
1542	10.14.2	यन्मां वदसि केशव ।	ऽऽ।, ।।ऽ, ।।	तसलल
1543	10.14.3	न हि ते भगवन्व्यक्तिं	।।ऽ, ।।ऽ, ऽऽ	ससगग
1544	10.14.4	विदुर्देवा न दानवाः ।।	।ऽऽ, ऽ।ऽ, ।ऽ	यरलग
1545	10.15.1	स्वयमेवात्मनात्मानं	।।ऽ, ऽ।ऽ, ऽऽ	सरगग
1546	10.15.2	वेत्थ त्वं पुरुषोत्तम ।	ऽऽऽ, ।।ऽ, ।ऽ	मसलग
1547	10.15.3	भूतभावन भूतेश	ऽ।ऽ, ।।ऽ, ऽ।	रसगल
1548	10.15.4	देवदेव जगत्पते ।।	ऽ।ऽ, ।।ऽ, ।ऽ	रसलग
1549	10.16.1	वक्तुमर्हस्यशेषेण	ऽ।ऽ, ऽ।ऽ, ऽ।	ररगल
1550	10.16.2	दिव्या ह्यात्मविभूतयः ।	ऽऽऽ, ।।ऽ, ।ऽ	मसलग
1551	10.16.3	याभिर्विभूतिभिर्लोकान्	ऽऽऽ, ऽ।ऽ, ऽऽ	मरगग
1552	10.16.4	इमांस्त्वं व्याप्य तिष्ठसि ।।	।ऽऽ, ऽ।ऽ, ।।	यरलल
1553	10.17.1	कथं विद्यामहं योगिं	।ऽऽ, ऽ।ऽ, ऽऽ	यरगग
1554	10.17.2	स्त्वां सदा परिचिन्तयन् ।	ऽ।ऽ, ।।ऽ, ।ऽ	रसलग
1555	10.17.3	केषु केषु च भावेषु	ऽ।ऽ, ।।ऽ, ऽ।	रसगल
1556	10.17.4	चिन्त्योऽसि भगवन्मया ।।	ऽऽ।, ।।ऽ, ।ऽ	तसलग
1557	10.18.1	विस्तरेणात्मनो योगं	ऽ।ऽ, ऽ।ऽ, ऽऽ	ररगग
1558	10.18.2	विभूतिं च जनार्दन ।	।ऽऽ, ।।ऽ, ।।	यसलल

1559	10.1.1	भूय एव महाबाहो	ऽ।ऽ, ।।ऽ, ऽऽ	रसगग
1560	10.18.4	शृण्वतो नास्ति मेऽमृतम् ।।	ऽ।ऽ, ऽ।ऽ, ।ऽ	ररलग
1561	10.19.1	हन्त ते कथयिष्यामि	ऽ।ऽ, ।।ऽ, ऽ।	रसगल
1562	10.19.2	दिव्या ह्यात्मविभूतयः ।	ऽऽऽ, ।।ऽ, ।ऽ	मसलग
1563	10.19.3	प्राधान्यतः कुरुश्रेष्ठ	ऽऽ।, ऽ।ऽ, ऽ।	तरगल
1564	10.19.4	नास्त्यन्तो विस्तरस्य मे ।।	ऽऽऽ, ऽ।ऽ, ।ऽ	मरलग
1565	10.20.1	अहमात्मा गुडाकेश	।।ऽ, ऽ।ऽ, ऽ।	सरगल
1566	10.20.2	सर्वभूताशयस्थितः ।	ऽ।ऽ, ऽ।ऽ, ।ऽ	ररलग
1567	10.20.3	अहमादिश्च मध्यं च	।।ऽ, ऽ।ऽ, ऽ।	सरगल
1568	10.20.4	भूतानामन्त एव च ।।	ऽऽऽ, ऽ।ऽ, ।।	मरलल
1569	10.21.1	आदित्यानामहं विष्णुः	ऽऽऽ, ऽ।ऽ, ऽऽ	मरगग
1570	10.21.2	ज्योतिषां रविरंशुमान् ।	ऽ।ऽ, ।।ऽ, ।ऽ	रसलग
1571	10.21.3	मरीचिर्मरुतामस्मि	।ऽऽ, ।।ऽ, ऽ।	यसगल
1572	10.21.4	नक्षत्राणामहं शशी ।।	ऽऽऽ, ऽ।ऽ, ।ऽ	मरलग
1573	10.22.1	वेदानां सामवेदोऽस्मि	ऽऽऽ, ऽ।ऽ, ऽ।	मरगल
1574	10.22.2	देवानामस्मि वासवः ।	ऽऽऽ, ऽ।ऽ, ।ऽ	मरलग
1575	10.22.3	इन्द्रियाणां मनश्चास्मि	ऽ।ऽ, ऽ।ऽ, ऽ।	ररगल
1576	10.22.4	भूतानामस्मि चेतना ।।	ऽऽऽ, ऽ।ऽ, ।ऽ	मरलग
1577	10.23.1	रुद्राणां शङ्करश्चास्मि	ऽऽऽ, ऽ।ऽ, ऽ।	मरगल
1578	10.23.2	वित्तेशो यक्षरक्षसाम् ।	ऽऽऽ, ऽ।ऽ, ।ऽ	मरलग
1579	10.23.3	वसूनां पावकश्चास्मि	।ऽऽ, ऽ।ऽ, ऽऽ	यरगग
1580	10.23.4	मेरुः शिखरिणामहम् ।।	ऽऽ।, ।।ऽ, ।ऽ	तसलग
1581	10.24.1	पुरोधसां च मुख्यं मां	।ऽ।, ऽ।ऽ, ऽऽ	जरगग
1582	10.24.2	विद्धि पार्थ बृहस्पतिम् ।	ऽ।ऽ, ।।ऽ, ।ऽ	रसलग
1583	10.24.3	सेनानीनामहं स्कन्दः	ऽऽऽ, ऽ।ऽ, ऽऽ	मरगग
1584	10.24.4	सरसामस्मि सागरः ।।	।।ऽ, ऽ।ऽ, ।ऽ	सरलग
1585	10.25.1	महर्षीणां भृगुरहं	।ऽऽ, ऽ।।, ।ऽ	यभलग
1586	10.25.2	गिरामस्म्येकमक्षरम् ।	।ऽऽ, ऽ।ऽ, ।ऽ	यरलग

परिशिष्ट

1587	10.25.3	यज्ञानां जपयज्ञोऽस्मि	SSS, IIS, SS	मसगग
1588	10.25.4	स्थावराणां हिमालयः ॥	SIS, SIS, IS	ररलग
1589	10.26.1	अश्वत्थः सर्ववृक्षाणां	SSS, SIS, SS	मरगग
1590	10.26.2	देवर्षीणां च नारदः ।	SSS, SIS, IS	मरलग
1591	10.26.3	गन्धर्वाणां चित्ररथः	SSS, SSI, IS	मतलग
1592	10.26.4	सिद्धानां कपिलो मुनिः ॥	SSS, IIS, IS	मसलग
1593	10.27.1	उच्चैःश्रवसमश्वानां	SSI, IIS, SS	तसगग
1594	10.27.2	विद्धि माममृतोद्भवम् ।	SIS, IIS, IS	रसलग
1595	10.27.3	ऐरावतं गजेन्द्राणां	SSI, SIS, SS	तरगग
1596	10.27.4	नराणां च नराधिपम् ॥	ISS, IIS, IS	यसलग
1597	10.28.1	आयुधानामहं वज्रं	SIS, SIS, SS	ररगग
1598	10.28.2	धेनूनामस्मि कामधुक् ।	SSS, SIS, IS	मरलग
1599	10.28.3	प्रजनश्चास्मि कन्दर्पः	IIS, SIS, SS	सरगग
1600	10.28.4	सर्पाणामस्मि वासुकिः ॥	SSS, SIS, IS	मरलग
1601	10.29.1	अनन्तश्चास्मि नागानां	ISS, SIS, SS	यरगग
1602	10.29.2	वरुणो यादसामहम् ।	IIS, SIS, IS	सरलग
1603	10.29.3	पितॄणामर्यमा चास्मि	ISS, SIS, SI	यरगल
1604	10.29.4	यमः संयमतामहम् ॥	ISS, IIS, IS	यसलग
1605	10.30.1	प्रह्लादश्चास्मि दैत्यानां	SSS, SIS, SS	मरगग
1606	10.30.2	कालः कलयतामहम् ।	SSI, IIS, IS	तसलग
1607	10.30.3	मृगाणां च मृगेन्द्रोऽहं	ISS, IIS, SS	यसगग
1608	10.30.4	वैनतेयश्च पक्षिणाम् ॥	SIS, SIS, IS	ररलग
1609	10.31.1	पवनः पवतामस्मि	IIS, IIS, SI	ससगल
1610	10.31.2	रामः शस्त्रभृतामहम् ।	SSS, IIS, IS	मसलग
1611	10.31.3	झषाणां मकरश्चास्मि	ISS, IIS, SS	यसगग
1612	10.31.4	स्रोतसामस्मि जाह्नवी ॥	SIS, SIS, IS	ररलग
1613	10.32.1	सर्गाणामादिरन्तश्च	SSS, SIS, SI	मरगल
1614	10.32.2	मध्यं चैवाहमर्जुन ।	SSS, SIS, II	मरलल

परिशिष्ट

1615	10.32.3	अध्यात्मविद्या विद्यानां	SSI, SSS, SS	तमगग
1616	10.32.4	वादः प्रवदतामहम् ॥	SSI, IIS, IS	तसलग
1617	10.33.1	अक्षराणामकारोऽस्मि	SIS, SIS, SS	ररगग
1618	10.33.2	द्वन्द्वः सामासिकस्य च ।	SSS, SIS, II	मरलल
1619	10.33.3	अहमेवाक्षयः कालो	IIS, SIS, SS	सरगग
1620	10.33.4	धाताहं विश्वतोमुखः ॥	SSS, SIS, IS	मरलग
1621	10.34.1	मृत्युः सर्वहरश्चाहम्	SSS, IIS, SS	मसगग
1622	10.34.2	उद्भवश्च भविष्यताम् ।	SIS, IIS, IS	रसलग
1623	10.34.3	कीर्तिः श्रीर्वाक्च नारीणां	SSS, SIS, SS	मरगग
1624	10.34.4	स्मृतिर्मेधा धृतिः क्षमा ॥	ISS, SIS, IS	यरलग
1625	10.35.1	बृहत्साम तथा साम्नां	ISS, IIS, SS	यसगग
1626	10.35.2	गायत्री छन्दसामहम् ।	SSS, SIS, IS	मरलग
1627	10.35.3	मासानां मार्गशीर्षोऽहम्	SSS, SIS, SS	मरगग
1628	10.35.4	ऋतूनां कुसुमाकरः ॥	ISS, IIS, IS	यसलग
1629	10.36.1	द्यूतं छलयतामस्मि	SSI, IIS, SI	तसगल
1630	10.36.2	तेजस्तेजस्विनामहम् ।	SSS, SIS, IS	मरलग
1631	10.36.3	जयोऽस्मि व्यवसायोऽस्मि	ISI, IIS, SI	जसगल
1632	10.36.4	सत्त्वं सत्त्ववतामहम् ॥	SSS, SIS, IS	मरलग
1633	10.37.1	वृष्णीनां वासुदेवोऽस्मि	SSS, SIS, SI	मरगल
1634	10.37.2	पाण्डवानां धनञ्जयः ।	SIS, SIS, IS	ररलग
1635	10.37.3	मुनीनामप्यहं व्यासः	ISS, SIS, SS	यरगग
1636	10.37.4	कवीनामुशना कविः ॥	ISS, IIS, IS	यसलग
1637	10.38.1	दण्डो दमयतामस्मि	SSI, IIS, SI	तसगल
1638	10.38.2	नीतिरस्मि जिगीषताम् ।	SIS, IIS, IS	रसलग
1639	10.38.3	मौनं चैवास्मि गुह्यानां	SSS, SIS, SS	मरगग
1640	10.38.4	ज्ञानं ज्ञानवतामहम् ॥	SSS, IIS, IS	मसलग
1641	10.39.1	यच्चापि सर्वभूतानां	SSI, SIS, SS	तरगग
1642	10.39.2	बीजं तदहमर्जुन ।	SSI, IIS, II	तसलल

1643	10.39.3	न तदस्ति विना यत्स्यात्	।।ऽ, ।।ऽ, ऽऽ	ससगग
1644	10.39.4	मया भूतं चराचरम् ॥	।ऽऽ, ऽ।ऽ, ।ऽ	यरलग
1645	10.40.1	नान्तोऽस्ति मम दिव्यानां	ऽऽ।, ।।ऽ, ऽऽ	तसगग
1646	10.40.2	विभूतीनां परन्तप ।	।ऽऽ, ऽ।ऽ, ।।	यरलल
1647	10.40.3	एष तूद्देशतः प्रोक्तो	ऽ।ऽ, ऽ।ऽ, ऽऽ	ररगग
1648	10.40.4	विभूतेर्विस्तरो मया ॥	।ऽऽ, ऽ।ऽ, ।ऽ	यरलग
1649	10.41.1	यद्यद्विभूतिमत्सत्त्वं	ऽऽ।, ऽ।ऽ, ऽऽ	तरगग
1650	10.41.2	श्रीमदूर्जितमेव वा ।	ऽ।ऽ, ।।ऽ, ।ऽ	रसलग
1651	10.41.3	तत्तदेवावगच्छ त्वं	ऽ।ऽ, ऽ।ऽ, ऽऽ	ररगग
1652	10.41.4	मम तेजोंऽशसम्भवम् ॥	।।ऽ, ऽ।ऽ, ।ऽ	सरलग
1653	10.42.1	अथवा बहुनैतेन	।।ऽ, ।।ऽ, ऽ।	ससगल
1654	10.42.2	किं ज्ञातेन तवार्जुन ।	ऽऽऽ, ।।ऽ, ।।	मसलल
1655	10.42.3	विष्टभ्याहमिदं कृत्स्नम्	ऽऽऽ, ।।ऽ, ऽऽ	मसगग
1656	10.42.4	एकांशेन स्थितो जगत् ॥	ऽऽऽ, ऽ।ऽ, ।ऽ	मरलग
1657	11.1.1	मदनुग्रहाय परमं	।।ऽ, ।ऽ।, ।।ऽ	सजस
1658	11.1.2	गुह्यमध्यात्मसंज्ञितम् ।	ऽ।ऽ, ऽ।ऽ, ।ऽ	ररलग
1659	11.1.3	यत्त्वयोक्तं वचस्तेन	ऽ।ऽ, ऽ।ऽ, ऽ।	ररगल
1660	11.1.4	मोहोऽयं विगतो मम ॥	ऽऽऽ, ।।ऽ, ।।	मसलल
1661	11.2.1	भवाप्ययौ हि भूतानां	।ऽ।, ऽ।ऽ, ऽऽ	जरगग
1662	11.2.2	श्रुतौ विस्तरशो मया ।	।ऽऽ, ।।ऽ, ।ऽ	यसलग
1663	11.2.3	त्वत्तः कमलपत्राक्ष	ऽऽ।, ।।ऽ, ऽ।	तसगल
1664	11.2.4	माहात्म्यमपि चाव्ययम् ॥	ऽऽ।, ।।ऽ, ।ऽ	तसलग
1665	11.3.1	एवमेतद्यथात्थ त्वम्	ऽ।ऽ, ऽ।ऽ, ऽऽ	ररगग
1666	11.3.2	आत्मानं परमेश्वर ।	ऽऽऽ, ।।ऽ, ।।	मसलल
1667	11.3.3	द्रष्टुमिच्छामि ते रूपम्	ऽ।ऽ, ऽ।ऽ, ऽऽ	ररगग
1668	11.3.4	ऐमैश्वरं पुरुषोत्तम ॥	ऽ।ऽ, ।।ऽ, ।।	रसलल
1669	11.4.1	मन्यसे यदि तच्छक्यं	ऽ।ऽ, ।।ऽ, ऽऽ	रसगग
1670	11.4.2	मया द्रष्टुमिति प्रभो ।	।ऽऽ, ।।ऽ, ।ऽ	यसलग

1671	11.4.3	योगेश्वर ततो मे त्वं	ऽऽ।, ।।ऽ, ऽऽ	तसगग
1672	11.4.4	दर्शयात्मानमव्ययम् ।।	ऽ।ऽ, ऽ।ऽ, ।ऽ	ररलग
1673	11.5.1	पश्य मे पार्थ रूपाणि	ऽ।ऽ, ऽ।ऽ, ऽ।	ररगल
1674	11.5.2	शतशोऽथ सहस्रशः ।	।।ऽ, ।।ऽ, ।ऽ	ससलग
1675	11.5.3	नानाविधानि दिव्यानि	ऽऽ।, ऽ।ऽ, ऽ।	तरगल
1676	11.5.4	नानावर्णाकृतीनि च ।।	ऽऽऽ, ऽ।ऽ, ।।	मरलल
1677	11.6.1	पश्यादित्यान्वसून्रुद्रान्	ऽऽ।, ऽ।ऽ, ऽऽ	तरगग
1678	11.6.2	अश्विनौ मरुतस्तथा ।	ऽ।ऽ, ।।ऽ, ।ऽ	रसलग
1679	11.6.3	बहून्यदृष्टपूर्वाणि	।ऽ।, ऽ।ऽ, ऽ।	जरगल
1680	11.6.4	पश्याश्चर्याणि भारत ।।	ऽऽऽ, ऽ।ऽ, ।।	मरलल
1681	11.7.1	इहैकस्थं जगत्कृत्स्नं	ऽऽ।, ऽ।ऽ, ऽऽ	तरगग
1682	11.7.2	पश्याद्य सचराचरम् ।	ऽऽ।, ।।ऽ, ।ऽ	तसलग
1683	11.7.3	मम देहे गुडाकेश	।।ऽ, ऽ।ऽ, ऽ।	सरगल
1684	11.7.4	यच्चान्यद्द्रष्टुमिच्छसि ।।	ऽऽऽ, ऽ।ऽ, ।।	मरलल
1685	11.8.1	न तु मां शक्यसे द्रष्टुमों	।।ऽ, ऽ।ऽ, ऽऽ	सरगग
1686	11.8.2	अनेनैव स्वचक्षुषा ।	।ऽऽ, ।।ऽ, ।ऽ	यसलग
1687	11.8.3	दिव्यं ददामि ते चक्षुः	ऽऽ।, ऽ।ऽ, ऽऽ	तरगग
1688	11.8.4	पश्य मे योगमैश्वरम् ।।	ऽ।ऽ, ऽ।ऽ, ।ऽ	ररलग
1688	4.18.4	स युक्तः कृत्स्नकर्मकृत् ।।	।ऽऽ, ऽ।ऽ, ।ऽ	यरलग
1689	11.9.1	एवमुक्त्वा ततो राजन्	ऽ।ऽ, ऽ।ऽ, ऽऽ	ररगग
1690	11.9.2	महायोगेश्वरो हरिः ।	।ऽऽ, ऽ।ऽ, ।ऽ	यरलग
1691	11.9.3	दर्शयामास पार्थाय	ऽ।ऽ, ऽ।ऽ, ऽ।	ररगल
1692	11.9.4	परमं रूपमैश्वरम् ।।	।।ऽ, ऽ।ऽ, ।ऽ	सरलग
1693	11.10.1	अनेकवक्त्रनयनम्	।ऽ।, ऽ।।, ।ऽ	जभलग
1694	11.10.2	अनेकाद्भुतदर्शनम् ।	।ऽऽ, ।।ऽ, ।ऽ	यसलग
1695	11.10.3	अनेकदिव्याभरणं	।ऽ।, ऽऽ।, ।ऽ	जतलग
1696	11.10.4	दिव्यानेकोद्यतायुधम् ।।	ऽऽऽ, ऽ।ऽ, ।ऽ	मरलग
1697	11.11.1	दिव्यमाल्याम्बरधरं	ऽ।ऽ, ऽ।।, ।ऽ	रभलग

परिशिष्ट

1698	11.11.2	दिव्यगन्धानुलेपनम्।	ISI, SIS, IS	जरलग
1699	11.11.3	सर्वाश्चर्यमयं देवम्	SSS, IIS, SS	मसगग
1700	11.37.3	अनन्त देवेश जगन्निवास	ISI, SSI, ISI, SI	जतजगल
1701	11.12.1	दिवि सूर्यसहस्रस्य	IIS, SIS, SI	सरगल
1702	11.12.2	भवेद्युगपदुत्थिता।	ISI, IIS, IS	जसलग
1703	11.12.3	यदि भाः सदृशी सा स्यात्	IIS, IIS, SS	ससगग
1704	11.12.4	भासस्तस्य महात्मनः॥	SIS, IIS, IS	रसलग
1705	11.13.1	तत्रैकस्थं जगत्कृत्स्नं	SSS, SIS, SS	मरगग
1706	11.13.2	प्रविभक्तमनेकधा।	IIS, IIS, IS	ससलग
1707	11.13.3	अपश्यद्देवदेवस्य	ISS, SIS, SI	यरगल
1708	11.13.4	शरीरे पाण्डवस्तदा॥	ISS, SIS, IS	यरलग
1709	2.33.3	ततः स्वधर्मं कीर्तिं च	ISI, SSS, SI	जमगल
1710	11.14.2	हृष्टरोमा धनञ्जयः।	SIS, SIS, IS	ररलग
1711	11.14.3	प्रणम्य शिरसा देवं	ISI, IIS, SS	जसगग
1712	11.14.4	कृताञ्जलिरभाषत॥	ISI, IIS, II	जसलल
1713	11.15.1	पश्यामि देवांस्तव देव देहे	SSI, SSI, ISI, SS	ततजगग
1714	11.15.2	सर्वांस्तथा भूतविशेषसङ्घान्।	SSI, SSI, ISI, SS	ततजगग
1715	11.15.3	ब्रह्माणमीशं कमलासनस्थम्	SSI, SSI, ISI, SS	ततजगग
1716	11.15.4	ऋषींश्च सर्वानुरगांश्च दिव्यान्॥	ISI, SSI, ISI, SS	जतजगग
1717	11.16.1	अनेकबाहूदरवक्त्रनेत्रं	ISI, SSI, ISI, SS	जतजगग
1718	11.16.2	पश्यामि त्वां सर्वतोऽनन्तरूपम्।	SSI, SSI, SSI, SS	तततगग
1719	11.16.3	नान्तं न मध्यं न पुनस्तवादिं	SSI, SSI, ISI, SS	ततजगग
1720	11.16.4	पश्यामि विश्वेश्वर विश्वरूप॥	SSI, SSI, ISI, SI	ततजगल
1721	11.17.1	किरीटिनं गदिनं चक्रिणं च	ISI, SII, SSI, SI	जभतगल
1722	11.17.2	तेजोराशिं सर्वतो दीप्तिमन्तम्।	SSS, SSI, SSI, SS	मततगग
1723	11.17.3	पश्यामि त्वां दुर्निरीक्ष्यं समन्तात्	SSI, SSI, SSI, SS	तततगग
1724	11.17.4	दीप्तानलार्कद्युतिमप्रमेयम्॥	SSI, SSI, ISI, SS	ततजगग
1725	11.18.1	त्वमक्षरं परमं वेदितव्यं	ISI, SII, SSI, SS	जभतगग

1726	11.18.2	त्वमस्य विश्वस्य परं निधानम् ।	।ऽ।, ऽऽ।, ।ऽ।, ऽऽ	जतजगग
1727	11.18.3	त्वमव्ययः शाश्वतधर्मगोप्ता	।ऽ।, ऽऽ।, ।ऽ।, ऽऽ	जतजगग
1728	11.18.4	सनातनस्त्वं पुरुषो मतो मे ।।	।ऽ।, ऽऽ।, ।ऽ।, ऽऽ	जतजगग
1729	11.19.1	अनादिमध्यान्तमनन्तवीर्यम्	।ऽ।, ऽऽ।, ।ऽ।, ऽऽ	जतजगग
1730	11.19.2	अनन्तबाहुं शशिसूर्यनेत्रम् ।	।ऽ।, ऽऽ।, ।ऽ।, ऽऽ	जतजगग
1731	11.19.3	पश्यामि त्वां दीप्तहुताशवक्त्रं	ऽऽ।, ऽऽ।, ।ऽ।, ऽऽ	ततजगग
1732	11.19.4	स्वतेजसा विश्वमिदं तपन्तम् ।।	।ऽ।, ऽऽ।, ।ऽ।, ऽऽ	जतजगग
1733	11.20.1	द्यावापृथिव्योरिदमन्तरं हि	ऽऽ।, ऽऽ।, ।ऽ।, ऽऽ	ततजगग
1734	11.20.2	व्याप्तं त्वयैकेन दिशश्च सर्वाः ।	ऽऽ।, ऽऽ।, ।ऽ।, ऽऽ	ततजगग
1735	11.20.3	दृष्ट्वाऽद्भुतं रूपमुग्रं तवेदं	ऽऽ।, ऽऽ।, ऽऽ।, ऽऽ	तततगग
1736	11.20.4	लोकत्रयं प्रव्यथितं महात्मन् ।।	ऽऽ।, ऽऽ।, ।ऽ।, ऽऽ	ततजगग
1737	11.21.1	अमी हि त्वां सुरसङ्घा विशन्ति	।ऽऽ, ऽ।।, ऽऽ।, ऽ।	यभतगल
1738	11.21.2	केचिद्भीताः प्राञ्जलयो गृणन्ति ।	ऽऽऽ, ऽऽ।, ।ऽ।, ऽ।	मतजगल
1739	11.21.3	स्वस्तीत्युक्त्वा महर्षिसिद्धसङ्घा	ऽऽऽ, ऽऽ।, ।ऽ।, ऽऽ	मतजगग
1740	11.21.4	स्तुवन्ति त्वा स्तुतिभिः पुष्कलाभिः ।।	।ऽ।, ऽ।।, ऽऽ।, ऽऽ	जभतगग
1741	11.22.1	रुद्रादित्या वसवो ये च साध्या	ऽऽऽ, ऽ।।, ऽऽ।, ऽऽ	मभतगग
1742	11.22.2	विश्वेऽश्विनौ मरुतश्चोष्मपाश्च ।	ऽऽ।, ऽ।।, ऽऽ।, ऽ।	तभतगल
1743	11.22.3	गन्धर्वयक्षासुरसिद्धसङ्घा	ऽऽ।, ऽऽ।, ।ऽ।, ऽऽ	ततजगग
1744	11.22.4	वीक्षन्ते त्वां विस्मिताश्चैव सर्वे ।।	ऽऽऽ, ऽऽ।, ऽऽ।, ऽऽ	मततगग
1745	11.23.1	रूपं महत्ते बहुवक्त्रनेत्रं	ऽऽ।, ऽऽ।, ।ऽ।, ऽऽ	ततजगग
1746	11.23.2	महाबाहो बहुबाहूरुपादम् ।	।ऽऽ, ऽ।।, ऽऽ।, ऽऽ	यभतगग
1747	11.23.3	बहूदरं बहुदंष्ट्राकरालं	।ऽ।, ऽ।।, ऽऽ।, ऽऽ	जभतगग
1748	11.23.4	दृष्ट्वा लोकाः प्रव्यथितास्तथाऽहम् ।।	ऽऽऽ, ऽऽ।, ।ऽ।, ऽऽ	मतजगग
1749	11.24.1	नभःस्पृशं दीप्तमनेकवर्णं	।ऽ।, ऽऽ।, ।ऽ।, ऽऽ	जतजगग
1750	11.24.2	व्यात्ताननं दीप्तविशालनेत्रम् ।	ऽऽ।, ऽऽ।, ।ऽ।, ऽऽ	ततजगग
1751	11.24.3	दृष्ट्वा हि त्वां प्रव्यथितान्तरात्मा	ऽऽऽ, ऽऽ।, ।ऽ।, ऽऽ	मतजगग
1752	11.24.4	धृतिं न विन्दामि शमं च विष्णो ।।	।ऽ।, ऽऽ।, ।ऽ।, ऽऽ	जतजगग

1753	11.25.1	दंष्ट्राकरालानि च ते मुखानि	ऽऽ।, ऽऽ।, ।ऽ।, ऽ।	ततजगल
1754	11.25.2	दृष्ट्वैव कालानलसन्निभानि ।	ऽऽ।, ऽऽ।, ।ऽ।, ऽ।	ततजगल
1755	11.25.3	दिशो न जाने न लभे च शर्म	।ऽ।, ऽऽ।, ।ऽ।, ऽऽ	जतजगग
1756	11.25.4	प्रसीद देवेश जगन्निवास ।।	।ऽ।, ऽऽ।, ।ऽ।, ऽ।	जतजगल
1757	11.26.1	अमी च त्वां धृतराष्ट्रस्य पुत्राः	।ऽ।, ऽ।।, ऽऽ।, ऽऽ	जभतगग
1758	11.26.2	सर्वे सहैवावनिपालसङ्घैः ।	ऽऽ।, ऽऽ।, ।ऽ।, ऽऽ	ततजगग
1759	11.26.3	भीष्मो द्रोणः सूतपुत्रस्तथासौ	ऽऽऽ, ऽऽ।, ऽऽ।, ऽऽ	मततगग
1760	11.26.4	सहास्मदीयैरपि योधमुख्यैः ।।	।ऽ।, ऽऽ।, ।ऽ।, ऽऽ	जतजगग
1761	11.27.1	वक्त्राणि ते त्वरमाणा विशन्ति	ऽऽ।, ऽ।।, ऽऽ।, ऽ।	तभतगल
1762	11.27.2	दंष्ट्राकरालानि भयानकानि ।	ऽऽ।, ऽऽ।, ।ऽ।, ऽ।	ततजगल
1763	11.27.3	केचिद्विलग्ना दशनान्तरेषु	ऽऽ।, ऽऽ।, ।ऽ।, ऽ।	ततजगल
1764	11.27.4	सन्दृश्यन्ते चूर्णितैरुत्तमाङ्गैः ।।	ऽऽऽ, ऽऽ।, ऽऽ।, ऽऽ	मततगग
1765	11.28.1	यथा नदीनां बहवोऽम्बुवेगाः	।ऽ।, ऽऽ।, ।ऽ।, ऽऽ	जतजगग
1766	11.28.2	समुद्रमेवाभिमुखा द्रवन्ति ।	।ऽ।, ऽऽ।, ।ऽ।, ऽ।	जतजगल
1767	11.28.3	तथा तवामी नरलोकवीरा	।ऽ।, ऽऽ।, ।ऽ।, ऽऽ	जतजगग
1768	11.28.4	विशन्ति वक्त्राण्यभिविज्वलन्ति ।।	।ऽ।, ऽऽ।, ।ऽ।, ऽ।	जतजगल
1769	11.29.1	यथा प्रदीप्तं ज्वलनं पतङ्गा	।ऽ।, ऽऽ।, ।ऽ।, ऽऽ	जतजगग
1770	11.29.2	विशन्ति नाशाय समृद्धवेगाः ।	।ऽ।, ऽऽ।, ।ऽ।, ऽऽ	जतजगग
1771	11.29.3	तथैव नाशाय विशन्ति लोकाः	।ऽ।, ऽऽ।, ।ऽ।, ऽऽ	जतजगग
1772	11.29.4	तवापि वक्त्राणि समृद्धवेगाः ।।	।ऽ।, ऽऽ।, ।ऽ।, ऽऽ	जतजगग
1773	11.30.1	लेलिह्यसे ग्रसमानः समन्तात्	ऽऽ।, ऽ।।, ऽऽ।, ऽऽ	तभतगग
1774	11.30.2	लोकान्समग्रान्वदनैर्ज्वलद्भिः ।	ऽऽ।, ऽऽ।, ।ऽ।, ऽऽ	ततजगग
1775	11.30.3	तेजोभिरापूर्य जगत्समग्रं	ऽऽ।, ऽऽ।, ।ऽ।, ऽऽ	ततजगग
1776	11.30.4	भासस्तवोग्राः प्रतपन्ति विष्णो ।।	ऽऽ।, ऽऽ।, ।ऽ।, ऽऽ	ततजगग
1777	11.31.1	आख्याहि मे को भवानुग्ररूपो	ऽऽ।, ऽऽ।, ऽऽ।, ऽऽ	तततगग
1778	11.31.2	नमोऽस्तु ते देववर प्रसीद ।	।ऽ।, ऽऽ।, ।ऽ।, ऽ।	जतजगल
1779	11.31.3	विज्ञातुमिच्छामि भवन्तमाद्यं	ऽऽ।, ऽऽ।, ।ऽ।, ऽऽ	ततजगग
1780	11.31.4	न हि प्रजानामि तव प्रवृत्तिम् ।।	।ऽ।, ऽऽ।, ।ऽ।, ऽऽ	जतजगग

1781	11.32.1	कालोऽस्मि लोकक्षयकृत्प्रवृद्धो	ऽऽ।, ऽऽ।, ।ऽ।, ऽऽ	ततजगग
1782	11.32.2	लोकान्समाहर्तुमिह प्रवृत्तः ।	ऽऽ।, ऽऽ।, ।ऽ।, ऽऽ	ततजगग
1783	11.32.3	ऋतेऽपि त्वां न भविष्यन्ति सर्वे	।ऽ।, ऽऽ।, ।ऽ।, ऽऽ	जतजगग
1784	11.32.4	येऽवस्थिताः प्रत्यनीकेषु योधाः ।।	ऽऽ।, ऽऽ।, ऽऽ।, ऽऽ	तततगग
1785	11.33.1	तस्मात्त्वमुत्तिष्ठ यशो लभस्व	ऽऽ।, ऽऽ।, ।ऽ।, ऽ।	ततजगल
1786	11.33.2	जित्वा शत्रून्भुङ्क्ष्व राज्यं समृद्धम् ।	ऽऽऽ, ऽऽ।, ऽऽ।, ऽऽ	मततगग
1787	11.33.3	मयैवैते निहताः पूर्वमेव	ऽऽऽ, ऽ।।, ऽऽ।, ऽ।	मभतगल
1788	11.33.4	निमित्तमात्रं भव सव्यसाचिन् ।।	।ऽ।, ऽऽ।, ।ऽ।, ऽऽ	जतजगग
1789	11.34.1	द्रोणं च भीष्मं च जयद्रथं च	ऽऽ।, ऽऽ।, ।ऽ।, ऽ।	ततजगल
1790	11.34.2	कर्णं तथाऽन्यानपि योधवीरान् ।	ऽऽ।, ऽऽ।, ।ऽ।, ऽऽ	ततजगग
1791	11.34.3	मया हतांस्त्वं जहि मा व्यथिष्ठा	।ऽ।, ऽऽ।, ।ऽ।, ऽऽ	जतजगग
1792	11.34.4	युद्ध्यस्व जेतासि रणे सपत्नान् ।।	ऽऽ।, ऽऽ।, ।ऽ।, ऽ।	ततजगल
1793	11.35.1	एतच्छ्रुत्वा वचनं केशवस्य	ऽऽऽ, ऽ।।, ऽऽ।, ऽ।	मभतगल
1794	11.35.2	कृताञ्जलिर्वेपमानः किरीटी ।	।ऽ।, ऽऽ।, ऽऽ।, ऽऽ	जततगग
1795	11.35.3	नमस्कृत्वा भूय एवाह कृष्णं	।ऽऽ, ऽऽ।, ऽऽ।, ऽऽ	यततगग
1796	11.35.4	सगद्गदं भीतभीतः प्रणम्य ।।	।ऽ।, ऽऽ।, ऽऽ।, ऽ।	जततगल
1797	11.36.1	स्थाने हृषीकेश तव प्रकीर्त्या	ऽऽ।, ऽऽ।, ।ऽ।, ऽऽ	ततजगग
1798	11.36.2	जगत्प्रहृष्यत्यनुरज्यते च ।	।ऽ।, ऽऽ।, ।ऽ।, ऽ।	जतजगल
1799	11.36.3	रक्षांसि भीतानि दिशो द्रवन्ति	ऽऽ।, ऽऽ।, ।ऽ।, ऽ।	ततजगल
1800	11.36.4	सर्वे नमस्यन्ति च सिद्धसङ्घाः ।।	ऽऽ।, ऽऽ।, ।ऽ।, ऽऽ	ततजगग
1801	11.37.1	कस्माच्च ते न नमेरन्महात्मन्	ऽऽ।, ऽ।।, ऽऽ।, ऽऽ	तभतगग
1802	11.37.2	गरीयसे ब्रह्मणोऽप्यादिकर्त्रे ।	।ऽ।, ऽऽ।, ऽऽ।, ऽऽ	जततगग
1803	11.11.4	अनन्तं विश्वतोमुखम् ।।	।ऽऽ, ऽ।ऽ, ।ऽ	यरलग
1804	11.37.4	त्वमक्षरं सदसत्तत्परं यत् ।।	ऽऽ।, ऽ।।, ऽऽ।, ऽऽ	तभतगग
1805	11.38.1	त्वमादिदेवः पुरुषः पुराणः	।ऽ।, ऽऽ।, ।ऽ।, ऽऽ	जतजगग
1806	11.38.2	त्वमस्य विश्वस्य परं निधानम् ।	।ऽ।, ऽऽ।, ।ऽ।, ऽऽ	जतजगग
1807	11.38.3	वेत्तासि वेद्यं च परं च धाम	ऽऽ।, ऽऽ।, ।ऽ।, ऽऽ	ततजगग
1808	11.38.4	त्वया ततं विश्वमनन्तरूप ।।	।ऽ।, ऽऽ।, ।ऽ।, ऽऽ	जतजगग

परिशिष्ट

1809	11.39.1	वायुर्यमोऽग्निर्वरुणः शशाङ्कः	SSI, SSI, ISI, SS	ततजगग
1810	11.39.2	प्रजापतिस्त्वं प्रपितामहश्च।	ISI, SSI, ISI, SI	जतजगल
1811	11.39.3	नमो नमस्तेऽस्तु सहस्रकृत्वः	ISI, SSI, ISI, SS	जतजगग
1812	11.39.4	पुनश्च भूयोऽपि नमो नमस्ते ॥	ISI, SSI, ISI, SS	जतजगग
1813	11.40.1	नमः पुरस्तादथ पृष्ठतस्ते	ISI, SSI, ISI, SS	जतजगग
1814	11.40.2	नमोऽस्तु ते सर्वत एव सर्व।	ISI, SSI, ISI, SI	जतजगल
1815	11.40.3	अनन्तवीर्यामितविक्रमस्त्वं	ISI, SSI, ISI, SS	जतजगग
1816	11.40.4	सर्वं समाप्नोषि ततोऽसि सर्वः ॥	SSI, SSI, ISI, SS	ततजगग
1817	11.41.1	सखेति मत्वा प्रसभं यदुक्तं	ISI, SSI, ISI, SS	जतजगग
1818	11.41.2	हे कृष्ण हे यादव हे सखेति।	SSI, SSI, ISI, SI	ततजगल
1819	11.41.3	अजानता महिमानं तवेदं	ISI, SII, SSI, SS	जभतगग
1820	11.41.4	मया प्रमादात्प्रणयेन वापि ॥	ISI, SSI, ISI, SI	जतजगल
1821	11.42.1	यच्चावहासार्थमसत्कृतोऽसि	SSI, SSI, ISI, SI	ततजगल
1822	11.42.2	विहारशय्यासनभोजनेषु।	ISI, SSI, ISI, SI	जतजगल
1823	11.42.3	एकोऽथवाप्यच्युत तत्समक्षं	SSI, SSI, ISI, SS	ततजगग
1824	11.42.4	तत्क्षामये त्वामहमप्रमेयम् ॥	SSI, SSI, ISI, SS	ततजगग
1825	11.43.1	पितासि लोकस्य चराचरस्य	ISI, SSI, ISI, SS	जतजगग
1826	11.43.2	त्वमस्य पूज्यश्च गुरुर्गरीयान्।	ISI, SSI, ISI, SS	जतजगग
1827	11.43.3	न त्वत्समोऽस्त्यभ्यधिकः कुतोऽन्यो	SSI, SSI, ISI, SS	ततजगग
1828	11.43.4	लोकत्रयेऽप्यप्रतिमप्रभाव ॥	SSI, SSI, ISI, SI	ततजगल
1829	11.44.1	तस्मात्प्रणम्य प्रणिधाय कायं	SSI, SSI, ISI, SS	ततजगग
1830	11.44.2	प्रसादये त्वामहमीशमीड्यम्।	ISI, SSI, ISI, SS	जतजगग
1831	11.44.3	पितेव पुत्रस्य सखेव सख्युः	ISI, SSI, ISI, SS	जतजगग
1832	11.44.4	प्रियः प्रियायार्हसि देव सोढुम् ॥	ISI, SSI, ISI, SS	जतजगग
1833	11.45.1	अदृष्टपूर्वं हृषितोऽस्मि दृष्ट्वा	ISI, SSI, ISI, SS	जतजगग
1834	11.45.2	भयेन च प्रव्यथितं मनो मे।	ISI, SSI, ISI, SS	जतजगग
1835	11.45.3	तदेव मे दर्शय देव रूपं	ISI, SSI, ISI, SS	जतजगग
1836	11.45.4	प्रसीद देवेश जगन्निवास ॥	ISI, SSI, ISI, SI	जतजगल

1837	11.46.1	किरीटिनं गदिनं चक्रहस्तम्	।ऽ।, ऽ।।, ऽऽ।, ऽऽ	जभतगग
1838	11.46.2	इच्छामि त्वां द्रष्टुमहं तथैव ।	ऽऽ।, ऽऽ।, ।ऽ।, ऽ।	ततजगल
1839	11.46.3	तेनैव रूपेण चतुर्भुजेन	ऽऽ।, ऽऽ।, ।ऽ।, ऽ।	ततजगल
1840	11.46.4	सहस्रबाहो भव विश्वमूर्ते ।।	।ऽ।, ऽऽ।, ।ऽ।, ऽऽ	जतजगग
1841	11.47.1	मया प्रसन्नेन तवार्जुनेदं	।ऽ।, ऽऽ।, ।ऽ।, ऽऽ	जतजगग
1842	11.47.2	रूपं परं दर्शितमात्मयोगात् ।	ऽऽ।, ऽऽ।, ।ऽ।, ऽऽ	ततजगग
1843	11.47.3	तेजोमयं विश्वमनन्तमाद्यं	ऽऽ।, ऽऽ।, ।ऽ।, ऽऽ	ततजगग
1844	11.47.4	यन्मे त्वदन्येन न दृष्टपूर्वम् ।।	ऽऽ।, ऽऽ।, ।ऽ।, ऽऽ	ततजगग
1845	11.48.1	न वेदयज्ञाध्ययनैर्न दानैः	।ऽ।, ऽऽ।, ।ऽ।, ऽऽ	जतजगग
1846	11.48.2	न च क्रियाभिर्न तपोभिरुग्रैः ।	।ऽ।, ऽऽ।, ।ऽ।, ऽऽ	जतजगग
1847	11.48.3	एवंरूपः शक्य अहं नृलोके	ऽऽऽ, ऽऽ।, ।ऽ।, ऽऽ	मतजगग
1848	11.48.4	द्रष्टुं त्वदन्येन कुरुप्रवीर ।।	ऽऽ।, ऽऽ।, ।ऽ।, ऽ।	ततजगल
1849	17.6.3	मां चैवान्तःशरीरस्थं	ऽऽऽ, ऽ।ऽ, ऽऽ	मरगग
1850	11.49.2	दृष्ट्वा रूपं घोरमीदृङ्ममेदम् ।	ऽऽऽ, ऽऽ।, ऽऽ।, ऽऽ	मततगग
1851	11.49.3	व्यपेतभीः प्रीतमनाः पुनस्त्वं	ऽऽ।, ऽऽ।, ।ऽ।, ऽऽ	ततजगग
1852	11.49.4	तदेव मे रूपमिदं प्रपश्य ।।	।ऽ।, ऽऽ।, ।ऽ।, ऽ।	जतजगल
1853	11.50.1	इत्यर्जुनं वासुदेवस्तथोक्त्वा	ऽऽ।, ऽऽ।, ऽऽ।, ऽऽ	तततगग
1854	11.50.2	स्वकं रूपं दर्शयामास भूयः ।	।ऽऽ, ऽऽ।, ऽऽ।, ऽऽ	यततगग
1855	11.50.3	आश्वासयामास च भीतमेनं	ऽऽ।, ऽऽ।, ।ऽ।, ऽऽ	ततजगग
1856	11.50.4	भूत्वा पुनः सौम्यवपुर्महात्मा ।।	ऽऽ।, ऽऽ।, ।ऽ।, ऽऽ	ततजगग
1857	11.51.1	दृष्ट्वेदं मानुषं रूपं	ऽऽऽ, ऽ।ऽ, ऽऽ	मरगग
1858	11.51.2	तव सौम्यं जनार्दन ।	।।ऽ, ऽ।ऽ, ।।	सरलल
1859	11.51.3	इदानीमस्मि संवृत्तः	।ऽऽ, ऽ।ऽ, ऽऽ	यरगग
1860	11.51.4	सचेताः प्रकृतिं गतः ।।	।ऽऽ, ।।ऽ, ।ऽ	यसलग
1861	11.52.1	सुदुर्दर्शमिदं रूपं	।ऽऽ, ।।ऽ, ऽऽ	यसगग
1862	11.52.2	दृष्टवानसि यन्मम ।	ऽ।ऽ, ।।ऽ, ।।	रसलल
1863	11.52.3	देवा अप्यस्य रूपस्य	ऽऽऽ, ऽ।ऽ, ऽऽ	मरगग
1864	11.52.4	नित्यं दर्शनकाङ्क्षिणः ।।	ऽऽऽ, ।।ऽ, ।ऽ	मसलग

1865	11.53.1	नाहं वेदैर्न तपसा	ऽऽऽ, ऽ।।, ।ऽ	मभलग
1866	11.53.2	न दानेन न चेज्यया ।	।ऽऽ, ।।ऽ, ।ऽ	यसलग
1867	11.53.3	शक्य एवंविधो द्रष्टुं	ऽ।ऽ, ऽ।ऽ, ऽऽ	ররगग
1868	11.53.4	दृष्टवानसि मां यथा ।।	ऽ।ऽ, ।।ऽ, ।ऽ	रसलग
1869	11.54.1	भक्त्या त्वनन्यया	ऽऽ।, ऽ।ऽ, ऽ।	तरगल
1870	11.54.2	शक्य अहमेवंविधोऽर्जुन ।	।।ऽ, ऽ।ऽ, ।।	सरलल
1871	11.54.3	ज्ञातुं द्रष्टुं च तत्त्वेन	ऽऽऽ, ऽ।ऽ, ऽ।	मरगल
1872	11.54.4	प्रवेष्टुं च परन्तप ।।	।ऽऽ, ।।ऽ, ।।	यसलल
1873	11.55.1	मत्कर्मकृन्मत्परमो	ऽऽ।, ऽऽ।, ।ऽ	ततलग
1874	13.19.3	मद्भक्त एतद्विज्ञाय	ऽऽ।, ऽऽऽ, ऽ।	तमगल
1875	11.55.3	निर्वैरः सर्वभूतेषु	ऽऽऽ, ऽ।ऽ, ऽ।	मरगल
1876	1.23.2	य एतेऽत्र समागताः ।	ऽऽ।, ।।ऽ, ।ऽ	तसलग
1877	12.1.1	एवं सततयुक्ता ये	ऽऽ।, ।।ऽ, ऽऽ	तसगग
1878	12.1.2	भक्तास्त्वां पर्युपासते ।	ऽऽऽ, ऽ।ऽ, ।ऽ	मरलग
1879	12.1.3	ये चाप्यक्षरमव्यक्तं	ऽऽऽ, ।।ऽ, ऽऽ	मसगग
1880	12.1.4	तेषां के योगवित्तमाः ।।	ऽऽऽ, ऽ।ऽ, ।ऽ	मरलग
1881	12.2.1	मय्यावेश्य मनो ये मां	ऽऽऽ, ।।ऽ, ऽऽ	मसगग
1882	12.2.2	नित्ययुक्ता उपासते ।	ऽ।ऽ, ऽ।ऽ, ।ऽ	ররलग
1883	12.2.3	श्रद्धया परयोपेताः	ऽ।ऽ, ।।ऽ, ऽऽ	रसगग
1884	12.2.4	ते मे युक्ततमा मताः ।।	ऽऽऽ, ।।ऽ, ।ऽ	मसलग
1885	12.3.1	ये त्वक्षरमनिर्देश्यम्	ऽऽ।, ।।ऽ, ऽऽ	तसगग
1886	12.3.2	अव्यक्तं पर्युपासते ।	ऽऽऽ, ऽ।ऽ, ।ऽ	मरलग
1887	12.3.3	सर्वत्रगमचिन्त्यं च	ऽऽ।, ।।ऽ, ऽ।	तसगल
1888	12.3.4	कूटस्थमचलं ध्रुवम् ।।	ऽऽ।, ।।ऽ, ।ऽ	तसलग
1889	12.4.1	सन्नियम्येन्द्रियग्रामं	ऽ।ऽ, ऽ।ऽ, ऽऽ	ররगग
1890	12.4.2	सर्वत्र समबुद्धयः ।	ऽऽ।, ।।ऽ, ।ऽ	तसलग
1891	12.4.3	ते प्राप्नुवन्ति मामेव	ऽऽ।, ऽ।ऽ, ऽ।	तरगल
1892	12.4.4	सर्वभूतहिते रताः ।।	ऽ।ऽ, ।।ऽ, ।ऽ	रसलग

1894	12.5.2	अव्यक्तासक्तचेतसाम् ।	ऽऽऽ, ऽ।ऽ, ।ऽ	मरलग
1895	12.5.3	अव्यक्ता हि गतिर्दुःखं	ऽऽऽ, ।।ऽ, ऽऽ	मसगग
1896	12.5.4	देहवद्भिरवाप्यते ।।	ऽ।ऽ, ।।ऽ, ।ऽ	रसलग
1897	12.6.1	ये तु सर्वाणि कर्माणि	ऽ।ऽ, ऽ।ऽ, ऽ।	ररगल
1898	12.6.2	मयि संन्यस्य मत्पराः ।	।।ऽ, ऽ।ऽ, ।ऽ	सरलग
1899	12.6.3	अनन्येनैव योगेन	।ऽऽ, ऽ।ऽ, ऽ।	यरगल
1900	2.47.2	मा फलेषु कदाचन ।	ऽ।ऽ, ।।ऽ, ।।	रसलल
1901	12.7.1	तेषामहं समुद्धर्ता	ऽऽ।, ऽ।ऽ, ऽऽ	तरगग
1902	12.7.2	मृत्युसंसारसागरात् ।	ऽ।ऽ, ऽ।ऽ, ।ऽ	ररलग
1903	12.7.3	भवामि नचिरात्पार्थ	।ऽ।, ।।ऽ, ऽ।	जसगल
1904	12.7.4	मय्यावेशितचेतसाम् ।।	ऽऽऽ, ।।ऽ, ।ऽ	मसलग
1905	12.8.1	मय्येव मन आधत्स्व	ऽऽ।, ।।ऽ, ऽ।	तसगल
1906	12.8.2	मयि बुद्धिं निवेशय ।	।।ऽ, ऽ।ऽ, ।।	सरलल
1907	12.8.3	निवसिष्यसि मय्येव	।।ऽ, ।।ऽ, ऽ।	ससगल
1908	12.8.4	अत ऊर्ध्वं न संशयः ।।	।।ऽ, ऽ।ऽ, ।ऽ	सरलग
1909	12.9.1	अथ चित्तं समाधातुं	।।ऽ, ऽ।ऽ, ऽऽ	सरगग
1910	12.9.2	न शक्नोषि मयि स्थिरम् ।	।ऽऽ, ।।ऽ, ।ऽ	यसलग
1911	12.9.3	अभ्यासयोगेन ततो	ऽऽ।, ऽऽ।, ।ऽ	ततलग
1912	12.9.4	मामिच्छाप्तुं धनञ्जय ।।	ऽऽऽ, ऽ।ऽ, ।।	मरलल
1913	12.10.1	अभ्यासेऽप्यसमर्थोऽसि	ऽऽऽ, ।।ऽ, ऽ।	मसगल
1914	12.10.2	मत्कर्मपरमो भव ।	ऽऽ।, ।।ऽ, ।।	तसलल
1915	12.10.3	मदर्थमपि कर्माणि	।ऽ।, ।।ऽ, ऽ।	जसगल
1916	12.10.4	कुर्वन्सिद्धिमवाप्स्यसि ।।	ऽऽऽ, ।।ऽ, ।।	मसलल
1917	12.11.1	अथैतदप्यशक्तोऽसि	।ऽ।, ऽ।ऽ, ऽ।	जरगल
1918	12.11.2	कर्तुं मद्योगमाश्रितः ।	ऽऽऽ, ऽ।ऽ, ।ऽ	मरलग
1919	12.11.3	सर्वकर्मफलत्यागं	ऽ।ऽ, ।।ऽ, ऽऽ	रसगग
1920	15.4.1	ततः पदं तत्परिमार्गितव्यं	।ऽ।, ऽऽ।, ।ऽ।, ऽऽ	जतजगग
1921	12.12.1	श्रेयो हि ज्ञानमभ्यासात्	ऽऽ।, ऽ।ऽ, ऽऽ	तरगग

1922	12.12.2	ज्ञानाद्ध्यानं विशिष्यते ।	ऽऽऽ, ऽ।ऽ, ।ऽ	मरलग
1922	12.12.3	ध्यानात्कर्मफलत्यागः	ऽऽऽ, ।।ऽ, ऽऽ	मसगग
1924	12.12.4	त्यागाच्छान्तिरनन्तरम् ।।	ऽऽऽ, ।।ऽ, ।ऽ	मसलग
1925	12.13.1	अद्वेष्टा सर्वभूतानां	ऽऽऽ, ऽ।ऽ, ऽऽ	मरगग
1926	12.13.2	मैत्रः करुण एव च ।	ऽऽ।, ।।ऽ, ।।	तसलल
1927	12.13.3	निर्ममो निरहङ्कारः	ऽ।ऽ, ।।ऽ, ऽऽ	रसगग
1928	2.15.3	समदुःखसुखं धीरं	।।ऽ, ।।ऽ, ऽऽ	ससगग
1929	12.14.1	सन्तुष्टः सततं योगी	ऽऽऽ, ।।ऽ, ऽऽ	मसगग
1930	12.14.2	यतात्मा दृढनिश्चयः ।	।ऽऽ, ।।ऽ, ।ऽ	यसलग
1931	8.7.3	मय्यर्पितमनोबुद्धिः	ऽऽ।, ।।ऽ, ऽऽ	तसगग
1932	12.14.4	र्यो मद्भक्तः स मे प्रियः ।।	ऽऽऽ, ऽ।ऽ, ।ऽ	मरलग
1933	12.15.1	यस्मान्नोद्विजते लोको	ऽऽऽ, ।।ऽ, ऽऽ	मसगग
1934	12.15.2	लोकान्नोद्विजते च यः ।	ऽऽऽ, ।।ऽ, ।ऽ	मसलग
1935	12.15.3	हर्षामर्षभयोद्वेगै	ऽऽऽ, ।।ऽ, ऽऽ	मसगग
1936	12.15.4	र्मुक्तो यः स च मे प्रियः ।।	ऽऽऽ, ।।ऽ, ।ऽ	मसलग
1937	12.16.1	अनपेक्षः शुचिर्दक्ष	।।ऽ, ऽ।ऽ, ऽ।	सरगल
1938	12.16.2	उदासीनो गतव्यथः ।	।ऽऽ, ऽ।ऽ, ।ऽ	यरलग
1939	12.16.3	सर्वारम्भपरित्यागी	ऽऽऽ, ।।ऽ, ऽऽ	मसगग
1940	12.16.4	यो मद्भक्तः स मे प्रियः ।।	ऽऽऽ, ऽ।ऽ, ।ऽ	मरलग
1941	12.17.1	यो न हृष्यति न द्वेष्टि	ऽ।ऽ, ।।ऽ, ऽ।	रसगल
1942	12.17.2	न शोचति न काङ्क्षति ।	।ऽ।, ।।ऽ, ।।	जसलल
1943	12.17.3	शुभाशुभपरित्यागी	।ऽ।, ।।ऽ, ऽऽ	जसगग
1944	12.17.4	भक्तिमान्यः स मे प्रियः ।।	ऽ।ऽ, ऽ।ऽ, ।ऽ	ररलग
1945	12.18.4	समः सङ्गविवर्जितः ।।	।ऽऽ, ।।ऽ, ।ऽ	यसलग
1946	12.18.2	तथा मानापमानयोः ।	।ऽऽ, ऽ।ऽ, ।ऽ	यरलग
1947	12.18.3	शीतोष्णसुखदुःखेषु	ऽऽ।, ।।ऽ, ऽ।	तसगल
1948	13.28.1	समं सर्वेषु भूतेषु	।ऽऽ, ऽ।ऽ, ऽ।	यरगल
1949	12.19.1	तुल्यनिन्दास्तुतिर्मौनी	ऽ।ऽ, ऽ।ऽ, ऽऽ	ररगग

परिशिष्ट

1950	12.19.2	सन्तुष्टो येन केनचित्।	SSS, SIS, IS	मरलग
1951	12.19.3	अनिकेतः स्थिरमतिः	IIS, SII, IS	सभलग
1952	12.19.4	भक्तिमान्मे प्रियो नरः ॥	SIS, SIS, IS	ररलग
1953	12.20.1	ये तु धर्म्यामृतमिदं	SIS, SII, IS	रभलग
1954	12.20.2	यथोक्तं पर्युपासते।	ISS, SIS, IS	यरलग
1955	12.20.3	श्रद्दधाना मत्परमा	SIS, SSI, IS	रतलग
1956	12.20.4	भक्तास्तेऽतीव मे प्रियाः ॥	SSS, SIS, IS	मरलग
1957	13.20.1	प्रकृतिं पुरुषं चैव	IIS, IIS, SI	ससगल
1958	13.1.2	क्षेत्रं क्षेत्रज्ञमेव च।	SSS, SIS, II	मरलल
1959	13.1.4	एतद्वेदितुमिच्छामि	SSS, IIS, SS	मसगग
1960	13.1.4	ज्ञानं ज्ञेयं च केशव ॥	SSS, SIS, II	मरलल
1961	13.2.1	इदं शरीरं कौन्तेय	ISI, SSS, SS	जमगग
1962	13.2.2	क्षेत्रमित्यभिधीयते।	SIS, IIS, IS	रसलग
1963	13.2.3	एतद्यो वेत्ति तं प्राहुः	SSS, SIS, SS	मरगग
1964	13.3.1	क्षेत्रज्ञं चापि मां विद्धि	SSS, SIS, SI	मरगल
1965	13.2.4	क्षेत्रज्ञ इति तद्विदः ॥	SSI, IIS, IS	तसलग
1966	13.3.2	सर्वक्षेत्रेषु भारत।	SIS, SIS, II	ररलल
1967	13.3.3	क्षेत्रक्षेत्रज्ञयोर्ज्ञानं	SSS, SIS, SS	मरगग
1968	13.3.4	यत्तज्ज्ञानं मतं मम ॥	SSS, SIS, II	मरलल
1969	13.4.1	तत्क्षेत्रं यच्च यादृक्च	SSS, SIS, SI	मरगल
1970	13.4.2	यद्विकारि यतश्च यत्।	SIS, SIS, IS	ररलग
1971	9.28.3	संन्यासयोगयुक्तात्मा	SSI, SIS, SS	तरगग
1972	13.4.4	तत्समासेन मे शृणु ॥	SIS, SIS, II	ररलल
1973	13.5.1	ऋषिभिर्बहुधा गीतं	IIS, IIS, SS	ससगग
1974	13.5.2	छन्दोभिर्विविधैः पृथक्।	SSS, IIS, IS	मसलग
1975	13.5.3	ब्रह्मसूत्रपदैश्चैव	SIS, IIS, SI	रसगल
1976	13.5.4	हेतुमद्भिर्विनिश्चितैः ॥	SIS, SIS, IS	ररलग
1977	13.6.1	महाभूतान्यहङ्कारो	ISS, SIS, SS	यरगग

1978	13.6.2	बुद्धिरव्यक्तमेव च ।	ऽ।ऽ, ऽ।ऽ, ।।	ररलल
1979	13.6.3	इन्द्रियाणि दशैकं च	ऽ।ऽ, ।।ऽ, ऽ।	रसगल
1980	13.6.4	पञ्च चेन्द्रियगोचराः ।।	ऽ।ऽ, ।।ऽ, ।ऽ	रसलग
1981	13.7.1	इच्छा द्वेषः सुखं दुःखं	ऽऽऽ, ऽ।ऽ, ऽऽ	मरगग
1982	13.7.2	सङ्घातश्चेतना धृतिः ।	ऽऽऽ, ऽ।ऽ, ।ऽ	मरलग
1983	13.7.3	एतत्क्षेत्रं समासेन	ऽऽऽ, ऽ।ऽ, ऽ।	मरगल
1983	12.5.1	क्लेशोऽधिकतरस्तेषाम्	ऽऽ।, ।।ऽ, ऽऽ	तसगग
1984	13.7.4	सविकारमुदाहृतम् ।।	।।ऽ, ।।ऽ, ।ऽ	ससलग
1985	13.8.1	अमानित्वमदम्भित्वम्	।ऽऽ, ।।ऽ, ऽऽ	यसगग
1986	13.8.2	अहिंसा क्षान्तिरार्जवम् ।	।ऽऽ, ऽ।ऽ, ।ऽ	यरलग
1987	13.8.3	आचार्योपासनं शौचं	ऽऽऽ, ऽ।ऽ, ऽऽ	मरगग
1988	13.8.4	स्थैर्यमात्मविनिग्रहः ।।	।।ऽ, ऽ।ऽ, ।।	सरलल
1989	13.9.1	इन्द्रियार्थेषु वैराग्यम्	ऽ।ऽ, ऽ।ऽ, ऽऽ	ररगग
1990	13.9.2	अनहङ्कार एव च ।	।।ऽ, ऽ।ऽ, ।ऽ	सरलग
1991	13.9.3	जन्ममृत्युजराव्याधि	ऽ।ऽ, ।।ऽ, ऽ।	रसगल
1992	13.9.4	दुःखदोषानुदर्शनम् ।।	ऽ।ऽ, ऽ।ऽ, ।ऽ	ररलग
1993	13.10.1	असक्तिरनभिष्वङ्गः	।ऽ।, ।।ऽ, ऽऽ	जसगग
1994	13.10.2	पुत्रदारगृहादिषु ।	ऽ।ऽ, ।।ऽ, ।।	रसलल
1995	13.10.3	नित्यं च समचित्तत्वम्	ऽऽ।, ।।ऽ, ऽऽ	तसगग
1996	13.10.4	इष्टानिष्टोपपत्तिषु ।।	ऽऽऽ, ऽ।ऽ, ।।	मरलल
1997	13.11.1	मयि चानन्ययोगेन	।।ऽ, ऽ।ऽ, ऽ।	सरगल
1998	13.11.2	भक्तिरव्यभिचारिणी ।	ऽ।ऽ, ।।ऽ, ।ऽ	रसलग
1999	13.11.3	विविक्तदेशसेवित्वम्	।ऽ।, ऽ।ऽ, ऽऽ	जरगग
2000	13.11.4	अरतिर्जनसंसदि ।।	।।ऽ, ।।ऽ, ।।	ससलल
2001	13.12.1	अध्यात्मज्ञाननित्यत्वं	ऽऽ।, ऽ।ऽ, ऽऽ	तरगग
2002	13.12.2	तत्त्वज्ञानार्थदर्शनम् ।	ऽ।ऽ, ऽ।ऽ, ।ऽ	ररलग
2003	13.12.3	एतज्ज्ञानमिति प्रोक्तम्	ऽऽऽ, ।।ऽ, ऽऽ	मसगग
2004	13.12.4	अज्ञानं यदतोऽन्यथा ।।	ऽऽऽ, ।।ऽ, ।ऽ	मसलग

2005	13.13.1	ज्ञेयं यत्तत्प्रवक्ष्यामि	ऽऽऽ, ऽ।ऽ, ऽ।	मरगल
2006	13.13.2	यज्ज्ञात्वामृतमश्नुते ।	ऽऽऽ, ।।ऽ, ।ऽ	मसलग
2007	13.13.3	अनादिमत्परं ब्रह्म	।ऽ।, ऽ।ऽ, ऽ।	जरगल
2008	13.13.4	न सत्तन्नासदुच्यते ।।	।ऽऽ, ऽ।ऽ, ।ऽ	यरलग
2009	13.14.1	सर्वतःपाणिपादं तत्	ऽ।ऽ, ऽ।ऽ, ऽऽ	ररगग
2010	13.14.2	सर्वतोऽक्षिशिरोमुखम् ।	ऽ।ऽ, ।।ऽ, ।ऽ	रसलग
2011	13.14.3	सर्वतःश्रुतिमल्लोके	ऽ।ऽ, ।।ऽ, ऽऽ	रसगग
2012	13.14.4	सर्वमावृत्य तिष्ठति ।।	ऽ।ऽ, ऽ।ऽ, ।।	ररलल
2013	13.15.1	सर्वेन्द्रियगुणाभासं	ऽऽ।, ।।ऽ, ऽऽ	तसगग
2014	13.15.2	सर्वेन्द्रियविवर्जितम् ।	ऽऽ।, ।।ऽ, ।ऽ	तसलग
2015	3.7.4	असक्तः स विशिष्यते ।।	।ऽ।, ।।ऽ, ।ऽ	जसलग
2016	13.15.4	निर्गुणं गुणभोक्तृ च ।।	ऽ।ऽ, ।।ऽ, ।।	रसलल
2017	13.16.1	बहिरन्तश्च भूतानाम्	।ऽऽ, ऽ।ऽ, ऽऽ	यरगग
2018	13.16.2	अचरं चरमेव च ।	।।ऽ, ।।ऽ, ।।	ससलल
2019	13.16.3	सूक्ष्मत्वात्तदविज्ञेयं	ऽऽऽ, ।।ऽ, ऽऽ	मसगग
2020	13.16.4	दूरस्थं चान्तिके च तत् ।।	ऽऽऽ, ऽ।ऽ, ।ऽ	मरलग
2021	13.17.1	अविभक्तं च भूतेषु	।।ऽ, ऽ।ऽ, ऽ।	सरगल
2022	13.17.2	विभक्तमिव च स्थितम् ।	।ऽ।, ।।ऽ, ।ऽ	जसलग
2023	13.17.3	भूतभर्तृ च तज्ज्ञेयं	ऽ।ऽ, ।।ऽ, ऽऽ	रसगग
2024	13.17.4	ग्रसिष्णु प्रभविष्णु च ।।	।ऽऽ, ।।ऽ, ।।	यसलल
2025	13.18.1	ज्योतिषामपि तज्ज्योतिः	ऽ।ऽ, ।।ऽ, ऽऽ	रसगग
2026	13.18.2	तमसः परमुच्यते ।	।।ऽ, ।।ऽ, ।ऽ	ससलग
2027	13.18.3	ज्ञानं ज्ञेयं ज्ञानगम्यं	ऽऽऽ, ऽऽ।, ऽऽ	मतगग
2028	13.18.4	हृदि सर्वस्य विष्ठितम् ।।	।।ऽ, ऽ।ऽ, ।ऽ	सरलग
2029	13.19.1	इति क्षेत्रं तथा ज्ञानं	।।ऽ, ऽ।ऽ, ऽऽ	सरगग
2030	13.19.2	ज्ञेयं चोक्तं समासतः ।	ऽऽऽ, ऽ।ऽ, ।ऽ	मरलग
2031	11.55.2	मद्भक्तः सङ्गवर्जितः ।	ऽऽऽ, ऽ।ऽ, ।ऽ	मरलग
2032	13.19.4	मद्भावायोपपद्यते ।।	ऽऽऽ, ऽ।ऽ, ।ऽ	मरलग

परिशिष्ट

2033	13.1.1	प्रकृतिं पुरुषं चैव	IIS, IIS, SS	ससगग
2034	13.20.2	विद्ध्यनादी उभावपि ।	SIS, SIS, II	ररलल
2035	13.20.3	विकारांश्च गुणांश्चैव	ISS, IIS, SI	यसगल
2036	13.20.4	विद्धि प्रकृतिसम्भवान् ॥	SSI, IIS, IS	तसलग
2037	13.21.1	कार्यकरणकर्तृत्वे	SII, IIS, SS	भसगग
2038	13.21.2	हेतुः प्रकृतिरुच्यते ।	SSI, IIS, IS	तसलग
2039	13.21.3	पुरुषः सुखदुःखानां	IIS, IIS, SS	ससगग
2040	13.21.4	भोक्तृत्वे हेतुरुच्यते ॥	SSS, SIS, IS	मरलग
2041	10.12.3	पुरुषं शाश्वतं दिव्यम्	IIS, SIS, SS	सरगग
2042	13.22.2	भुङ्क्ते प्रकृतिजान्गुणान् ।	SSI, IIS, IS	तसलग
2043	13.22.3	कारणं गुणसङ्गोऽस्य	ISI, IIS, SI	जसगल
2044	13.22.4	सदसद्योनिजन्मसु ॥	IIS, SIS, II	सरलल
2045	13.23.1	उपद्रष्टानुमन्ता च	ISS, SIS, SI	यरगल
2046	13.23.2	भर्ता भोक्ता महेश्वरः ।	SSS, SIS, IS	मरलग
2047	13.23.3	परमात्मेति चाप्युक्तो	IIS, SIS, SS	सरगग
2048	13.23.4	देहेऽस्मिन्पुरुषः परः ॥	SSS, IIS, IS	मसलग
2049	8.21.3	यं प्राप्य न निवर्तन्ते	SSI, IIS, SS	तसगग
2050	13.24.2	प्रकृतिं च गुणैः सह ।	IIS, IIS, II	ससलल
2051	6.31.3	सर्वथा वर्तमानोऽपि	SIS, SIS, SS	ररगग
2052	13.24.4	न स भूयोऽभिजायते ॥	IIS, SIS, IS	सरलग
2053	13.25.1	ध्यानेनात्मनि पश्यन्ति	SSS, IIS, SI	मसगल
2054	13.25.2	केचिदात्मानमात्मना ।	SIS, SIS, IS	ररलग
2055	13.25.3	अन्ये साङ्ख्येन योगेन	SSS, SIS, SI	मरगल
2056	13.25.4	कर्मयोगेन चापरे ॥	SIS, SIS, IS	ररलग
2057	13.26.1	अन्ये त्वेवमजानन्तः	SSS, IIS, SS	मसगग
2058	13.26.2	श्रुत्वान्येभ्य उपासते ।	SSS, IIS, IS	मसलग
2059	13.26.3	तेऽपि चातितरन्त्येव	SIS, IIS, SI	रसगल
2060	13.26.4	मृत्युं श्रुतिपरायणाः ॥	SSI, IIS, IS	तसलग

परिशिष्ट

2061	13.27.1	यावत्सञ्जायते किञ्चित्	SSS, SIS, SS	मरगग
2062	13.27.2	सत्त्वं स्थावरजङ्गमम्।	SSS, IIS, IS	मसलग
2063	13.27.3	क्षेत्रक्षेत्रज्ञसंयोगात्	SIS, SIS, SS	ररगग
2064	13.27.4	तद्विद्धि भरतर्षभ।।	SSI, IIS, II	तसलल
2065	12.18.1	समः शत्रौ च मित्रे च	ISS, SIS, SI	यरगल
2066	13.28.2	तिष्ठन्तं परमेश्वरम्।	SSS, IIS, IS	मसलग
2067	13.28.3	विनश्यत्स्वविनश्यन्तं	ISS, IIS, SS	यसगग
2068	2.57.1	यः सर्वत्रानभिस्नेहः	SSS, SIS, SS	मरगग
2069	13.29.1	समं पश्यन्हि सर्वत्र	ISS, SIS, SI	यरगल
2070	13.29.2	समवस्थितमीश्वरम्।	IIS, IIS, IS	ससलग
2071	13.29.3	न हिनस्त्यात्मनात्मानं	IIS, SIS, SS	सरगग
2072	13.29.4	ततो याति परां गतिम्।।	ISS, IIS, IS	यसलग
2073	13.30.1	प्रकृत्यैव च कर्माणि	ISS, IIS, SS	यसगग
2074	13.30.2	क्रियमाणानि सर्वशः।	IIS, SIS, IS	सरलग
2075	8.20.3	यः स सर्वेषु भूतेषु	SIS, SIS, SI	ररगल
2076	13.30.4	अकर्तारं स पश्यति।।	ISS, SIS, II	यरलल
2077	13.31.1	यदा भूतपृथग्भावम्	ISS, IIS, SS	यसगग
2078	13.31.2	एकस्थमनुपश्यति।	SSI, IIS, II	तसलल
2079	12.11.4	ततः कुरु यतात्मवान्।।	ISI, IIS, IS	जसलग
2080	13.31.4	ब्रह्म सम्पद्यते तदा।।	SIS, SIS, IS	ररलग
2081	13.32.1	अनादित्वान्निर्गुणत्वात्	ISS, SSI, SS	यतगग
2082	13.32.2	परमात्मायमव्ययः।	IIS, SIS, IS	सरलग
2083	13.32.3	शरीरस्थोऽपि कौन्तेय	ISS, SIS, SI	यरगल
2084	13.32.4	न करोति न लिप्यते।।	IIS, IIS, IS	ससलग
2085	13.33.1	यथा सर्वगतं सौक्ष्म्यात्	ISS, IIS, SS	यसगग
2086	13.33.2	आकाशं नोपलिप्यते।	SSS, SIS, IS	मरलग
2087	13.33.3	सर्वत्रावस्थितो देहे	SSS, SIS, SS	मरगग
2088	13.33.4	तथात्मा नोपलिप्यते।।	ISS, SIS, IS	यरलग

परिशिष्ट

2089	13.34.1	यथा प्रकाशयत्येकः	ISI, SIS, SS	जरगग
2090	13.34.2	कृत्स्नं लोकमिमं रविः ।	SSS, IIS, IS	मसलग
2091	13.34.3	क्षेत्रं क्षेत्री तथा कृत्स्नं	SSS, SIS, SS	मरगग
2092	13.34.4	प्रकाशयति भारत ॥	ISI, IIS, II	जसलल
2093	13.35.1	क्षेत्रक्षेत्रज्ञयोरेवम्	SSS, SIS, SS	मरगग
2094	13.35.2	अन्तरं ज्ञानचक्षुषा ।	SIS, SIS, IS	ररलग
2095	13.35.3	भूतप्रकृतिमोक्षं च	SSI, IIS, SI	तसगल
2096	13.35.4	ये विदुर्यान्ति ते परम् ॥	SIS, SIS, IS	ररलग
2097	14.1.1	परं भूयः प्रवक्ष्यामि	ISS, SIS, SS	यरगग
2098	14.1.2	ज्ञानानां ज्ञानमुत्तमम् ।	SSS, SIS, IS	मरलग
2099	14.1.3	यज्ज्ञात्वा मुनयः सर्वे	SSS, IIS, SS	मसगग
2100	14.1.4	परां सिद्धिमितो गताः ॥	ISS, IIS, IS	यसलग
2101	14.2.1	इदं ज्ञानमुपाश्रित्य	ISS, IIS, SI	यसगल
2102	14.2.2	मम साधर्म्यमागताः ।	IIS, SIS, IS	सरलग
2103	14.2.3	सर्गेऽपि नोपजायन्ते	SSI, SIS, SS	तरगग
2104	14.2.4	प्रलये न व्यथन्ति च ॥	IIS, SIS, II	सरलल
2105	14.3.1	मम योनिर्महद्ब्रह्म	IIS, SIS, SI	सरगल
2106	14.3.2	तस्मिन्गर्भं दधाम्यहम् ।	SSS, SIS, IS	मरलग
2107	14.3.3	सम्भवः सर्वभूतानां	SIS, SIS, SS	ररगग
2108	14.3.4	ततो भवति भारत ॥	ISI, IIS, II	जसलल
2109	14.4.1	सर्वयोनिषु कौन्तेय	SIS, IIS, SI	रसगल
2110	14.4.2	मूर्तयः सम्भवन्ति याः ।	SIS, SIS, IS	ररलग
2111	14.4.3	तासां ब्रह्म महद्योनिः	SSS, IIS, SS	मसगग
2112	14.4.4	अहं बीजप्रदः पिता ॥	ISS, SIS, IS	यरलग
2113	14.5.1	सत्त्वं रजस्तम इति	SSI, SII, II	तभलल
2114	14.23.3	गुणा वर्तन्त इत्येव	ISS, SIS, SI	यरगल
2115	14.5.3	निबध्नन्ति महाबाहो	ISS, IIS, SS	यसगग
2116	14.5.4	देहे देहिनमव्ययम् ॥	SSS, IIS, IS	मसलग

2117	14.6.1	तत्र सत्त्वं निर्मलत्वात्	ऽ।ऽ, ऽऽ।, ऽऽ	रतगग
2118	14.6.2	प्रकाशकमनामयम् ।	।ऽ।, ।।ऽ, ।ऽ	जसलग
2119	14.6.3	सुखसङ्गेन बध्नाति	।।ऽ, ऽ।ऽ, ऽऽ	सरगग
2120	14.6.4	ज्ञानसङ्गेन चानघ ।।	ऽ।ऽ, ऽ।ऽ, ।।	ररलल
2121	14.7.1	रजो रागात्मकं विद्धि	।ऽऽ, ऽ।ऽ, ऽ।	यरगल
2122	14.7.2	तृष्णासङ्गसमुद्भवम् ।	ऽऽऽ, ।।ऽ, ।ऽ	मसलग
2123	14.7.3	तन्निबध्नाति कौन्तेय	ऽ।ऽ, ऽ।ऽ, ऽ।	ररगल
2124	14.7.4	कर्मसङ्गेन देहिनम् ।।	ऽ।ऽ, ऽ।ऽ, ।ऽ	ररलग
2125	14.8.1	तमस्त्वज्ञानजं विद्धि	।ऽ।, ऽ।ऽ, ऽ।	जरगल
2126	14.8.2	मोहनं सर्वदेहिनाम् ।	ऽ।ऽ, ऽ।ऽ, ।ऽ	ररलग
2127	14.8.3	प्रमादालस्यनिद्राभिः	।ऽऽ, ऽ।ऽ, ऽऽ	यरगग
2128	14.8.4	तन्निबध्नाति भारत ।।	ऽ।ऽ, ऽ।ऽ, ।।	ररलल
2129	14.9.1	सत्त्वं सुखे सञ्जयति	ऽऽ।, ऽऽ।, ।।	ततलल
2130	14.9.2	रजः कर्मणि भारत ।	।ऽऽ, ।।ऽ, ।।	यसलल
2131	14.9.3	ज्ञानमावृत्य तु तमः	ऽ।ऽ, ऽ।।, ।ऽ	रभलग
2132	14.9.4	प्रमादे सञ्जयत्युत ।।	।ऽऽ, ऽ।ऽ, ।।	यरलल
2133	14.10.1	रजस्तमश्चाभिभूय	।ऽ।, ऽऽ।, ऽ।	जतगल
2134	14.10.2	सत्त्वं भवति भारत ।	ऽऽ।, ।।ऽ, ।।	तसलल
2135	14.10.3	रजः सत्त्वं तमश्चैव	।ऽऽ, ऽ।ऽ, ऽ।	यरगल
2136	14.10.4	तमः सत्त्वं रजस्तथा ।।	।ऽऽ, ।।ऽ, ।ऽ	यसलग
2137	14.11.1	सर्वद्वारेषु देहेऽस्मिन्	ऽ।ऽ, ऽ।ऽ, ऽऽ	ररगग
2138	14.22.1	प्रकाशं च प्रवृत्तिं च	।ऽऽ, ऽ।ऽ, ऽ।	यरगल
2139	14.11.3	ज्ञानं यदा तदा विद्यात्	ऽऽ।, ऽ।ऽ, ऽऽ	तरगग
2140	14.11.4	विवृद्धं सत्त्वमित्युत ।।	।ऽऽ, ऽ।ऽ, ।।	यरलल
2141	14.12.1	लोभः प्रवृत्तिरारम्भः	ऽऽ।, ऽ।ऽ, ऽऽ	तरगग
2142	14.12.2	कर्मणामशमः स्पृहा ।	ऽ।ऽ, ।।ऽ, ।ऽ	रसलग
2143	14.12.3	रजस्येतानि जायन्ते	।ऽऽ, ऽ।ऽ, ऽऽ	यरगग
2144	14.12.4	विवृद्धे भरतर्षभ ।।	।ऽऽ, ।।ऽ, ।।	यसलल

परिशिष्ट

2145	14.13.1	अप्रकाशोऽप्रवृत्तिश्च	SIS, SIS, SS	ररगग
2146	14.13.2	प्रमादो मोह एव च।	ISS, SIS, II	यरलल
2147	14.13.3	तमस्येतानि जायन्ते	ISS, SIS, SS	यरगग
2148	14.13.4	विवृद्धे कुरुनन्दन॥	ISS, IIS, II	यसलल
2149	14.14.1	यदा सत्त्वे प्रवृद्धे तु	ISS, SIS, SS	यरगग
2150	14.14.2	प्रलयं याति देहभृत्।	IIS, SIS, IS	सरलग
2151	14.14.3	तदोत्तमविदां लोकान्	ISI, IIS, SS	जसगग
2152	14.14.4	अमलान्प्रतिपद्यते॥	IIS, IIS, IS	ससलग
2153	14.15.1	रजसि प्रलयं गत्वा	IIS, IIS, SS	ससगग
2154	14.15.2	कर्मसङ्गिषु जायते।	SIS, IIS, IS	रसलग
2155	14.15.3	तथा प्रलीनस्तमसि	ISI, SSI, II	जतलल
2156	14.15.4	मूढयोनिषु जायते॥	SIS, IIS, IS	रसलग
2157	14.16.1	कर्मणः सुकृतस्याहुः	SIS, IIS, SS	रसगग
2158	14.16.2	सात्त्विकं निर्मलं फलम्।	SIS, SIS, IS	ररलग
2159	14.16.3	रजसस्तु फलं दुःखम्	IIS, IIS, SS	ससगग
2160	14.16.4	अज्ञानं तमसः फलम्॥	SSS, SIS, IS	मरलग
2161	14.17.1	सत्त्वात्सञ्जायते ज्ञानं	SSS, SIS, SS	मरगग
2162	14.17.2	रजसो लोभ एव च।	IIS, SIS, II	सरलल
2163	14.17.3	प्रमादमोहौ तमसो	ISI, SSI, IS	जतलग
2164	14.17.4	भवतोऽज्ञानमेव च॥	IIS, SIS, II	सरलल
2165	14.18.1	ऊर्ध्वं गच्छन्ति सत्त्वस्था	SSS, SIS, SS	मरगग
2166	14.18.2	मध्ये तिष्ठन्ति राजसाः।	SSS, SIS, IS	मरलग
2167	14.18.3	जघन्यगुणवृत्तिस्था	ISI, IIS, SS	जसगग
2168	14.18.4	अधो गच्छन्ति तामसाः॥	ISS, SIS, IS	यरलग
2169	14.19.1	नान्यं गुणेभ्यः कर्तारं	SSI, SSS, SS	तमगग
2170	14.19.2	यदा द्रष्टानुपश्यति।	ISS, SIS, II	यरलल
2171	14.19.3	गुणेभ्यश्च परं वेत्ति	ISS, IIS, SI	यसगल
2172	14.19.4	मद्भावं सोऽधिगच्छति॥	SSS, SIS, II	मरलल

287

2173	14.20.1	गुणानेतानतीत्य त्रीन्	।ऽऽ, ऽ।ऽ, ऽऽ	यरगग
2174	14.20.2	देही देहसमुद्भवान् ।	ऽऽऽ, ।।ऽ, ।ऽ	मसलग
2175	14.20.3	जन्ममृत्युजरादुःखैः	।ऽ।, ।।ऽ, ऽऽ	जसगग
2176	14.20.4	विमुक्तोऽमृतमश्नुते ।।	।ऽऽ, ।।ऽ, ।ऽ	यसलग
2177	14.21.1	कैर्लिङ्गैस्त्रीन्गुणानेतान्	ऽऽऽ, ऽ।ऽ, ऽऽ	मरगग
2178	14.22.2	अतीतो भवति प्रभो ।	।ऽऽ, ।।ऽ, ।ऽ	यसलग
2179	14.22.3	किमाचारः कथं चैतान्	।ऽऽ, ऽ।ऽ, ऽऽ	यरगग
2180	14.22.4	त्रीन्गुणानतिवर्तते ।।	ऽ।ऽ, ।।ऽ, ।ऽ	रसलग
2181	14.11.2	प्रकाश उपजायते ।	ऽ।ऽ, ।।ऽ, ।ऽ	रसलग
2182	14.22.2	मोहमेव च पाण्डव ।	ऽ।ऽ, ।।ऽ, ।।	रसलल
2183	14.22.3	न द्वेष्टि सम्प्रवृत्तानि	ऽऽ।, ऽ।ऽ, ऽ।	तरगल
2184	14.22.4	न निवृत्तानि काङ्क्षति ।।	।।ऽ, ऽ।ऽ, ।।	सरलल
2185	14.23.1	उदासीनवदासीनो	।ऽऽ, ।।ऽ, ऽऽ	यसगग
2186	14.23.2	गुणैर्यो न विचाल्यते ।	।ऽऽ, ।।ऽ, ।ऽ	यसलग
2187	3.28.3	गुणा गुणेषु वर्तन्ते	।ऽ।, ऽ।ऽ, ऽऽ	जरगग
2188	14.23.4	योऽवतिष्ठति नेङ्गते ।।	ऽ।ऽ, ।।ऽ, ।ऽ	रसलग
2189	14.24.1	समदुःखसुखः स्वस्थः	।।ऽ, ।।ऽ, ऽऽ	ससगग
2190	14.24.2	समलोष्टाश्मकाञ्चनः ।	।।ऽ, ऽ।ऽ, ।ऽ	सरलग
2191	14.24.3	तुल्यप्रियाप्रियो धीरः	ऽऽ।, ऽ।ऽ, ऽऽ	तरगग
2192	14.24.4	तुल्यनिन्दात्मसंस्तुतिः ।।	ऽ।ऽ, ऽ।ऽ, ।ऽ	ररलग
2193	14.25.1	मानापमानयोस्तुल्यः	ऽऽ।, ऽ।ऽ, ऽ।	तरगल
2194	14.25.2	तुल्यो मित्रारिपक्षयोः ।	ऽऽऽ, ऽ।ऽ, ।ऽ	मरलग
2195	14.25.3	सर्वारम्भपरित्यागी	ऽऽऽ, ।।ऽ, ऽऽ	मसगग
2196	14.25.4	गुणातीतः स उच्यते ।।	।ऽऽ, ऽ।ऽ, ।ऽ	यरलग
2197	2.47.3	मा कर्मफलहेतुर्भूः	ऽऽ।, ।।ऽ, ऽऽ	तसगग
2198	14.26.2	भक्तियोगेन सेवते ।	ऽ।ऽ, ऽ।ऽ, ।ऽ	ररलग
2199	5.1.1	संन्यासं कर्मणां कृष्ण	ऽऽऽ, ऽ।ऽ, ऽ।	मरगल
2200	14.26.4	ब्रह्मभूयाय कल्पते ।।	ऽ।ऽ, ऽ।ऽ, ।ऽ	ररलग

2201	14.27.1	ब्रह्मणो हि प्रतिष्ठाहम्	ऽ।ऽ, ऽ।ऽ, ऽऽ	ररगग
2202	14.27.2	अमृतस्याव्ययस्य च ।	।।ऽ, ऽ।ऽ, ।।	सरलल
2203	14.27.3	शाश्वतस्य च धर्मस्य	ऽ।ऽ, ।।ऽ, ऽ।	रसगल
2204	14.27.4	सुखस्यैकान्तिकस्य च ॥	।ऽऽ, ऽ।ऽ, ।।	यरलल
2205	15.1.1	ऊर्ध्वमूलमधःशाखम्	ऽ।ऽ, ।।ऽ, ऽऽ	रसगग
2206	15.1.2	अश्वत्थं प्राहुरव्ययम् ।	ऽऽऽ, ऽ।ऽ, ।ऽ	मरलग
2207	15.1.3	छन्दांसि यस्य पर्णानि	ऽऽ।, ऽ।ऽ, ऽ।	तरगल
2208	15.1.4	यस्तं वेद स वेदवित् ॥	ऽऽऽ, ।।ऽ, ।ऽ	मसलग
2209	15.2.1	अधश्चोर्ध्वं प्रसृतास्तस्य शाखा	।ऽऽ, ऽ।।, ऽऽ।, ऽऽ	यभतगग
2210	15.2.2	गुणप्रवृद्धा विषयप्रवालाः ।	।ऽ।, ऽऽ।, ।ऽ।, ऽऽ	जतजगग
2211	15.2.3	अधश्च मूलान्यनुसन्ततानि	।ऽ।, ऽऽ।, ।ऽ।, ऽ।	जतजगल
2212	15.2.4	कर्मानुबन्धीनि मनुष्यलोके ॥	ऽऽ।, ऽऽ।, ।ऽ।, ऽऽ	ततजगग
2213	15.3.1	न रूपमस्येह तथोपलभ्यते	।ऽ।, ऽऽ।, ।ऽ।, ऽ।ऽ	जतजर
2214	15.3.2	नान्तो न चादिर्न च सम्प्रतिष्ठा ।	ऽऽ।, ऽऽ।, ।ऽ।, ऽऽ	ततजगग
2215	15.3.3	अश्वत्थमेनं सुविरूढमूलम्	ऽऽ।, ऽऽ।, ।ऽ।, ऽऽ	ततजगग
2216	15.3.4	असङ्गशस्त्रेण दृढेन छित्त्वा ॥	।ऽ।, ऽऽ।, ।ऽ।, ऽ।	जतजगल
2217	1.13.1	ततः शङ्खाश्च भेर्यश्च	।ऽऽ, ऽ।ऽ, ।ऽ	यरलग
2218	15.4.2	यस्मिन्गता न निवर्तन्ति भूयः ।	ऽऽ।, ऽ।।, ऽऽ।, ऽऽ	तभतगग
2219	15.4.3	तमेव चाद्यं पुरुषं प्रपद्ये	।ऽ।, ऽऽ।, ।ऽ।, ऽऽ	जतजगग
2220	15.4.4	यतः प्रवृत्तिः प्रसृता पुराणी ॥	।ऽ।, ऽऽ।, ।ऽ।, ऽऽ	जतजगग
2221	15.5.1	निर्मानमोहा जितसङ्गदोषा	ऽऽ।, ऽऽ।, ।ऽ।, ऽऽ	ततजगग
2222	15.5.2	अध्यात्मनित्या विनिवृत्तकामाः ।	ऽऽ।, ऽऽ।, ।ऽ।, ऽऽ	ततजगग
2223	15.5.3	द्वन्द्वैर्विमुक्ताः सुखदुःखसंज्ञैः	ऽऽ।, ऽऽ।, ।ऽ।, ऽऽ	ततजगग
2224	15.5.4	गच्छन्त्यमूढाः पदमव्ययं तत् ॥	ऽऽ।, ऽऽ।, ।ऽ।, ऽऽ	ततजगग
2225	15.6.1	न तद्भासयते सूर्यो	।ऽऽ, ।।ऽ, ऽऽ	यसगग
2226	15.6.2	न शशाङ्को न पावकः ।	।।ऽ, ऽ।ऽ, ।ऽ	सरलग
2227	15.6.3	यद्गत्वा न निवर्तन्ते	ऽऽऽ, ।।ऽ, ऽऽ	मसगग
2228	15.6.4	तद्धाम परमं मम ॥	ऽऽ।, ।।ऽ, ।।	तसलल

2229	15.7.1	ममैवांशो जीवलोके	।ऽऽ, ऽऽ।, ऽऽ	यतगग
2230	15.7.2	जीवभूतः सनातनः ।	ऽ।ऽ, ऽ।ऽ, ।ऽ	ररलग
2231	15.7.3	मनःषष्ठानीन्द्रियाणि	।ऽऽ, ऽऽ।, ऽऽ	यतगग
2232	15.7.4	प्रकृतिस्थानि कर्षति ।।	।।ऽ, ऽ।ऽ, ।।	सरलल
2233	15.8.1	शरीरं यदवाप्नोति	।ऽऽ, ।।ऽ, ऽ।	यसगल
2234	15.8.2	यच्चाप्युत्क्रामतीश्वरः ।	ऽऽऽ, ऽ।ऽ, ।ऽ	मरलग
2235	15.8.3	गृहीत्वैतानि संयाति	।ऽऽ, ऽ।ऽ, ऽ।	यरगल
2236	15.8.4	वायुर्गन्धानिवाशयात् ।।	ऽऽऽ, ऽ।ऽ, ।ऽ	मरलग
2237	15.9.1	श्रोत्रं चक्षुः स्पर्शनं च	ऽऽऽ, ऽऽ।, ऽ।	मतगल
2238	15.9.2	रसनं घ्राणमेव च ।	।।ऽ, ऽ।ऽ, ।।	सरलल
2239	15.9.3	अधिष्ठाय मनश्चायं	।ऽऽ, ।।ऽ, ऽऽ	यसगग
2240	15.9.4	विषयानुपसेवते ।।	।।ऽ, ।।ऽ, ।ऽ	ससलग
2241	15.10.1	उत्क्रामन्तं स्थितं वापि	ऽऽऽ, ऽ।ऽ, ऽ।	मरगल
2242	15.10.2	भुञ्जानं वा गुणान्वितम् ।	ऽऽऽ, ऽ।ऽ, ।ऽ	मरलग
2243	15.10.3	विमूढा नानुपश्यन्ति	।ऽऽ, ऽ।ऽ, ऽ।	यरगल
2244	15.10.4	पश्यन्ति ज्ञानचक्षुषः ।।	ऽऽऽ, ऽ।ऽ, ।ऽ	मरलग
2245	15.11.1	यतन्तो योगिनश्चैनं	।ऽऽ, ऽ।ऽ, ऽऽ	यरगग
2246	15.11.2	पश्यन्त्यात्मन्यवस्थितम् ।	ऽऽऽ, ऽ।ऽ, ।ऽ	मरलग
2247	15.11.3	यतन्तोऽप्यकृतात्मानो	।ऽऽ, ।।ऽ, ऽऽ	यसगग
2248	15.11.4	नैनं पश्यन्त्यचेतसः ।।	ऽऽऽ, ऽ।ऽ, ।ऽ	मरलग
2249	15.12.1	यदादित्यगतं तेजो	।ऽऽ, ।।ऽ, ऽऽ	यसगग
2250	15.12.2	जगद्भासयतेऽखिलम् ।	।ऽऽ, ।।ऽ, ।ऽ	यसलग
2251	15.12.3	यच्चन्द्रमसि यच्चाग्नौ	ऽऽ।, ।।ऽ, ऽऽ	तसगग
2252	15.12.4	तत्तेजो विद्धि मामकम् ।।	ऽऽऽ, ऽ।ऽ, ।ऽ	मरलग
2253	15.13.1	गामाविश्य च भूतानि	ऽऽऽ, ।।ऽ, ऽऽ	मसगग
2254	15.13.2	धारयाम्यहमोजसा ।	ऽ।ऽ, ।।ऽ, ।ऽ	रसलग
2255	15.13.3	पुष्णामि चौषधीः सर्वाः	ऽऽ।, ऽ।ऽ, ऽऽ	तरगग
2256	15.13.4	सोमो भूत्वा रसात्मकः ।।	ऽऽऽ, ऽ।ऽ, ।ऽ	मरलग

2257	15.14.1	अहं वैश्वनरो भूत्वा	।SS, S।S, SS	यरगग
2258	15.14.2	प्राणिनां देहमाश्रितः ।	S।S, S।S, ।S	ररलग
2259	15.14.3	प्राणापानसमायुक्तः	SSS, ।।S, SS	मसगग
2260	15.14.4	पचाम्यन्नं चतुर्विधम् ।।	।SS, S।S, ।S	यरलग
2261	15.15.1	सर्वस्य चाहं हृदि सन्निविष्टो	SS।, SS।, ।S।, SS	ततजगग
2262	7.12.3	मत्त एवेति तान्विद्धि	S।S, S।S, S।	ररगल
2263	15.15.3	वेदैश्च सर्वैरहमेव वेद्यो	SS।, SS।, ।S।, SS	ततजगग
2264	15.15.4	वेदान्तकृद्वेदविदेव चाहम् ।।	SS।, SS।, ।S।, SS	ततजगग
2265	15.16.1	द्वाविमौ पुरुषौ लोके	S।S, ।।S, SS	रसगग
2266	15.16.2	क्षरश्चाक्षर एव च ।	।SS, ।।S, ।।	यसलल
2267	15.16.3	क्षरः सर्वाणि भूतानि	।SS, S।S, S।	यरगल
2268	15.16.4	कूटस्थोऽक्षर उच्यते ।।	SSS, ।।S, ।S	मसलग
2269	15.17.1	उत्तमः पुरुषस्त्वन्यः	S।S, ।।S, SS	रसगग
2270	15.17.2	परमात्मेत्युदाहृतः ।	।।S, S।S, ।S	सरलग
2271	15.17.3	यो लोकत्रयमाविश्य	SSS, ।।S, S।	मसगल
2272	15.17.4	बिभर्त्यव्यय ईश्वरः ।।	।SS, ।।S, ।S	यसलग
2273	15.18.1	यस्मात्क्षरमतीतोऽहम्	SS।, ।।S, SS	तसगग
2274	15.18.2	अक्षरादपि चोत्तमः ।	S।S, ।।S, ।S	रसलग
2275	15.18.3	अतोऽस्मि लोके वेदे च	।S।, SSS, SS	जमगग
2276	15.18.4	प्रथितः पुरुषोत्तमः ।।	।।S, ।।S, ।S	ससलग
2277	15.19.1	यो मामेवमसम्मूढो	SSS, ।।S, SS	मसगग
2278	15.19.2	जानाति पुरुषोत्तमम् ।	SS।, ।।S, ।S	तसलग
2279	7.22.1	स तया श्रद्धया युक्तः	।।S, S।S, SS	सरगग
2280	15.19.4	सर्वभावेन भारत ।।	S।S, S।S, ।।	ररलल
2281	15.20.1	इति गुह्यतमं शास्त्रम्	।।S, ।।S, SS	ससगग
2282	15.20.2	इदमुक्तं मयानघ ।	।।S, S।S, ।।	सरलल
2283	15.20.3	एतद्बुद्ध्वा बुद्धिमान्स्यात्	SSS, SS।, SS	मतगग
2284	15.20.4	कृतकृत्यश्च भारत ।।	।।S, S।S, ।।	सरलल

परिशिष्ट

2285	16.1.1	अभयं सत्त्वसंशुद्धिः	IIS, SIS, SS	सरगग
2286	16.1.2	ज्ञानयोगव्यवस्थितिः।	SIS, SIS, IS	ररलग
2287	16.1.3	दानं दमश्च यज्ञश्च	SSI, SIS, SS	तरगग
2288	16.1.4	स्वाध्यायस्तप आर्जवम्॥	SSS, IIS, IS	मसलग
2289	16.2.1	अहिंसा सत्यमक्रोधः	ISS, SIS, SS	यरगग
2290	16.2.2	त्यागः शान्तिरपैशुनम्।	SSS, IIS, IS	मसलग
2291	16.2.3	दया भूतेष्वलोलुप्त्वं	ISS, SIS, SS	यरगग
2292	16.2.4	मार्दवं ह्रीरचापलम्॥	SIS, SIS, IS	ररलग
2293	16.3.1	तेजः क्षमा धृतिः शौचम्	SSI, SIS, SS	तरगग
2294	16.3.2	अद्रोहो नातिमानिता।	SSS, SIS, IS	मरलग
2295	16.3.3	भवन्ति सम्पदं दैवीम्	ISI, SIS, SS	जरगग
2296	16.3.4	अभिजातस्य भारत॥	IIS, SIS, II	सरलल
2297	16.4.1	दम्भो दर्पोऽभिमानश्च	SSS, SIS, SS	मरगग
2298	16.4.2	क्रोधः पारुष्यमेव च।	SSS, SIS, II	मरलल
2299	16.4.3	अज्ञानं चाभिजातस्य	SSS, SIS, SI	मरगल
2300	16.4.4	पार्थ सम्पदमासुरीम्॥	SIS, IIS, IS	रसलग
2301	9.13.2	दैवीं प्रकृतिमाश्रिताः।	SSI, IIS, IS	तसलग
2302	16.5.2	निबन्धायासुरी मता।	ISS, SIS, IS	यरलग
2303	9.32.1	मां हि पार्थ व्यपाश्रित्य	SIS, IIS, SI	रसगल
2304	16.5.4	अभिजातोऽसि पाण्डव॥	IIS, SIS, II	सरलल
2305	16.6.1	द्वौ भूतसर्गौ लोकेऽस्मिन्	SSI, SSS, SS	तमगग
2306	18.14.4	दैवं चैवात्र पञ्चमम्॥	SSS, SIS, IS	मरलग
2307	16.6.3	दैवो विस्तरशः प्रोक्त	SSS, IIS, SS	मसगग
2308	16.6.4	आसुरं पार्थ मे शृणु॥	SIS, SIS, II	ररलल
2309	16.7.1	प्रवृत्तिं च निवृत्तिं च	ISS, IIS, SI	यसगल
2310	7.16.2	जनाः सुकृतिनोऽर्जुन।	ISI, IIS, II	जसलल
2311	16.7.3	न शौचं नापि चाचारो	ISS, SIS, SS	यरगग
2312	16.7.4	न सत्यं तेषु विद्यते॥	ISS, SIS, IS	यरलग

2313	16.8.1	असत्यमप्रतिष्ठं ते	।ऽ।, ऽ।ऽ, ऽऽ	जरगग
2314	16.8.2	जगदाहुरनीश्वरम् ।	।।ऽ, ।।ऽ, ।ऽ	ससलग
2315	16.8.3	अपरस्परसम्भूतं	।।ऽ, ।।ऽ, ऽऽ	ससगग
2316	16.8.4	किमन्यत्कामहैतुकम् ।।	।ऽऽ, ऽ।ऽ, ।ऽ	यरलग
2317	16.9.1	एतां दृष्टिमवष्टभ्य	।ऽऽ, ।।ऽ, ऽऽ	यसगग
2318	16.9.2	नष्टात्मानोऽल्पबुद्धयः ।	ऽऽऽ, ऽ।ऽ, ।ऽ	मरलग
2319	16.9.3	प्रभवन्त्युग्रकर्माणः	।।ऽ, ऽ।ऽ, ऽऽ	सरगग
2320	16.9.4	क्षयाय जगतोऽहिताः ।।	।ऽ।, ।।ऽ, ।ऽ	जसलग
2321	16.10.1	काममाश्रित्य दुष्पूरं	ऽ।ऽ, ऽ।ऽ, ऽऽ	ररगग
2322	16.10.2	दम्भमानमदान्विताः ।	ऽ।ऽ, ।।ऽ, ।ऽ	रसलग
2323	16.10.3	मोहाद्गृहीत्वासद्ग्राहान्	ऽऽ।, ऽऽऽ, ऽऽ	तमगग
2324	16.10.4	प्रवर्तन्तेऽशुचिव्रताः ।।	।ऽऽ, ऽ।ऽ, ।ऽ	यरलग
2325	16.11.1	चिन्तामपरिमेयां च	।ऽऽ, ।।ऽ, ऽऽ	यसगग
2326	16.11.2	प्रलयान्तामुपाश्रिताः ।	।।ऽ, ऽ।ऽ, ।ऽ	सरलग
2327	16.11.3	कामोपभोगपरमा	ऽऽ।, ऽ।।, ।ऽ	तभलग
2328	16.11.4	एतावदिति निश्चिताः ।।	।ऽ।, ।।ऽ, ।ऽ	जसलग
2329	16.12.1	आशापाशशतैर्बद्धाः	ऽऽऽ, ।।ऽ, ऽऽ	मसगग
2330	16.12.2	कामक्रोधपरायणाः ।	।।ऽ, ऽ।ऽ, ।ऽ	सरलग
2331	16.12.3	ईहन्ते कामभोगार्थम्	ऽऽऽ, ऽ।ऽ, ऽऽ	मरगग
2332	16.12.4	अन्यायेनार्थसञ्चयान् ।।	ऽऽऽ, ऽ।ऽ, ।ऽ	मरलग
2333	16.13.1	इदमद्य मया लब्धम्	।।ऽ, ।।ऽ, ऽऽ	ससगग
2334	16.13.2	इमिमं प्राप्स्ये मनोरथम् ।	।ऽऽ, ऽ।ऽ, ।ऽ	यरलग
2335	16.13.3	इदमस्तीदमपि मे	।।ऽ, ऽ।।, ।ऽ	सभलग
2336	16.13.4	भविष्यति पुनर्धनम् ।।	।ऽ।, ।।ऽ, ।ऽ	जसलग
2337	16.14.1	असौ मया हतः शत्रुः	।ऽ।, ऽ।ऽ, ऽऽ	जरगग
2338	16.14.2	हनिष्ये चापरानपि ।	।ऽऽ, ऽ।ऽ, ।।	यरलल
2339	16.14.3	ईश्वरोऽहमहं भोगी	ऽ।ऽ, ।।ऽ, ऽऽ	रसगग
2340	16.14.4	सिद्धोऽहं बलवान्सुखी ।।	ऽऽऽ, ।।ऽ, ।ऽ	मसलग

2341	16.15.1	आढ्योऽभिजनवानस्मि	ऽऽ।, ।।ऽ, ऽ।	तसगल
2342	16.15.2	कोऽन्योऽस्ति सदृशो मया ।	ऽऽ।, ।।ऽ, ।ऽ	तसलग
2343	16.15.3	यक्ष्ये दास्यामि मोदिष्य	ऽऽऽ, ऽ।ऽ, ऽ।	मरगल
2344	16.15.4	इत्यज्ञानविमोहिताः ।।	ऽऽऽ, ।।ऽ, ।ऽ	मसलग
2345	16.16.1	अनेकचित्तविभ्रान्ता	।ऽ।, ऽ।ऽ, ऽऽ	जरगग
2346	16.16.2	मोहजालसमावृताः ।	ऽ।ऽ, ।।ऽ, ।ऽ	रसलग
2347	16.16.3	प्रसक्ताः कामभोगेषु	।ऽऽ, ऽ।ऽ, ऽ।	यरगल
2348	16.16.4	पतन्ति नरकेऽशुचौ ।।	।ऽ।, ।।ऽ, ।ऽ	जसलग
2349	16.17.1	आत्मसम्भाविताः स्तब्धा	ऽ।ऽ, ऽ।ऽ, ऽऽ	ररगग
2350	16.17.2	धनमानमदान्विताः ।	।।ऽ, ।।ऽ, ।ऽ	ससलग
2351	16.17.3	यजन्ते नामयज्ञैस्ते	।ऽऽ, ऽ।ऽ, ऽऽ	यरगग
2352	16.17.4	दम्भेनाविधिपूर्वकम् ।।	ऽऽऽ, ।।ऽ, ।ऽ	मसलग
2353	18.53.1	अहङ्कारं बलं दर्पं	।ऽऽ, ऽ।ऽ, ऽऽ	यरगग
2354	18.53.2	कामं क्रोधं परिग्रहम् ।	ऽऽऽ, ऽ।ऽ, ।ऽ	मरलग
2355	16.18.3	मामात्मपरदेहेषु	ऽऽ।, ।।ऽ, ऽऽ	तसगग
2356	16.18.4	प्रद्विषन्तोऽभ्यसूयकाः ।।	ऽ।ऽ, ऽ।ऽ, ।ऽ	ररलग
2357	16.19.1	तानहं द्विषतः क्रूरान्	ऽ।ऽ, ।।ऽ, ऽऽ	रसगग
2358	1.13.4	स शब्दस्तुमुलोऽभवत् ।।	।ऽऽ, ।।ऽ, ।ऽ	यसलग
2359	16.19.3	क्षिपाम्यजस्रमशुभान्	।ऽ।, ऽ।।, ।ऽ	जभलग
2360	16.19.4	आसुरीष्वेव योनिषु ।।	ऽ।ऽ, ऽ।ऽ, ।।	ररलल
2361	16.20.1	आसुरीं योनिमापन्ना	ऽ।ऽ, ऽ।ऽ, ऽऽ	ररगग
2362	16.20.2	मूढा जन्मनि जन्मनि ।	ऽऽऽ, ।।ऽ, ।।	मसलल
2363	16.20.3	मामप्राप्यैव कौन्तेय	ऽऽऽ, ऽ।ऽ, ऽ।	मरगल
2364	16.20.4	ततो यान्त्यधमां गतिम् ।।	।ऽऽ, ।।ऽ, ।ऽ	यसलग
2365	18.18.4	त्रिविधः कर्मसङ्ग्रहः ।।	।।ऽ, ऽ।ऽ, ।ऽ	सरलग
2366	16.21.2	द्वारं नाशनमात्मनः ।	ऽऽऽ, ।।ऽ, ।ऽ	मसलग
2367	3.37.1	काम एष क्रोध एष	ऽ।ऽ, ऽऽ।, ऽ।	रतगल
2368	16.21.4	तस्मादेतत्त्रयं त्यजेत् ।।	ऽऽऽ, ।।ऽ, ।ऽ	मसलग

परिशिष्ट

2369	16.22.1	एतैर्विमुक्तः कौन्तेय	SSI, SSS, SI	तमगल
2370	16.22.2	तमोद्वारैस्त्रिभिर्नरः ।	ISS, SIS, IS	यरलग
2371	16.22.3	आचरत्यात्मनः श्रेयः	SIS, SIS, SS	ररगग
2372	16.22.4	ततो याति परां गतिम् ॥	ISS, IIS, IS	यसलग
2373	18.68.1	य इदं परमं गुह्यं	IIS, IIS, SS	ससगग
2374	16.23.2	वर्तते कामकारतः ।	SIS, SIS, IS	ररलग
2375	16.23.3	न स सिद्धिमवाप्नोति	IIS, IIS, SI	ससगल
2376	16.23.4	न सुखं न परां गतिम् ॥	IIS, IIS, IS	ससलग
2377	16.24.1	तस्माच्छास्त्रं प्रमाणं ते	SSS, SIS, SS	मरगग
2378	16.24.2	कार्याकार्यव्यवस्थितौ ।	SSS, SIS, IS	मरलग
2379	16.24.3	ज्ञात्वा शास्त्रविधानोक्तं	SSS, IIS, SS	मसगग
2380	16.24.4	कर्म कर्तुमिहार्हसि ॥	SIS, IIS, II	रसलल
2381	17.1.1	ये शास्त्रविधिमुत्सृज्य	SSI, IIS, SI	तसगल
2382	17.1.2	यजन्ते श्रद्धयान्विताः ।	ISS, SIS, IS	यरलग
2383	17.1.3	तेषां निष्ठा तु का कृष्ण	SSS, SIS, SI	मरगल
2384	17.1.4	सत्त्वमाहो रजस्तमः ॥	SIS, SIS, IS	ररलग
2385	17.2.1	त्रिविधा भवति श्रद्धा	IIS, IIS, SS	ससगग
2386	17.2.2	देहिनां सा स्वभावजा ।	SIS, SIS, IS	ररलग
2387	17.2.3	सात्त्विकी राजसी चैव	SIS, SIS, SI	ररगल
2388	17.2.4	तामसी चेति तां शृणु ॥	SIS, SIS, II	ररलल
2389	17.3.1	सत्त्वानुरूपा सर्वस्य	SSI, SSS, SS	तमगग
2390	17.3.2	श्रद्धा भवति भारत ।	SSI, IIS, II	तसलल
2391	17.3.3	श्रद्धामयोऽयं पुरुषो	SSI, SSI, IS	ततलग
2392	17.3.4	यो यच्छ्रद्धः स एव सः ॥	SSS, SIS, IS	मरलग
2393	17.4.1	यजन्ते सात्त्विका देवान्	ISS, SIS, SS	यरगग
2394	17.4.2	यक्षरक्षांसि राजसाः ।	SIS, SIS, IS	ररलग
2395	17.4.3	प्रेतान्भूतगणांश्चान्ये	SSS, IIS, SS	मसगग
2396	17.4.4	यजन्ते तामसा जनाः ॥	ISS, SIS, IS	यरलग

2397	17.5.1	अशास्त्रविहितं घोरं	।ऽ।, ।।ऽ, ऽऽ	जसगग
2398	17.5.2	तप्यन्ते ये तपो जनाः ।	ऽऽऽ, ऽ।ऽ, ।ऽ	मरलग
2399	17.5.3	दम्भाहङ्कारसंयुक्ताः	ऽऽऽ, ऽ।ऽ, ऽऽ	मरगग
2400	17.5.4	कामरागबलान्विताः ।।	ऽ।ऽ, ।।ऽ, ।ऽ	रसलग
2401	17.6.1	कर्षयन्तः शरीरस्थं	ऽ।ऽ, ऽ।ऽ, ऽऽ	ररगग
2402	17.6.2	भूतग्राममचेतसः ।	ऽ।ऽ, ।।ऽ, ।ऽ	रसलग
2403	11.49.1	मा ते व्यथा मा च विमूढभावो	ऽऽ।, ऽऽ।, ।ऽ।, ऽऽ	ततजगग
2404	17.6.4	तान्विद्ध्यासुरनिश्चयान् ।।	ऽऽऽ, ।।ऽ, ।ऽ	मसलग
2405	17.7.1	आहारस्त्वपि सर्वस्य	ऽऽऽ, ।।ऽ, ऽऽ	मसगग
2406	17.7.2	त्रिविधो भवति प्रियः ।	।।ऽ, ।।ऽ, ।ऽ	ससलग
2407	17.7.3	यज्ञस्तपस्तथा दानं	ऽऽ।, ऽ।ऽ, ऽऽ	तरगग
2408	17.7.4	तेषां भेदमिमं शृणु ।।	ऽऽऽ, ।।ऽ, ।।	मसलल
2409	17.8.1	आयुःसत्त्वबलारोग्य-	ऽऽऽ, ।।ऽ, ऽ।	मसगल
2410	17.8.2	सुखप्रीतिविवर्धनाः ।	ऽऽ।, ।।ऽ, ।ऽ	तसलग
2411	17.8.3	रस्याः स्निग्धाः स्थिरा हृद्या	ऽऽऽ, ऽ।ऽ, ऽऽ	मरगग
2412	17.9.3	आहारा राजसस्येष्टा	ऽऽऽ, ऽ।ऽ, ऽऽ	मरगग
2413	17.9.1	कट्वम्ललवणात्युष्ण	ऽऽ।, ।।ऽ, ऽ।	तसगल
2414	17.9.2	तीक्ष्णरूक्षविदाहिनः ।	ऽ।ऽ, ।।ऽ, ।ऽ	रसलग
2415	17.8.4	आहाराः सात्त्विकप्रियाः ।।	ऽऽऽ, ऽ।ऽ, ।ऽ	मरलग
2416	17.9.4	दुःखशोकामयप्रदाः ।।	ऽ।ऽ, ऽ।ऽ, ।ऽ	ररलग
2417	17.10.1	यातयामं गतरसं	ऽ।ऽ, ऽ।।, ।ऽ	रभलग
2418	17.10.2	पूति पर्युषितं च यत् ।	ऽ।ऽ, ।।ऽ, ।ऽ	रसलग
2419	17.10.3	उच्छिष्टमपि चामेध्यं	ऽऽ।, ।।ऽ, ऽऽ	तसगग
2420	17.10.4	भोजनं तामसप्रियम् ।।	ऽ।ऽ, ऽ।ऽ, ।ऽ	ररलग
2421	17.11.1	अफलाकाङ्क्षिभिर्यज्ञो	।।ऽ, ऽ।ऽ, ऽऽ	सरगग
2422	17.11.2	विधिदृष्टो य इज्यते ।	।।ऽ, ऽ।ऽ, ।ऽ	सरलग
2423	17.11.3	यष्टव्यमेवेति मनः	ऽऽ।, ऽऽ।, ।ऽ	ततलग
2424	17.11.4	समाधाय स सात्त्विकः ।।	।ऽऽ, ।।ऽ, ।ऽ	यसलग

2425	17.12.1	अभिसन्धाय तु फलं	।।ऽ, ऽ।।, ।ऽ	सभलग
2426	17.12.2	दम्भार्थमपि चैव यत् ।	ऽऽ।, ।।ऽ, ।ऽ	तसलग
2427	17.12.3	इज्यते भरतश्रेष्ठ	ऽ।ऽ, ।।ऽ, ऽ।	रसगल
2428	6.23.1	तं विद्याद्दुःखसंयोग	ऽऽऽ, ऽ।ऽ, ऽ।	मरगल
2429	17.13.1	विधिहीनमसृष्टान्नं	।।ऽ, ।।ऽ, ऽऽ	ससगग
2430	17.13.2	मन्त्रहीनमदक्षिणम् ।	ऽ।ऽ, ।।ऽ, ।ऽ	रसलग
2431	17.13.3	श्रद्धाविरहितं यज्ञं	ऽऽ।, ।।ऽ, ऽऽ	तसगग
2432	18.7.4	तामसः परिकीर्तितः ।।	ऽ।ऽ, ।।ऽ, ।ऽ	रसलग
2433	17.14.1	देवद्विजगुरुप्राज्ञ	ऽऽ।, ।।ऽ, ऽ।	तसगल
2434	17.14.2	पूजनं शौचमार्जवम् ।	ऽ।ऽ, ऽ।ऽ, ।ऽ	ररलग
2435	17.14.3	ब्रह्मचर्यमहिंसा च	ऽ।ऽ, ।।ऽ, ऽ।	रसगल
2436	17.14.4	शारीरं तप उच्यते ।।	ऽऽऽ, ।।ऽ, ।ऽ	मसलग
2437	17.15.1	अनुद्वेगकरं वाक्यं	।ऽऽ, ।।ऽ, ऽऽ	यसगग
2438	17.15.2	सत्यं प्रियहितं च यत् ।	ऽऽ।, ।।ऽ, ।ऽ	तसलग
2439	17.15.3	स्वाध्यायाभ्यसनं चैव	ऽऽऽ, ।।ऽ, ऽ।	मसगल
2440	17.15.4	वाङ्मयं तप उच्यते ।।	ऽ।ऽ, ।।ऽ, ।ऽ	रसलग
2441	17.16.1	मनःप्रसादः सौम्यत्वं	।ऽ।, ऽऽऽ, ऽऽ	जमगग
2442	17.16.2	मौनमात्मविनिग्रहः ।	ऽ।ऽ, ।।ऽ, ।ऽ	रसलग
2443	17.16.3	भावसंशुद्धिरित्येतत्	ऽ।ऽ, ऽ।ऽ, ऽऽ	ररगग
2444	17.16.4	तपो मानसमुच्यते ।।	।ऽऽ, ।।ऽ, ।ऽ	यसलग
2445	17.17.1	श्रद्धया परया तप्तं	ऽ।ऽ, ।।ऽ, ऽऽ	रसगग
2446	17.17.2	तपस्तत्त्रिविधं नरैः ।	।ऽऽ, ।।ऽ, ।ऽ	यसलग
2447	17.17.3	अफलाकाङ्क्षिभिर्युक्तैः	।।ऽ, ऽ।ऽ, ऽऽ	सरगग
2448	17.17.4	सात्त्विकं परिचक्षते ।।	ऽ।ऽ, ।।ऽ, ।ऽ	रसलग
2449	17.18.1	सत्कारमानपूजार्थं	ऽऽ।, ऽ।ऽ, ऽऽ	तरगग
2450	17.18.2	तपो दम्भेन चैव यत् ।	।ऽऽ, ऽ।ऽ, ।ऽ	यरलग
2451	17.18.3	क्रियते तदिह प्रोक्तं	।।ऽ, ।।ऽ, ऽ ऽ	ससगग
2452	17.18.4	राजसं चलमध्रुवम् ।।	ऽ।ऽ, ।।ऽ, ।ऽ	रसलग

2453	17.19.1	मूढग्राहेणात्मनो यत्	ऽऽऽ, ऽऽ।, ऽऽ	मतगग
2454	17.19.2	पीडया क्रियते तपः ।	ऽ।ऽ, ।।ऽ, ।ऽ	रसलग
2455	17.19.3	परस्योत्सादनार्थं वा	।ऽऽ, ऽ।ऽ, ऽऽ	यरगग
2456	18.22.4	तत्तामसमुदाहृतम् ।।	।ऽऽ, ।।ऽ, ।ऽ	यसलग
2457	17.20.1	दातव्यमिति यद्दानं	ऽऽ।, ।।ऽ, ऽऽ	तसगग
2458	17.20.2	दीयतेऽनुपकारिणे ।	ऽ।ऽ, ।।ऽ, ।ऽ	रसलग
2459	17.20.3	देशे काले च पात्रे च	ऽऽऽ, ऽ।ऽ, ऽ।	मरगल
2460	17.20.4	तद्दानं सात्त्विकं स्मृतम् ।।	ऽऽऽ, ऽ।ऽ, ।ऽ	मरलग
2461	17.21.1	यत्तु प्रत्युपकारार्थं	ऽऽऽ, ।।ऽ, ऽऽ	मसगग
2462	17.21.2	फलमुद्दिश्य वा पुनः ।	।।ऽ, ऽ।ऽ, ।ऽ	सरलग
2463	17.21.3	दीयते च परिक्लिष्टं	ऽ।ऽ, ।।ऽ, ऽऽ	रसगग
2464	17.21.4	तद्दानं राजसं स्मृतम् ।।	ऽऽऽ, ऽ।ऽ, ।ऽ	मरलग
2465	17.22.1	अदेशकाले यद्दानम्	।ऽ।, ऽऽऽ, ऽऽ	जमगग
2466	17.22.2	अपात्रेभ्यश्च दीयते ।	।ऽऽ, ऽ।ऽ, ।ऽ	यरलग
2467	17.22.3	असत्कृतमवज्ञातं	।ऽ।, ।।ऽ, ऽऽ	जसगग
2468	17.19.4	तत्तामसमुदाहृतम् ।।	ऽऽ।, ।।ऽ, ।ऽ	तसलग
2469	17.23.1	ॐ तत्सदिति निर्देशो	ऽऽ।, ।।ऽ, ऽऽ	तसगग
2470	17.23.2	ब्रह्मणस्त्रिविधः स्मृतः ।	ऽ।ऽ, ।।ऽ, ।ऽ	रसलग
2471	17.23.3	ब्राह्मणास्तेन वेदाश्च	ऽऽऽ, ऽ।ऽ, ऽ।	मरगल
2472	17.23.4	यज्ञाश्च विहिताः पुरा ।।	ऽऽ।, ।।ऽ, ।ऽ	तसलग
2473	17.24.1	तस्मादोमित्युदाहृत्य	ऽऽऽ, ऽ।ऽ, ऽऽ	मरगग
2474	17.24.2	यज्ञदानतपःक्रियाः ।	ऽ।ऽ, ।।ऽ, ।ऽ	रसलग
2475	17.24.3	प्रवर्तन्ते विधानोक्ताः	।ऽऽ, ऽ।ऽ, ऽऽ	यरगग
2476	17.24.4	सततं ब्रह्मवादिनाम् ।।	।।ऽ, ऽ।ऽ, ।ऽ	सरलग
2477	17.25.1	तदित्यनभिसन्धाय	।ऽ।, ।।ऽ, ऽ।	जसगल
2478	17.25.2	फलं यज्ञतपःक्रियाः ।	।ऽऽ, ।।ऽ, ।ऽ	यसलग
2479	17.25.3	दानक्रियाश्च विविधाः	ऽऽ।, ऽ।।, ।ऽ	तभलग
2480	17.25.4	क्रियन्ते मोक्षकाङ्क्षिभिः ।।	।ऽऽ, ऽ।ऽ, ।ऽ	यरलग

परिशिष्ट

2481	17.26.1	सद्भावे साधुभावे च	SSS, SIS, SI	मरगल
2482	17.26.2	सदित्येतत्प्रयुज्यते ।	ISS, SIS, IS	यरलग
2483	17.26.3	प्रशस्ते कर्मणि तथा	ISS, SII, IS	यभलग
2484	17.26.4	सच्छब्दः पार्थ युज्यते ॥	SSS, SIS, IS	मरलग
2485	17.27.1	यज्ञे तपसि दाने च	ISI, IIS, SS	जसगग
2486	17.27.2	स्थितिः सदिति चोच्यते ।	ISI, IIS, IS	जसलग
2487	17.27.3	कर्म चैव तदर्थीयं	SIS, IIS, SS	रसगग
2488	17.27.4	सदित्येवाभिधीयते ॥	ISS, IIS, IS	यसलग
2489	17.28.1	अश्रद्धया हुतं दत्तं	SSI, SIS, SS	तरगग
2490	17.28.2	तपस्तप्तं कृतं च यत् ।	ISS, SIS, IS	यरलग
2491	17.28.3	असदित्युच्यते पार्थ	IIS, SIS, SI	सरगल
2492	17.28.4	न च तत्प्रेत्य नो इह ॥	IIS, SIS, II	सरलल
2493	8.13.4	स याति परमां गतिम् ॥	ISI, IIS, IS	जसलग
2494	18.1.2	तत्त्वमिच्छामि वेदितुम् ।	SIS, SIS, IS	ररलग
2495	18.1.3	त्यागस्य च हृषीकेश	SSI, IIS, SI	तसगल
2496	18.1.4	पृथक्केशिनिषूदन ॥	ISS, IIS, II	यसलल
2497	18.2.1	काम्यानां कर्मणां न्यासं	SSS, SIS, SS	मरगग
2498	5.21.3	स ब्रह्मयोगयुक्तात्मा	SSI, SIS, SS	तरगग
2499	18.2.3	सर्वकर्मफलत्यागं	SIS, IIS, SS	रसगग
2500	18.2.4	प्राहुस्त्यागं विचक्षणाः ॥	SSS, SIS, IS	मरलग
2501	18.3.1	त्याज्यं दोषवदित्येके	SSS, IIS, SS	मसगग
2502	18.3.2	कर्म प्राहुर्मनीषिणः ।	ISS, SIS, IS	यरलग
2503	18.3.3	यज्ञदानतपःकर्म	SIS, IIS, SI	रसगल
2504	18.3.4	न त्याज्यमिति चापरे ॥	ISI, IIS, IS	जसलग
2505	18.4.1	निश्चयं शृणु मे तत्र	SIS, IIS, SS	रसगग
2506	18.4.2	त्यागे भरतसत्तम ।	SSI, IIS, IS	तसलग
2507	18.4.3	त्यागो हि पुरुषव्याघ्र	SSI, IIS, SS	तसगग
2508	18.4.4	त्रिविधः सम्प्रकीर्तितः ॥	IIS, SIS, IS	सरलग

2509	18.5.1	यज्ञदानतपःकर्म	ऽ।ऽ, ।।ऽ, ऽ।	रसगल
2510	18.5.2	न त्याज्यं कार्यमेव तत् ।	ऽऽऽ, ऽ।ऽ, ।ऽ	मरलग
2511	18.5.3	यज्ञो दानं तपश्चैव	ऽऽऽ, ऽ।ऽ, ऽ।	मरगल
2512	18.5.4	पावनानि मनीषिणाम् ।।	ऽ।ऽ, ।।ऽ, ।ऽ	रसलग
2513	18.6.1	एतान्यपि तु कर्माणि	ऽऽ।, ।।ऽ, ऽ।	तसगल
2514	18.6.2	सङ्गं त्यक्त्वा फलानि च ।	ऽऽऽ, ऽ।ऽ, ।।	मरलल
2515	18.6.3	कर्तव्यानीति मे पार्थ	ऽऽऽ, ऽ।ऽ, ऽ।	मरगल
2516	18.6.4	निश्चितं मतमुत्तमम् ।।	ऽ।ऽ, ।।ऽ, ।ऽ	रसलग
2517	18.7.1	नियतस्य तु संन्यासः	।।ऽ, ।।ऽ, ऽऽ	ससगग
2518	18.7.2	कर्मणो नोपपद्यते ।	ऽ।ऽ, ऽ।ऽ, ।ऽ	ररलग
2519	18.7.3	मोहात्तस्य परित्यागः	ऽऽऽ, ।।ऽ, ऽऽ	मसगग
2520	17.13.4	तामसं परिचक्षते ।।	ऽ।ऽ, ।।ऽ, ।ऽ	रसलग
2521	18.8.1	दुःखमित्येव यत्कर्म	ऽ।ऽ, ऽ।ऽ, ऽ।	ररगल
2522	18.8.2	कायक्लेशभयात्त्यजेत् ।	ऽऽऽ, ।।ऽ, ।ऽ	मसलग
2523	5.13.2	संन्यस्यास्ते सुखं वशी ।	ऽऽऽ, ऽ।ऽ, ।ऽ	मरलग
2524	5.13.4	नैव कुर्वन्न कारयन् ।।	ऽ।ऽ, ऽ।ऽ, ।ऽ	ररलग
2525	18.9.1	कार्यमित्येव यत्कर्म	ऽ।ऽ, ऽ।ऽ, ऽ।	ररगल
2526	18.9.2	नियतं क्रियतेऽर्जुन ।	।।ऽ, ।।ऽ, ।।	ससलल
2527	18.9.3	सङ्गं त्यक्त्वा फलं चैव	ऽऽऽ, ऽ।ऽ, ऽ।	मरगल
2528	18.49.4	संन्यासेनाधिगच्छति ।।	ऽऽऽ, ऽ।ऽ, ।।	मरलल
2529	18.10.1	न द्वेष्ट्यकुशलं कर्म	ऽऽ।, ।।ऽ, ऽ।	तसगल
2530	18.10.2	कुशले नानुषज्जते ।	।।ऽ, ऽ।ऽ, ।ऽ	सरलग
2531	18.10.3	त्यागी सत्त्वसमाविष्टो	ऽऽऽ, ।।ऽ, ऽऽ	मसगग
2532	18.10.4	मेधावी छिन्नसंशयः ।।	ऽऽऽ, ऽ।ऽ, ।ऽ	मरलग
2533	18.11.1	न हि देहभृता शक्यं	।।ऽ, ।।ऽ, ऽऽ	ससगग
2534	18.11.2	त्यक्तुं कर्माण्यशेषतः ।	ऽऽऽ, ऽ।ऽ, ।ऽ	मरलग
2535	18.11.3	यस्तु कर्मफलत्यागी	ऽ।ऽ, ।।ऽ, ऽऽ	रसगग
2536	4.26.2	संयमाग्निषु जुह्वति ।	ऽ।ऽ, ।।ऽ, ।।	रसलल

परिशिष्ट

2537	18.12.1	अनिष्टमिष्टं मिश्रं च	ISI, SSS, SS	जमगग
2538	18.12.2	त्रिविधं कर्मणः फलम् ।	IIS, SIS, IS	सरलग
2539	18.12.3	भवत्यत्यागिनां प्रेत्य	ISS, SIS, SI	यरगल
2540	18.12.4	न तु संन्यासिनां क्वचित् ॥	IIS, SIS, IS	सरलग
2541	18.13.1	पञ्चैतानि महाबाहो	SSS, IIS, SS	मसगग
2542	18.13.2	कारणानि निबोध मे ।	SIS, IIS, IS	रसलग
2543	18.13.3	साङ्ख्ये कृतान्ते प्रोक्तानि	SSI, SSS, SI	तमगल
2544	18.13.4	सिद्धये सर्वकर्मणाम् ॥	SIS, SIS, IS	ररलग
2545	18.14.1	अधिष्ठानं तथा कर्ता	ISS, SIS, SS	यरगग
2546	18.14.2	करणं च पृथग्विधम् ।	IIS, IIS, IS	ससलग
2547	18.14.3	विविधाश्च पृथक्चेष्टा	IIS, IIS, SS	ससगग
2548	16.6.2	दैव आसुर एव च ।	SIS, IIS, II	रसलल
2549	18.15.1	शरीरवाङ्मनोभिर्यत्	ISI, SIS, SS	जरगग
2550	18.15.2	कर्म प्रारभते नरः ।	SIS, IIS, IS	रसलग
2551	18.15.3	न्याय्यं वा विपरीतं वा	SSS, IIS, SS	मसगग
2552	18.15.4	पञ्चैते तस्य हेतवः ॥	ISS, SIS, IS	यरलग
2553	18.16.1	तत्रैवं सति कर्तारम्	SSS, IIS, SS	मसगग
2554	18.16.2	आत्मानं केवलं तु यः ।	SSS, SIS, IS	मरलग
2555	18.16.3	पश्यत्यकृतबुद्धित्वात्	SSI, IIS, SS	तसगग
2556	18.16.4	न स पश्यति दुर्मतिः ॥	IIS, IIS, IS	ससलग
2557	18.17.1	यस्य नाहङ्कृतो भावो	SIS, SIS, SS	ररगग
2558	18.17.2	बुद्धिर्यस्य न लिप्यते ।	SSS, IIS, IS	मसलग
2559	18.17.3	हत्वापि स इमाँल्लोकान्	SSI, IIS, SS	तसगग
2560	18.17.4	न हन्ति न निबध्यते ॥	ISI, IIS, IS	जसलग
2561	18.18.1	ज्ञानं ज्ञेयं परिज्ञाता	SSS, SIS, SS	मरगग
2562	18.18.2	त्रिविधा कर्मचोदना ।	IIS, SIS, IS	सरलग
2563	18.18.3	करणं कर्म कर्तेति	IIS, SIS, SS	सरगग
2564	16.21.1	त्रिविधं नरकस्येदं	IIS, IIS, SS	ससगग

2565	18.19.1	ज्ञानं कर्म च कर्ता च	ऽऽऽ, ।।ऽ, ऽऽ	मसगग
2566	18.19.2	त्रिधैव गुणभेदतः ।	।ऽ।, ।।ऽ, ।ऽ	जसलग
2567	18.19.3	प्रोच्यते गुणसङ्ख्याने	ऽ।ऽ, ।।ऽ, ऽऽ	रसगग
2568	18.19.4	यथावच्छृणु तान्यपि ।।	।ऽऽ, ।।ऽ, ।।	यसलल
2569	18.20.1	सर्वभूतेषु येनैकं	ऽ।ऽ, ऽ।ऽ, ऽऽ	ररगग
2570	18.20.2	भावमव्ययमीक्षते ।	ऽ।ऽ, ।।ऽ, ।ऽ	रसलग
2571	18.20.3	अविभक्तं विभक्तेषु	।।ऽ, ऽ।ऽ, ऽ।	सरगल
2572	18.20.4	तज्ज्ञानं विद्धि सात्त्विकम् ।।	ऽऽऽ, ऽ।ऽ, ।ऽ	मरलग
2573	18.21.1	पृथक्त्वेन तु यज्ज्ञानं	ऽऽऽ, ।।ऽ, ऽऽ	मसगग
2574	18.21.2	नानाभावान्पृथग्विधान् ।	ऽऽऽ, ऽ।ऽ, ।ऽ	मरलग
2575	18.21.3	वेत्ति सर्वेषु भूतेषु	ऽ।ऽ, ऽ।ऽ, ऽ।	ररगल
2576	18.21.4	तज्ज्ञानं विद्धि राजसम् ।।	ऽऽऽ, ऽ।ऽ, ।ऽ	मरलग
2577	18.22.1	यत्तु कृत्स्नवदेकस्मिन्	ऽ।ऽ, ।।ऽ, ऽऽ	रसगग
2578	18.22.2	कार्ये सक्तमहैतुकम् ।	ऽऽऽ, ।।ऽ, ।ऽ	मसलग
2579	18.22.3	अतत्त्वार्थवदल्पं च	।ऽऽ, ।।ऽ, ऽ।	यसगल
2580	17.22.4	तत्तामसमुदाहृतम् ।।	ऽऽ।, ।।ऽ, ।ऽ	तसलग
2581	18.23.1	नियतं सङ्गरहितम्	।।ऽ, ऽ।।, ।ऽ	सभलग
2582	18.23.2	अरागद्वेषतः कृतम् ।	।ऽऽ, ऽ।ऽ, ।ऽ	यरलग
2583	18.23.3	अफलप्रेप्सुना कर्म	।।ऽ, ऽ।ऽ, ऽ।	सरगल
2584	18.23.4	यत्तत्सात्त्विकमुच्यते ।।	ऽऽऽ, ।।ऽ, ।ऽ	मसलग
2585	18.24.1	यत्तु कामेप्सुना कर्म	ऽ।ऽ, ऽ।ऽ, ऽ।	ररगल
2586	18.24.2	साहङ्कारेण वा पुनः ।	ऽऽऽ, ऽ।ऽ, ।ऽ	मरलग
2587	18.24.3	क्रियते बहुलायासं	।।ऽ, ।।ऽ, ऽऽ	ससगग
2588	18.24.4	तद्राजसमुदाहृतम् ।।	ऽऽ।, ।।ऽ, ।ऽ	तसलग
2589	18.25.1	अनुबन्धं क्षयं हिंसाम्	।।ऽ, ऽ।ऽ, ऽऽ	सरगग
2590	18.25.2	अनवेक्ष्य च पौरुषम् ।	।।ऽ, ।।ऽ, ।ऽ	ससलग
2591	18.25.3	मोहादारभ्यते कर्म	ऽऽऽ, ऽ।ऽ, ऽऽ	मरगग
2592	18.25.4	यत्तत्तामसमुच्यते ।।	ऽऽऽ, ।।ऽ, ।ऽ	मसलग

परिशिष्ट

2593	18.26.1	मुक्तसङ्गोऽनहंवादी	SIS, SIS, SS	ररगग
2594	18.26.2	धृत्युत्साहसमन्वितः।	SSS, IIS, IS	मसलग
2595	18.26.3	सिद्ध्यसिद्ध्योर्निर्विकारः	SIS, SSI, SS	रतगग
2596	18.26.4	कर्ता सात्त्विक उच्यते॥	SSS, IIS, IS	मसलग
2597	18.27.1	रागी कर्मफलप्रेप्सुः	SSS, IIS, SS	मसगग
2598	18.27.2	लुब्धो हिंसात्मकोऽशुचिः।	SSS, SIS, IS	मरलग
2599	18.27.3	हर्षशोकान्वितः कर्ता	SIS, SIS, SS	ररगग
2600	18.27.4	राजसः परिकीर्तितः॥	SIS, IIS, IS	रसलग
2601	18.28.1	अयुक्तः प्राकृतः स्तब्धः	ISS, SIS, SS	यरगग
2602	18.28.2	शठो नैष्कृतिकोऽलसः।	ISS, IIS, IS	यसलग
2603	18.28.3	विषादी दीर्घसूत्री च	ISS, SIS, SS	यरगग
2604	18.28.4	कर्ता तामस उच्यते॥	SSS, IIS, IS	मसलग
2605	18.29.1	बुद्धेर्भेदं धृतेश्चैव	SSS, SIS, SI	मरगल
2606	18.29.2	गुणतस्त्रिविधं शृणु।	IIS, IIS, II	ससलल
2607	18.29.3	प्रोच्यमानमशेषेण	SIS, IIS, SI	रसगल
2608	18.29.4	पृथक्त्वेन धनञ्जय॥	ISS, IIS, II	यसलल
2609	18.30.1	प्रवृत्तिं च निवृत्तिं च	ISS, IIS, SI	यसगल
2610	18.30.2	कार्याकार्ये भयाभये।	SSS, SIS, IS	मरलग
2611	18.30.3	बन्धं मोक्षं च या वेत्ति	SSS, SIS, SI	मरगल
2612	18.30.4	बुद्धिः सा पार्थ सात्त्विकी॥	SSS, SIS, IS	मरलग
2613	18.31.1	यया धर्ममधर्मं च	ISS, IIS, SS	यसगग
2614	18.31.2	कार्यं चाकार्यमेव च।	SSS, SIS, II	मरलल
2615	18.31.3	अयथावत्प्रजानाति	IIS, SIS, SS	सरगग
2616	18.31.4	बुद्धिः सा पार्थ राजसी॥	SSS, SIS, IS	मरलग
2617	18.32.1	अधर्मं धर्ममिति या	ISS, SII, IS	यभलग
2618	18.32.2	मन्यते तमसावृता।	SIS, IIS, IS	रसलग
2619	18.32.3	सर्वार्थान्विपरीतांश्च	SSS, IIS, SS	मसगग
2620	18.32.4	बुद्धिः सा पार्थ तामसी॥	SSS, SIS, IS	मरलग

2621	18.33.1	धृत्या यया धारयते	ऽऽ।, ऽ।।, ।ऽ	तभलग
2622	18.33.2	मनःप्राणेन्द्रियक्रियाः ।	।ऽऽ, ऽ।ऽ, ।ऽ	यरलग
2623	18.33.3	योगेनाव्यभिचारिण्या	ऽऽऽ, ।।ऽ, ऽऽ	मसगग
2624	18.33.4	धृतिः सा पार्थ सात्त्विकी ।।	।ऽऽ, ऽ।ऽ, ।ऽ	यरलग
2625	18.34.1	यया तु धर्मकामार्थान्	।ऽ।, ऽ।ऽ, ऽऽ	जरगग
2626	18.34.2	धृत्या धारयतेऽर्जुन ।	ऽऽऽ, ।।ऽ, ।।	मसलल
2627	18.34.3	प्रसङ्गेन फलाकाङ्क्षी	।ऽऽ, ।।ऽ, ऽऽ	यसगग
2628	18.34.4	धृतिः सा पार्थ राजसी ।।	।ऽऽ, ऽ।ऽ, ।ऽ	यरलग
2629	18.35.1	यया स्वप्नं भयं शोकं	।ऽऽ, ऽ।ऽ, ऽऽ	यरगग
2630	18.35.2	विषादं मदमेव च ।	।ऽऽ, ।।ऽ, ।।	यसलल
2631	18.35.3	न विमुञ्चति दुर्मेधा	।।ऽ, ।।ऽ, ऽऽ	ससगग
2632	18.35.4	धृतिः सा पार्थ तामसी ।।	।ऽऽ, ऽ।ऽ, ।ऽ	यरलग
2633	18.36.1	सुखं त्विदानीं त्रिविधं	।ऽ।, ऽऽ।, ।ऽ	जतलग
2634	18.36.2	शृणु मे भरतर्षभ ।	।।ऽ, ।।ऽ, ।।	ससलल
2635	18.36.3	अभ्यासाद्रमते यत्र	ऽऽऽ, ।।ऽ, ऽ।	मसगल
2636	18.36.4	दुःखान्तं च निगच्छति ।।	ऽऽऽ, ।।ऽ, ।।	मसलल
2637	18.37.1	यत्तदग्रे विषमिव	ऽ।ऽ, ऽ।।, ।।	रभलल
2638	18.37.2	परिणामेऽमृतोपमम् ।	।।ऽ, ऽ।ऽ, ।ऽ	सरलग
2639	18.37.3	तत्सुखं सात्त्विकं प्रोक्तम्	ऽ।ऽ, ऽ।ऽ, ऽऽ	ररगग
2640	18.37.4	आत्मबुद्धिप्रसादजम् ।।	ऽ।ऽ, ऽ।ऽ, ।ऽ	ररलग
2641	18.38.1	विषयेन्द्रियसंयोगात्	।।ऽ, ।।ऽ, ऽऽ	ससगग
2642	18.38.2	यत्तदग्रेऽमृतोपमम् ।	ऽऽऽ, ऽ।ऽ, ।ऽ	मरलग
2643	18.38.3	परिणामे विषमिव	।।ऽ, ऽ।।, ।।	सभलल
2644	18.38.4	तत्सुखं राजसं स्मृतम् ।।	ऽ।ऽ, ऽ।ऽ, ।ऽ	ररलग
2645	18.39.1	यदग्रे चानुबन्धे च	।ऽऽ, ऽ।ऽ, ऽ।	यरगल
2646	18.39.2	सुखं मोहनमात्मनः ।	।ऽऽ, ।।ऽ, ।ऽ	यसलग
2647	18.39.3	निद्रालस्यप्रमादोत्थं	ऽऽऽ, ऽ।ऽ, ऽऽ	मरगग
2648	18.39.4	तत्तामसमुदाहृतम् ।।	ऽऽ।, ।।ऽ, ।ऽ	तसलग

परिशिष्ट

2649	18.40.1	तदस्ति पृथिव्यां वा	IIS, IIS, SS	ससगग
2650	18.40.2	दिवि देवेषु वा पुनः ।	IIS, SIS, IS	सरलग
2651	18.40.3	सत्त्वं प्रकृतिजैर्मुक्तं	SSI, IIS, SS	तसगग
2652	18.40.4	यदेभिः स्यात्त्रिभिर्गुणैः ॥	ISS, SIS, IS	यरलग
2653	18.41.1	ब्राह्मणक्षत्रियविशां	SIS, SII, IS	रभलग
2654	18.41.2	शूद्राणां च परन्तप ।	SSS, IIS, II	मसलल
2655	18.41.3	कर्माणि प्रविभक्तानि	SSS, IIS, SS	मसगग
2656	18.41.4	स्वभावप्रभवैर्गुणैः ॥	ISS, IIS, IS	यसलग
2657	18.42.1	शमो दमस्तपः शौचं	ISI, SIS, SS	जरगग
2658	18.42.2	क्षान्तिरार्जवमेव च ।	SIS, IIS, II	रसलल
2659	18.42.3	ज्ञानं विज्ञानमास्तिक्यं	SSS, SIS, SS	मरगग
2660	18.42.4	ब्रह्मकर्म स्वभावजम् ॥	SIS, IIS, IS	रसलग
2661	18.43.1	शौर्यं तेजो धृतिर्दाक्ष्यं	SSS, SIS, SS	मरगग
2662	18.43.2	युद्धे चाप्यपलायनम् ।	SSS, IIS, IS	मसलग
2663	18.43.3	दानमीश्वरभावश्च	SIS, IIS, SS	रसगग
2664	18.43.4	क्षात्रं कर्म स्वभावजम् ॥	SSS, IIS, IS	मसलग
2665	18.44.1	कृषिगौरक्ष्यवाणिज्यं	IIS, SIS, SS	सरगग
2666	18.44.2	वैश्यकर्म स्वभावजम् ।	SIS, IIS, IS	रसलग
2667	18.44.3	परिचर्यात्मकं कर्म	IIS, SIS, SI	सरगल
2668	18.44.4	शूद्रस्यापि स्वभावजम् ॥	SSS, IIS, IS	मसलग
2669	18.45.1	स्वे स्वे कर्मण्यभिरतः	SSS, SII, IS	मभलग
2670	2.70.4	स शान्तिमाप्नोति न कामकामी ॥	ISI, SSI, ISI, SS	जतजगग
2671	18.45.3	स्वकर्मनिरतः सिद्धिं	ISI, IIS, SS	जसगग
2672	18.45.4	यथा विन्दति तच्छृणु ॥	ISS, IIS, II	यसलल
2673	18.46.1	यतः प्रवृत्तिर्भूतानां	ISI, SSS, SS	जमगग
2674	18.46.2	येन सर्वमिदं ततम् ।	SIS, IIS, IS	रसलग
2675	18.46.3	स्वकर्मणा तमभ्यर्च्य	ISI, SIS, SI	जरगल

2676	18.46.4	सिद्धिं विन्दति मानवः ।।	SSS, IIS, IS	मसलग
2677	18.47.1	श्रेयान्स्वधर्मो विगुणः	SSI, SSI, IS	ततलग
2678	18.47.2	परधर्मात्स्वनुष्ठितात् ।	IIS, SIS, IS	सरलग
2679	18.47.3	स्वभावनियतं कर्म	ISI, IIS, SI	जसगल
2680	18.47.4	कुर्वन्नाप्नोति किल्बिषम् ।।	SSS, SIS, IS	मरलग
2681	18.48.1	सहजं कर्म कौन्तेय	IIS, SIS, SI	सरगल
2682	18.48.2	सदोषमपि न त्यजेत् ।	ISI, IIS, IS	जसलग
2683	18.48.3	सर्वारम्भा हि दोषेण	SSS, SIS, SI	मरगल
2684	18.48.4	धूमेनाग्निरिवावृताः ।।	SSS, IIS, IS	मसलग
2685	18.49.1	असक्तबुद्धिः सर्वत्र	ISI, SSS, SI	जमगल
2686	18.49.2	जितात्मा विगतस्पृहः ।	ISS, IIS, IS	यसलग
2687	18.49.3	नैष्कर्म्यसिद्धिं परमां	SSI, SSI, IS	ततलग
2689	18.50.1	सिद्धिं प्राप्तो यथा ब्रह्म	SSS, SIS, SI	मरगल
2690	18.50.2	तथाप्नोति निबोध मे ।	ISS, IIS, IS	यसलग
2691	18.50.3	समासेनैव कौन्तेय	ISS, SIS, SI	यरगल
2692	18.50.4	निष्ठा ज्ञानस्य या परा ।।	SSS, SIS, IS	मरलग
2693	18.51.1	बुद्ध्या विशुद्धया युक्तो	SSI, SIS, SS	तरगग
2694	18.51.2	धृत्यात्मानं नियम्य च ।	SSS, SIS, II	मरलल
2695	18.51.3	शब्दादीन्विषयांस्त्यक्त्वा	SSS, IIS, SS	मसगग
2696	18.51.4	रागद्वेषौ व्युदस्य च ।।	SIS, SIS, II	ररलल
2697	18.52.1	विविक्तसेवी लघ्वाशी	ISI, SSS, SS	जमगग
2698	18.52.2	यतवाक्कायमानसः ।	IIS, SIS, IS	सरलग
2699	18.52.3	ध्यानयोगपरो नित्यं	SIS, IIS, SS	रसगग
2700	18.52.4	वैराग्यं समुपाश्रितः ।।	SSS, IIS, IS	मसलग
2701	7.4.3	अहङ्कार इतीयं मे	ISS, IIS, SS	यसगग
2702	16.21.3	कामः क्रोधस्तथा लोभः	SSS, SIS, SS	मरगग
2703	18.53.3	विमुच्य निर्ममः शान्तो	ISI, SIS, SS	जरगग
2704	18.53.4	ब्रह्मभूयाय कल्पते ।।	SIS, SIS, IS	ररलग

परिशिष्ट

2705	18.54.1	ब्रह्मभूतः प्रसन्नात्मा	SIS, SIS, SS	ररगग
2706	18.54.2	न शोचति न काङ्क्षति ।	ISI, IIS, II	जसलल
2707	18.54.3	समः सर्वेषु भूतेषु	ISS, SIS, SI	यरगल
2708	18.54.4	मद्भक्तिं लभते पराम् ॥	SSS, IIS, IS	मसलग
2709	18.55.1	भक्त्या मामभिजानाति	SSS, IIS, SI	मसगल
2710	18.55.2	यावान्यश्चास्मि तत्त्वतः ।	SSS, SIS, IS	मरलग
2711	18.55.3	ततो मां तत्त्वतो ज्ञात्वा	ISS, SIS, SS	यरगग
2712	18.55.4	विशते तदनन्तरम् ॥	IIS, IIS, IS	ससलग
2713	18.56.1	सर्वकर्माण्यपि सदा	SIS, SII, IS	रभलग
2714	18.56.2	कुर्वाणो मद्व्यपाश्रयः ।	SSS, SIS, IS	मरलग
2715	18.56.3	मत्प्रसादादवाप्नोति	SIS, SIS, SI	ररगल
2716	18.56.4	शाश्वतं पदमव्ययम् ॥	SIS, IIS, IS	रसलग
2717	18.57.1	चेतसा सर्वकर्माणि	SIS, SIS, SI	ररगल
2718	18.57.2	मयि संन्यस्य मत्परः ।	IIS, SIS, IS	सरलग
2719	18.57.3	बुद्धियोगमुपाश्रित्य	SIS, IIS, SS	रसगग
2720	18.57.4	मच्चित्तः सततं भव ॥	SSS, IIS, II	मसलल
2721	18.58.1	मच्चित्तः सर्वदुर्गाणि	SSS, SIS, SI	मरगल
2722	18.58.2	मत्प्रसादात्तरिष्यसि ।	SIS, SIS, II	ररलल
2723	18.58.3	अथ चेत्त्वमहङ्कारान्	IIS, IIS, SS	ससगग
2724	18.58.4	न श्रोष्यसि विनङ्क्ष्यसि ॥	SSI, IIS, II	तसलल
2725	18.59.1	यदहङ्कारमाश्रित्य	IIS, SIS, SI	सरगल
2726	18.59.2	न योत्स्य इति मन्यसे ।	ISI, IIS, IS	जसलग
2727	18.59.3	मिथ्यैष व्यवसायस्ते	SSS, IIS, SS	मसगग
2728	18.59.4	प्रकृतिस्त्वां नियोक्ष्यति ॥	IIS, SIS, II	सरलल
2729	18.60.1	स्वभावजेन कौन्तेय	ISI, SIS, SI	जरगल
2730	18.60.2	निबद्धः स्वेन कर्मणा ।	ISS, SIS, IS	यरलग
2731	18.60.3	कर्तुं नेच्छसि यन्मोहात्	SSS, IIS, SS	मसगग
2732	18.60.4	करिष्यस्यवशोऽपि तत् ॥	ISS, IIS, IS	यसलग

2733	18.61.1	ईश्वरः सर्वभूतानां	SIS, SIS, SS	ररगग
2734	18.61.2	हृद्देशेऽर्जुन तिष्ठति।	SSS, IIS, II	मसलल
2735	18.61.3	भ्रामयन्सर्वभूतानि	SIS, SIS, SI	ररगल
2736	18.61.4	यन्त्रारूढानि मायया॥	SSS, SIS, IS	मरलग
2737	18.62.1	तमेव शरणं गच्छ	ISI, IIS, SI	जसगल
2738	18.62.2	सर्वभावेन भारत।	SIS, SIS, II	ररलल
2739	18.62.3	तत्प्रसादात्परां शान्तिं	SIS, SIS, SS	ररगग
2740	18.62.4	स्थानं प्राप्स्यसि शाश्वतम्॥	SSS, IIS, IS	मसलग
2741	18.63.1	इति ते ज्ञानमाख्यातं	IIS, SIS, SS	सरगग
2742	18.63.2	गुह्याद्गुह्यतरं मया।	ISS, IIS, IS	यसलग
2743	18.63.3	विमृश्यैतदशेषेण	ISS, IIS, SI	यसगल
2744	18.63.4	यथेच्छसि तथा कुरु॥	ISI, IIS, II	जसलल
2745	18.64.1	सर्वगुह्यतमं भूयः	SIS, IIS, SS	रसगग
2746	18.64.2	शृणु मे परमं वचः।	IIS, IIS, IS	ससलग
2747	18.64.3	इष्टोऽसि मे दृढमिति	SSI, SII, II	तभलल
2748	18.64.4	ततो वक्ष्यामि ते हितम्॥	ISS, SIS, IS	यरलग
2749	18.65.1	मन्मना भव मद्भक्तो	SIS, IIS, SS	रसगग
2750	18.65.2	मद्याजी मां नमस्कुरु।	SSS, SIS, II	मरलल
2751	18.65.3	मामेवैष्यसि सत्यं ते	SSS, IIS, SS	मसगग
2752	18.65.4	प्रतिजाने प्रियोऽसि मे॥	IIS, SIS, IS	सरलग
2753	18.66.1	सर्वधर्मान्परित्यज्य	SIS, SIS, SI	ररगल
2754	18.66.2	मामेकं शरणं व्रज।	SSS, IIS, II	मसलल
2755	18.66.3	अहं त्वां सर्वपापेभ्यो	ISS, SIS, SS	यरगग
2756	18.66.4	मोक्षयिष्यामि मा शुचः॥	SIS, SIS, IS	ररलग
2757	18.67.1	इदं ते नातपस्काय	ISS, SIS, SI	यरगल
2758	18.67.2	नाभक्ताय कदाचन।	SSS, IIS, II	मसलल
2759	18.67.3	न चाशुश्रूषवे वाच्यं	ISS, SIS, SS	यरगग
2760	18.67.4	न च मां योऽभ्यसूयति॥	IIS, SIS, II	सरलल

2761	5.5.4	यः पश्यति स पश्यति ।।	ऽऽ।, ।।ऽ, ।।	तसलल
2762	18.68.2	मद्भक्तेष्वभिधास्यति ।	ऽऽऽ, ।।ऽ, ।।	मसलल
2763	18.68.3	भक्तिं मयि परां कृत्वा	ऽऽ।, ।।ऽ, ऽऽ	तसगग
2764	18.68.4	मामेवैष्यत्यसंशयः ।।	ऽऽऽ, ऽ।ऽ, ।ऽ	मरलग
2765	18.69.1	न च तस्मान्मनुष्येषु	।।ऽ, ऽ।ऽ, ऽ।	सरगल
2766	18.69.2	कश्चिन्मे प्रियकृत्तमः ।	ऽऽऽ, ।।ऽ, ।ऽ	मसलग
2767	18.69.3	भविता न च मे तस्मात्	।।ऽ, ।।ऽ, ऽऽ	ससगग
2768	18.69.4	अन्यः प्रियतरः भुवि ।।	ऽऽ।, ।।ऽ, ।।	तसलल
2769	18.70.1	अध्येष्यते च य इमं	ऽऽ।, ऽ।।, ।ऽ	तभलग
2770	18.70.2	धर्म्यं संवादमावयोः ।	ऽऽऽ, ऽ।ऽ, ।ऽ	मरलग
2771	18.70.3	ज्ञानयज्ञेन तेनाहम्	ऽ।ऽ, ऽ।ऽ, ऽऽ	ररगग
2772	18.70.4	इष्टः स्यामिति मे मतिः ।।	ऽऽऽ, ।।ऽ, ।ऽ	मसलग
2773	18.71.1	श्रद्धावाननसूयश्च	ऽऽऽ, ।।ऽ, ऽ।	मसगल
2774	18.71.2	शृणुयादपि यो नरः ।	।।ऽ, ।।ऽ, ।ऽ	ससलग
2775	18.71.3	सोऽपि मुक्तः शुभाँल्लोकान्	ऽ।ऽ, ऽ।ऽ, ऽऽ	ररगग
2776	18.71.4	प्राप्नुयात्पुण्यकर्मणाम् ।।	ऽ।ऽ, ऽ।ऽ, ।ऽ	ररलग
2777	18.72.1	कच्चिदेतच्छ्रुतं पार्थ	ऽ।ऽ, ऽ।ऽ, ऽऽ	ररगग
2778	18.72.2	त्वयैकाग्रेण चेतसा ।	।ऽऽ, ऽ।ऽ, ।ऽ	यरलग
2779	18.72.3	कच्चिदज्ञानसम्मोहः	ऽ।ऽ, ऽ।ऽ, ऽऽ	ररगग
2780	18.72.4	प्रनष्टस्ते धनञ्जय ।।	।ऽऽ, ऽ।ऽ, ।।	यरलल
2781	18.73.1	नष्टो मोहः स्मृतिर्लब्धा	ऽऽऽ, ऽ।ऽ, ऽऽ	मरगग
2782	18.73.2	त्वत्प्रसादान्मयाच्युत ।	ऽ।ऽ, ऽ।ऽ, ।।	ररलल
2783	18.73.3	स्थितोऽस्मि गतसन्देहः	।ऽ।, ।।ऽ, ऽऽ	जसगग
2784	18.73.4	करिष्ये वचनं तव ।।	।ऽऽ, ।।ऽ, ।।	यसलल
2785	18.74.1	इत्यहं वासुदेवस्य	ऽ।ऽ, ऽ।ऽ, ऽ।	ररगल
2786	18.74.2	पार्थस्य च महात्मनः ।	ऽऽ।, ।।ऽ, ।ऽ	तसलग
2787	5.24.3	स योगी ब्रह्मनिर्वाणं	।ऽऽ, ऽ।ऽ, ऽऽ	यरगग
2788	18.74.4	अद्भुतं रोमहर्षणम् ।।	ऽ।ऽ, ऽ।ऽ, ।ऽ	ररलग

2789	18.75.1	व्यासप्रसादाच्छ्रुतवान्	ऽऽ।, ऽऽ।, ।ऽ	ततलग
2790	18.75.2	एतद्गुह्यमहं परम् ।	ऽऽऽ, ।।ऽ, ।ऽ	मसलग
2791	4.3.2	योगः प्रोक्तः पुरातनः ।	ऽऽऽ, ऽ।ऽ, ।ऽ	मरलग
2792	18.75.4	साक्षात्कथयतः स्वयम् ।।	ऽऽ।, ।।ऽ, ।ऽ	तसलग
2793	18.76.1	राजन्संस्मृत्य संस्मृत्य	ऽऽऽ, ऽ।ऽ, ऽ।	मरगल
2794	6.32.4	स योगी परमो मतः ।।	।ऽऽ, ।।ऽ, ।ऽ	यसलग
2795	18.76.3	केशवार्जुनयोः पुण्यं	ऽ।ऽ, ।।ऽ, ऽऽ	रसगग
2796	18.76.4	हृष्यामि च मुहुर्मुहुः ।।	ऽऽ।, ।।ऽ, ।ऽ	तसलग
2797	18.77.1	तच्च संस्मृत्य संस्मृत्य	ऽ।ऽ, ऽ।ऽ, ऽ।	ररगल
2798	18.77.2	रूपमत्यद्भुतं हरेः ।	ऽ।ऽ, ऽ।ऽ, ।ऽ	ररलग
2799	18.77.3	विस्मयो मे महान्राजन्	ऽ।ऽ, ऽ।ऽ, ऽऽ	ररगग
2800	18.77.4	हृष्यामि च पुनः पुनः ।।	ऽऽ।, ।।ऽ, ।ऽ	तसलग
2801	18.78.1	यत्र योगेश्वरः कृष्णो	ऽ।ऽ, ऽ।ऽ, ऽऽ	ररगग
2802	18.78.2	यत्र पार्थो धनुर्धरः ।	ऽ।ऽ, ऽ।ऽ, ।ऽ	ररलग
2803	18.78.3	तत्र श्रीर्विजयो भूतिः	ऽ।ऽ, ।।ऽ, ऽऽ	रसगग
2804	18.78.4	ध्रुवा नीतिर्मतिर्मम ।।	।ऽऽ, ऽ।ऽ, ।।	यरलल

संदर्भ

1. रत्नाकर नराले, संगीत श्रीकृष्णायन, पुस्तक भारती, टोरंटो, कनाडा, 2018
2. रत्नाकर नराले, रत्नाकर रचितं गीतोपनिषद् महाकाव्यं, पुस्तक भारती, टोरंटो, कनाडा, 2018
3. श्री पिंगल, छन्दशास्त्र, काव्यमाल 91, पांडुरंग जावजी प्रकाशन, मुंबई 1938.
4. जगन्नाथप्रसाद भानु, छंद:प्रभाकर, बिलासपुर मध्यप्रदेश, 1996
5. Vaman Shivaram Apte, The Practical Sanskrit-English Dictionary, MLBD, New Delhi, 1990
6. Ratnakar Narale, Sanskrit Grammar and Reference Book, Books-India, Toronto, Canada, 2104

www.ingramcontent.com/pod-product-compliance
Lightning Source LLC
Chambersburg PA
CBHW081345080526
44588CB00016B/2379
* 9 7 8 1 8 9 7 4 1 6 1 7 4 *